Manfred Büttner (Hrsg.)
Wandlungen im geographischen Denken von Aristoteles bis Kant
Dargestellt an ausgewählten Beispielen

Abhandlungen und Quellen
zur Geschichte der Geographie und Kosmologie
Herausgegeben von Manfred Büttner

Band 1
Wandlungen im geographischen Denken von Aristoteles bis Kant
Dargestellt an ausgewählten Beispielen
Bestell-Nr. 78761

Manfred Büttner (Hrsg.)

Wandlungen im geographischen Denken von Aristoteles bis Kant

Dargestellt an ausgewählten Beispielen

Ferdinand Schöningh
Paderborn · München · Wien · Zürich

Auf den Einband:
Deutscher Holzschnitt des 16. Jahrhunderts

Alle Rechte, auch die des auszugsweisen Nachdrucks, der fotomechanischen Wiedergabe und der Übersetzung, vorbehalten. Dies betrifft auch die Vervielfältigung und Übertragung einzelner Textabschnitte, Zeichnungen oder Bilder durch alle Verfahren wie Speicherung und Übertragung auf Papier, Transparente, Filme, Bänder, Platten und andere Medien, soweit es nicht §§ 53 und 54 URG ausdrücklich gestatten.
© 1979 by Ferdinand Schöningh at Paderborn. Printed in Germany.
ISBN 3-506-78761-6

Inhaltsverzeichnis

Vorwort 9

I. Zur Geographie und Cosmographie bei den Griechen und Arabern

Manfred Büttner
Die geographisch-cosmographischen Schriften des Aristoteles und ihre Bedeutung für die Entwicklung der Geographie in Deutschland. Ursachen und Folgen 15

Einführung - Die geographischen Schriften des Aristoteles - Die an Ptolemäus ausgerichtete Geographie des ausgehenden Mittelalters - Die Neuausrichtung der Geographie durch Melanchthon - Die Sonderstellung der „reformierten Geographie,, - Das Desinteresse an Kopernikus und den Entdeckungen - Das Ende der Aristoteles-Ära - Schlußwort - Anmerkungen - Literaturverzeichnis

Arnhild Scholten
Muqaddasi als Vollender der mittelalterlichen arabischen Länderkunde 35
Biographie - Ansatzpunkt - Das Buch „Die beste Kenntnis von der Anordnung der Provinzen" - Die Bindung an die islamische Wissenschaftstradition - Zusammenfassung - Stellung Muqaddasis in der arabischen Geographie - Anmerkungen - Literaturverzeichnis

II. Anfänge der mitteleuropäischen Geographie und Cosmographie im 15. Jahrhundert

Manfred Büttner
On the Changes of the Geography from the 13 th to the 16 th Century in Central Europe. A Contribution to the History of Geographical Thought 51
Introduction - Fundamental considerations about the relationship between theology and geography - Vincentius and the Catholic geographers of the late Middle Ages - The new orientation of geography brought about by Melanchthon and his students - Closing remarks - Bibliography

Karl Hoheisel
Gregorius Reisch (ca. 1470 - 9. Mai 1525) 59
Erziehung, Leben und Werk - Das der „Margarita" zugrundeliegende geographisch-cosmographische Denken - Bedeutung für die Entwicklung des geographischen Denkens - Literaturverzeichnis

Karl Hoheisel
Johannes Stöffler (1452 - 1531) als Geograph   69
Einleitung - Biographische Fragen - Die Quellenfrage - Stöfflers Ausstrahlung - Stöfflers Quellen - Stöfflers wissenschaftlicher Rahmen - Stöfflers Geographie - Anmerkungen - Literaturverzeichnis

Karl Hoheisel
Henricus Glareanus (1488 - 1563)   83
Erziehung, Leben und Werk - Sein wissenschaftliches Ideengut - Sein Beitrag zur Entwicklung des geographischen Denkens - Literaturverzeichnis

III. Protestantische Geographie und Cosmographie im 16. Jahrhundert

Manfred Büttner
Philipp Melanchthon (1497 - 1560)   93
Erziehung, Leben und Werk - Melanchthon als Geograph: Ziel und Methode der Geographie - Zusammenfassung - Literaturverzeichnis

Manfred Büttner / Karl Heinz Burmeister
Sebastian Münster (1488 - 1552) 111
Erziehung, Leben und Werk - Das wissenschaftliche, speziell geographisch-cosmographische Ideengut - Münsters Beitrag zur Entwicklung des geographischen Denkens - Kritische Bemerkungen - Schlußwort - Literaturverzeichnis

Manfred Büttner / Karl Heinz Burmeister
Georg Joachim Rheticus (1514 - 1574) 129
Erziehung, Leben und Werk - Das wissenschaftliche und speziell-geographische Ideengut - Sein Beitrag zum geographischen Denken - Literaturverzeichnis

Manfred Büttner
Mercator und die auf einen Ausgleich zwischen Aristoteles und der Bibel zurückgehende „Klimamorphologie" vom Mittelalter bis ins frühe 17. Jahrhundert. Beziehungen zwischen Theoriebildung und regio 139
Einleitung - Aristoteles - Mercator - Schlußwort - Anmerkungen - Literaturverzeichnis

IV. Weitere Wandlungen im 17. Jahrhundert

Manfred Büttner
Bartholomäus Keckermann (1572 - 1609) 153
Erziehung, Leben und Werk - Wissenschaftliches, speziell geographisches Gedankengut - Einfluß und Verbreitung seiner Ideen - Literaturverzeichnis

Rainer Kastrop
Das geographische Werk des Johann Heinrich Alsted und des Abraham Gölnitz. Darstellung und Vergleich 173
Einleitung - Johann Heinrich Alsted (1588 - 1638) - Abraham Gölnitz (ca. 1600 - nach 1642) - Geographia Generalis und Geographia Specialis im Werke Alsteds und Gölnitz' - Die Bedeutung von Alsted und Gölnitz in der Disziplingeschichte der Geographie - Anmerkungen - Literaturverzeichnis

Manfred Büttner
Zur Konzeption der Physiogeographie bei Comenius. Wechselseitige Beziehungen zwischen theologischem und geographischem Denken ... 189
Einleitung - Die Physik und Physiogeographie bei Comenius - Die spätere Überarbeitung - Nachwirkungen der Physik des Comenius - Anmerkungen - Literaturverzeichnis

Manfred Büttner
Samuel Reyher und die Wandlungen im geographischen Denken gegen Ende des 17. Jahrhunderts 199
Einleitung - Biographisches - Das methodische Vorgehen Reyhers - Einleitung, Weltschöpfung - Reyher als Sündflut-Geograph - Reyher als Stadtgeograph - Schlußwort - Anmerkungen - Literaturverzeichnis

V. Beginn neuzeitlichen geographischen Denkens im 18. Jahrhundert

Manfred Büttner
Christian Wolffs Bedeutung für die zu Beginn des 18. Jahrhunderts einsetzende Wandlung im geographischen Denken 219
Einleitung - Zur Großanlage von Wolffs „Vernünfftige(n) Gedancken" - Beispiele für die Kleinanlage - Schlußwort - Anmerkungen - Literaturverzeichnis

Luise Witte
Eberhard David Hauber (1695 - 1765) 231
Einleitung - Biographie - Hauber als Geograph - Haubers Bedeutung als Geograph: Wegweiser für die Geographie des 18. Jh. - Anmerkungen - Literaturverzeichnis

Reinhard Jäkel
Johann Michael Franz (1700 - 1761) 251
Erziehung, Leben, Werk - Geographische Konzeption und geographisches Denken - Wirkung und Bedeutung - Literaturverzeichnis

Karl Hoheisel
Immanuel Kant und die Konzeption der Geographie am Ende des 18. Jahrhunderts 263
Die Entwicklung seiner Geographiekonzeption - Kants Quellen - Unmittelbare Nachwirkungen seiner Konzeption - Anmerkungen - Literaturverzeichnis

Vorwort

Seit die IGU (Internationale Geographische Union) eine Kommission zur Geschichte des geographischen Denkens eingesetzt hat, ist auch in der Bundesrepublik Deutschland das bis dahin relativ geringe Interesse an der Geographiegeschichte in zunehmendem Maße gewachsen. Im Dezember 1974 kam es in Bochum zur Gründung eines deutschen Zweiges dieser internationalen Kommission (heutige offizielle Bezeichnung: IGU-Commission on the History of Geographical Thought. Arbeitsgruppe der Bundesrepublik Deutschland. Geschäftsführung: Prof. DDDr. M. Büttner). Die DFG (Deutsche Forschungsgemeinschaft) unterstützte diese Arbeit, die der Herausgabe eines internationalen Lexikons gilt, dann bald durch Bereitstellung von Geldern für Personal- und Sachmittel. Im Frühjahr 1978 wurde am Geographischen Institut der Ruhr-Universität Bochum eine „Forschungsstelle zur Geschichte der Geographie" eingerichtet. Sie erhielt wesentliche Impulse durch ein von der Stiftung Volkswagenwerk finanziertes umfangreiches Forschungsprogramm, das sich in seiner Zielrichtung sehr vom IGU-Projekt unterscheidet und dadurch zu einer Verbreiterung geographiegeschichtlichen Arbeitens führte.

Es war von Anfang an das Ziel des Unterzeichners, das wachsende Interesse an der Geographiegeschichte weiter zu fördern und die bereits entstandenen internationalen, vor allem auch interdisziplinären Kontakte entsprechend zu pflegen und weiter auszubauen. Neben der Teilnahme an zahlreichen nationalen und internationalen Kongressen, Tagungen und Symposien, auf denen in irgendeiner Weise das Thema „Geographiegeschichte" zur Diskussion stand, wurden bald auch eigene Sitzungen und Tagungen durchgeführt.

Die rein äußerliche Aufgabe der Schriftenreihe soll es nun sein, vor allem Vorträge zu veröffentlichen, die auf diesen von uns organisierten Tagungen, Symposien, Sektionssitzungen usw. gehalten wurden. Zur Abrundung werden passende Vorträge anderer Tagungen und auch eigens für diese Schriftenreihe angefertigte Aufsätze hinzugefügt. Auf diese Weise erhält jeder Band eine gewisse Geschlossenheit und gibt einen Überblick über den jeweiligen Diskussionsstand zu der betreffenden Thematik. Da offen gebliebene Fragen deutlich herausgestellt werden sollten, wird jeder Band zudem Anregungen für weitere Forschungen liefern, die dann auf späteren Kongressen behandelt und in die Folgebände eingehen werden.

Kristallisationspunkt *des vorliegenden Bandes* bilden die Beiträge zum geographiegeschichtlichen Kolloquium, das am Rande des 41. Deutschen Geographentages 1977 in Mainz stattfand. Dazu kommen weitere Beiträge, die das Rahmenthema „Wandlungen im geographisch-cosmographischen Denken von Aristoteles bis Kant..." im Detail vertiefen, überblicksartig erweitern oder zusammenfassen. Der Band stellt im wesentlichen den Forschungsstand gegen

Ende 1976 dar. Da jeder Aufsatz für sich allein verständlich sein soll, lassen sich gelegentliche Überschneidungen nicht vermeiden. Sie sind jedoch meist sehr aufschlußreich, da sie einen Eindruck davon vermitteln, wie man oft dieselbe Sache je nach unterschiedlichem Forschungsansatz und abgestimmt auf das Publikum oder das Generalthema einer bestimmten Tagung unter verschiedenen Aspekten angehen kann und muß.
Anmerkungen, Literaturverzeichnis, Quellenhinweise usw. sind (noch) nicht einheitlich angelegt. Ob es sinnvoll ist, eine Vereinheitlichung auch von Aufsätzen verschiedener Herkunft anzustreben, muß sich zeigen.
In *den nächsten Bänden* sollen die auf der geographiegeschichtlichen Sektionssitzung des Göttinger Geographentages 1979 gehaltenen Vorträge zusammen mit denen des eng damit verbunden Ritter-Symposiums veröffentlicht werden. Weiter ist daran gedacht, gute Dissertationen aufzunehmen.
Außer diesen Abhandlungen sollen auch *Quellen,* vorwiegend deutsche Übersetzungen lateinisch schreibender Autoren des Mittelalters und der frühen Neuzeit, erscheinen. Bislang liegen aus dieser Zeit ja nicht einmal die *wichtigsten* geographischen Werke vor. Deshalb weiß man nicht selten nur in Umrissen, was die damaligen Gelehrten im einzelnen geschrieben haben. Oft muß man sich zur näheren Information erst mühsam durch das mittelalterliche Latein hindurcharbeiten. Was das bei einem Gelehrten wie Vincentius, ja sogar noch bei Varenius bedeutet, vermag nur zu ermessen, wer bereits selbst vor ähnlichen Schwierigkeiten gestanden hat.
Wenn im *Titel der Schriftenreihe* von „Geographie und Kosmologie" gesprochen wird, dann soll auf einen, wahrscheinlich aber auf den entscheidenden Bereich hingewiesen werden, mit dem die Geographie noch bis ins 18. Jahrhundert hinein engstens verbunden war und zeitweise sogar gleichgesetzt wurde. Dabei ist mit Kosmologie sowohl die griechische als auch die in der Genesis entfaltete gemeint. Unter Kosmologie sollen hier alle Wissenschaftsbereiche verstanden werden, in denen man sich mit dem Kosmos befaßt, also auch Kosmographie, Kosmogonie usw. Da die Gelehrten bis ins 18. Jahrhundert hinein im allgemeinen Cosmographia (oder in der deutsch-lateinischen Schreibweise Cosmographey, Cosmographie o. ä.) schrieben, wird auch in den hier vorgelegten Abhandlungen „C" anstelle von „K" verwendet.
Zur Aufgabe des Geographiehistorikers: Die Geschichte der Geographie hat darzustellen, wie die heutige Geographie geworden ist, welche Wandlungen sie durchgemacht hat, wo ihre Wurzeln liegen usw. Insofern gehört sie in die Zuständigkeit des Geographen. Diese Fragen lassen sich aber nur beantworten, wenn in detaillierter Einzelforschung geklärt ist, wie man früher Geographie betrieben hat, warum zu gewissen Zeiten so und nicht anders, in welchen geistigen und sozialen Zusammenhängen Aufgaben, Ziele und Methoden der Geographie bzw. Cosmographie bestimmt wurden usw. Da diese „Ortsbestimmung der Geographie" in früheren Zeiten ausnahmslos Gelehrte der verschiedenen Fachrichtungen unternahmen (Hauptfachgeographen gab es ja noch nicht), führen diese Forschungen, ohne die eine Geschichte der Geographie nicht geschrieben werden kann, notwendig zu einer Teamarbeit mit Kollegen anderer Fachrichtungen.

Unser Mitarbeiterstab, der sich regelmäßig zu unseren Tagungen einfindet und auch in dieser Schriftenreihe vertreten ist, besteht inzwischen zu einem großen Teil aus Nicht-Geographen. Für sie ergeben sich immer wieder zeitaufwendige Diskussionen darüber, wie die von ihnen erforschten Zusammenhänge (z. B. zwischen Geographie, Theologie und Philosophie) für den Teilnehmer an einer bestimmten Tagung oder den Leser einer Schriftenreihe optimal dargestellt werden können. Gelegentlich war es bei der Darstellung der Forschungsergebnisse unvermeidlich, ursprünglich Zusammengehöriges auseinanderzureißen und nur von einer Seite aus zu beleuchten, um einen ganz bestimmten Leserkreis anzusprechen. Zuweilen mußte auch das Auseinandergerissene zugunsten der heutigen stark spezialisierten Leser von verschiedenen Gesichtspunkten her beleuchtet werden, so daß die heutigen Geographen, Theologen, Philosophen usw. jeweils angesprochen werden. Oft konnte eine solche Arbeit nicht von einem Verfasser allein bewältigt werden, sondern nur im Team.

Aus dem Gesagten ergibt sich, daß zur *Zielgruppe* dieser Schriftenreihe nicht nur Geographen gehören. Vielmehr wendet sie sich auf Grund ihres interdisziplinären Charakters ebenso an die Historiker anderer Fachgebiete wie an die Vertreter der Wissenschaftsgeschichte allgemein; denn die Fächer entwickelten sich stets in vielfältigen Wechselbeziehungen.

Dieses Vorwort möge mit einem *Dank* schließen. Die Herren Babicz und Beck waren es, die den Unterzeichner 1974 auf der erwähnten Sitzung zur Aktivität ermunterten und ihre Mitarbeit zusagten. Zunächst sollte diese Schriftenreihe gemeinsam von Beck und Büttner getragen werden. Da Herr Beck aber durch die von ihm schon seit 1964 herausgegebenen ,,Quellen und Forschungen zur Geschichte der Geographie'' sowie durch weitere Publikationen der ,,Humboldt-Gesellschaft'' immer stärker beansprucht wurde, sah er sich schließlich nicht in der Lage, eine neue Verpflichtung zu übernehmen.

Die vielen Kollegen, Mitarbeiter und Freunde, die in steigender Zahl zu unseren Tagungen kamen, jeweils neue Forschungsergebnisse vorlegten und dadurch Mut machten, eine entsprechende Veröffentlichungsreihe nicht nur zu begründen sondern auch für längere Zeit durchzuhalten, können hier nicht im einzelnen genannt werden. Unter ihnen sei ganz besonders den Nichtgeographen gedankt, da die Überwindung der genannten Schwierigkeiten für sie einen übermäßigen Zeit- und Energieaufwand darstellt.

Auf die Unterstützung von DFG und Stiftung Volkswagenwerk wurde eingangs schon hingewiesen. Zwar galt diese nicht der Schriftenreihe direkt, aber die Förderung der oben genannten Projekte kam ihr doch indirekt zugute.

Ausdrücklich gedankt sei auch dem Geographischen Institut der Ruhr-Universität Bochum. Lange, bevor von dritter Seite Unterstützung kam, wurden uns von dort Gelder für den Aufbau eines Archivs zur Geographiegeschichte, Räume und Hilfskräfte bereitgestellt.

Der Hauptdank gilt Herrn Privatdozenten Dr. Hoheisel, der die zeitaufwendige und manchmal ,,undankbare'' Arbeit des Schriftleiters übernommen hat.

Bochum, im April 1979 *M. Büttner*

I.
Zur Geographie und Cosmographie bei den Griechen und Arabern

Manfred Büttner

DIE GEOGRAPHISCH-COSMOGRAPHISCHEN SCHRIFTEN DES ARISTOTELES UND IHRE BEDEUTUNG FÜR DIE ENTWICKLUNG DER GEOGRAPHIE IN DEUTSCHLAND.
Ursachen und Folgen -
(Vortrag, gehalten auf dem geographiegeschichtlichen Kolloquium am Rande des 41. Deutschen Geographentages Mainz 1977, für den Druck überarbeitet)

Einführung: Die Aufgabe des Geographiehistorikers [1]

Der Geographiehistoriker hat eine doppelte Aufgabe zu erfüllen (Büttner 1975 a, 162). Er muß zunächst einmal untersuchen, *wie* man früher Geographie [2] betrieben hat, also nach welchen Prinizipien das damals bekannte Material geordnet wurde, welche Konzeptionen man zugrundelegte bzw. entwickelte, welche Fragen im Mittelpunkt des Interesses standen, welche am Rand behandelt wurden, woher man sich anregen ließ, von welcher *Denk-Mitte* her man ansetzte, welche Wandlungen sich vollzogen, von wo diese *Wandlungen* ausgingen, wohin sie führten usw. [3].
Doch dann kommt das zweite, ungleich Wichtigere hinzu, nämlich die Beantwortung der Warum-Frage [4]. Das bedeutet für das hier zur Diskussion stehende Thema: Warum ließ man sich im 16. Jahrhundert besonders stark von Aristoteles anregen, obwohl doch seine Schriften schon seit dem 13. Jahrhundert bekannt waren? Warum hatte man sich vorher stärker an Ptolemäus angelehnt und warum verblaßte schließlich der Einfluß des Aristoteles im 17. oder gar 18. Jahrhundert immer mehr [5]? Warum bestand weder für Kopernikus noch für die Ergebnisse der Entdeckungsreisen größeres Interesse? (Allen 1976, Büttner 1977 c). Um etwas ins Detail zu gehen: Warum legte man z. B. im 16. Jahrhundert vorwiegend die aristotelische Konzeption zugrunde und handelte das geographische Faktenmaterial in der Reihenfolge „von außen nach innen" (Feuer, Luft, Wasser, Erde) ab? Und warum galt das Hauptinteresse der Aristoteles-Anhänger unter den Geographen ausgerechnet der (aus Wasser und Luft zusammengesetzten einheitlichen) Region *über* der Erde? Woran lag es, daß dann im 17. Jahrhundert (ausgehend von Keckermann) eine Interessenwandlung einsetzte, so daß man sich von da ab vorwiegend der (aus Erde und Wasser bestehenden einheitlichen) *Erdoberfläche* zuwandte und eine neue Systematik entwickelte, in der man den Duktus „von innen nach außen" zugrundelegte?

Alle diese Fragen und viele weitere, bei denen es um die Bedeutung der Schriften des Aristoteles für die Entwicklung des geographischen Denkens in Deutschland geht, lassen sich relativ leicht beantworten, wenn man berücksichtigt, welche Zielrichtung diese Schriften haben, wenn also deutlich ist, aus welcher Geisteshaltung sie verfaßt wurden.

Weiter ist zu berücksichtigen, daß die Geographie bis weit ins 18. Jahrhundert hinein sich ihre Ziele und Aufgaben im allgemeinen nicht selbst stellte [6], sondern „von außen" (von Nachbardisziplinen wie Theologie, Philosophie usw.: aber auch von Politikern, Schulmännern usw.) gestellt bekam und daher eine diesen Zielen und Aufgaben angemessene Methode (nämlich: Geographisches Denken) entwickeln mußte. Das führte dazu, daß Schwerpunktverlagerungen bzw. Interessenverlagerungen *außerhalb* der Geographie (also in der Gesamt-Geisteshaltung) auch Schwerpunktverlagerungen, methodische Umorientierungen usw. *in* der Geographie nach sich zogen. Aus dem Angedeuteten mag verständlich werden, warum ausgerechnet im 16. Jahrhundert der Einfluß der Aristoteles-Schriften für die Entwicklung des Geographischen Denkens so bedeutend wurde, daß man diese Zeit als die *Aristoteles-Epoche in der deutschen Geographie* bezeichnen kann: Im 16. Jahrhundert herrschte weitgehend eine ähnliche Geisteshaltung wie die den Schriften des Aristoteles zugrundeliegende!

Im folgenden wende ich mich zunächst den einschlägigen Schriften zu. Dann soll aufgezeigt werden, wie jene im Zuge der Reformation aufkommende Geisteshaltung eigentlich zwangsläufig dazu führen mußte, daß sich die deutschen Geographen im 16. Jahrhundert bei der *Entfaltung einer eigenständigen deutschen Geographie* weitgehend von Aristoteles anregen ließen.

1. Die geographischen Schriften des Aristoteles

Es ist zu fragen:
a) In welchem seiner Werke behandelt Aristoteles das, was man im allgemeinen als zur Geographie gehörig bezeichnen kann [7]?
b) Nach welcher Methode geht er vor, wo liegen die Schwerpunkte und was ist das eigentliche Ziel der jeweiligen Schrift?
c) Warum geht er so vor?
d) Welchen Stellenwert nehmen das geographische Faktenmaterial, also seine „Geographie" bzw. die zur Geographie gehörigen Aussagen innerhalb der betreffenden Schrift ein; welche Beziehung besteht zwischen seinem geographischen und philosophischen Denken?

1.1 De coelo (Über den Himmel) [8]

Dieses Werk enthält zwar einige Angaben, die den Geographen (sogar den heutigen) interessieren, wie z. B. Platz, Stellung, Bewegungszustand, Gestalt und Größe der Erde. Sie sind jedoch nicht das Eigentliche, worum es Aristoteles in dieser Schrift geht. Das *Ziel* der Schrift ist ein anderes, und wir fragen an Aristoteles vorbei, wenn wir uns nur für die genannten Dinge interessieren. Dazu kommt ein Zweites. Ebenso wichtig wie das, was Aristoteles sagt, ist die

Methode seiner Wahrheitsfindung. Er stellt nicht einfach eine Reihe von Aussagen zusammen und behauptet, diese seien richtig, sondern er versucht, jede Einzelaussage aus seinem Gesamtsystem abzuleiten und von den verschiedensten Seiten zu beleuchten. Er zwingt den Leser zum Mitdenken und Mitentwickeln, so daß diesem schließlich nichts anderes übrigbleibt, als entweder das ganze System mit all seinen Einzelaussagen anzuerkennen oder abzulehnen.

Das *Ziel* dieser Schrift besteht darin, die Vorgänge und Zustände in unserer Welt von einem einzigen gedanklichen Ausgangspunkt her abzuleiten, um sich auf diese Weise den Kosmos geistig verfügbar zu machen. Die *Elementenlehre* liefert die Grundlage dazu. Das Schwere (Erde) drängt nach unten, zur Mitte des Alls, das Leichte (Feuer) steigt nach oben. Zwischen diesen beiden Zonen, die also von dem schlechthin Schweren und schlechthin Leichten gebildet werden, liegen die Bereiche des Wassers und der Luft. Wasser ist leichter als Erde, aber schwerer als Luft, deswegen wird es sich immer über dem schlechthin schweren Element ansammeln. Analog muß sich die Luft ihren Platz unter dem schlechthin Leichten suchen.

Der von diesen vier Elementen eingenommene Raum ist der Bereich des Werdens und Vergehens. Darüber befindet sich der in ewiger Kreisbewegung um den Mittelpunkt drehende Äther. Er wird durch den ersten Beweger (Gott), der selbst in Ruhe ist, in Gang gehalten.

Es gibt also grundsätzlich zwei Gebiete in dieser Welt. In dem einen herrscht ewig gleichmäßige Kreisbewegung, hier ändert sich nichts; es ist zudem durch die Nähe zur Gottheit charakterisiert. Im anderen gibt es statt der Kreisbewegung die Bewegung nach unten oder nach oben, hier herrscht *Werden* und *Vergehen*. Gottferne ist sein Charakteristikum.

Aus dieser Grundannahme von der Elementenverteilung lassen sich nun fast alle wahrnehmbaren und auch nicht wahrnehmbaren aber denkbaren Vorgänge und Tatbestände in dieser Welt ableiten. So erklärt sich z. B. die Kugelform der Erde ganz einfach daraus, daß alle Erdteilchen, die mit gleicher Gewalt zum Mittelpunkt drängen, schließlich die Form einer Kugel ergeben müssen, weil nur die Kugelform einen Gleichgewichtszustand ermöglicht.

Aber auch solche Gedankengänge wie die folgenden ergeben sich zwangsläufig: Da in der äußeren Sphäre die Gottheit wohnt, ist jede Bewegung nach oben wertvoller als die nach unten. Und da der untere Bereich durch eine gewisse Gottferne charakterisiert wird, ist es verständlich, daß auf der Erde die Dinge nicht so vollkommen sein können wie in den höheren Regionen.

Soweit zu dieser Schrift, ihrem Ziel, den in ihr behandelten geographischen Fakten, dem Stellenwert dieser Fakten innerhalb der Gesamtschrift, der angewandten Methode, der Warum-Frage usw.

1.2 Meteorologia

Die Meteorologia des Aristoteles ist stärker naturwissenschaftlich ausgerichtet als die Schrift De Coelo. Es finden sich kaum Spekulationen, und Beziehungen zur Theologie bzw. Philosophie sind praktisch nicht vorhanden. Die Fülle der geographischen Einzelaussagen ist weniger durch eine Einordnung in philosophische Gedankengänge als vielmehr durch ihre Stellung im naturwissenschaftlichen System gekennzeichnet. Aus diesem Grunde spielt gerade diese Schrift für die Geschichte der Geographie eine besondere Rolle. Noch bis ins 18. Jahrhundert hinein läßt man sich beim Aufbau der Geographie oft weitgehend von den in der Meteorologia des Aristoteles gemachten Aussagen leiten. Daher scheint es angemessen, die einzelnen Kapitel dieser Schrift kurz durchzugehen, um dabei herauszufinden, welche geographischen Einzelaussagen in welcher Verknüpfung gemacht werden, welches das eigentliche Ziel dieser Schrift ist und warum Aristoteles hier anders vorgeht als in der Schrift De Coelo.

Buch I. Kapitel 1: Aristoteles stellt seine Meteorologie zunächst in den Rahmen der von ihm insgesamt verfaßten naturwissenschaftlichen bzw. naturphilosophischen Schriften. Er sagt, daß bisher von ihm folgende Gegenstände behandelt wurden:
a) Die obersten Ursachen in der Natur
b) Die Arten der natürlichen Bewegung
c) Die im äußeren Umlauf angeordneten Sterne
d) Zahl und Art der körperlichen Urstoffe und ihre Umwandlung ineinander
e) Werden und Vergehen.

Nun bleibe noch das zu behandeln, was die früheren Denker Wetterkunde nannten. Hierher gehören (und damit gibt er eine Art von Inhaltsverzeichnis seiner Meteorologia):
a) Milchstraßen und Kometen
b) Alle feurig verlaufenden Erscheinungen
c) Alle Vorgänge in dem für *Luft und Wasser gemeinsamen Bereich*
d) Die Teile der Erde, ihre Gestalt und ihre Eigenschaften
e) Luftströmungen und Erdbeben
f) Wetterstrahlen, kalte Schläge, Windhosen und solche Erscheinungen, die auf Festwerden dieser Urstoffe beruhen
g) Zum Schluß soll dann über Tiere und Pflanzen berichtet werden.

Schon diese Inhaltsangabe der Meteorologia läßt erkennen, daß es sich hier offenbar nicht um das handelt, was wir heute unter Meteorologie verstehen. Warum Aristoteles so vorgeht und (nach heutiger Vorstellung bzw. heutigem Sprachgebrauch) Meteorologie, Klimatologie und Geographie in einem einzigen Werk im Zusammenhang behandelt und von den Erscheinungen im Luft - Wasserbereich ansetzend, schließlich zur Erdoberfläche und den auf ihr lebenden Geschöpfen kommt, das ergibt sich zwangsläufig aus seiner in De Coelo entfalteten Weltvorstellung. Wenn alle Bewegung „von oben" ausgeht und sich sukzessiv „nach unten" (also bis zur Erdoberfläche) fortsetzt, dann ist es sinnvoll, dieser Kausalkette auch im Aufbau der entsprechenden Schrift Rechnung zu tragen und z. B. die Veränderungen, die sich auf der Erdoberfläche ereignen, als „von oben" bewirkt zu betrachten.

Soviel zum Gesamtinhalt der Schrift. Es sei noch kurz auf die einzelnen Kapitel eingegangen und vor allem herausgestellt, was Aristoteles in den heute von uns als echt geographisch empfundenen Abschnitten 4 und 7 bringt.

Kapitel 2: Leitgedanke: Dort, wo der Ursprung der Bewegung liegt, da ist auch die erste Ursache zu suchen; deswegen muß man ,,von oben" anfangen.
Kapitel 3: Hier führt Aristoteles im einzelnen aus, wie sich die Bewegung ,,von oben" nach unten fortsetzt. Diese Gedankenführung reicht bis *Kapitel 13.*
Mit *Kapitel 14* beginnt Abschnitt 4. Hier handelt er die Erdoberfläche ab und untersucht vor allem die Veränderungen, die sich auf ihr ,,von oben bewirkt" vollziehen.
Wichtig ist in diesem Zusammenhang eine Art von kulturgeographischer Betrachtung. Aristoteles zeigt, wie die Besiedlung langsam neben und mit der Landwerdung einhergeht. Das Mündungsgebiet des Nil ist der am jüngsten besiedelte Bereich Ägyptens. Auch aus Griechenland bringt er Beispiele ähnlicher Art, die unter folgendem Gesichtspunkt betrachtet werden: Einst fruchtbares Land liegt jetzt trocken und unbesiedelt, einst sumpfiges dagegen ist jetzt fruchtbar und bewohnt. Die Ursache für alle diese Veränderungen hier unten auf Erden liegt aber im oberen Bereich, dort wo die Bewegung ihren Anfang nimmt.
Mit *Buch II* wendet sich Aristoteles dem Meer zu. In 3 Kapiteln beschreibt er die einzelnen Meere, geht den Fragen nach dem Salzgehalt, der Strömung usw. nach. Einzelheiten interessieren hier weniger.
In unserem Zusammenhang wichtiger ist dann das, was er ab *Kapitel 4* vorträgt. Hier entwickelt er seine Lehre von den zweierlei Ausdünstungen. Er sagt: Die dampfartige Ausdünstung verursacht Regen, die trockene dagegen ist Ursprung und Wesen aller Luftströmungen.
Mit Hilfe dieser Lehre von den zweierlei Ausdünstungen gelingt es ihm dann, den Gesamtmechanismus aller Bewegungsvorgänge auf der Erde verständlich zu machen. Er kann auf diese Weise z. B. so unterschiedliche Erscheinungen wie Erdbeben und Donner leicht und verständlich erklären. So sagt er abschließend in *Kapitel 9:* Was über der Erde Wind, unter der Erde Erdbeben, das ist in den Wolken Donner.
Auf weitere Einzelheiten kann verzichtet werden. Es sei lediglich noch darauf hingewiesen, daß er auch dort, wo er von Pflanzen und Tieren handelt, die Bewegungsvorgänge mit Hilfe der zweierlei Ausdünstungen zu erklären versucht (Fäulnis, Verdauen, Kochen usw.). Selbst in dem Teil seiner Meteorologia, den man heute mit ,,Mineralogie" oder ,,Geologie" bezeichnen könnte, legt er die Lehre von den zweierlei Ausdünstungen zugrunde. (Alles Metallische ist für ihn Rest einer dampfartigen Ausdünstung. Gesteine dagegen entstehen durch trockene Ausdünstung).

1.3 Zusammenfassender Vergleich von De Coelo und Meteorologia
Ich kehre zu den Eingangsfragen zurück: Welche geographischen Einzelaussagen werden gemacht? Welches ist das eigentliche Ziel der jeweiligen Schrift, welchen Stellenwert haben also die Einzelaussagen? Nach welcher Methode geht Aristoteles vor?
Während De Coelo nur verhältnismäßig wenig geographische Einzelaussagen enthält, liegen die Dinge in der Meteorologia anders. Hier haben wir es mit ei-

ner Fülle von Angaben über die Vorgänge und Zustände in der Erde, auf der Erde und über der Erde zu tun. Zunächst scheint kein innerer Zusammenhang zwischen den Aussagen zu bestehen, z. B. über den Salzgehalt des Meeres und die Erdbeben oder gar die Vorgänge im Luftbereich. Wer nur die Inhaltsangabe überfliegt, der entdeckt ein Sammelsurium von geographischen Fakten, die beziehungslos nebeneinander gestellt zu sein scheinen. Es sieht so aus, als habe Aristoteles lediglich das ihm bekannte physisch-geographische Wissen unreflektiert ausgebreitet.

Doch dem ist nicht so. Auch in der Meteorologia wird die von Aristoteles vorgenommene Systematisierung deutlich. Grundsätzlich geht er nämlich wie in De Coelo vor. Er versucht, die Menge der Erscheinungen von einem einzigen gedanklichen Ausgangspunkt her zu erfassen. Dort war dieser Denkansatz die Lehre von den Elementen. Daraus ergab sich alles Gesagte und Abgeleitete mit notwendiger Folgerichtigkeit. Hier bildet die Vorstellung von den zweierlei Ausdünstungen die Grundlage für die innere Systematik des Vorgeführten. Mit Hilfe dieser neuen Lehre versucht Aristoteles, die Fülle der Erscheinungen in ein System zu bringen, um sich und seinen Lesern bzw. Hörern die Dinge geistig verfügbar zu machen.

Aristoteles geht (wie in De Coelo) von außen nach innen vor. Dort begann er mit dem Äther, hier (wo es nur um den erdnahen Bereich geht) setzt er mit dem Feuer an, kommt dann auf die Luft - Wassersphäre zu sprechen und endet mit der Beschreibung dessen, was sich *in* der Erde abspielt. Der rote Faden, der dabei die Darstellung durchzieht, ist die Lehre von den zweierlei Ausdünstungen. Diese bestimmen das Beziehungsgeflecht zwischen den verschiedenen Sphären. Sie gehen von der Erde aus, verursachen dort Erdbeben, sind verantwortlich für die Sammlung des Wassers im Meer sowie dessen Anreicherung mit Salz, setzen den Verdunstungskreislauf in Gang und verursachen durch die Flußbildung das Wechselspiel zwischen Land- und Meerwerdung, führen zur Entstehung von Winden, Donner und Blitz, Lichterscheinungen usw. und reichen schließlich bis in die obere Region des Feuers hinein. Der Motor, der den durch die Ausdünstung in Gang gekommenen Ablauf ewig antreibt, ist die Sonne.

Aus dem Gesagten ergeben sich die Warum-Frage, die Frage nach dem Ziel der Schrift und die anderen weiter vorn angeschnittenen Fragen von selbst. Es geht darum, die geographischen Einzelaussagen zu erklären und sie im Zusammenhang der Beziehungen zu sehen, die den ganzen Kosmos erfüllen. Die geographischen Einzelaussagen bilden nur das Material, an dem das Grundsätzliche der Vorgänge erkannt werden soll, die das Werden und Vergehen ausmachen. Doch ist bei der Meteorologia eine gewisse Schwerpunktverlagerung gegenüber der Schrift De Coelo zu konstatieren. Dort geht es, da vorwiegend der erdferne Bereich des göttlichen Äthers behandelt wird, in besonderer Weise um das Verhältnis der Gottheit zu dieser unserer Welt. Theologisch-philosophische Erörterungen (u. a. die Frage nach dem ersten Beweger) bestimmen auf weite Strecken den Duktus der Schrift. Die Meteorologia dagegen ist theologisch bzw. philosophisch neutral. Die geographischen Einzelaussagen werden nicht im Rahmen theologischer oder philosophischer Erörterungen behandelt, sondern im Zusammenhang einer eigenständigen geographischen Systematik. Man kann daher abschließend sagen: Die Schrift De Coelo ist eine philosophische Abhandlung über die Welt (mit einigen eingestreuten geographischen Aspekten), bei der Meteorologia dagegen handelt es sich um ein echt geographisches, ja beispielhaftes Werk. Diese Meinung vertraten jedenfalls die späteren Geographen. Und aus dem Grunde griffen sie in ganz besonderer Weise bei der Entfaltung einer „neuen" deutschen Geographie (also nach 1500) auf dieses Werk zurück.

1.4 De Mundo (Über die Welt) [9)]

Neben den beiden genannten Werken hat Aristoteles noch eine dritte Schrift verfaßt, in der er Material behandelt, das wir heute (selbst bei enger Auslegung) zur Geographie rechnen können. Zunächst soll wieder kurz auf das in dieser Schrift behandelte Material eingegangen und aufgezeigt werden, nach welcher Methode Aristoteles hier vorgeht. Dann soll uns die Warum-Frage und die Frage nach dem Stellenwert des geographischen Materials innerhalb dieser Schrift beschäftigen.

Aristoteles beginnt mit dem geographischen Stoff im 2. Kapitel. An den Anfang setzt er seine Definition des Begriffes Welt. Er sagt: Welt ist der Zusammenschluß aus Himmel und Erde oder, wie man in anderem Sinne sagen kann, die Ordnung und Waltung des Alls, die von Gott und durch Gott gewährt wird. Die Mitte der Welt - so fährt er fort - ist die unbewegte Erde. Über ihr liegt als Ganzes der Himmel. Er ist nach oben hin begrenzt; er beherbergt auch die Sterne, jene göttlichen Körper, denn er ist in ewiger Kreisbahn begriffen. Den Wesensstoff von Himmel und Sternen nennt man Äther, es ist ein unvergänglicher und göttlicher Grundstoff neben den vier anderen. Von den Sternen, die der Himmel umfaßt, drehen sich die einen immer mit ihm, während die anderen als Wandelsterne ihre eigene Bewegung haben.

An den natürlichen Bereich des unwandelbaren göttlichen Äthers schließt sich stetig der wandelbare, vergängliche und sterbliche an; und zwar kommt zuerst die Region des Feuers, dann der Bereich der Luft. Dem Luftraum benachbart ist die Feste der Erde und des Meeres ausgebreitet, mit Pflanzen, Tieren, Quellen und Flüssen. Man teilt die bewohnte Welt in Inseln und Festländer, ohne zu wissen, daß jene insgesamt eine Insel bildet, umspült vom Meer. Es ist anzunehmen, daß es außer ihr noch andere gibt, weit über dem Meer. Die Gesamtnatur des Feuchten drängt zur Oberfläche und läßt nur in einigen anstehenden Felsgebirgen die sogenannten bewohnten Welten hervortreten. Sie ist also der nächste Nachbar des Luftraumes. Diese fünf Urstoffe liegen in fünf kugelförmigen Bereichen einer im anderen.

Nach dieser im Zusammenhang der Elementenlehre gegebenen Gesamtübersicht über die Welt wendet sich Aristoteles kurz dem Meer und dann dem Land zu. Zunächst beschreibt er das Mittelmeer mit den einzelnen Buchten, Vorsprüngen usw., dann das äußere Meer mit seinen Meeresarmen und seinen Inseln.

Über das Land sagt er: Die Breite der Ökumene beträgt 40 000 Stadien, die Länge 70 000. Die bewohnte Erde gliedert sich in Europa, Asien und Libyen. Nun folgt noch eine kurze Beschreibung dieser einzelnen Erdteile.

Ab *Kapitel 4* wendet er sich den *Vorgängen* zu, die sich auf der Erde und darüber abspielen. Hier bringt er eine kurze Meteorologie, bzw. das, was wir heute unter Meteorologie verstehen, setzt mit den zweierlei Ausdünstungen an, spricht von Nebel, Tau, Wolken, Regen usw. (den wässerigen Impressionen), Wind, Blitz und Donner sowie Erdbeben (den Folgen der trockenen Impressionen) und schließt mit den optischen Erscheinungen in der Luft (Regenbogen usw.). Anhangsweise erscheint wieder (wie in der Meteorologia) eine Abhandlung über das Geschehen unter der Erde bzw. unter der Erdoberfläche. Abweichend von der Meteorologia geht er jedoch hier erneut auf die Erdbeben und am Schluß sogar auf Ebbe und Flut ein.

Soweit zum geographischen Material dieser Schrift. Im Vergleich zu De Coelo und Meterologia fällt auf, daß Aristoteles hier eine Art Länderkunde darbietet. Hierin zeigt sich bereits, daß die Schrift De Mundo stärker geographisch ausgerichtet ist als die beiden vorher genannten Werke. Parallel zur Aufnahme neuen Materials (der Länderkunde bzw. Länder- oder Küstenbeschreibung) geht eine neue Aufgliederung des Gesamtstoffes in *Zustände* und *Vorgänge* einher.

Neben diesen grundsätzlichen Verschiedenheiten zu den beiden anderen Schriften sind noch folgende Einzelunterschiede zu nennen:

a) Aristoteles spricht hier von *dem* Himmel, der als Ganzes die Erde umschließt. Vom göttlichen ersten Beweger ist hier nicht die Rede.

b) Er äußert sich eindeutig zur Inselgestalt der Ökumene.

c) Ebbe und Flut werden als durch den Mond verursacht erklärt.

Zusammenfassend läßt sich sagen: Das hier gebrachte Material ist zwar im großen und ganzen das gleiche wie das in den beiden anderen Schriften dargelegte, es ist jedoch anders gegliedert und um den länderkundlichen Stoff erweitert.

Wir kommen zum Ziel der Schrift und zur Ausrichtung des geographischen Materials auf dieses Ziel hin. Auskunft darüber gibt die Einleitung. Dort schreibt Aristoteles, daß er dieses Werk dem König Alexander, seinem ehemaligen Schüler widme. Zwischen den Zeilen kann man lesen, daß diese Widmung offenbar in der Absicht geschehen ist, dem König seine Hybris versteckt deutlich zu machen und ihm mit Hilfe eines ganz neutral scheinenden Stoffes (eben der Geographie bzw. des geographischen Faktenmaterials) zu zeigen: Es ist ein Höherer, der die Welt regiert, dem auch Du letztlich untertan bist, und dem Du Rechenschaft geben mußt; bescheide Dich daher und übernimm Dich nicht.

Nun kann das geographische Material *allein* eine solche Aufgabe nicht erfüllen, sondern dazu ist erst eine philosophische Aufbereitung (und zwar die Indienstnahme dieses Materials für den Beweis der göttlichen Vorsehung bzw. Weltregierung) erforderlich.

Aristoteles sagt dazu in dieser Schrift folgendes:

„Daher kann man denen, die uns das Wesen nur eines Ortes oder die Gestalt nur einer Stadt, die Großartigkeit nur eines Stromes oder die Schönheit nur eines Berges schildern ... nur Mitleid entgegenbringen wegen ihrer Kurzsichtigkeit ...
Das tun sie aber nur, weil sie das Größere nicht zu sehen vermögen, ich meine die Welt und ihre Wunder. Denn wenn sie hierauf ihren Geist gerichtet hätten, ... alles wäre ihnen klein erschienen und wenig wert gegenüber ihrer Urgewalt. So wollen wir dann davon reden und, soweit wir reichen können, die göttliche Weisheit über das All ergründen ..."
Für Aristoteles kommt es also nicht auf die sichtbaren Einzelfakten an, sondern für ihn ist es wichtig, über dieses Vordergründige zum Ursprung der Dinge vorzudringen, also dahin, von wo aus die Einzeldinge gesteuert werden.
Er setzt zunächst „von unten" an, das heißt mit dem empirisch Sichtbaren und Greifbaren, fragt dann nach demjenigen, der hinter den jetzt und hier ablaufenden Vorgängen stehen muß, und erreicht so im Rahmen dessen, was wir heute Theologia naturalis nennen, den Regierer-Gott. Nachdem dieser Gott einmal bewiesen ist, zeigt er „von oben" (d. i. deduktiv), wie Gott die Welt lenkt. Aristoteles benutzt also das geographische Material in zweifacher Weise: einmal zum Beweis der göttlichen Providentia und damit zum Beweis Gottes schlechthin, und zum andern als Beispielsammlung für die göttliche Tätigkeit in dieser Welt.
Aristoteles fragt: Wie kommt es, daß die Welt, die doch aus gegensätzlichen Urstoffen besteht, nicht längst zugrunde gegangen ist? Seine Antwort lautet: Dahinter muß eine lenkende Kraft stehen, die das Ungleichartige zur Einheit formt.
Diese Kraft, die das All zusammenhält, untersucht er im *6. Kapitel*. Er sagt: Es wäre ein Fehler, wollte man in einer Abhandlung über die Welt das Herzstück eben dieser Welt übergehen. Dieses Herzstück kann man aber nicht über die Religion (also nicht „von oben") erreichen; denn dann kommt man zur Vorstellung von den vielen Göttern. Nein, nur die Ableitung aus dieser Welt (also induktiv „von unten") führt zu dem einen Gott. Wörtlich heißt es:
„Denn der Gott ist wirklich Erhalter und Gestalter [10] aller Dinge, die nur irgendwie in dieser Welt vollendet werden, aber er unterzieht sich nicht der Arbeit wie ein Geschöpf, das selbst Hand anlegen und sich abquälen muß, sondern er bedient sich einer unerschöpflichen Kraft, durch die er auch das scheinbar Fernste beherrscht ...
Den meisten Genuß von seiner Allmacht hat der Körper, der ihm zunächst sich befindet, und weiter der folgende und so der Reihe nach bis in den unteren Bereich. Daher erscheint die Erde und alles Irdische, da es von Gottes Hilfe den weitesten Abstand hat, so schwach, so wenig aufeinander eingespielt und so voller Wirren. Aber dennoch ergibt es sich, sofern die göttliche Allmacht ihrer Natur nach das Ganze durchwirkt, daß sie auch auf die Dinge bei uns einwirkt ...."
Mit den letzten Sätzen hat Aristoteles bereits unmerklich auf die Ableitung „von oben" umgeschaltet. Nachdem der eine Gott als Weltregierer bewiesen ist, kann er in der Tat so vorgehen, ohne seinen geographsichen Ansatz aus

dem Auge zu verlieren. Er bringt im folgenden noch weitere Beispiele für die Regierung Gottes: Er bewegt Sonne, Mond und Himmel, verursacht Regengüsse, Wind und Tau zu ihrer Zeit, regelt die Strömungen der Flüsse usw.. Den Abschluß bildet eine Hymne an Gott, ,,den wir zwar als den Blitzenden, Donnernden, den Äthergott verehren, der aber doch immer nur der eine ist."
Aus dem Gesagten ist der Stellenwert des geographischen Materials, also seine Unterordnung bzw. Ausrichtung auf das eigentliche Ziel der Schrift deutlich. Dieses Ziel ist ein theologisches bzw. philosophisches. Mit der Schrift soll gezeigt werden: Das geographische Material bzw. die Geographie verweist auf Gott den Regierer.
Welche Anregungen konnte ein späterer Leser dieser Schrift entnehmen? Die ursprüngliche Zielrichtung, Alexander vor der Hybris zu bewahren, spielte sicherlich keine Rolle mehr, wohl aber die Ausrichtung der Geographie auf die Providentia. Es ist daher verständlich, wenn die Protestanten hier ansetzten; denn für sie war (anders als bei den Katholiken) das Lehrstück von der göttlichen Vorsehung eines der wichtigsten Lehrstücke überhaupt (siehe dazu unten 3.2).

2. Die an Ptolemäus ausgerichtete Geographie des ausgehenden Mittelalters

Aus dem bisher Gesagten wird es verständlich, warum die Geographen des Mittelalters, die sich ja als Philosophen zumindest seit 1200 überwiegend nach Aristoteles richteten, in der Geographie stärker auf Ptolemäus rekurrierten. Mit Hilfe der ptolemäischen Geographie, in der es praktisch ,,nur" um die kartographische Darstellung der Erdoberfläche ging, ließ sich leicht eine Verbindung zum Zentraldogma von Gott dem Weltenschöpfer herstellen, indem man sagte: Die Karten des Ptolemäus zeigen uns, wie die von Gott geschaffene Welt aussieht. Aus dem Grunde behandeln denn auch die katholischen Geographen des Mittelalters (typisches Beispiel: Vincentius) ihre ,,Geographie" im Rahmen der Schöpfungsexegese.
Zwar emanzipiert sich im 14. Jahrhundert die Geographie in gewisser Weise aus der Theologie, indem sie sich von der Anbindung an die Schöpfungsexegese löst, die Anlehnung an Ptolemäus bleibt aber erhalten. Geographie ist in jener Zeit gleichbedeutend mit ptolemäischer Geographie und das heißt: mit der kartographischen Darstellung der Erdoberfläche.
Auch bei Stöffler, dem Lehrer Melanchthons und Münsters ist das noch so.
Er betreibt jedoch kaum eigene Forschungen, sondern betrachtet es als sein Hauptanliegen, seine Schüler in die Geographie des Ptolemäus einzuführen. Jahrelang liest er über das Werk des Ptolemäus, kommentiert dieses und berichtigt die Fehler, die man inzwischen im Werk des Alexandriners festgestellt hat.
Die theologische Anbindung der Geographie ist bei ihm sehr locker. Man kann praktisch von einer theologisch neutralen Geographie bei ihm sprechen. Lediglich im Vorwort seiner Schriften oder bei gelegentlichen Randbemerkungen

wird es deutlich, daß er - wenn er sich überhaupt Gedanken über eine Beziehung zwischen Geographie und Theologie macht - ganz im Geiste seiner Vorgänger Vincentius, Reisch usw. davon überzeugt ist, daß die Geographie uns auf Gott den Schöpfer verweist.
Man konnte es sich bisher schlecht erklären, warum das bei seinen beiden wichtigsten Schülern Melanchthon und Münster dann plötzlich ganz anders ist. Warum ordnen diese beiden die Geographie auf einmal der Theologie in einer derartig radikalen Weise unter, wie es selbst im Mittelalter niemals üblich war? Und warum wendet sich vor allem Melanchthon ganz entschieden von Ptolemäus ab und Aristoteles zu, wodurch eine *völlige Neuausrichtung der Geographie* eingeleitet wird? Diese Fragen sind relativ leicht zu beantworten, wenn man berücksichtigt, daß in der Zeit zwischen Stöffler und Melanchthon der große Umbruch stattfindet, den man mit Reformation bezeichnet bzw., daß in dieser Zeit die sich seit langem anbahnende Umorientierung in der Gesamt-Geisteshaltung Europas einem ersten Höhepunkt zustrebt, der in der Reformation seinen Ausdruck findet.

3. Die Neuausrichtung der Geographie durch Melanchthon
3.1 Die Änderung der Geisteshaltung

Es kann hier nicht im einzelnen aufgezeigt werden, welche Veränderungen die Reformation mit sich gebracht hat bzw. inwieweit die Reformation der sichtbare Ausdruck einer völlig neuen und veränderten Geisteshaltung ist. Es seien nur diejenigen Dinge herausgegriffen, die für die Entwicklung des Faches Geographie und für die Hinwendung zu Aristoteles von Bedeutung geworden sind.
Hier scheint mir die *Schwerpunktverlagerung im theologischen Denken* entscheidend zu sein. Vor der Reformation galt das Hauptinteresse der Theologen Gott dem Schöpfer. Das Lehrstück von der Creatio stand im Zentrum des Denkens. Nach der Reformation nahm diesen Platz das Lehrstück von der Providentia ein. Der Schöpfer-Gott, also derjenige, der die Welt damals geschaffen hat, ist zwar der allgewaltige, aber zugleich auch der „ferne" Gott. Es war einer der Hauptgründe, der die Reformation überhaupt in Gang brachte, daß man statt des „fernen" Gottes den „nahen" Gott suchte, denjenigen, der sich dem Menschen jetzt und hier in Gnade zuwendet. Man sehnte sich nach diesem „nahen" Gott, den man ohne Vermittlung durch die Priester direkt zu erreichen hoffte. Man denke an den Ausspruch Luthers: Wie erlange ich einen gnädigen Gott? Und man denke weiter an Luthers Forderung nach dem allgemeinen Priestertum, wodurch jedem Christen der direkte Zugang zu diesem „nahen" Gott ermöglicht werden sollte.
Der „nahe Gott" ist derjenige, der in seiner Vorsehung (Providentia) auch nach der Schöpfung am Werk ist und dafür sorgt, daß alles in der Welt um des Menschen willen richtig und gut funktioniert. Daraus folgt: Wer einen Blick in diese Welt wirft und dabei das gute Funktionieren wahrnimmt, der hat einen direkten Zugang zu dem jetzt tätigen „nahen" Gott gefunden.

Aus dem Gesagten ergibt sich, daß die Geographen unter den Lutheranern nicht nur gedrängt, sondern geradezu gezwungen waren, ihr Fach so umzugestalten, daß es zu der neuen Geisteshaltung paßte. Die Geographie mußte so verändert werden, daß es mit ihrer Hilfe möglich war, den „nahen Gott" der Lutheraner, nicht aber den „fernen Gott" der Katholiken zu erreichen.

Zu dem Gesagten kommt ja auch noch folgendes hinzu: Zur Zeit der Reformation ist eine tiefe Religiosität in ganz Europa zu konstatieren bzw. die neuerwachte tiefe Religiosität, die vielleicht als Reaktion auf die „Verweltlichung" der Kirche zur Zeit der Renaissance aufzufassen ist, war eines der Hauptmomente, wodurch die Reformation in dieser Weise ausgelöst wurde.

3.2 Die Bedeutung der geographischen Schriften des Aristoteles für die Neuausrichtung der Geographie durch Melanchthon

Melanchthon, der Freund Luthers und der Begründer des Schul- und Hochschulwesens im lutherischen Europa, geht von folgendem Grundgedanken aus: An unseren Schulen und Hochschulen sollen nur solche Fächer gelehrt werden, die mit der evangelischen Lehre (der Doctrina Evangelica) in Einklang stehen. Fächer, die diese Forderung nicht erfüllen, sind entweder aus dem Fächerkanon zu streichen oder so umzugestalten, daß sie den genannten Forderungen entsprechen.

Für die Geographie bedeutet das: Da die an Ptolemäus orientierte Geographie sich nicht dem lutherischen „Zentraldogma" von dem jetzt tätigen „nahen Gott" unterordnen läßt, muß sie umgestaltet werden!

So kommt es, daß Melanchthon, der ohnehin Aristoteles stark verpflichtet war, auch in der Geographie „seinen" Philosophen zugrunde legt. Und da Aristoteles stärker physiogeographisch als kartographisch ausgerichtet ist, liegt hier der Grund, warum mit Melanchthon und der Reformation eine Neuausrichtung der Geographie einsetzt, die folgendermaßen charakterisiert werden kann: *Schwerpunktverlagerung von der mathematischen Geographie zur Physiogeographie.*

Wie ich bei der Besprechung der geographischen Werke des Aristoteles zu zeigen versucht habe, eignet sich die aristotelische Geographie trefflich dazu, das geographische Faktenmaterial auf die Providentia hin auszurichten. Es ist daher nur folgerichtig, wenn Melanchthon in seinen Vorlesungen nun (ganz anders als sein Lehrer Stöffler) Aristoteles zugrundelegt, das geographische Faktenmaterial in den Dienst der Providentia-Erläuterung stellt und damit zum Begründer der neuen „lutherischen" Geographenschule wird, in der die Physiogeographie die Hauptrolle spielt.

Es erhebt sich in diesem Zusammenhang die Frage: Wäre Melanchthon auch ohne Aristoteles in der Lage gewesen, die Geographie in dieser Weise umzugestalten?

Die Antwort ergibt sich, wenn man die Vorlesungsnachschrift Melanchthons genau untersucht. Es läßt sich herausstellen, daß er zunächst versuchte, ohne Anlehnung an Aristoteles die Geographie entsprechend umzugestalten; denn

Luther war ein entschiedener Gegner des Aristoteles, und Melanchthon stand in den ersten Jahren seiner Wittenberger Lehrtätigkeit ganz besonders stark unter dem Einfluß Luthers.

Melanchthon war also offenbar gehalten, zumindest zunächst einmal den Versuch zu unternehmen, ohne Anlehnung an Aristoteles die Ausrichtung der Geographie auf die Providentia vorzunehmen. Es läßt sich jedoch zeigen, wie er (man hat beinahe den Eindruck, daß es gegen seinen eigenen Willen geschieht) im Verlauf der Vorlesung immer mehr zu Aristoteles hingedrängt wird. Während er im Vorwort und im Inhaltsverzeichnis noch den Eindruck erweckt, als würde es ihm gelingen (bzw. als sei es ihm gelungen), eine Physiogeographie „ohne Aristoteles" zu entfalten, zeigt der Text, daß er sich letztlich doch nicht nur in der Großanlage, sondern sogar im Detail von Aristoteles leiten läßt.

Damit ist die Frage nach der Bedeutung des Aristoteles für die Neuausrichtung der Geographie in Deutschland und im lutherischen Europa beantwortet.

4. Die Sonderstellung der „reformierten Geographie"

Sebastian Münster, der andere Schüler Stöfflers, lehnt sich nicht so stark wie Melanchthon an Aristoteles an. Woher kommt das? Woran liegt es, daß er und seine Schüler nach wie vor stark auf Ptolemäus rekurrieren und dann obendrein wieder die Bibel mit heranziehen? (Melanchthon und seine Schüler entfalten ihre Geographie ohne die geringste Anlehnung an die Bibel). Und warum ziehen die Reformierten zusätzlich noch Strabo heran?

Diese Fragen lassen sich wiederum leicht beantworten, wenn man berücksichtigt, daß die Reformierten eine andere Providentialehre haben als die Lutheraner.

Grundsätzlich waren sich Lutheraner und Reformierte darin einig, daß die Geographie in den Dienst der Providentia-Erläuterung zu stellen sei; aber da die Providentiavorstellung der Reformierten in einem entscheidenden Punkt von derjenigen der Lutheraner abweicht, sieht diese „Indienststellung" bei ihnen anders aus.

Während der Lutheraner unter Providentia einzig und allein nur das jetzige Regieren Gottes versteht, umfaßt für den Reformierten die Providentia auch das frühere Regieren. Ja, streng genommen beginnt für ihn die Providentia bereits mit dem Plan Gottes, also noch vor der Schöpfung.

Daraus folgt: Ein reformierter Geograph, der seine Disziplin auf die Providentia ausrichten will, ist zwar gehalten, sich für das Jetzt auf Aristoteles zu besinnen; da aber seine Providentialehre ihn nötigt, auch das darzustellen, was früher war, muß er auf die Schöpfung rekurrieren. Das bedeutet: Er kann sich nicht ganz von Ptolemäus lösen und muß vor allem auch auf die Bibel zurückgreifen; denn nur aus der Bibel läßt sich der Plan Gottes entnehmen. (Hier liegt übrigens der Grund, weswegen in den reformierten Ländern seit eh und je für die Geologie eine größere Aufgeschlossenheit herrscht als in den lutherischen Gebieten Europas, wo man sich zunächst vorwiegend nur für das gegenwärtige Funktionieren interessierte).

So kommt es, daß ausgerechnet die reformierten Geographen, die doch in mancher Hinsicht weniger konservativ waren als die Lutheraner, noch bis ins 17. Jahrhundert hinein gelegentlich ihre Geographie in Form einer Genesisexegese vortragen, wie z.B. Mercator, dessen Hauptwerk, der bekannte Atlas (1595), eine Schöpfungsexegese ist, wobei die Karten lediglich Illustrationen zum Text bilden.
Und warum greifen Münster und seine Schüler (wiederum anders als die Lutheraner) zusätzlich noch Strabo auf, wodurch die Geographie nunmehr um das, was man heute Kulturgeographie nennen könnte, erweitert wird? Einfach deswegen, weil es mit Hilfe der Bibel unter Hinzuziehen der Geographie Strabos möglich ist, zu zeigen, wie Gott die Menschen nach der Vertreibung aus dem Paradies gelenkt hat. Für den Lutheraner ist die frühere Lenkung der Menschen durch Gott unwichtig. Ihm kommt es darauf an, zu zeigen, daß Gott Menschen und Natur heute regiert und lenkt. Anders der Reformierte: Aufgrund seiner anderen Providentiavorstellung muß er (sofern er der Grundthese zustimmt, daß die Geographie zur Providentiaerläuterung dient) zeigen, wie Gott die Menschen früher gelenkt hat. Und hier bilden Bibel und Strabo eine gute gegenseitige Ergänzung.

5. Das Desinteresse an Kopernikus und den Entdeckungen [11]

Es erhebt sich in diesem Zusammenhang folgende weitere Frage: Warum greifen die protestantischen Geographen des 16. Jahrhunderts (die doch in vielen Punkten weniger konservativ waren als ihre katholischen Kollegen im nichtprotestantischen Europa jener Zeit) nicht die Lehre des Kopernikus auf? Lag das etwa daran, daß sie durch die Rückbesinnung auf Aristoteles nun zugleich auch an das geozentrische Weltbild gebunden waren? Selbst Varenius wagt es noch nicht, eindeutig für das heliozentrische Weltbild einzutreten, sondern er zählt lediglich die Vor- und Nachteile auf, die sich ergeben, wenn man einerseits das geozentrische, andererseits das heliozentrische Weltbild zugrundelegt. Er enthält sich gewissermaßen noch der Stimme.
Sicherlich wird man diese Frage nicht monokausal beantworten können. Es werden mehrere Gründe zusammengekommen sein. Einer der wichtigsten scheint mir aber auch hier die Interessenverlagerung in der Gesamt-Geisteshaltung jener Zeit zu sein.
Man wendete sich im protestantischen Europa vorwiegend solchen Dingen zu, die irgendwie mit der Providentia zusammenhingen. Dabei war entscheidend: Mit Hilfe der neu ausgerichteten Geographie war es möglich, die Providentia sozusagen zu beweisen. Ob man dabei das heliozentrische oder geozentrische Weltbild zugrunde legte, war unwichtig. Erst Newton gelingt es, das Interesse der protestantischen Geographen auf Kopernikus zu richten, und zwar mit folgendem Hinweis: Nur unter Zugrundelegung des heliozentrischen Weltsystems, in Verbindung mit den Gravitationsgesetzen ist es möglich, besonders eindringlich die Geographie für die Providentia-Erläuterung indienst zu nehmen. Gott muß nämlich ständig dafür sorgen, daß die Gravitationsgesetze

wirksam bleiben. Wenn er auch nur einen Augenblick seine Hand zurückzieht, dann kommen die Planeten von ihrer Bahn ab.
Zwar ging diese Argumentation Newtons mehr die Astronomen als die Geographen an; aber immerhin war es doch denkbar, daß ein Abkommen eines Planeten von seiner Bahn tiefgreifende Folgen für die Erde und insbesondere für die Erdoberfläche haben würde.
Bei Zugrundelegung des geozentrischen Weltbildes war ein solches Abkommen der Planeten von ihrer Bahn schlechterdings undenkbar; denn die Bahn verlief ja innerhalb der Sphären, die man sich als durchsichtige Schalen vorstellte, von denen eine um die andere gelegt war. Selbst wenn Gott (nach den aristotelischen Vorstellungen) einmal für einige Zeit aufhören würde, als erster Beweger tätig zu sein, so würde das keine plötzlich und dem Menschen sichtbar werdende Veränderung bewirken.
Aus dem Gesagten folgt: Erst durch die Verbindung von heliozentrischem Weltbild und Newtonschen Gravitationsgesetzen wurde das auf die Providentia gerichtete Interesse der Protestanten dann auch zwangsläufig auf Kopernikus gelenkt.
Es war also nicht die Rückbesinnung auf Aristoteles, die dazu führte, daß man sich als protestantischer Geograph wenig um Kopernikus kümmerte bzw. ihn sogar ablehnte. Als Hauptursache muß die allgemeine Interessenverlagerung angesehen werden, wenn auch nicht ausgeschlossen werden soll, daß die Rückbesinnung auf Aristoteles (der ja in diesem Fall dieselbe Auffassung wie die Bibel vertrat) vielleicht mit dazu beigetragen hat, daß sich das geozentrische Denken unter den protestantischen Geographen dann so lange halten konnte.
Ähnlich desinteressiert war man an den neuen Entdeckungen. Noch bis weit ins 18. Jahrhundert hinein diskutierte man, ob es mit Hilfe der Geographie möglich sei, einen Providentiabeweis zu liefern; für eine länderkundliche Darstellung Amerikas z.B. bestand praktisch kein Bedürfnis. Noch Kant, der sich sehr intensiv damit beschäftigt, ob man mit Hilfe des geographischen Faktenmaterials Gott beweisen kann, verwendet im dritten Teil seiner Geographie (also in dem Teil, den man mit Länderkunde bezeichnen könnte), nur einige wenige Zeilen auf Amerika; und das zu einer Zeit, als es schon große Siedlungen von Europäern in Amerika gab.
Auch Mercator nimmt von den Entdeckungen wenig Notiz. Zwar ist Amerika in seinem Kartenteil aufgeführt, in sein geographisches Denken hat aber die Entdeckung Amerikas kaum Eingang gefunden, wie der Text seines Hauptwerkes (1595) zeigt.

6. Das Ende der Aristoteles-Ära

Im 17.Jahrhundert beginnt man, sich schrittweise von Aristoteles zu lösen. Zunächst verselbständigt sich die Geographie gegenüber der Theologie, emanzipiert sich, entwickelt eigene genuin geographische Zielsetzungen und läßt sich nicht weiter in der von Aristoteles durchgeführten Weise für die Providentia-Erläuterung indienst nehmen.

Doch trotz der Emanzipation aus der Theologie bleibt man im Grunde genommen noch Aristoteliker. Erst die von Varenius in der Geographie eingeführte kausalmechanische Betrachtungweise führt dann schließlich dazu, daß man sich endgültig von *dem* Philosophen trennt. Die Trennung verläuft sehr langsam. Zu lange hatte man sein Denken an Aristoteles geschult und ausgerichtet, als daß es möglich gewesen wäre, innerhalb weniger Jahre oder Jahrzehnte eine derartige Wendung zu vollziehen.

Varenius ist eigentlich noch auf weite Strecken Aristoteliker, trotz seines kausalmechanischen Denkens in der Geographie. Erst Weigel kann dann als der erste nicht-aristotelische Geograph bezeichnet werden. Doch ist Weigel relativ unbekannt geblieben und nur als Lehrer von Christian Wolff bedeutsam geworden.

Streng genommen hört die Aristoteles-Ära mit Kant auf; denn erst ihm gelingt es (unter Zugrundelegung des heliozentrischen Weltsystems in Verbindung mit der Newtonschen Physik) unserem Fach die philosophisch-methodische Grundlage für die Folgezeit zu geben [12].

7. Schlußwort

Zusammenfassend sei gefragt: Worin liegt die Bedeutung der geographischen Schriften des Aristoteles für die Entwicklung des geographischen Denkens in Deutschland? Warum reicht diese Bedeutung bis weit ins 18. Jahrhundert hinein und wie vollzieht sich schließlich die Abwendung von Aristoteles? Die Antworten lauten thesenartig:

a) Die Bedeutung liegt vor allem darin, daß man, angeregt durch Aristoteles, eine Methode entwickeln konnte, mit deren Hilfe es möglich ist, das zusammenhanglos scheinende geographische Faktenmaterial zu ordnen, zu systematisieren und so überschaubar und lehrbar zu machen.

b) Als man in Europa daran ging, nach dem „finsteren" Mittelalter den Wissenschaftsbetrieb wieder aufzubauen, bot sich daher Aristoteles in besonderer Weise als Vorbild an, insbesondere auch deswegen, weil sich sein geographisches Denken ausgezeichnet mit der zeitgenössischen Theologie, die einen Indikator für die jeweils herrschende Geisteshaltung darstellte, in Einklang bringen ließ.

c) Mit dem Aufkommen einer neuen Geisteshaltung im 17. Jahrhundert läßt die Bedeutung der Schriften des Aristoteles langsam nach. Immer weniger Impulse gehen durch Rückgriff auf ihn für die Entwicklung der Geographie aus, immer stärker treten Impulse von anderer Seite in Erscheinung.

Die Abwendung von Aristoteles geschieht in folgenden Etappen:

1. Zu Beginn des 17. Jahrhunderts ersetzt man zunächst seine Systematik durch eine neue (Keckermann), emanzipiert die Geographie aus der Theologie, mit der sie aufgrund der von ihm ausgehenden Anregungen beinahe eine unlösliche Einheit eingegangen war, bleibt aber beim geozentrischen Weltbild und geht hinsichtlich des Materials im wesentlichen nicht über ihn hinaus.

2. Dann greift man gegen Ende des 17. Jahrhunderts das heliozentrische Weltbild endgültig auf und wird durch die neu aufkommende kausalmechanische Betrachtung weiter von Aristoteles abgedrängt.
3. Nach einer kurzen Rückbesinnung auf die teleologische Naturbetrachtung des Aristoteles, die als Reaktion auf die kausalmechanische Naturbetrachtung die Physikotheologie des frühen 16. Jahrhunderts ingang gesetzt hatte, erfolgt dann die endgültige Abwendung von Aristoteles gegen Ende des 18. Jahrhunderts. (Kant)
Von da an läßt man sich praktisch nicht mehr von Aristoteles in irgendeiner Weise anregen, von ihm gehen nun keine Impulse mehr auf die Geographie aus, die Aristoteles-Ära ist damit endgültig zu Ende.

Anmerkungen

[1] Bei den folgenden Ausführungen handelt es sich um Gedankengut, das ich erstmals auf der konstituierenden Sitzung des deutschen Zweiges der IGU-Commission ,,History of Geographical Thought" vorgetragen habe. Die Sitzung fand am 12.12.1974 statt.

[2] Was unter Geographie (bzw. einer geographischen Schrift) zu verstehen ist, muß von Fall zu Fall geklärt werden. Wir dürfen jedenfalls nicht unseren heutigen Geographiebegriff oder unsere heutigen Vorstellungen von Geographie zugrunde legen und dann erklären: Alles das, was wir heute nicht zur Geographie rechnen, geht auch den Geographiehistoriker nichts an.
Auszugehen ist davon, was man früher unter Geographie verstand. Da man noch bis ins 18. Jahrhundert hinein oft Geographie mit Cosmologie gleichsetzte, ja sogar mit Schöpfungsexegese oder Providentia-Erläuterung identifizierte, hat der Geographiehistoriker außer den Werken, die das Wort ,,Geographie" irgendwie im Titel führen, auch jeweils die in Frage kommenden cosmologischen, theologischen, philosophischen Werke usw. der Autoren zu berücksichtigen. Hierzu einige Beispiele: Mercators geographisches Hauptwerk ist rein formal eine Schöpfungsexegese. Zwingli trägt seine Gedanken über die Geographie in seiner Providentia-Schrift vor. Kant entwickelt seine Vorstellungen vom Wesen und den Aufgaben der Geographie in einer philosophisch-theologischen Schrift. Siehe: Mercator 1595, Zwingli 1530 und Kant 1783.

[3] Die Frage nach dem Wie kann im allgemeinen ,,innergeographisch" erforscht werden, indem man sich auf die rein geographischen Schriften der infrage kommenden Autoren beschränkt. Größere Schwierigkeiten (mit Ausnahme der in Anm. 2 genannten) ergeben sich hier nicht. Deswegen hat sich auch die IGU-Commission ,,History of Geographical Thought", die demnächst eine Art Lexikon über die Entwicklung des geographischen Denkens herausgibt, zunächst nur auf die Beantwortung der Wie-Frage beschränkt. (Büttner 1974, 233-235)

[4] Die Untersuchung der Warum-Frage bereitet meist größere Schwierigkeiten. In ihren geographischen Schriften gehen die Verfasser ja darauf nur selten ein. Es ist daher meist erforderlich, hierzu auch ihre nichtgeographischen Werke heranzuziehen, also ,,außergeographisch" vorzugehen. (Keckermann, der Begründer der Geographia generalis, behandelt die Warum-Frage z. B. in seinen philosophischen und theologischen Schriften).
Und eine weitere Schwierigkeit kommt hinzu: Oft sind sich die Geographen (besonders in der Zeit vor 1800) selbst nicht einmal dessen bewußt, warum sie so und nicht anders vorgehen. In diesen Fällen wird man auch in ihren nichtgeographischen Schriften vergebens nach Hinweisen auf die Beantwortung der Warum-Frage suchen. Hier muß man ,,indirekt" vorgehen und von der allgemein herrschenden Geisteshaltung (der zeitgenössischen Vorstellung von den Aufgaben der einzelnen Disziplinen usw.) und deren Wandlungen ausgehen.

[5] In diesem Aufsatz behandle ich vorwiegend die Warum-Frage und setze das Wie (dazu Beck 1973 und Büttner 1973) als bekannt voraus.

[6] Vergl. dazu insbesondere die in Anm. 5 genannten Schriften.

[7] Vergl. Anm. 2. Man darf dabei nicht von heutigen Begriffen und Vorstellungen ausgehen.

[8] Ich verzichte hier und im folgenden großenteils auf Quellenhinweise und Literaturangaben. In meiner Habil.-Schrift (Büttner 1973) befasse ich mich eingehend mit den Quellen, bespreche die

Sekundärliteratur, gehe der Echtheitsfrage nach, betreibe Textkritik, nehme zu Übersetzungsproblemen Stellung usw.
Als Übersetzung für die geographischen Schriften des Aristoteles lege ich die von Gohlke zugrunde, verweise jedoch ausdrücklich auf einige Stellen, die besondere Übersetzungsprobleme mit sich bringen.

[9)] Mit Gohlke betrachte ich diese Schrift als echt. Vergl. Anm. 146 meiner Habil.-Schrift. Im übrigen ist es für unsere Erwägungen nicht sonderlich wichtig, ob diese Schrift wirklich von Aristoteles stammt oder nicht. Entscheidend ist, daß man sich bei der Neuausrichtung der Geographie im 16. Jahrhundert weitgehend von dem in dieser Schrift entwickelten geographischen Denken anregen ließ.

[10)] Gohlke übersetzt hier den griechischen Begriff „genetor" mit Schöpfer. Das ist zwar philologisch „richtig"; da wir aber heute aufgrund unserer christlichen Tradition unter Schöpfung im allgemeinen die Schöpfung aus dem Nichts verstehen (sie ist in dem griechischen genetor-Begriff nicht enthalten), halte ich diese Übersetzung für irreführend. Schon Melanchthon benutzte statt des Schöpfer-Begriffes an dieser Stelle einen anderen: Opifex.
Hier zeigt sich, wie wichtig es für den Geographiehistoriker ist, die Schriften im Urtext zu lesen; denn philologisch „richtige" Übersetzungen können durchaus falsche Vorstellungen wecken.
Vergl. dazu Büttner 1973 S. 62 (zum Schöpfer-Begriff bei Aristoteles) S. 93 (zu den Begriffen Mundus, Terra usw. bei Zwingli).

[11)] Vergl. dazu Allen 1976, Büttner 1973 f und 1977 c.

[12)] Zur Emanzipation der Geographie von Aristoteles (und zugleich von der Theologie) vergl. außer den bereits genannten Arbeiten Benz 1971, Buchholtz 1965, Büttner 1963, 1964, 1966, 1973 d, 1973 e, 1973 a, 1975, 1975 b, Deijksterhuis 1956, Kastrop 1972, Philipp 1957, Reich 1937, Weigel 1687, Wolff 1723 u. 1724.

Literaturverzeichnis

Allen, J. L., 1976, Lands of Myth, Waters of Wonder: The Place of Imagination in the History of Geographical Exploration. In: Geographies of the Mind. Hrsg. D. Lowenthal und M. J. Bowden, New York 1976, S. 41-61
Aristoteles, 1952, Über die Welt. Paderborn (deutsch von P. Golke)
Aristoteles, 1955, Meteorologie. Paderborn (deutsch von P. Golke)
Aristoteles, 1958, Über den Himmel. Paderborn (deutsch von P. Golke)
Beck, Hanno, 1973, Geographie. Europäische Entwicklungen in Texten und Erläuterungen. Freiburg/München
Benz, Ernst, 1971, Theologie und Elektrizität. Zur Begegnung und Auseinandersetzung von Theologie und Naturwissenschaft im 18. Jahrhundert. Wiesbaden
Buchholtz, K. D., 1965, Isaac Newton als Theologe, Witten
Büttner, Manfred, 1963, Theologie und Naturwissenschaft, insbesondere Geographie. Theologische Dissertation. Münster
Büttner, Manfred, 1966, Geographie und Theologie im 18. Jahrhundert. In: Tagungsberichte und wissenschaftliche Abhandlungen. Deutscher Geographentag Bochum 1965. Wiesbaden, S. 352-359
Büttner, Manfred, 1971, Rezension zu May, Kant's Concept of Geography... In: Erdkunde 25, S. 305
Büttner, Manfred, 1972, A Geographia generalis before Varenius. In: International Geography 2, S. 1229-1231
Büttner, Manfred, 1972 a, Der dialektische Prozess der Religion/Umwelt-Beziehung in seiner Bedeutung für die Religions- bzw. Sozialgeographen. In: Bevölkerungs- und Sozialgeographie. Deutscher Geographentag in Erlangen 1971. Ergebnisse der Arbeitssitzung 3. Münchener Studien zur Sozial- und Wirtschaftsgeographie 8. Regensburg, S. 89-107
Büttner, Manfred, 1973, Die Geographia generalis vor Varenius. Geographisches Weltbild und Providentialehre. Erdwissenschaftliche Forschungen 7. Wiesbaden (Habil.-Schrift)

Büttner, Manfred, 1973 a, Keckermann und die Begründung der allgemeinen Geographie. In: Plewe-Festschrift. Wiesbaden, S. 63-69
Büttner, Manfred, 1973 b, Neue Strömungen in der Religionsgeographie. In: Zeitschrift für Missions- und Religionswissenschaft 57, S. 39-59
Büttner, Manfred, 1973 c, Das ,,physikotheologische" System Karl Heims. Einordnung und Kritik. In: Kerygma und Dogma 19, S. 267-286
Büttner, Manfred, 1973 d, Zum Gegenüber von Naturwissenschaft (insbesondere Geographie) und Theologie im 18. Jahrhundert. Der Kampf um die Providentialehre innerhalb des Wolffschen Streites. In: Philosophia naturalis 14, S. 95-122
Büttner, Manfred, 1973 e, Zum Übergang von der teleologischen zur kausalmechanischen Betrachtung der geographisch-kosmologischen Fakten. In: Studia Leibnitiana 5, S. 177-195
Büttner, Manfred, 1973 f, Kopernikus und die deutsche Geographie im 16. Jahrhundert. In: Philosophia naturalis 14, S. 353-364
Büttner, Manfred, 1974, IGU-Kommission ,,History of Geographical Thought". Ein Kurzbericht über die Ziele und den Stand der Arbeiten. In: Geographische Zeitschrift 62, S. 233-235
Büttner, Manfred, 1974 a, Religion and Geography. Impulses for a new dialogue between Religionswissenschaftlern and geographers. In: Numen 21, S. 163-196
Büttner, Manfred, 1974 b, Manfred Büttners Arbeiten über die Beziehungen zwischen Theologie und Geographie (herausgegeben von Hideo Suzuki). In: Geographical Review of Japan, S. 653-657
Büttner, Manfred, 1975, Die Emanzipation der Geographie im 17. Jahrhundert. In: Sudhoffs Archiv 26, S. 1-16
Büttner, Manfred, 1975 a, Kant und die Überwindung der physiko-theologischen Betrachtung der geographisch-kosmologischen Fakten. Ein Beitrag zur Geschichte der Geographie in ihren Beziehungen zur Theologie und Philosophie. In: Erdkunde 29, S. 53-60
Büttner, Manfred, 1975 b, Die Neuausrichtung der Geographie im 17. Jahrhundert durch Bartholomäus Keckermann. Ein Beitrag zur Geschichte der Geographie in ihren Beziehungen zur Theologie und Philosophie. In: Geographische Zeitschrift 63, S. 1-12
Büttner, Manfred, 1975 c, Regiert Gott die Welt? Vorsehung Gottes und Geographie. Stuttgart
Büttner, Manfred, 1975 d, Kant and the Physico-Theological Consideration of the Geographical Facts. - A Contribution to the History of Geography in its Relation to Theology and Philosophy. The Geographical Schools in Central Europe before 1600. In: Organon (Warschau) 11, S. 231-249
Büttner, Manfred, 1976, Beziehungen zwischen Theologie und Geographie bei Bartholomäus Keckermann. Seine Sünden- und Providentialehre, eine Folge der Emanzipation der Geographie aus der Theologie? In: Neue Zeitschrift für systematische Theologie und Religionsphilosophie 18, S. 209-234
Büttner, Manfred, 1976 a, Von der Religionsgeographie zur Geographie der Geisteshaltung? Erörterung zur historischen Entwicklung der Religionsgeographie im protestantischen Europa und ihrem gegenwärtigen Stand in der Bundesrepublik Deutschland. Ein Beitrag zur Geschichte des geographischen Denkens. In: Die Erde 4, S. 300-329
Büttner, Manfred, 1976 b, A discussion of the Geography of Religion in Germany. On the historical roots of the Geography of Religion in Protestantism, its history in Lutheran Europe, present new approaches in the Federal Republic of Germany and relations to the Geography of Religion in the USA. Paper presented at the Annual Meeting of the Association of American Geographers 1976, New York (im Druck)
Büttner, Manfred, 1976 c, Neugnadenfeld und Füchtenfeld, zwei Flüchtlingssiedlungen im Emsland. Eine religionsgeographische Studie. In: Festschrift Müller-Wille. Westf. geographische Studien 33, Münster, S. 85-111
Büttner, Manfred, 1976 d, Religionsgeographie. Eine kritische Auseinandersetzung mit Martin Schwind. In: Zeitschrift für Missions- und Religionswissenschaft 60, S. 51-54
Büttner, Manfred, 1976 e, Zur Geschichte und zum gegenwärtigen Stand der Religionsgeographie. In: Denkender Glaube, Ratschow-Festschrift, Berlin, S. 342-362
Büttner, Manfred, 1976 f, Die Neuausrichtung der Providentialehre durch Bartholomäus Keckermann im Zusammenhang der Emanzipation der Geographie aus der Theologie. In: Zeitschrift für Religions- und Geistesgeschichte 28, S. 123-132

Büttner, Manfred, 1976 g, Religionsökologie und Religionsgeographie. Vortrag, gehalten auf der Internationalen Studientagung der Religionswissenschaftler (IAHR), Turku 1973 (erscheint demnächst)

Büttner, Manfred, 1976 h, Ein neuer Wendepunkt in der Religionsgeographie. Zur Geschichte der Religionsgeographie aus geographischer und religionswissenschaftlicher Sicht. In: Temenos (im Druck)

Büttner, Manfred, 1976 i, The Migration of Population and the Structure of Settlements in the Waldensian Valleys West of Turin. In: International Geography 7, S. 15-19

Büttner, Manfred, 1976 j, The Historical conditions affecting the Development of geographia generalis. Vortrag, gehalten auf dem Symposion der IGU-Commission „On the History of Geographical Thought", August 1976 in Leningrad (erscheint demnächst)

Büttner, Manfred, 1977, The Significance of the Reformation for the New Orientation of Geography in Lutheran Germany. A Contribution to the History of Geographical Thought. The Changes of this Subject during the 16th Century. Cause and Effect. Vortrag, gehalten auf dem 15. Internationalen Kongress für Wissenschaftsgeschichte, Edinburgh 1977 (erscheint in History of Science; im Druck)

Büttner, Manfred, 1977 a, On the History and Philosophy of the Geography of Religion in Germany. Vortrag, gehalten auf dem 15. Internationalen Kongress für Wissenschaftsgeschichte, Edinburgh 1977 (im Druck)

Büttner, Manfred, 1977 b, Johannes Stöffler und die Beziehungen zwischen Geographie und Theologie im 16. Jahrhundert. Vortrag, gehalten im Rahmen der Feiern anläßlich des 500-jährigen Bestehens der Universität Tübingen 1977 (erscheint demnächst)

Büttner, Manfred, 1977 c, Geosophie, geographisches Denken und Entdeckungsgeschichte... In: Die Erde (im Druck)

Büttner, Manfred, 1977 d, Die Bedeutung der Reformation für die Neuausrichtung der Geographie im protestantischen Europa. In: Archiv für Reformationsgeschichte 68, 209-225

Büttner, Manfred, 1977 e, Internationale Arbeitsgruppe zur Religionsgeographie bzw. Geographie der Geisteshaltung. In: Geographische Zeitschrift 65, S. 39-45

Büttner, Manfred, 1977 f, The equilibrium between religion and environment exemplified in the case of two typical Moravian communities. Paper presented at the Annual Meeting of the Association of American Geographers, Salt Lake City 1977 (erscheint demnächst)

Büttner, Manfred 1978, Die Bedeutung von Globus und Karte innerhalb der Entwicklung des geographischen Denkens vom Zeitalter des Humanismus bis zur Aufklärung. Paper für das V. Internationale Symposion des Coronelli-Weltbundes. In: Der Globusfreund 25/27, 77-95

Deijksterhuis, E. J., 1956, Die Mechanisierung des Weltbildes. Berlin

Kant, Immanuel, 1783, Der einzig mögliche Beweisgrund zu einer Demonstration Gottes. Königsberg

Kant, Immanuel, 1802, Physische Geographie. Auf Verlangen des Verfassers aus seiner Handschrift herausgegeben und zum Teil bearbeitet von D. Friedr. Theodor Rink. In: Akademie Textausgabe IX, 151-436.

Kastrop, Rainer, 1972, Ideen über die Geographie und Ansatzpunkte für die moderne Geographie bei Varenius... Dissertation Saarbrücken

Mercator, Gerhard, 1595, Atlas sive cosmographicae meditationes. Duisburg

Philipp, Wolfgang, 1957, Das Werden der Aufklärung in theologiegeschichtlicher Sicht. Göttingen

Reich, Klaus, 1937, Kants einzig möglicher Beweisgrund zu einer Demonstration des Daseins Gottes. Leipzig

Weigel, E., 1687, Mathematische Demonstration wider alle Atheisten... Nürnberg

Wolff, Christian, 1723, Vernünfftige Gedancken von den Wirkungen der Natur. Halle

Wolff, Christian, 1724, Vernünfftige Gedancken von den Absichten der Dinge. Halle

Zwingli, Ulrich, 1530, De providentia. Tiguri

(Fertiggestellt: April 1978)

Arnhild Scholten

MUQADDASI ALS VOLLENDER DER MITTELALTERLICHEN ARABISCHEN LÄNDERKUNDE

(Vortrag, gehalten auf dem geographiegeschichtlichen Kolloquium am Rande des 41. Deutschen Geographentages Mainz 1977)

Der aus heutiger Sicht wohl bedeutendste Geograph des arabischen Mittelalters ist al-Muqaddasi, auch bekannt unter dem Namen al-Maqdisi. Sein Werk „Die beste Kenntnis von der Anordnung der Provinzen" (Kitab ahsan at-taqasim fi ma'rifat al-aqalim), in dem Muqaddasi das islamische Reich seiner Zeit beschreibt, spiegelt zum einen die Wissenschaftsauffassung des islamischen Mittelalters durch die Anwendung der damals gültigen wissenschaftlichen Hilfsmittel, weist aber zum andern über sie hinaus, indem eine bis dahin nicht vorhandene und von der damaligen Wissenschaft nicht verlangte Theorie der Länderkunde entwickelt wird.

1. Biographie

Biographische Nachrichten über Muhammad al-Muqaddasi sind spärlich und hauptsächlich nur seinem eigenen Buch zu entnehmen [1]. Muqaddasi, um 945 n. Chr. geboren, stammte aus einer angesehenen Architektenfamilie in Jerusalem und genoß eine fundierte wissenschaftliche Ausbildung, die sich im 10. Jahrhundert vor allem auf die Gebiete des religiösen Rechts, der Koranwissenschaften, der Geschichte, Literatur und Poesie erstreckte und Universalgelehrte von hohem Bildungsstand hervorbrachte. Aus ungeklärten Gründen verließ Muqaddasi seine Heimat [2] und unternahm über einen Zeitraum von mehreren Jahrzehnten hinweg ausgedehnte Reisen durch das islamische Reich, dessen Provinzen er mit Ausnahme von Spanien, Sind und Sigistan sämtlich durchquerte [3] . 985 legte er die erste Fassung seiner Länderkunde vor, die drei Jahre später in einer erweiterten Version erschien: In der ersten Ausgabe stand das Samanidenreich im Mittelpunkt der Darstellung, in der zweiten das Fatimidenreich [4]. Seine Reisen hat er offensichtlich in persönlicher und finanzieller Unabhängigkeit tätigen können: sein Werk läßt kaum Rückschlüsse auf einen möglichen Auftraggeber zu, und seinen Lebensunterhalt bestritt Muqaddasi selbst durch die Ausübung unterschiedlicher Berufe, wobei er - wie er berichtet - alle Stadien vom Bettler bis zum reichen Mann durchlaufen habe [5]. Über sein Todesjahr ist nichts bekannt.

2. Ansatzpunkt

Reisen zum Zwecke wissenschaftlicher Forschung waren im islamischen Mittelalter nichts Ungewöhnliches, denn sie stellten eine Grundlage der religiösen Wissenschaften dar [6]. Nach dem Tod des Propheten begannen die Theologen und frommen Gelehrten, Aussprüche Muhammads und Berichte über sein Verhalten in verschiedensten Situationen zu sammeln, um Richtlinien für eigene Verhaltensweisen zu erhalten [7]. Diese Überlieferungen, arabisch Hadith, wurden neben dem Koran die wichtigste Quelle der islamischen Theologen, die die Hadith zunächst zusammentrugen und dabei die arabische Halbinsel bereisten. Reisen erfüllten also ursprünglich religiöse Zwecke und die reisenden Personen genossen hohes Ansehen [8].

Die Wertschätzung von Reisen fand zudem im Koran durch die Forderung der Pilgerfahrt nach Mekka ihren Ausdruck. In der Folgezeit übertrug sich diese positive Einstellung auch auf Reisen zum Zwecke der profanen Wissenschaften, und Gelehrte aller Bereiche sammelten für ihre eigenen Interessen Material in den islamischen Provinzen, so daß Muqaddasi in dieser Hinsicht ein durchaus typischer Vertreter seiner Zeit ist [9].

Dennoch unterscheidet sich Muqaddasi von seinen Zeitgenossen in einem grundlegenden Punkt. Während der größte Teil der Gelehrten Material aller Art sammelte und dies in enzyklopädischer Form zusammenstellte, also weniger eine einzige Wissenschaft verfolgte, unternahm Muqaddasi seine Reisen mit dem ausdrücklichen Ziel, eine wissenschaftliche und geographische Abhandlung über die islamischen Provinzen zu verfassen [10].

Die Geographie der Araber war im 10. Jahrhundert keineswegs eine im Wissenschaftssystem verankerte Disziplin; Poeten, Literaten und Historiker hatten sie bisher am Rande mitbetrieben und dabei der Methodik und Systematik fremder, aber etablierter arabischer Wissenschaften unterworfen, so daß keine einheitliche Vorstellung über die Gestaltung dieses deskriptiven Zweiges der arabischen Geographie existierte und sie Zuträger und Hilfswissenschaft für die etablierten Wissenschaften blieb [11]. Eine andere große Richtung, die der mathematischen Geographie - meist auf ptolemäischer Grundlage -, wurde vor allem von den Astronomen mitbetrieben. Beide Zweige der arabischen Geographie entwickelten sich auseinander, wobei besonders die deskriptive Geographie ein inhomogenes Bild bot und sich nicht als selbständige Wissenschaft durchzusetzen vermochte [12].

Mit seiner Entscheidung, sich ausschließlich der deskriptiven Geographie - heute würde man sagen: der Länderkunde - zuzuwenden und Feldforschung (Reisen) unter diesem Aspekt zu betreiben, geht Muqaddasi über das bisherige Geographieverständnis hinaus: Er verkündet eine selbständige deskriptive Geographie [13], für die es noch keine verbindliche Systematik, keine wissenschaftliche Methode gibt und die im Bewußtsein der Zeit als „Hilfswissenschaft" verankert ist.

Nur drei seiner Vorgänger hatten einen ähnlichen Ansatzpunkt wie Muqaddasi: Balkhi, Ibn Hauqal und Istakhri. Der persische Gelehrte Balkhi entwarf um 920 in seinem Buch „Die Darstellung der Klimate" zum erstenmal eine Abhandlung der islamischen Provinzen, in der er nach einer festgelegten Reihenfolge eine Provinz nach der anderen beschrieb und damit eine bis dahin unübliche systematische Anordnung des Materials vornahm. Der Mittelpunkt seiner geographischen Tätigkeit war jedoch die Herstellung von Karten zu jeder Provinz, die durch kurze Texte jeweils erläutert wurden [14]. Seine Nachfolger Istakhri und Ibn Hauqal, die sich persönlich begegneten und ihre Forschungsergebnisse austauschten, rückten in der Folgezeit den Text, also die Erläuterung der von ihnen angefertigten Karten, in den Mittelpunkt, wobei sehr viel mehr als in den Karten selbst enthaltene Informationen gegeben werden konnten. Diese drei Vorgänger Muqaddasis besaßen also durchaus schon eine feste Vorstellung von einer eigenständigen deskriptiven Geographie, aber im Unterschied zu Muqaddasi artikulierten sie diese Vorstellung nicht verbal, sondern setzten sie in eine bestimmte Konzeption in ihren Werken um. Auch unternahmen sie keine Reisen mit dem Ziel, eine wissenschaftliche geographische Beschreibung der islamischen Länder anzufertigen. Balkhi hatte seine nähere Heimat nicht verlassen, und Istakhri und Ibn Hauqal unternahmen Reisen aus allgemeiner Neugier, aus Wissensdurst und weil es für die Gelehrten üblich war [15]. Muqaddasi ist der erste arabische Geograph, der sich explizit als geographischer Wissenschaftler begreift und mit einer geographischen Zielsetzung Material sammelt [16].

Die Motivation für die Beschäftigung mit der Geographie entspringt zunächst einer sehr eigennützigen Überlegung Muqaddasis. Wie er schreibt, waren die Wissenschaftler, die zu hohem Ansehen gelangt waren, stets ein Vorbild für ihn, der auch zu wissenschaftlichem Ruhm gelangen wollte, und er suchte gezielt nach einer Disziplin, die ihm die Möglichkeit dazu gab [17]. Es bot sich ihm die deskriptive Geographie an: Die bis dahin erschienenen Abhandlungen seien unbefriedigend, so schreibt Muqaddasi, einige seien viel zu kurz, andere zu ausschweifend, ohne das Wesentliche auszusagen, die meisten vermittelten nur oberflächliche Informationen, und allen sei gemeinsam, daß sie nur unbefriedigend angeordnet seien. In Muqaddasis Augen bietet also die Geographie die Möglichkeit, sich aufgrund der Mängel der bisherigen Werke mit einer eigenen Beschreibung des islamischen Reiches wissenschaftlich hervorzutun [18].

Neben diese recht vordergründige Motivation tritt aber noch eine weitere: Muqaddasi hatte beim Studium anderer wissenschaftlicher Werke festgestellt, daß die Aufgabe des Forschers sich hauptsächlich im Kommentieren und Interpretieren älterer Schriften erschöpfte und kaum Raum für eigene Leistungen blieb. Damit spricht er die traditionelle wissenschaftliche Arbeitsweise seiner Zeit an, die auf die Koranwissenschaften zurückgeht. Der Koran galt bei allen Wissenschaften - also nicht nur bei den religiösen - als Antwort auf alle Fragen; er wurde zur Verifizierung oder Falsifizierung aller Thesen herangezogen. Seine uneingeschränkte Autorität stand über allen weltlichen Meinungen, also auch über den persönlichen Ansichten der sachkundigen Gelehrten, die ihre Ergebnisse den Wahrheiten des Korans anzupassen hatten. Ein umgekehrter Vorgang war undenkbar: Es bestand in allen Wissenschaften ein gemeinsamer Konsensus, daß die Wahrheit nicht am Ende, sondern am Anfang des Forschungsprozesses stand, da sie durch den Koran vorgegeben war. Forschungsergebnisse aus den profanen Wissenschaften mußten durch Koran und Hadith belegt werden, so daß ein ständiger Rückgriff auf die alten heiligen Schriften unvermeidbar war [19]. Diese Einstellung übertrug sich auch auf weltliche Autoritäten. Ein Werk, das von einem als Autorität anerkannten Wissenschaftler verfaßt war, galt als Grundlage, die die Nachfolger zu kommentieren und zu erweitern hatten, aber in der Substanz nicht verändern konnten. Wenn ein Gelehrter ein eigenes Buch schrieb, hatte er sich auf entsprechende Autoritäten zu berufen und dadurch seine eigenen Ergebnisse abzusichern, wobei der Spielraum der eigenen Leistung natürlich weitgehend eingeschränkt war [20].

Muqaddasi wendet sich gegen diesen Wissenschaftsbegriff, von dem vor allem die klassischen arabischen Wissenschaften zu seiner Zeit geprägt waren. Er möchte sich nicht einengen lassen und die Möglichkeit zur eigenen, zur originellen Leistung haben und findet auch unter diesem Gesichtspunkt in der deskriptiven Geographie ein geeignetes Objekt. Wenn man Länder wahrhaftig beschreiben wolle, so argumentiert Muqaddasi, so müsse man sie selbst besuchen und dort am Ort Beobachtungen anstrengen; auf keinen Fall könne man einfach aus den Büchern der Vorgänger abschreiben. Die eigene Beobachtung ist für Muqaddasi die Grundlage für die eigene, originelle Leistung. Gerade die Geographie - so meint er - lebt von der Beobachtung, und deshalb sieht er die Geographie als geeignete Wissenschaft an, um sein Ziel, wissenschaftliches Ansehen zu gewinnen, erreichen zu können.

Die Entscheidung für die Beschäftigung mit der Geographie impliziert also gleichzeitig Kritik am Wissenschaftsbegriff der Zeit, dessen allgemeine Grundlage das Zitieren verbindlicher Autoritäten war. Muqaddasi begreift ihn als einengend und stellt der Methode des Rückgriffs auf Vorlagen die der eigenen Beobachtung gegenüber, die allein Originalität gewährleistet [21].

Damit weicht Muqaddasi vom traditionellen Wissenschaftsbegriff ab, und sein Werk wäre von den Ulama, den theologischen Gelehrten, verdammt worden, hätte es sich allein auf Muqaddasis eigene Beobachtungen gestützt. Der Wissenschaftsbegriff jener Zeit war von der Religion determiniert; abweichende Wissenschaftsauffassungen mußten zwangsläufig als Bruch mit den traditionellen und akzeptierten Wertvorstellungen, die auf dem Islam basierten, aufgefaßt werden, was für den „abtrünnigen" Wissenschaftler den Verlust seiner Autorität und der persönlichen Glaubwürdigkeit zur Folge gehabt hätte [22]. Vor dieser Konsequenz vermag sich Muqaddasi jedoch zu schützen: Neben der Niederschrift eigener Beobachtungen zitiert er vielfach den Koran sowie andere wissenschaftliche Autoritäten, so daß sein Buch auch aus theologischer Sicht kaum noch Angriffspunkte bietet [23].

3. Das Buch
„Die beste Kenntnis von der Anordnung der Provinzen"

Muqaddasis Buch besteht inhaltlich aus zwei Teilen: einem eher theoretischen und einem praktisch - länderkundlichen Teil.

3.1. Die Theorie

Der erste Teil enthält Kapitel verschiedenen Charakters. Nach einer Einleitung, in der Muqaddasi seine Ziele, die Art seines Vorgehens, sowie die Prinzipien seiner Arbeit erklärt, folgt ein Kapitel über Meere und Flüsse im islamischen Reich, diesem wiederum ein theoretisches, in dem terminologische Fragen geklärt werden. Es schließen sich ein Überblick über das islamische Reich und ein Kapitel an, in dem Muqaddasi von seinen Erfahrungen während der Reisen erzählt. Kennzeichnend für diesen ersten Teil des Buches ist also eine Vermischung von allgemeinen und theoretischen Abhandlungen mit ersten länderkundlichen Berichten über die Großgliederung des islamischen Reiches [24].

Besondere Aufmerksamkeit verdienen die theoretischen Abschnitte: Hier kennzeichnet Muqaddasi seinen wissenschaftlichen und geographischen Ansatzpunkt, sein Geographieverständnis, seine Motivation und die Art seines methodischen Vorgehens. In diesem ersten Teil legt er die Grundlagen für den länderkundlichen Teil des Buches; es wird transparent, wie die Ergebnisse des länderkundlichen Teils ermittelt wurden, auf welche Weise sie angeordnet werden sollen und welcher wissenschaftliche Ansatzpunkt dahintersteht.

Mit der Voranstellung dieses theoretischen Teils hebt sich Muqaddasi von seinen Vorgängern stark ab. Auch diese hatten zwar gelegentlich einführende Kapitel vorangeschickt, jedoch enthielten diese nicht mehr als die Vorstellung des darzustellenden Objekts und eine Beschreibung ihrer Erfahrungen während der Reisen. Eine Einbettung ihres eigenen geographischen Ansatzpunktes in allgemeine wissenschaftliche Zusammenhänge erfolgte nicht, ebenso wenig äußerten sie sich zum methodischen Vorgehen *nach* der Materialaufnahme, also zur Systematik ihrer Abhandlungen.

Eine solche Begründung des wissenschaftlichen Ansatzpunktes war im allgemeinen im islamischen Mittelalter und in den bisherigen geographischen Abhandlungen nicht verlangt. Die Aufgabe des Gelehrten bestand ja vorwiegend in der Sammlung und Kommentierung von Materialien, die anschließend in lockerer Reihenfolge arrangiert wurden. Methodenbewußtsein oder gar die Reflexion über die grundlegende Systematik erforderte diese enzyklopädische Arbeitsweise kaum [25]. So nimmt Muqaddasi unter den Geographen eine Sonderstellung ein, wenn er seinem praktisch-länderkundlichen Teil eine theoretische Begründung vorausschickt.

Die Reflexion der Methode erstreckt sich über vier Themenbereiche:
a. Die Verwendung der Quellen
b. Die Verwendung von bestimmten Termini und deren Definitionen
c. Die Anordnung des Stoffes
d. Die Beobachtung als geographische Methode

3.1.1 Die Verwendung der Quellen

Muqaddasi unterscheidet verschiedene Quellen, auf denen seine Abhandlung basiert. Ein geringer Teil des verarbeiteten Materials geht auf mündliche Überlieferungen und persönliche Gespräche mit den Bewohnern eines untersuchten Ortes oder mit anderen Reisenden zurück. Eine solche Materialbeschaffung war im damaligen Wissenschaftsbetrieb anerkannt und durchaus üblich, aber Muqaddasi will sie keinesfalls zur alleinigen Grundlage seiner Arbeit machen. Die Verarbeitung von fremden, d. h. nicht selbst beobachtetem Material stellt in Muqaddasis Augen keine originelle Leistung dar (vgl. seine kritische Haltung gegenüber dem Wissenschaftsbegriff), zudem sind mündliche Berichte nach Muqaddasis Überzeugung nur schwer überprüfbar. Wahrheitstreue ist aber neben der Originalität ein Postulat, das er in seiner Abhandlung verwirklichen will [26].

Eine wichtige Quelle stellen die Büchereien der großen Städte dar, die Muqaddasi aufgesucht und in denen er Material gesammelt hat. Auch diese Art der Informationsbeschaffung geht mit den damaligen wissenschaftlichen Gepflogenheiten konform: die Anlehnung an Autoritäten war fester Bestandteil der islamischen Wissenschaften [27]. Als wichtigste Quelle stellt Muqaddasi jedoch die eigene Beobachtung heraus [28]. Sie allein bietet die Gewähr der Wahrheitstreue, denn erst, wenn man etwas mit eigenen Augen gesehen habe, könne man sich für die Wahrheit des Berichteten verbürgen. Daß Muqaddasi mit der Priorität der Beobachtung vor der Ausschöpfung traditioneller Quellen über das damalige Wissenschaftsverständnis hinausgeht, wurde schon in einem anderen Zusammenhang geklärt.

Aus der Erkenntnis von drei unterschiedlichen und für die Abhandlung verschieden wichtigen Quellenarten zieht Muqaddasi die Konsequenz, daß er diese Quellen in der Abhandlung unterscheiden will: Was er nicht selbst beobachten konnte, soll als mündliche oder schriftliche Fremdinformation kenntlich gemacht und - wenn er die Wahrheit der Aussage nicht selbst nachprüfen konnte - ausdrücklich durch eine bestimmte Redewendung gekennzeichnet werden. In diesem Punkt unterscheidet sich Muqaddasi von seinen Vorgängern, die zumeist eigene Beobachtungen mit fremden Informationen vermischten und keine Gewichtung nach ihrer Bedeutung vornahmen [29].

3.1.2 Die Verwendung bestimmter Termine und ihre Definitionen

Um Mißverständnisse beim Lesen seines Buches von vornherein auszuschalten, definiert Muqaddasi vorweg einige wichtige Begriffe, die er später häufig verwendet. So definiert er den im Arabischen vieldeutigen Begriff „Stadt" oder geographische Termini für die einzelnen Landesteile des islamischen Reiches wie im folgenden Beispiel:
- al-mashriq (der Osten) bezeichnet alle Provinzen des Samanidenreiches
- al-sharq (der Osten) umfaßt außerdem drei weitere Provinzen
- al-maghrib (der Westen) ist die westlichste Provinz des islamischen Reiches
- al-gharb (der Westen) umschließt außerdem Syrien und Ägypten [30].

Neben diesen geographisch relevanten Begriffen definiert Muqaddasi auch einige allgemeine Begriffe, die häufig in seiner Abhandlung Verwendung finden. Die einmal festgelegte Definition im ersten Teil des Buches verhindert mögliche falsche Interpretationen dieser Begriffe durch den Leser.

3.1.3 Die Anordnung des Stoffes

Wie seine Vorgänger Ibn Hauqal und Istakhri will auch Muqaddasi das islamische Reich in Provinzen aufteilen und diese nacheinander beschreiben. Dennoch geht er in seinen Vorüberlegungen bereits über die Ansätze der Balkhi-Schule hinaus, wenn er zugleich angibt, unter welchen Gesichtspunkten er die einzelnen Provinzen darstellen will:
„Wir haben es (das islamische Reich) in vierzehn Teile oder Provinzen eingeteilt (...). Wir haben dann die Distrikte in jeder Provinz beschrieben und ihnen (dabei) ihre Metropolen und Hauptstädte zugefügt und ihre Städte und Dörfer zugeordnet"[31].
(Ausgabe de Goeje, BGA Bd. 3, 2. Aufl. 1906, S. 9)
Muqaddasi geht von einer hierarchischen Struktur der räumlichen Einheiten aus, die in der Abhandlung zur Grundlage einer systematischen Behandlung des Stoffes gemacht werden soll. Sie wird in diesem Teil des Buches nicht näher spezifiziert, gibt aber bereits einen Hinweis auf die im länderkundlichen Teil praktizierte Systematik.
Als Konsequenz aus diesen bisherigen Vorüberlegungen ergeben sich für Muqaddasi drei Postulate, die er in seiner Arbeit realisieren will: Sammlung von relevantem Material und Trennung der Quellen, terminologische Klarheit und systematische Abhandlung des Stoffes. Diese Postulate werden zum erstenmal in der Geschichte der arabischen Geographie für die deskriptive Geographie erhoben, für die bis zu diesem Zeitpunkt keinerlei wissenschaftsmethodisches Rüstzeug existierte. Muqaddasi lenkt den Blick erstmals von den länderkundlichen Einzelfakten auf die für die Ermittlung und Verarbeitung dieser Einzelfakten notwendigen Vorbedingungen, die eine sinnvolle inhaltliche Gestaltung erst ermöglichen. Er beläßt es also nicht bei der Feststellung, die deskriptive Geographie sei als Wissenschaft zu betreiben, sondern entwickelt zugleich Kriterien, die nach seiner Auffassung für diese Disziplin grundlegend sind.

3.1.4 Die Beobachtung als geographische Methode

Darüberhinaus erkennt Muqaddasi, welche zentrale Bedeutung der Beobachtung für die deskriptive Geographie zukommt. Zunächst ist die Beobachtung für ihn eine Methode, mit deren Hilfe er zwei wichtige allgemeine Forderungen, die er an Wissenschaftlichkeit stellt - Originalität und Wahrheitstreue - realisieren kann (s. o.)[32]. Zum einen bietet sie die Möglichkeit zur eigenen Leistung, die darin besteht, im Untersuchungsgebiet eigene Ermittlungen anzustellen und diese anschließend auszuwerten, zum andern ist sie der Garant für die Wahrheit des Berichteten: wenn man selbst etwas gesehen hat, kann man mit seiner Person für die Wahrheit des Gesehenen eintreten.
Damit kommt der Person des Geographen große Bedeutung zu: Er allein garantiert die Zuverlässigkeit und Richtigkeit der Angaben. Der Wert einer geogra-

phischen Abhandlung beruht also nicht allein auf einer gelungenen und an bestimmten Kriterien orientierten inhaltlichen Ausführung, sondern auch auf der Überzeugungskraft und persönlichen Glaubwürdigkeit des Verfassers. Anstelle empirischer Nachprüfbarkeit bietet Muqaddasi seine persönliche Integrität als „Beweis" für die wissenschaftliche Qualität seiner Arbeit an.

In diesem Punkt zeigt sich Muqaddasis Bindung an die Wissenschaftstradition seiner Zeit, die von der Verbindlichkeit von Aussagen einmal anerkannter Autoritäten ausging und damit die persönliche Integrität einzelner Personen als Beweismittel gelten ließ. Eine solche Wissenschaftsvorstellung machte es unnötig, empirische oder logische Beweisverfahren zu entwickeln, da diese mit dem Hinweis auf eine Autorität hätten außer Kraft gesetzt werden können. So erkennt Muqaddasi zwar, daß die Beobachtung im Forschungsprozeß von grundlegender Wichtigkeit ist, aber als Kind seiner Zeit versucht er nicht, differenzierte Beobachtungstechniken zu entwerfen, um sein Werk empirisch nachprüfbar zu machen [33]. Stattdessen greift er auf die islamische Wissenschaftstradition zurück und bürgt mit seiner Person für die Richtigkeit der beschriebenen Fakten und Zusammenhänge.

Beobachtung ist aber für Muqaddasi nicht nur eine Methode zur Erfüllung der Postulate der Originalität und Wahrheitstreue, sondern zugleich die Basis der deskriptiven Geographie allgemein. Es gebe noch keine festen „Regeln", nach denen man Geographie betreiben könne - so schreibt Muqaddasi -, so daß die einzige Grundlage dieser Wissenschaft persönliche Forschungen und Beobachtungen seien. Diese Grundlagereflexion über die bisherige deskriptive Geographie, ihre Mängel (Kritik an den Vorgängern), ihre Grundlage (Beobachtung) und die erforderlichen wissenschaftlichen Hilfsmittel (Feldforschung, Quellenkritik, klare Terminologie, systematische Erschließung des Materials) verleiht der deskriptiven Geographie im islamischen Mittelalter zum erstenmal den Charakter einer selbständigen Disziplin. Diese Entwicklung wurde nur möglich, weil Muqaddasi zunächst von den geographischen Einzelfakten absah und sich auf die Voraussetzungen dieser Wissenschaft besann.

3.2. Die Konzeption des praktisch-länderkundlichen Teils

Nach einer allgemeinen Übersicht über das islamische Reich, in der in tabellarischer Form Auskunft über Meere und Flüsse, Inseln und stehende Gewässer, Ausdehnung und Lage der Provinzen im Klimasystem, über die religiösen Verhältnisse sowie ein Itinerar gegeben wird, wendet sich Muqaddasi der Darstellung der einzelnen Provinzen zu. Wie seine Vorgänger der Balkhi-Schule beschränkt er sich auf die islamische Welt, eine Auswahl, die unter traditionellreligiösen Aspekten getroffen wird: Die Welt der Ungläubigen, der „dar al-harb", ist nach damaliger Auffassung keiner Untersuchung wert, weil sie der Welt der Gläubigen, dem „dar al - islam", als weit unterlegen empfunden wurde und damit nicht als lohnendes Forschungsobjekt galt [34].

Muqaddasi unterteilt das islamische Reich in vierzehn Provinzen, die in sieben arabische und sieben nicht-arabische unterschieden werden [35]. Er untersucht zunächst die arabischen Provinzen, beginnend mit der arabischen Halbinsel, mit deren Beschreibung traditionell alle größeren Länderdarstellungen des islamischen Reiches begannen, weil hier das religiöse Zentrum des Islam, die Ka'aba, beheimatet war; es schließt sich die Beschreibung der sieben nicht-arabischen Provinzen an.

Bei der Darstellung der einzelnen Provinzen entwickelt Muqaddasi eine völlig neuartige Systematik. Jeder Provinz werden zwei Großabschnitte gewidmet, in denen die jeweiligen Gegebenheiten dieser Provinz unter verschiedenen Aspekten angeordnet werden.

Der jeweils erste Großabschnitt beginnt mit einer Laudatio auf die Provinz; es folgt eine Unterteilung der Provinz in Distrikte, dieser eine weitere in Bezirke, und es schließt sich nach dieser Klassifizierung des Großraumes der Provinz de majore ad minorem die Beschreibung der Distrikte und Bezirke an, in der Städte und Dörfer auf die gleiche Art hierarchisiert und einem Distrikt und Bezirk zugeordnet werden. Ausgangspunkt der Beschreibung ist die jeweils größte Raumeinheit, die in immer kleinere Einheiten zerlegt wird. Dieses Einteilungsprinzip beruht auf einer Hierarchisierung von Groß- und Kleinräumen nach Verwaltungsregionen; es entsteht auf diese Weise für jede Provinz eine Hierarchie von räumlichen Einheiten, die die Systematik eines jeden ersten Großabschnittes bestimmt [36].

Der jeweils zweite Großabschnitt, den Muqaddasi „Zusammenschau" (ar. djumal) nennt, beruht auf einer anderen Systematik [37]. Hier werden die im ersten Großabschnitt bei jedem Ort zusammengetragenen Beobachtungen zu Themengruppen zusammengefaßt und auf den Großraum der Provinz bezogen. Es sind vor allem sechs Themenkreise, die stets in der gleichen Reihenfolge abgehandelt werden: die naturräumliche Ausstattung, die religiösen Verhältnisse, Handel und Produktion, Lebensweise, Verwaltungswesen und Itinerar einer Provinz.

Die Konzeption von Muqaddasis Buch beruht also auf zwei unterschiedlichen Prinzipien. Das eine, das jeweils im ersten Großabschnitt zu einer Provinz zu finden ist, basiert auf einer administrativ begründeten Hierarchisierung des Raumes, die zur Bildung von verschieden großen und einander verwaltungsmäßig zugeordneten Raumeinheiten führt. Diese Räume werden dann jeweils einzeln beschrieben, wobei die Einzelfakten nicht in einer bestimmten Reihenfolge angeordnet sind. Durch das zweite Prinzip im jeweils zweiten Großabschnitt werden die zunächst ungeordneten Einzelbeobachtungen unter thematischen Gesichtspunkten geordnet und auf den Gesamtraum, die Provinz, bezogen. Einmal also werden die Provinzen, Distrikte, Bezirke, Dörfer usw. als die jeweils größte Verwaltungseinheit gesehen, die in kleinere abhängige Einheiten unterteilbar sind, und im zweiten Abschnitt wird die Provinz als zusammenhängender Großraum betrachtet, der mithilfe eines festen Themenkatalogs beschrieben werden kann.

Diese beiden Prinzipien, die bei der Darstellung jeder Provinz zum Tragen kommen, trennt Muqaddasi streng voneinander, so daß sein Buch eine durchgängige Systematik erhält, die es dem Leser leicht macht, a) einen Ort, über den er sich informieren will, aufzufinden und seine Bedeutung für das Umland anhand seiner Stellung in der Raumhierarchie zu erkennen, und b) sich einen Überblick über geographisch relevante Zusammenhänge der Gesamtprovinz zu verschaffen. Eine ähnlich klar gegliederte und transparente Darstellung, die auf räumlichen Gliederungsprinzipien beruht, findet sich weder bei Muqaddasis Vorgängern noch bei seinen Nachfolgern.

4. Die Bindung an die islamische Wissenschaftstradition

Trotz des neuartigen wissenschaftsmethodischen Ansatzes und trotz der Entwicklung einer neuartigen Systematik bleibt Muqaddasi auf dem Boden der islamischen Wissenschaftstradition, der in drei wesentlichen Punkten Tribut gezollt wird.
1. Muqaddasi behält die traditionelle Form wissenschaftlicher Abhandlungen bei. Sein Buch beginnt mit der Basmallah („Im Namen des gnädigen und barmherzigen Gottes"), der Eingangsformel des Korans, die über den Suren stand und die allen Schriftstücken - auch weltlicher Art - voranzugehen hatte. Auch verzichtet Muqaddasi nicht auf eine kurze Einleitung, in der Gottes Beistand für sein Werk und Segenwünsche für den Propheten und seine Familie erbeten werden [38]. Das Buch schließt ebenfalls mit religiösen Formeln, so daß die äußere Form von der Tradition bestimmt wird [39].
2. Muqaddasi übernimmt ohne Einschränkung die allgemeine Auffassung von der Nützlichkeit der Wissenschaften: jede Wissenschaft soll für das irdische wie das Leben nach dem Tode von Nutzen sein [40]. Unter diesem Aspekt wird zum Beispiel die Auswahl der Provinzen getroffen, wird die Priorität der Themen gesetzt. Sowohl die Beschränkung auf islamische Länder als auch die gesamte „kulturgeographische" Ausrichtung des Buches, das sehr stark auf die religiösen Verhältnisse in den einzelnen Provinzen eingeht, erweisen sich als „nützlich" im islamischen Sinne. Es zeigt sich eine enge Verbindung zwischen der Religion und der Wissenschaft: Die Rolle der Wissenschaft wird vom Islam vorgezeichnet und ist nicht durch den Einzelnen interpretierbar.
3. Ebenso traditionsverbunden gibt sich Muqaddasi in der Anwendung des wissenschaftlichen Instrumentariums seiner Zeit, das seine Glaubwürdigkeit und die Wahrheit der dargestellten Fakten und Theorien untermauert. Er zitiert Koran und Hadith zur Verifizierung bestimmter Thesen [41], und er beruft sich ebenfalls auf geographische Autoritäten. In diesem Punkt wird seine Einbindung an die islamische Wissenschaftstradition besonders deutlich. Obwohl Muqaddasi die Beobachtung für wichtiger hält als den Rückgriff auf ältere Autoritäten, unternimmt er keinen Versuch, Beobachtungstechniken zu entwickeln. Stattdessen greift er auf das traditionelle, durch die Religion vorgegebene Autoritätsprinzip zurück, entgegen seiner anfänglichen Forderung, die eigene Beobachtung am höchsten zu werten.
Muqaddasis Werk entspricht damit in wesentlichen Merkmalen den damaligen Maßstäben für Wissenschaftlichkeit. Der Rückgriff auf Koran, Hadith und weltliche Autoritäten sowie die traditionelle Form der Arbeit gehen mit dem mittelalterlichen islamischen Wissenschaftsbegriff konform und beweisen, daß

Muqaddasi das wissenschaftliche Instrumentarium seiner Zeit einzusetzen weiß.

5. Zusammenfassung

Muqaddasis Werk ist ein Beispiel für die normative Rolle des Islam in Hinblick auf die mittelalterlichen arabischen Wissenschaften.
Muqaddasi wurde wie jeder Gelehrte im Sinne der islamischen Wissenschaftstradition erzogen und übernahm die von der Religion determinierten Wertvorstellungen, die sich besonders im Beweisverfahren (Autoritätsprinzip), in der äußeren Form einer Arbeit (vorgeschriebener Anfang, vorgeschriebenes Ende) und in der Nützlichkeitsvorstellung (jede Betätigung muß eine nützliche Aufgabe für Diesseits und Jenseits erfüllen) niederschlagen. Als einziger Geograph des islamischen Mittelalters übt Muqaddasi jedoch in Ansätzen Kritik am Autoritätsprinzip, das er in Anwendung auf die deskriptive Geographie für unzulänglich hält. So kommt er zu der Feststellung, daß die eigene Beobachtung die wichtigste Grundlage der Deskriptiven Geographie sei und Vorrang vor allen anderen Informationsträgern haben müsse. Die Wahrhaftigkeit des Beobachteten wird jedoch nicht empirisch, sondern mithilfe der traditionellen Beweismittel (persönliche Glaubwürdigkeit, Koran, Autoritäten) nachgewiesen. Muqaddasis wissenschaftliche und geographische Ansatzpunkte weisen somit zwar über das Wissenschaftsverständnis seiner Zeit hinaus, doch geschieht die Verifizierung dieses neuartigen Ansatzpunktes durchaus mit den traditionellen, von der Religion determinierten Techniken.
Eine besondere Leistung Muqaddasis aus geographiehistorischer Perspektive besteht in der Entwicklung einer geographischen Systematik, die auf zwei verschiedenen räumlichen Gliederungsprinzipien basiert und der ein differenziertes Raumverständnis zugrundeliegt. Die Reihenfolge der Provinzen wird zwar ungefähr von der Balkhi-Schule übernommen, jedoch wird die Darstellung der einzelnen Provinzen im Gegensatz zu denen der Vorgänger unter streng systematischen Aspekten vorgenommen.
Die größte Leistung Muqaddasis besteht aber in der Reflexion über die Grundlagen der deskriptiven Geographie, die Muqaddasi seinem praktisch-länderkundlichen Teil voranstellt und die zur Entwicklung von Kriterien für eine bisher ohne „Regeln" vorhandene, unselbständige und unsystematische Länderkunde führt [42]. Dadurch wird diese Disziplin aus ihrer jahrhundertealten Einbettung in andere Wissenschaften (Geschichte, Poesie, Literatur) zur selbständigen Wissenschaft emanzipiert.

6. Stellung Muqaddasis in der arabischen Geographie

Es bleibt die Frage nach der Wirkung von Muqaddasis Arbeit auf die nachfolgenden Geographengenerationen zu klären. Man könnte vermuten, daß nach einer so vorbildlichen Arbeit, die der deskriptiven Geographie erforderliche Grundlagen und Hilfsmittel zur Weiterentwicklung als Wissenschaft an die Hand gab, nun eine Fülle von ähnlichen Arbeiten erschienen sein müßten. Es setzte jedoch eine völlig andere Entwicklung ein. Muqaddasi war zwar zu seinen Lebzeiten ein anerkannter Wissenschaftler und blieb auch nach seinem Tod eine anerkannte Autorität, erreichte also sein ursprüngliches Ziel: die Erlangung wissenschaftlichen Ansehens. Aber sein Werk übte nicht in methodischer Hinsicht einen bedeutenden Einfluß aus, was durch die Situation im islamischen Reich gegen Ende des 10. Jahrhunderts zu erklären ist. Muqaddasi hatte noch in einer Zeit arbeiten können, in der eine Vielzahl geistiger Strömungen toleriert wurde. Der Kampf zwischen der religiösen Orthodoxie, die großen Einfluß auch auf die Wissenschaften nahm, und freizügigeren Kräften, war zwar bereits zugunsten der Orthodoxie entschieden, aber es herrschte immer noch eine gewisse Toleranz, die es Muqaddasi ermöglichte, seine vom Geographie- und Wissenschaftsbegriff der Zeit abweichenden Vorstellungen zu artikulieren. Im 11. Jahrhundert, der Zeit also, in der weitere Geographen die Entwicklung der Geographie hätten vorantreiben können, beherrschte die Orthodoxie die geistige Szene. Abweichungen von der Tradition waren damit auch im wissenschaftlichen Bereich nicht mehr möglich, da - wie zu Beginn dargestellt - sich die Wissenschaftstradition aus den religiösen Wissenschaften ableitete und ein Verstoß gegen sie als Häresie gewertet werden mußte.

So benutzten die nachkommenden Geographen das Werk Muqaddasis ganz im Sinne der Wissenschaftstradition: als anerkannte Quelle, aus der sie Einzelfakten zitieren konnten wie aus den Schriften seiner Vorgänger. Der methodische Ansatz Muqaddasis, seine Wissenschafts- und Geographievorstellung sowie seine Kriterien für geographische Abhandlungen wurden nicht mitübernommen und nicht weitergeführt. Die deskriptive Geographie fiel auf den Stand zurück, den sie vor Muqaddasi einmal innehatte: sie blieb eine Kompendiengeographie.

Anmerkungen
[1] Kramers in EI 1, Bd. 3, S. 708 f.
[2] Miquel 1963, S. 17
[3] Brockelmann 1937, S. 264
[4] Brockelmann 1943, S. 411
[5] Ranking/Azoo 1897, S. 75
[6] Sellheim 1961, S. 55 f.
[7] Hell 1919, S. 109
[8] Kremer 1877, S. 437
[9] Hell 1919, S. 108 f.
[10] Ranking/Azoo 1897, S. 4
[11] Scholten 1976, S. 18
[12] Blachère/Darmaun 1957, S. 7
[13] Scholten 1976, S. 91 f.
[14] Schoy 1924, S. 260
[15] Scholten 1976, S. 66
[16] Scholten 1976, S. 85-87
[17] Scholten 1976, S. 85 f.
[18] Grunebaum 1963, S. 314 f.
[19] Plessner 1931, S. 12
[20] Scholten 1976, S. 12

[21] Scholten 1976, S. 92
[22] Grunebaum 1963, S. 51-53
[23] Scholten 1976, S. 109-111
[24] Scholten 1976, S. 96
[25] Sellheim 1961, S. 71
[26] Ranking/Azoo 1897, S. 2-4
[27] Plessner 1931, S. 13
[28] Ranking/Azoo 1897, S. 2-4
[29] Scholṭen 1976, S. 88
[30] de Goeje 1906, S. 7
[31] de Goeje 1906, S. 9
[32] Scholten 1976, S. 92-96
[33] Plessner 1931, S. 13
[34] Plessner 1931, S. 19
[35] Ranking/Azoo 1897, S. 12
[36] Scholten 1976, S. 100
[37] Scholten, 1976, S. 102 f.
[38] Kramers 1954, S. 173
[39] de Goeje 1906, S. 496
[40] Grunebaum 1963, S. 295
[41] z. B. Koran, Sure 2, 15, 16, 29, 35, 44
[42] Blachère/Darmaun 1957, S. 7

Literaturverzeichnis

I. Muqaddasi-Editionen und Übersetzungen

de Goeje, M. (Hrs.) 1906, Descriptio Imperii Moslemici. Bibliotheca Geographorum Arabicorum Bd. 3. 2. Aufl. Leiden

Miquel, A. (Hrs.) 1963, La meilleure répartition pour la connaissance des provinces. Damaskus

Ranking, G./ Azoo, R. (Hrs.), 1897, Ahsanu-t-taqasim fi ma'rifati-l-aqalim. Asiatic Society of Bengal, new series Nc. 899. Bibliotheca Indica. Calcutta

II. Sekundärliteratur

Blachère, R./ Darmaun, H., 1957, Extraits des principaux géographes arabes du moyen âge. 2. Aufl. Paris

Brockelmann, C., 1937, Geschichte der arabischen Literatur. Suppl. Bd. 1. Leiden 1943, Bd. 1., dem Suppl. angepaßte Auflage. Leiden

Grunebaum, G. von, 1963, Der Islam im Mittelalter. Zürich

Hell, J., 1919, Die Kultur der Araber. Wissenschaft u. Bildung Bd. 64. 2. Aufl. Leipzig

Kramers, J. H., 1936, Mukaddasi. In: Enzyklopädie des Islam Bd. 3. 1. Aufl. Leiden/Leipzig 1954, La littérature géographique classique des musulmans. In: Analecta Orientalia Bd. 1. S. 172 - 204

Kremer, A., 1877, Kulturgeschichte des Orients unter den Chalifen. Bd. 2. Aalen 1966 (Reprint)

Plessner, M., 1931, Die Geschichte der Wissenschaften im Islam als Aufgabe der modernen Islamwissenschaften. Philosophie und Geschichte Bd. 31. Tübingen

Scholten, A., 1976, Länderbeschreibung und Länderkunde im islamischen Kulturraum des 10. Jahrhunderts. Bochumer Geographische Arbeiten Bd. 25. Paderborn

Schoy, C., 1924, The Geography of the Moslems of the Middle Ages. In: Geogr. Review Bd. 14. S. 257 - 269

Sellheim, R., 1961, Gelehrte und Gelehrsamkeit im Reiche der Chalifen. Festgabe f. P. Kirn z. 70. Geburtstag. Hrs. E. Kaufmann. Berlin. S. 54 - 79

(Fertiggestellt: Mai 1977)

II.
Anfänge der mitteleuropäischen Geographie und Cosmographie im 15. Jahrhundert

Manfred Büttner

ON THE CHANGES OF THE GEOGRAPHY FROM THE 13 TH TO THE 16 TH CENTURY IN CENTRAL EUROPE.
A contribution to the history of geographical thought

Vortrag, gehalten auf dem Meeting der IGU-Commission on the History of Geographical Thought am Rande des XV th International Congress of the History of Science, Edinburgh (August 1977)

1. Introduction: The tasks of the historian of geography as a historian of science

The task of the historian of geography is - in my opinion - twofold. First he has to investigate *how* geography used to be conducted. This entails for example:
1. according to which principle the facts known at the time were organized,
2. which conception of thought did one take as a basis or develop,
3. which questions were in the focus of interest and which were of lesser concern,
4. where did the motivation come from,
5. what was the central thought serving as a starting point,
6. what changes took place and where did the impulse come from,
7. where did it lead the discipline to? Etc.

To sum this up with reference to the theme of our discussion one might say: What did geography look like in the 16 th century and which changes took place during this period? Where did the impulses come from and what did geography look like after these changes? (Cause and effect of the changes.)

Having answered the obvious question of *how*, a second question, most interesting to the historian of science, arises: the question of *why*, which I personally consider the more important one. For example: why was the orientation of geographical thought in the 16 th century so fundamentally different from that of the 15 th century, at least in Lutheran Germany? Why was *that* particular time the era of great change within geography, the consequences of which are to be felt up to this day?

(Namely, during that time mathematical geography was expanded to include physio-and cultural geography, so that from the 16 th century on one can talk about ,,complete geography" according to today's standards.)

In my paper I stress the question of why. Of course the question of how is not to be left out of consideration.

In my opinion any attempt to find an answer to my questions should be based on the fact that during that time practically all geographers were really theologians. Their thoughts (including their geographical thoughts) were focused on theological aspects. Thus any change in their theological thinking had to result in changes in geographical thought. Or to point out another aspect: since the geographers of that time were concerned with a geography which was theologically orientated, different theological doctrines (different theological schools) had to lead to different geographical conceptions.

To add to this point, schools and universities of the 16 th century in Germany were to a large extent (oriented denominationally). At a Lutheran university, e.g. Wittenberg, it was self-evident that the geographical thought was Lutheran (in accordance with Lutheran theology.)

Today it is difficult (for us) to imagine how any denominational thought (Catholic, Lutheran or Reformed) could be of any importance to geographical thought. Above all it seems strange that one had to change one's geographical concept when converting from the Catholic to the Lutheran or Reformed (Calvinistic) belief. However that is the way it was. Even if it might appear to be a simplification a presentation of complex relations in too simple a way, I try to point out these facts in my paper or at least hint at them.

To do so I present some fundamental considerations first. Then Vincentius and Melanchthon serve as examples to demonstrate how geographical thought was influenced by theology, and what consequences the changes brought about in theological thought by the Reformation had for the neworientation of geographical thought. As the title of my paper says, I limit myself to the situation in Lutheran Germany. The situation in Reformed Germany and the thinking of Reformed Theologians and Geographers can only be touched upon.

2. Fundamental considerations about the relationship between theology and geography

Anybody who was at the last international congress of geographers in Moscow could experience firsthand that the nature, aims, tasks and methods of geography are often seen quite differently in socialistic countries than in the western world. There was a similar state of affairs in the 15 th and 16 th centuries. Today it is an ideology or socio-economic and other circumstances which determine which are the tasks of geography, the methods to be applied and the themes to be focused on, etc. In former times it was theological thought which determined the directions of geographical thought. I name the three most prominent.

1. The *Catholic* geographer had to describe God's Creation. The relationship between theology and geography, especially the task of geography determined by theology, could be characterized as follows: the geographers' task is to describe what the world (created by God in 6 days) looks like.

2. The *Lutheran* geograher, on the other hand, is only very little interested in the Creation and in the way God created the world. Rather he is concerned with

demonstrating how the world now functions under the direction of God.
3. The *Reformed* geographer is to be found between the two positions mentioned above. The Calvinist is mainly interested in describing the continuous process taking place between Divine decree, the Creation, the Fall of man and today's course of the world. Therefore the Reformed geographer (e.g. Sebastian Münster, Mercator etc.) is concerned with the Creation, that took place in 6 days as well with Paradise, the Fall, the great Flood and today's functioning of the world under God's direction.

3. Vincentius and the Catholic geographers of the late Middle Ages

There can be no doubt that the *Speculum naturae* by Vincentius was *the* model of Christian geography for the theologians and geographers from 13th to 16th-century Europe. Vincentius presents his geographical material in line with the framework of events recorded in the first Book of Genesis.
Structure of the work: Vincentius begins with theology concerning the Creator to whom the world owes its existence. He proceeds with ideas from the Bible about primordial matter (Book I). In his second book he deals with the Creation of the first day, attempting to explain the notion of primeval chaos, which is mentioned in the Bible with only one word. The work of the second day follows in the third book. This description is continued in the fourth book.
It is written in the Scripture that on the third day God divided water and land. This biblical pronouncement, too, stimulates Vincentius to discuss the aquatic sphere (Book V) and then the earth, first explaining the element of earth, then its shape, dimensions, zones etc. (Book VI). Finally, the inhabited part of the surface of the earth is described, which he divides into continents, islands etc. It may be added, however, that what we understand by regional geography is dealt with by Vincentius right at the end of his work, in the discussion of the Creation on the sixth day, under the title ,,On the habitation of Man".
Summary: The work presents an interpretation of the Creation. The geographical material has been taken from the Bible and presented in line with the events (the work of the six days) recorded in Genesis.

4. The new orientation of geography brought about by Melanchthon and his students

4.1 The change of the mental attitude during the 16th century
My paper does not intend to outline all the changes brought about by the Reformation, i.e. to what extent the Reformation became the obvious realization of a completely new and altered attitude of mind. I will only point out the facts which became important for geography as a subject.
This is where I feel that the change of focus in theological thought is important. Before the Reformation theologians were mainly concerned with God the Creator and His Creation. The doctrine of Creation was the focus of thought. After

the Reformation the doctrine of Providence (providentia) took its place. God, the Creator, i.e. He who created the world, is, although He is ever present, the ,,distant" God. One of the main reasons for the Reformation was the desire to find a ,,close" God mercifully concerned with mankind, instead of the ,,distant" God. People longed for a ,,close" God, one they were able to reach without the mediation of the priesthood. One only needs to think of Luther's question: How shall I attain a merciful God? Further consider Luther's demand for a lay priesthood through which every Christian should be able to have direct access to the ,,close" God.

The ,,close" God is He who in His providence (providentia) is at work to day (after the Creation) and takes care that for mankind's sake verything in this world functions properly. The consequences of this is that anybody looking at this world and realizing how well it functions has direct access to the ,,close" God at work at this time.

According to the considerations mentioned above the Lutheran geographers did not only tend to but were actually forced to reshape their subject so that it would fit in with the new attitude of mind. Geography should be orientated in such a way as to be able to reach the Lutheran ,,close" God and not only the ,,distant" God of Catholic thought.

Further, the following is to be taken into account. During the time of the Reformation a deep religiosity was definitely present all over Europe or at least a newly awakened religiosity which might be considered a reaction to the secularization during the Renaissance. This was one of the main facts that gave the Reformation momentum.

4.2 The consequences for geographical thought: Alienation from the Bible, Consideration of Aristotle, foundation of physical-and cultural geography.

Like Sebastian Münster, the founder of the Reformed school of geography, Melanchthon was a student of Stöffler's in Tübingen. There he studied geography (and other sciences) as they were practised during the 15th century. In Wittenberg he comes under Luther's influence and develops to be the Praeceptor Germaniae. Here he develops his conception of the nature, task and aims, etc. of geography totally different from the conceptions of his predecessors (but also from Münster's).

Melanchthon puts forward his new ideas in his lecture in 1549. I name the aspects important in our context, on which he based his reform:

1. Geography must point out the providence (providentia), therefore it should methodologically be based on Aristotle and the work *De Mundo*. (The writing De Mundo aims to show that the geographical material refers to God the Ruler. Melanchthon picks up this impulse.)

2. The geographical material is not to be taken from the Bible neither is it to be connected with the Creation (as Vincentius did). It is rather to be based on empirical research, first of all on research concerning physical geography (from today's point of view).

I shall at least briefly touch upon Melanchthon's lecture.

4.3 The interpretation of geographical phenomena in theological terms
After the preamble in the first part, Melanchthon turns to geographical phenomena in the second part. Like Aristotle he begins with the world as a whole, discussing thereafter the individual parts. His method is to follow an outward-inward progression beginning with heaven and ending with the earth. He presents geography (or the geographical facts) in the classical - Aristotelian sequence, not in the sequence of the Bible.

Without going into further details, I shall deal briefly with Melanchthon's climatology as an example of how he uses geographical material (influenced by Aristotle) to substantiate the providentia doctrine. In over 100 pages he explains how climate is directed ,,from above" for man's benefit. First of all he proceeds in an empirical manner, then he presents proofs of providentia, by interpreting the facts teleologically. For example he says: God sends rain when man and nature need it.

Using on a lot of examples like this he can conclude that God precides over everything on earth, starting with the air, then the other elements and finally animate beings. A glance into nature not only makes God's government clear, it proves it. This Divine government (providentia) can be recognised, independently of the Bible. That is the main thesis of Melanchthon's geography.

4.4 The new foundation of cultural geography
Anyone who intends to focus geography on God's present rule of the world, must inevitably enter the field of what is today known as cultural geography (or more precisely geography of religion as a part - at that time the first part - of cultural geography). The spreading of Christianity and its influence on culture clearly exemplify God's rule of the world, although evidence of this is less conclusive than in physiogeography.

This new orientation of geography, or development of a new branch of geography (the geography of religion, later expanded to cultural or human geography) must also be seen in connection with the change in mentality which initiated the Reformation, whereby the subject as a whole underwent a shift in emphasis.

It was Caspar Peucer, a student of Melanchthon's, who, stimulated by his teacher, founded this new branch of geography. In his work of 1556 he states: it is natural that we explore the world into which God has placed us, for we are the children of the Church of Jesus Christ. This world is nothing more than a series of Divine revelations which we are able to comprehend mainly by means of the study of geographical phenomena. Geography is therefore a science which is concerned with the visible aspect of God's revelation.

Since God first revealed Himself in that small unimportant area on the eastern Mediterranean, the geography of Palestine should be placed at the beginning of all geography. The main task, however, is to examine the spreading of Christianity because this shows the progress of God's revelation i.e. providentia.

In order to complete this outline, it is necessary for us to deal briefly with the geographical work of Neander. Neander was - like Peucer - a student of Melanchthon's. He became *the* geography teacher in Lutheran Germany. His book is a regional geography with an orientation towards cultural geography, especially religious geography.

Neander begins with Spain. However, he gives no information about either the geomorphological or the mathematical-cartographic features of this area. Mountains, rivers etc. are ignored and details about longitudes and latitudes are likewise omitted. For Neander Spain is the country of Isidor and the polyglot Bible. On Germany he presents some theologically neutral geographical information. However, places like Basle, Ingolstadt, Heidelberg or even Wittenberg serve as ,,labels" for church history in Germany. Wittenberg, for example, is the city of Luther and Melanchthon and the birthplace of the Reformation. To summarise this section on the beginnings of cultural geography, it has become evident how Luther's deliberate neglect of the doctrine of the Creation resulted in a new orientation (in other words an expansion) of geography.

4.5 The special position of Reformed geography

Sebastian Münster, like Melanchthon a student of Stöffler's, did not lean to Aristotle as strongly as the Lutheran geographers did. He and his students went back to the Bible. Why was that?

This question is easily answered considering that the Reformed church made use of a different doctrine of providence than the Lutheran did. (Fundamentally the Lutherans and the Calvinists or Reformed agreed that geography was to exemplify the doctrine of providence and not the doctrine of creation.)

While Lutheran thought only includes God's ruling at the present time in the doctrine of providence, the Reformed church includes the former ruling, even including God's plan before the time of Creation. Consequently, the Reformed geographer has to refer to the Bible since only the Bible reveals God's plan and his former ruling of the world. (Therefore Reformed countries have been more open to geology than the Lutheran areas of Europe. The Lutherans were mainly interested in the present functioning of the world. Today, of course, there is no different interest between Lutheran and Reformed scientists.)

5. Closing remarks: Changing into a ,,complete geography" in the 16th century. The effect of the Reformation.

The interest during the Reformation (or arising with the beginnings of the Reformation) in the active presence of God who reveals himself with grace to mankind and who can be approached directly without ecclesiastical mediation resulted in an expansion of geography. The mathematical geography mainly oriented to Ptolemy and the geography of the Creation based on the Bible was expanded to include what we would call today cultural and physical geography. In spite of the fact that cultural geography was oriented to a geography of religion (from today's point of view) and physical geography was conducted in an Aristotelian teleological and theological manner (today these subjects have a different orientation) it must be remembered that the division of today's geography and the development into a ,,complete geography" (i.e. mathematical, physical and cultural geography) originated in the 16 th century. Thus the roots of today's ,,complete geography" are to be found in the 16 th century.

Bibliography

Aristoteles 1952: Über die Welt (deutsch von P. Gohlke). Paderborn.
Aristoteles 1952: Meteorologie (deutsch von P. Gohlke). Paderborn.
Aristoteles 1958: Über den Himmel (deutsch von P. Gohlke). Paderborn.
Beck, H. 1954: Methoden und Aufgaben der Geschichte der Geographie. Erdkunde. 8, pp. 51-57.
Benz, E. 1971: Theologie und Elektrizität. Zur Begegnung und Auseinandersetzung von Theologie und Naturwissenschaft im 18. Jahrhundert. Wiesbaden.
Büttner, M. 1963: Theologie und Naturwissenschaft, insbesondere Geographie. Theolog. Diss. Münster.
Büttner, M. 1964: Theologie und Klimatologie. Neue Ztschr. f. systemat. Theologie und Religionsphilosophie. 6, pp. 154-191.
Büttner, M. 1973: Die Geographia generalis vor Varenius. Geographisches Weltbild und Providentialehre. Wiesbaden. Erdwissenschaftl. Forschung. 7 (Habil.-Schrift).
Büttner, M. 1973 c: Das ,,physikotheologische" System Karl Heims. Einordnung und Kritik. Kerygma und Dogma. 19, pp. 267-286.
Manfred Büttners Arbeiten über die Beziehungen zwischen Theologie und Geographie. (Herausgegeben von Hideo Suzuki). Geographical Review of Japan. Tokyo (1974), pp. 653-657.
Büttner, M. 1975: Die Emanzipation der Geographie im 17. Jahrhundert. Sudhoffs Archiv. 26, pp. 1-16.
Büttner, M. 1975 c: Regiert Gott die Welt? Vorsehung Gottes und Geographie. Stuttgart.
Büttner, M. 1977: Johannes Stöffler und die Beziehungen zwischen Geographie und Theologie im 16. Jahrhundert. Vortrag, gehalten im Rahmen der Feiern anläßlich des 500-jährigen Bestehens der Universität Tübingen am 25.6.1977. (forthcoming).
Büttner, M. 1977 a: Die Bedeutung der Reformation für die Neuausrichtung der Geographie im protestantischen Europa. Archiv für Reformationsgeschichte 68, pp. 209-225.
Büttner, M. 1978: Die Bedeutung von Globus und Karte innerhalb der Entwicklung des geographischen Denkens vom Zeitalter des Humanismus bis zur Aufklärung. Paper für das V. internationale Symposium des Coronelli-Weltbundes. Der Globusfreund 25-27, pp. 77-95.
Büttner, M. 1979: Die geographisch-cosmographischen Schriften des Aristoteles und ihre Bedeutung für die Entwicklung der Geographie in Deutschland. - Ursachen und Folgen (s. S. 15-34).
Hantzsch, V. 1898: Sebastian Münster. Leben, Werk, wissenschaftliche Bedeutung. Abhandlung der philologisch-historischen Klasse der königl.sächs.Gesellschaft der Wissenschaften. XVIII, 3. Leipzig.
Hartfelder, K. 1889: Philipp Melanchthon als Praeceptor Germaniae. Berlin. Reprint 1964.
Hogden, M. T. 1954: Sebastian Münster (1489-1522): Sixteenth-Century Ethnographer. Osiris. 11 (1954).
Hoheisel, K. 1979: Johannes Stöffler als Geograph.
Hübner, J. 1975: Die Theologie Johannes Keplers zwischen Orthodoxie und Naturwissenschaft. Tübingen.
Maurer, W. 1962: Melanchthon und die Naturwissenschaft seiner Zeit. Archiv für Kulturgeschichte. In Verbindung mit F. Wagner und A. Borst, hrsg.v. H. Grundmann. Bd. 44, H. 2, Köln u. Graz.
Maurer, W. 1964: Melanchthon-Studien. Gütersloh.
Maurer, W. 1967: Der junge Melanchthon. Göttingen.
Melanchthon, P. 1549: Initia doctrinae physicae. Wittenberg.
Mercator, G. 1631: Atlas minor. Amsterdam.
Münster, S. 1550: Cosmographiae universalis libri VI. Basel.

Neander, M. 1583: Orbis terrae partium succincta explicatio. Eisleben.
Peucer, C. 1556: De Dimensione Terrae. Wittenberg.
Ratschow, C. H. 1964: Lutherische Dogmatik zwischen Reformation und Aufklärung. Gütersloh.
Stöffler, J. 1512: Commentaria in Geographicae Ptolemaei libros ...(Manuskript).
Stupperich, R. (Hrsg.) 1951 ff.: Melanchthons Werke in Auswahl. Gütersloh.
Tuan, Y.-F. 1968: The Hydrologic Cycle and the Wisdom of God. A Theme in Geoteleology. Toronto.
Varenius, B. 1650: Geographia generalis. Amsterdam.
Zöckler, O. 1877: Geschichte der Beziehungen zwischen Theologie und Naturwissenschaft. Gütersloh.
Zwingli, H. 1530: De Providentia. Tiguri.

(Fertiggestellt: August 1977)

Karl Hoheisel

GREGORIUS REISCH
(ca. 1470 - 9. Mai 1525)

1. Erziehung, Leben und Werk

Gregor Reisch gehört zur großen Zahl der Gelehrten, die sich ausgiebig mit dem geographisch-cosmographischen Wissen ihrer Zeit beschäftigt haben, ohne je forschend in diesen Fächern tätig gewesen zu sein. Er wurde - genauere Angaben fehlen - um 1470 im württembergischen Balingen am Nordrand der Schwäbischen Alb wahrscheinlich als armer Leute Kind geboren und wohl nach damals üblichen Vorbereitungen - auch darüber ist Näheres nicht bekannt - am 25. Oktober 1487 in Freiburg immatrikuliert. Schon ein Jahr später erwarb er das Baccalaureat, eine Art Privatdozentur, und im darauf folgenden Jahr 1489 den Magister, die volle Lehrbefähigung an der Artistenfakultät. Diese konnte ihm aber erst verliehen werden, nachdem sich der offensichtlich mittellose clericus der Diozöse Konstanz schriftlich verpflichtet hatte, die Prüfungsgebühren später bei besserer Vermögenslage nachzuentrichten.

Der Theologe, Philosoph und Humanist Gregor Reisch stellt das geograpisch-cosmographische Allgemeinwissen seiner Zeit in der für den Lehrbetrieb an den Artistenfakultäten bestimmten ,,Margarita philosophica" handbuchartig zusammen. Dabei behandelt er das geographische Faktenmaterial aber noch ganz im Sinne der Elementenlehre vor allem im Rahmen der Astronomie und setzt damit eine wissenschaftliche Tradition fort, die die Geographie oft bis zur Unkenntlichkeit mit der Cosmographie verbunden hatte. Zu einem klar abgegrenzten Geographiebegriff ist er nicht vorgedrungen. Mit seinem angestrebten Ausgleich zwischen Bibel und antiker Tradition schuf er aber eine erste Grundlage für die Entwicklung der deutschen Geographie. Zu seinen bekanntesten Schülern gehören Johannes Eck und Martin Waldseemüller. Da man aber bis zu Glareans Geographielehrbuch namentlich im oberdeutschen Raum die geographischen Grundkenntnisse bevorzugt aus der ,,Margarita" schöpfte, wurde Reisch indirekt auch zum Lehrer Melanchthons und Münsters, der Begründer der deutschen Geographie.

Zu den Lehraufgaben des jungen Magisters gehörte u. a. die Erläuterung der seit dem Mittelalter bekannten aristotelischen bzw. dem Aristoteles zugeschriebenen naturwissenschaftlichen Werke. Wahrscheinlich benutzte auch Reisch dafür die Paraphrasen seines großen Landsmannes Albert des Grossen (ca. 1200 - 1280), der dem Abendland das gesamte Wissen der antiken Naturforschung vielfach in arabischer Gewandung, um eigene Beobachtungen und historisch wie kritisch überaus bedeutsame Erläuterungen bereichert, zugeführt hatte. Schon bald aber muß Reisch den Wunsch nach einem eigenen, handlicheren und zeitgemässeren Lehrbuch für die Artistenfakultät gehegt haben. Nach dem Widmungsgedicht des Heidelberger Humanisten und bekannten Prinzenerziehers am kurpfälzischen Hof, Werner von Themar, müssen schon Ende 1495 grössere Teile des Werkes druckfertig vorgelegen haben. Trotz des Erscheinungsjahres 1503 - vermeintliche Spuren früherer Drucke haben sich als abwegig erwiesen -, wurde die ,,Margarita (Inhaltsübersicht oder Auszug) philosophica" wahrscheinlich sogar im wesentlichen zwischen 1489 und 1495 zusammengestellt; denn Reisch muß anschließend vorübergehend im Dienste der Grafen von Zollern gestanden haben und wurde wohl als Mentor des jungen Grafen Franz Wolfgang am gleichen Tage wie dieser 1494 in Ingolstandt immatrikuliert.

Bald nach seiner Rückkehr von Ingolstadt wird er dann in das Kartäuserkloster im Dreisamtale vor den Toren Freiburgs eingetreten sein. Spätestens um 1500 muß er seine regelmässige Lehrtätigkeit in Freiburg völlig aufgegeben haben, denn 1501 wurde er als Prior nach Buxheim (in der Nähe von Memmingen) berufen. Nach Übernahme des inzwischen vakanten Priorates in Freiburg im Jahre 1502 erteilte der besonders in den mathematisch-natruwissenschaftlichen Fragen bewanderte und als Liebhaber des Hebräischen weithin bekannte Kartäuser einzelnen Studenten im Kloster eine Art Privatunterricht. Seine beiden bekanntesten Schüler sollten sich auch in der Geographiegeschichte einen Namen machen. Martin Waldseemüller, der sich immatrikulierte, als Reisch an der Margarita arbeitete, blieb seinem Lehrer bis zum Tode - er starb 3 Jahre vor Reisch - persönlich verbunden. In den ersten Jahren seines Priorates erteilte er Johann Eck privatissima in Mathematik, Cosmographie und in schwierigeren Problemen des Hebräischen und der Theologie. Zweifellos spiegelt Ecks 1506 niedergeschriebenes ,,Introductorium breve cosmographicum" Reischs Unterweisungen wider. Mit Sicherheit hat dieser ihn auch zu den geographischen Vorlesungen inspiriert, die er in Freiburg gehalten hat, ehe er 1510 als Theologieprofessor nach Ingolstadt berufen wurde.

Auch Reisch zogen die Amtsgeschäfte in Kloster und Orden bald ganz vom artistischen Lehrbetrieb ab. Da die Margarita längst vor Wimpfelings Reformvorschlägen für die Heidelberger Universität an verschiedenen Hochschulen unter die libri admissi aufgenommen war, mußte sie zu Lebzeiten des Autors wenigstens achtmal neu aufgelegt werden. Reisch ließ es sich nicht nehmen, die von ihm selbst autorisierten Neuauflagen auf den letzten Stand des Wissens zu bringen. Daneben aber fand er nur noch Zeit, als Visitator der oberdeutschen Ordensprovinz die Bibliotheken der besuchten Klöster gründlich zu durchforschen, Gelehrten in selbstloser Weise erbetene Handschriften und Drucke zu besorgen und in Erfüllung eines Auftrages des Generalkapitels die Quellen zur

Geschichte der Konstitutionen des Kartäuserordens zu sammeln. Im Jahre 1510 erschien in Basel ein dickleibiger Folioband „Statuta Ordinis Cartusiensis" unter seinem Namen.
Reisch stand von Anfang an der damals neuen Geistesrichtung des Humanismus nahe. Als Kaiser Maximilian dann 1510 den gelehrten Priester und sittenstrengen Mönch zum wissenschaftlichen Berater und Seelsorger seines uneingeschränkten Vertrauens erwählte, rückte er auch äußerlich sichtbar in den kaiserlichen Humanistenkreis auf, dem u. a. Celtis, Peutinger und Pirckheimer angehörten. Reisch erhielt keine Gelegenheit, seine vom Kaiser besonders hochgeschätzten mathematisch-naturwissenschaftlichen Kenntnisse im Dienste der Kalenderreform einzusetzen, wurde aber als Gutachter in die Reuchlinschen Händel hineingezogen und in den bald einsetzenden konfessionellen Streitigkeiten wiederholt als Schiedsrichter benannt. An der alten Religion hielt er so überzeugend fest, daß sein wissenschaftliches Ansehen und seine moralische Integrität bei Freund und Feind unangetastet blieben, und sein Wort behielt, wie Erasmus es ausgedrückt hatte, in deutschen Landen „das Gewicht eines Orakels."
Nach des Kaisers Tod zog er sich wieder ins Kloster zurück und suchte seine Untergebenen vor den neuen Lehren zu bewahren. 1523 erlitt er einen Schlaganfall. Die Mönche nahmen den todgeweihten Prior auf der Flucht vor aufständischen Bauern mit nach Freiburg, wo er am 9. Mai 1525 starb. Angeblich wurde er später in dem Kloster, dessen Geschicke er lange Jahre als Prior geleitet hatte, beigesetzt.

2. Das der „Margarita" zugrundeliegende geographisch-cosmographische Denken

Reichs geographisches Gedankengut ist in der Margarita enthalten. Wie er im Geleitwort betont, handelt es sich bei diesem Werke um einen kurzen Auszug der Philosophie, also um den Lehrstoff der Artistenfakultät von den Anfangsgründen bis zur Magisterprüfung. Einprägsamer Stil, Frage- und Antwortform sowie zahlreiche Illustrationen unterstreichen den Lehrbuchcharakter. Neue Forschungsergebnisse oder Fortschritte der Wissenschaft sind deswegen prinzipiell nicht zu erwarten.
Der Aufbau des Handbuches lässt die traditionellen artes liberales deutlich erkennen (Buch I -VII). Wie aber schon in der Antike besonders den vier artes reales des Quadrivium propädeutische Funktion für das Studium der Philosophie im engeren Sinne beigemessen wurde, so folgen auch bei Reisch auf die artes liberales u. a. zwei naturphilosopische Bücher über die Prinzipien (B. VIII) und den Ursprung der Naturdinge (B. IX). Außerdem unterstreicht z. B. sein Hinweis, daß die „cosmographia" über das von ihm Gesagte hinaus weiteren Aufschluß über die Verteilung des Wassers auf der Erdoberfläche gebe, daß er nur in der allgemeinbildenden Weise des Artisten, nicht als Vertreter einer wie immer gearteten Disziplin sprechen möchte.
Die Frage nach den oberhimmlischen Wasser, nach der Lage von Paradies und Hölle zeigen, daß ihm auch das mittelalterliche Verständnis der artes als „in-

strumenta sacrae scripturae", wenngleich in der für den Humanismus typisch rückläufigen Tendenz, nicht fremd war.
Das geographische Wissen, das man zum Fachstudium an die höheren Fakultäten, vor allem an die theologischen mitbringen mußte, wurde tradioneller Weise im Rahmen der Geometrie oder der Astronomie vermittelt. Auch Reisch baut das artes-System nicht aus, sondern handelt den größten Teil dessen, was wir heute zur Geographie rechnen, unter dem Lehrplantitel „Astronomie" ab. Später geht er im IX. Buch „über den Ursprung von Naturgegebenheiten" noch einmal auf geographische Tatbestände ein. Von einer „Geographie" oder „Cosmographie" kann man daher nur rückschauend sprechen, bei Reisch selbst hat sich eine derartige Disziplin noch nicht substantiiert. Selbst der eindeutige Begriff fehlt.

2.1 Allgemeine Geographie
Ansatzpunkt für die Aufnahme geographischen Wissens in die „Margarita" bildet die Stellung der Erde im Weltall. Zwar handelt auch für Reisch die Astronomie in erster Linie von den Sternen, sie müsse sich aber in zweiter Linie auch mit der Weltkugel und den von ihr umschlossenen Sphären beschäftigen. Deshalb bespricht er zunächst die erste und größte aller Kugelschalen, die die „ganze Weltmaschine" umschließt, und steigt dann systematisch in der für Anfänger gebotenen Bescheidung über die 11 konzentrisch ineinander gelagerten Sphären der sog. ätherischen Welt in den sublunaren Raum herab, der von den vier Elementen Feuer, Luft, Wasser und Erde gebildet wird. Dabei kommt der versuchte Ausgleich zwischen antikem und biblischem Weltbild darin zum Ausdruck, daß er den 7 klassischen Himmelssphären weitere hinzufügt, die Sphäre der oberhimmlischen Wasser, das Empyreum usw. und in späterem Zusammenhang die Hölle in das Erdinnere verlegt.
Feuer und Wasser legen sich konzentrisch um den Weltmittelpunkt. Dagegen umgab bei Erschaffung der Welt das Wasser die Erdoberfläche noch wie ein feiner Nebel. Erst später wurde es dann auf Gottes Geheiß in die Wasser oberhalb und unterhalb des Firmamentes getrennt, und die Wasser unterhalb des Firmamentes sammelten sich zu einer Art Kugel. Mithin sind die Mittelpunkte der Wasser- und Landsphäre exzentrisch gelagert, und nur der Größenmittelpunkt dieses aus Wasser und Land zusammengesetzten Gebildes, das, grob gesprochen, gleichfalls die Gestalt einer Kugel besitzt, bildet den ruhenden Weltmittelpunkt.
Im Gegensatz zu der auf Aristoteles fußenden Kosmologie, die nur mit einem einzigen Erdmittelpunkt rechnete, schwimmt für die zwischen Bibel u. Antike vermittelnde Tradition, in der Reisch steht, die Festlandskugel auf oder in einer Wasserkugel und bildet nur mit der relativ kleinen Kalotte, die die Oberfläche der Wasserkugel überragt, das trockene Land. Da die Wassermassen ihrer Natur nach zum Schweremittelpunkt drängen, befindet sich die Festlandsmasse unablässig in einer Wellenbewegung, doch die Bibel bestätigt, daß der Abgrund (des Wassers) das feste Land nie verschlingen werde. Nur flüchtig zählt er einige der wichtigsten Meere auf, die das Festland umspülen oder tief in es

eindringen und führt dann zwei schon aus der Antike bekannte Beweise für die Krümmung der Wasseroberfläche aus.
Spekulative Erwägungen und astronomische Beobachtungen beweisen, daß auch die aus Wasser und Land zusammengesetzte Masse die Form einer Kugel besitzt. Der runde Erdschatten auf dem Mond zeigt, daß selbst die höchsten Berge - kein Gebirge ist höher als 15 (ca. 2500 m) und kein Meer tiefer als 30 Stadien, Angaben, die sich sehr vorteilhaft von den phantastischen Daten der alten Geographie unterscheiden - die Kugelgestalt nicht beeinträchtigen. Da sich die Erde zum Universum wie ein Punkt verhält, bildet sie den freischwebenden, aber unbeweglichen Mittelpunkt des Kosmos. Auf der Erde selbst hat der Größenmittelpunkt diese Aufgabe. Alles strebt zu ihm hin, und würde ein Schacht durch den geometrischen Erdmittelpunkt gelegt, dann käme ein hineingeworfener Stein in der Mitte zur Ruhe.
Über die Größenverhältnisse von Wasser und festem Land wird nicht reflektiert. Zur Größenbestimmung der Erdkugel insgesamt stellt er die Werte von Ptolemäus und Eratosthenes nebeneinander und erhält einen Umfang von 5400 bzw. (umgerechnet) 7560 Deutschen Meilen und einen Durchmesser von 1718 4/22 bzw. (umgerechnet ca.) 2405 9/20 Deutsche Meilen.
Bis zum Schluß hält Reisch die astronomisch-mathematische Ausrichtung seiner „allgemeinen Geographie" bei. Gleichwohl ist ihm, ebenso wie den Geographen der Antike letztlich an der Erde als dem Lebensraum des Menschen gelegen. Die Klimata z.B. interessieren ihn nur insofern, als sie wie Meere, Flüsse, Sümpfe, Urwälder, unzugängliche Gebirge, wilde Tiere und dgl. direkt oder indirekt (etwa durch Auswirkungen auf den Wasserhaushalt oder auf die Kleinwetterlagen) den Wohnraum des Menschen einschränken.

Zunächst übernimmt er die bekannte Großgliederung in 5 Zonen, erklärt aber in gewissem Gegensatz zur vorherrschenden Lehrmeinung der Antike, die beiden Polarzonen seien nicht schlechthin, wohl aber als Dauersiedlungsräume für den Menschen ungeeignet. Dasselbe gilt für die beiden Trockenzonen beiderseits des Äquators bis zu den Wendekreisen. Dagegen herrsche direkt unter dem Äquator die für den Daueraufenthalt des Menschen erwünschte gemäßigte Temperatur, weil infolge stets gleich langer Tage und Nächte die Nachtkälte die Tageshitze mildere und umgekehrt. Die klimatischen Bedingungen scheinen Reisch direkt unter dem Äquator sogar so optimal, daß er das Paradies, das Wilhelm von Paris irgendwo auf Erden vermutet hatte, direkt am Äquator sucht. Allerdings scheint jetzt das Paradies dank größerer Höhenlage und nicht mehr wegen der Tag- und Nachtgleiche zum denkbar besten Aufenthaltsort für Menschen geeignet. Zu den die mittelalterliche Wissenschaft intensiv beschäftigenden Fragen nach Größe und Entfernung sowie nach den vier Strömen des Pardieses will sich der Humanist Reisch nicht mehr konkret äußern.
Innerhalb der Zonen gliedert Reisch dann in nördlicher Richtung nach den größten Tageslängen. Mit Ptolemäus (II, 13) unterscheidet er, bei dem Parallel durch Meroe in Oberägypten beginnend, 7 immer schmäler werdende Klimagürtel, deren Tageslängen, Jahreszeiten, Schattenfall usw. kurz beschrieben werden. Das 7. Klima durch das sagenhafte Rhipäische Gebirge hat die mittlere

Tageslänge von 16 Stunden. Nach Norden hatten es die Alten offen gelassen. Reisch läßt in Anlehnung an Albert den Großen, Martianus Capella u.a. ein 8. ohne Namen folgen, das sich vom 52.° bis zum Nordpol erstreckt.

Mit der Antipodenfrage beschließt Reisch die „allgemeine Geographie". Nach seiner Meinung erstreckt sich der Festlandsgürtel weiter nach Osten und Süden als Ptoelmäus angenommen hatte. Deshalb sind die Bewohner im äußersten Osten und äußersten Westen Antipoden, während die „bekannte" Festlandsmasse nicht so weit nach Süden reiche, daß die nördlichsten Bewohner Antipoden haben könnten.

2.2 Länderkunde

Ohne erkennbaren Einschnitt folgt die kartographische Beschreibung der Gestaltung der bewohnten Erde und des Meeres (terra habitabilis marisque configurationem in plano describere), also eine Art Länderkunde. Sie soll das bisher Gesagte verdeutlichen und stellt in Reischs Augen neben Zonen und Klimata eine weitere Gliederungsmöglichkeit der Erdoberfläche dar.

Grundlage bildet die Weltkarte, die allen von Reisch autorisierten Ausgaben der Margarita beigefügt war. Sie ist der damals besten Vorlage, der Holzschnittkarte der Ptolemäusausgabe Ulm 1482 nachgestaltet und zeigt die Erde (Masstab 1: ca. 55,5 Mio.) in der modifizierten Kegelprojektion des Ptolemäus. In verschiedenen Randlegenden weist Reisch auf Erweiterungen des Weltbildes über Ptolemäus hinaus hin, z.B. daß sich Afrika bis fast zum 40. Grad (scil. südlicher Breite) erstreckt. Praktisch faßt Reisch in den Kapiteln 49-52 des 7. Buches, die ausdrücklich nur eine Aufzählung der Gebiete oder Provinzen ohne jede ausführliche Diskussion der Grenzen sein wollen, den Inhalt dieser Karte in Worte. Da die Karte nicht von Reisch selbst geschaffen wurde, sind der Verzicht auf eine ausführliche Analyse des Kartenbildes und die Beschränkung auf die genannten Kapitel gerechtfertigt.

- Die Ausgabe von 1515 enthält zwei Weltkarten, neben der eben erwähnten die berühmte „Zoana Mela" aus der Werkstatt seines Schülers und Freundes Martin Waldseemüller - die Anfangsbuchstaben seines Namens stehen im Persischen Golf -, auf der besonders die Darstellung der neuentdeckten Länder im Westen - Zoana Mela und Paria seu Prisilia - bemerkenswert ist. Im Wortteil wird auf diese Karte nicht mehr Bezug genommen.

Nach Reischs Tode wurden die Karten der Magarita von Orontius Finaeus betreut.

Nach der traditionellen Einteilung der Erde in die drei Kontinente Europa, Asien und Afrika geht Reisch im Wortteil einen Erdteil nach dem anderen kurz durch. Von Westen nach Osten fortschreitend, beginnt er in Europa mit Spanien und dessen Provinzen; beim Landesteil Galitien wird auf die Wallfahrten nach Compostella und bei Kastilien auf den astronomiebeflissenen König Alfons (X) verwiesen. Von Frankreich geht er sogleich auf Germania magna über, das er nach Humanistenmanier von Rhein, Donau, Sarmatien (Rußland) und der Nordsee eingeschlossen sieht. Italien, die Balkanländer und Sarmatien bilden die weiteren Stationen. Großbritannien - auf der Karte steht Anglia - und Irland werden erst am Schluß im Verzeichnis der Inseln erwähnt.

Asien gliedert er in Vorderasien sowie einen Nord- und einen Südteil. Bei Vorderasien wird an die Kirchengründungen des Apostels Johannes und an die türkische Fremdherrschaft erinnert. Sonst werden praktisch nur die aus Raumgründen im Kartenbild verwandten Buchstaben aufgelöst. Unter Nordasien werden die verborgene Flußverbindung des Kaspischen mit dem Nordmeer sowie das Seidenland (Serica) hervorgehoben. Eine Isaiasprophetie und der Hinweis auf das Land Canaan bzw. die ,,terrae promissionis" der Heiligen Schrift bilden nahezu die einzigen erläuternden Bemerkungen zu Südasien. Der abschließende Hinweis, näheres zu Lage, Fruchtbarkeit, Beschaffenheit sowie Eigenart und Sitten der Bewohner sei Plinius, Strabo und Ptolemäus zu entnehmen, bezieht sich vermutlich auch auf die beiden anderen Kontinente.

Mit Abstand am spärlichsten sind die Informationen zu Afrika. Reisch zählt 10 nordafrikanische Reiche und die ägyptischen Städte Alexandria, Damiette, Heliopolis, Chayrus (=Kairo) und Thebaios mit vereinzelten kirchengeschichtlichen Notizen auf. Äthiopien am Rande der Welt gibt ihm Gelegenheit, auf die bekannten Fabelwesen wie die bellenden und Schlangen essenden Troglodyten, die Augilen mit den Augen auf der Brust usw. hinzuweisen. Offenbar hielt man diese Wunderwesen damals für so wichtig, daß Reisch sie auf einem Bild, das unverändert in Münsters Cosmographie übergegangen ist, zusammengestellt hat. Eine kurze Liste der wichtigsten Inseln auf der Welt beschließt die Länderkunde und leitet zum Rest der ,,Astronomie", der Astrologie, über. Auf Amerika geht er hier im Text nicht ein.

2.3 Geographische Sachverhalte in anderen Büchern

Reisch geht noch in anderem Zusammenhang auf Fakten ein, die nach heutiger Ansicht zur Geographie gehören: auf Aspekte des Erdinneren, namentlich auf die Gesteinswelt und das Erdbeben, die Entstehung der Flüsse, den Salzgehalt des Meeres und die Gezeiten, Erscheinungen des Licht- und Luftraumes, namentlich die Niederschläge und den Wind, sowie die Pflanzen- und Tierwelt. Reisch hat diese Tatsachenbereiche aber nicht unter dem Oberbegriff ,,Geo-" oder ,,Cosmographie" zusammengefaßt, geschweige denn als Teilaspekte eines erdräumlichen Erklärungszusammenhanges miteinander verbunden. Dem widerspricht sogar, daß er im 9. Buch nur nach Ursachen von Naturerscheinungen fragt. Obwohl Reisch auch in seiner Geo- bzw. Cosmographie des 7. Buches keineswegs nur beschreibt, steht hier im 9. Buch doch das Erklären so im Vordergrund, daß die dargebotenen Inhalte nur nach äußeren, Reisch fremden Kriterien zu einer Geographie zusammengefaßt werden können. Wenn von Srbik (1941) trotzdem Aspekte des 9. Buches in die ,,Geographie" der Margarita einbezieht, dann verstößt er gegen die Intentionen ihres Autors.

3. Bedeutung für die Entwicklung des geographischen Denken

In der ersten ausführlicheren Würdigung der Karten der Margarita hat A.E. Nordenskiöld Reischs Ambitionen als Cosmograph teils über- ‚teils erheblich unterschätzt. In der Margarita gibt es kein Anzeichen, Reisch habe sich eingebildet, alles zu wissen. Vielmehr bezeugt sein wiederholter Hinweis, für weitere Auskünfte seien die Cosmographen zuständig, daß er auch in puncto Geographie um den Unterschied zwischen fachlicher und allgemeinbildender Betrachtungsweise, heute könnte man sagen: zwischen Wissenschaft und Schulfach wußte und dadurch ein wichtiges Zeugnis für die Ausbildung eines fachwissenschaftlichen Bewußtseins im Rahmen der enzyklopädischen Artistenfakultät liefert. Andererseits stand Reisch als Lehr- oder Schulbuchautor durchweg auf der Höhe des Kenntnisstandes seiner Zeit. Seine These von der exzentrischen Lage der Wasser- und der Festlandssphäre gehörte für die Spezialisten beim Erscheinen der Margarita wohl schon zu den Irrtümern, dagegen nahm er die Erweiterung des geographischen Weltbildes durchaus zur Kenntnis und suchte die Entdeckungen nach besten Kräften in seine kartographische Darstellung einzubeziehen. Es gibt nicht den leisesten Hinweis, daß ihm diese Karten und die erwähnten Randlegenden von anderer Seite aufgedrängt worden seien.

Reisch hat keine neuen geographischen Tatsachen hinterlassen, keine Systematisierungsversuche angestellt und vom Ausgleichsbestreben zwischen Bibel und Aristotels abgesehen, nicht einmal Vorschläge zur Harmonisierung von Widersprüchen gemacht. Von einer eigenständigen Geographie wußte er nichts, seine Erdkunde ist formal restlos Teil der Astronomie. Trotzdem hat seine Margarita - die zahlreichen Auflagen beweisen es - im ganzen 16. Jahrhundert Studierenden und offensichtlich auch interessierten Kreisen der gebildeten Öffentlichkeit die notwendige wissenschaftlich fundierte Allgemeinbildung vermittel. Geographisch hat er durch Übernahme der seiner Zeit besten Ptolemäus-Karte von 1482 Studierenden und interessierten Kreisen Gebildeter zu Beginn des 16. Jahrhunderts erstmals die in den letzten Jarhzehnten gemachten Entdeckungen veranschaulicht. Wesentlich größere Präzision war in den engen Grenzen, die sich Reisch selbst gesetzt hatte, beim Erscheinen der Margarita 1503 kaum zu erreichen. Man muß sich den eher bescheidenen Stand der geographisch-naturwissenschaftlichen Studien an den Artistenfakultäten vergegenwärtigen, um das ganze Ausmaß der Leistung Reischs zu erfassen. Allerdings war, obgleich die exakten kartographischen Daten der neuentdeckten Gebiete von den Regierungen sorgfältig gehütet wurden und Karten sich deswegen sehr langsam verbreiteten, die ursprüngliche Höhe der ersten Auflage bald nicht mehr zu halten, zumal auch die Kartographie außerhalb der Artistenfakultäten rasch eine eigene Entwicklung nahm. Auch dabei sollte die Margarita noch eine besondere Rolle spielen, weil 1512, allerdings ohne Billigung Reischs, mit dem Traktat „De compositione astrolabii" aus der Feder Waldseemüllers die ersten Richtlinien für ein mathematisches Kartennetz aufgenommen wurden.

Melanchthon und Münster, die Begründer der deutschen Geographie, haben ihr geographisches Grundwissen noch aus Reisch gewonnen, doch als sich im Laufe des 16. und beginnenden 17. Jahrhunderts die bei Reisch anklingenden Spannungen zwischen artistischen Traditionen und ptolemäischer Geographie immer weiter verschärften und die Geographie langsam aus dem System der Artes liberales herausdrängten, erlosch auch der Einfluß der Margarita. Ein Exponent artistischer Gelehrsamkeit, bezeichnet Reisch einen gewissen End- und Höhepunkt der traditionellen Hochschulgeographie und zugleich den Ausgangspunkt der deutschen Geographie, die dann freilich durch die Reformation eine neue, ungeahnte Wendung nahm.

Literaturverzeichnis

Büttner, Manfred 1973, Die Geographia Generalis vor Varanius. Geographisches Weltbild und Providentialehre. Wiesbaden

Büttner, Manfred 1973 a, Kopernikus und die deutsche Geographie im 16. Jahrhundert. In: Philosophia Naturalis 14, S. 353-364.

Büttner, Manfred 1976, Die wechselseitigen Beziehungen zwischen Weltbild und Glaube vom Mittelalter bis zur Neuzeit (Geographie und Theologie). In: Weltbild und Glaube, Tagung der Evangelischen Akademie Bad Herrenalb 16. bis 18. Januar 1976. Protokoll 1, S. 30-74

Boüard, Michel de 1930, Encyclpédies Médiévales. Sur la ,,connaissance de la nature et du monde'' au moyen âge. In: Revue des Questions historiques 112, S. 258-304

Günther, Siegmund 1878, Ältere und neuere Hypothesen über die chronische Versetzung des Erdschwerpunktes durch Wassermassen. Halle a.d. Saale

Günter, Siegmund 1894, Johann Eck als Geograph. (Forschungen zur älteren Literaturgeschichte Bayerns, hrsg. v.K.v. Reinhardstottner, 2. Buch, München-Leipzig, S. 140-162

Hartfelder, Karl 1890, Der Kartäuserprior Gregor Reisch, Verfasser der Margarita philosophica. In: Zeitschrift für die Geschichte des Oberrheins, NF 5, S. 170-200

Henningsen, J. 1966, ,,Enzyklopädie''. Zur Sprach- und Bedeutungsgeschichte eines pädagogischen Begriffes. In: Archiv für Begriffsgeschichte 10, S. 271-362

Liliencron, Freih. Dr. R.v. 1876, Über den Inhalt der allgemeinen Bildung in der Zeit der Scholastik. Festrede gehalten in der öffentlichen Sitzung der k.b. Akademie der Wissenschaften zu München zur Feier ihres 117. Stiftungsfestes. München

Srbik, Robert Ritter v. 1941, Die Margarita Philosophica des Gregor Reisch (+1525). Ein Beitrag zur Geschichte der Naturwissenschaft in Deutschland. In: Denkschriften der Akademie der Wissenschaften in Wien, Mathemat.-Naturwissenschaftliche Klasse, Bd. 104, S. 83-206

Srbik, Robert Ritter v. 1944, Zur Geographie in der Margarita Philosophica des Gregor Reisch (+1525). In: Petermanns Geographische Mitteilungen 90, S. 99-102

Staedke, Hildegard 1930, Die Entwicklung des enzyklopädischen Bildungsgedankens und die Pansophie des J.A. Comenius. Phil. Dissertation München

Reisch, Gregor 1517, Margarita Philosophica. (Photomechanischer Nachdruck der Ausgabe Basel 1517). Instrumenta Philosophica. Series Thesauri 1, Düsseldorf

(Fertiggestellt: Oktober 1977)

Karl Hoheisel

JOHANNES STÖFFLER (1452 - 1531) ALS GEOGRAPH

(Vortrag, gehalten auf dem geographiegeschichtlichen Kolloquium am Rande des 41. Deutschen Geographentages Mainz 1977, für den Druck überarbeitet)

Einleitung

In den vorliegenden Darstellungen der Geschichte der Geographie hat der Tübinger Mathematiker, Astronom, Uhren- und Instrumentenbauer Johannes Stöffler (1452-1531) kaum Beachtung gefunden. Das ist durchaus verständlich. Betrachtet es nämlich der Geographiehistoriker als seine Hauptaufgabe, die beständigen, heute noch wertvollen Beiträge einer älteren Wissenschaft ans Tageslicht zu fördern, dann rückt Stöffler zwangsläufig an den Rand. Einmal hat sein wohl überragendster Schüler, der auch für Verständnis und Pflege der Geographie an den Schulen und Hochschulen des protestantischen Deutschlands hochbedeutsame Philipp Melanchthon (1497-1560), richtig geurteilt, als er Stöffler schon 1517, in seiner Rede ,,De artibus liberalibus'', vor allem als erfolgreichen, eifrigen Lehrer, aber nicht so sehr als Forscher feierte. Er habe weniger den Fundus des Wissens vermehrt als vielmehr eine zeitlose Tradition neu zum Leben erweckt - eine Tradition, so müssen wir hinzufügen, die heute in wesentlichen Punkten längst überwunden ist. Außerdem hat Stöffler seinem Freund und zweiten namhaften Schüler Sebastian Münster (1489-1552) seine Manuskripte zum Abschreiben überlassen. Deshalb scheint es, da der Autor der großen ,,Cosmographia universalis'' zur Zeit der Niederschrift seines sogn. ,,Kollegienbuches''[1)] noch mehr Stöffler-Material zur Verfügung hatte als es heute in Stöffler-Drucken gibt, nur sinnvoll, sich gleich an Münster zu halten. Und schließlich hat ihn sein Ruf als weltberühmter Astrologe sogar dort, wo seine unbestreitbarsten Verdienste liegen, nämlich auf dem Gebiete der rechnenden Astronomie, immer wieder in Mißkredit gebracht.

Versteht man jedoch unter Geographiegeschichte die Geschichte des geographischen Denkens, bezieht also nach dem besonders von John Kirtland Wright entwickelten Konzept die Gesamtheit der wissenschaftlichen (und nicht-wissenschaftlichen) Geographie, die richtigen wie die falschen erdkundlichen Vorstellungen und Einsichten eines bestimmten Zeitabschnittes oder einer bestimmten Person in die Betrachtung ein, dann gewinnt Stöffler größtes Interesse. Einmal hat er sich den größten Teil seines langen Lebens, zunächst privat als Pfarrer von Justingen, dann hauptamtlich als Mathematikprofessor in Tübingen intensiv mit Cosmo- und Geographie beschäftigt und in seiner noch unveröffentlichten Ptolemäusvorlesung der Nachwelt ein beachtliches Zeugnis damaligen Forschens und akademischen Lehrens wie seiner eigenen umfassenden Gelehrsamkeit hinterlassen.

Außerdem steht er als akademischer Geographielehrer Philipp Melanchthons und Sebastian Münsters an einem Wendepunkt der wissenschaftlichen Geographie in Deutschland. Betrachtet man schließlich seine fachlichen Leistungen, so hat er durch konsequente Verbindung von philologischer Textanalyse und eigener Beobachtung wenigstens eine gewise Selbständigkeit gegenüber einer allmächtigen Tradition behauptet. Und als er bei Kaiser Maximilian I (1459-1519) dann für eine richtige Beschreibung Deutschlands und ganz Europas eintrat [2], schlug er genau jene Richtung ein, die schließlich zur Ausbildung einer autonomen, von der antiken Überlieferung wie von der christlich-theologischen Orientierung gleich unabhängigen Geographie führen mußte.

Auf der Suche nach den Wurzeln der Naturanschauung Melanchthons hat Wilhelm Maurer (1967, I, 129-170) erstmals nachdrücklich den Blick auf den Cosmographen Stöffler gelenkt. Leider ist in der Zwischenzeit auf diesem Fundament kaum nennenswert weiter gearbeitet worden. Eine neuere Monographie über den Gelehrten steht nach wie vor ebenso aus wie die für die Geschichte des geographischen Denkens fast noch wichtigere Veröffentlichung seiner Vorlesungen zu den beiden ersten Büchern der Geographie des Ptolemäus aus der Zeit vom 15.3.1512 - 18.7.1514

Es ist auch nicht annähernd möglich, die durch den Forschungsstand bedingten Lücken hier zu schließen. Vielmehr scheint mir der Mangel an detaillierten Vorarbeiten so krass, daß ich keine Möglichkeit sehe, das erst umrisshaft bekannte Stöfflerbild in allen für die Geographiegeschichte belangvollen Dimensionen befriedigend zu vertiefen. Eine wertende Skizze des derzeitigen Wissensstandes, vor allem der noch offenen Fragen, scheint im Augenblick das einzige, was sich guten Gewissens leisten läßt.

1. Biographische Fragen

Die einzige neuere Biographie des schwäbischen Mathematikers, Kalenderfachmannes und Astrologen stammt von dem Arzt und Heimatforscher Dr. J. C. Moll (1877). Kleinere Gelegenheitsartikel und Beiträge in Lexika sowie wissenschaftsgeschichtlichen Werken [3] fügen kaum Wesentliches hinzu. Historiker vom Fach haben auf mancherlei Unrichtigkeiten und gewagte Voraussetzungen hingewiesen, die sich Moll zu Schulden kommen läßt [4].

Für den Geographiegeschichtler relativ unbedeutend ist dabei die Frage, ob der am 10.12.1452 wohl in Justingen geborene Johannes Stöffler der letzte der Freiherrn von Stöffeln war. Das Familienwappen derer von Stöffeln, das sich z. B. auf seinem Konstanzer Globus befindet, und die Übernahme der gut dotierten Patronatspfarre Justingen, knapp zwei Stunden von Blaubeuren, könnten auch damit zu erklären sein, daß er ein unehelicher Sproß dieser Sippe war. Nur wenig ist über seine Ausbildung bekannt, und es scheint, als ließen sich die vorhandenen Informationen kaum nennenswert vervollständigen. Wahrscheinlich durchlief er die Klosterschule der Benediktiner in Blaubeuren, wo Sprachen und Realienkunde gleich sorgfältig gepflegt wurden, und immatrikulierte sich anschließend unter dem 18.3.1472 als einer der ersten Studenten an der soeben eröffneten Universität Ingolstadt. Obwohl er sich (nach entsprechender Vorbereitung an der Artistenfakultät) als angehender Geistlicher hauptsächlich um die Theologie zu kümmern hatte, hebt er später nur hervor, daß ,,Ingolstadt, ein herrlich Hochschul,... etwan in den fryen Künsten mein süsse Mutter gewest ist"[5], und daß er die Universität als Magister philosophiae verlassen habe.

Wer von den Ingolstädter Artisten der Gründungsjahre den nachhaltigsten Einfluß auf Stöffler ausgeübt hat, wird nicht mehr mit Sicherheit auszumachen sein. Wahrscheinlich hat er aber seine gründlichen Kenntnisse der deutschen und lateinischen Sprache, die Anfangsgründe des Griechischen und evtl. Hebräischen hier erworben und den Grund zu seinen umfassenden Kenntnissen der Mathematik gelegt. Rückblickend bekennt er 1523: ,,(Mathematicarum disciplinarum) tamen summus semper fui admirator et cultor, utpote solid(a)e eruditionis nutricis et veritatis ostiari(a)e"[6]. Da die Mathematik nach damaliger Auffassung zu einem großen Teil aus Astronomie bestand und diese eng mit der Geographie verbunden war, werden seine diesbezüglichen Kenntnisse auf Ingolstadt zurückgehen, sofern sie nicht schon in den Blaubeurener Schülerjahren grundgelegt waren. Haller weist darauf hin, daß ,,als Vermittler zwischen der Wiener astronomischen Schule", als deren Anhänger sich Stöffler stets bekannt hat, ,,und Ingolstadt am ehesten die - schwer fassbare - Gestalt des Johann Tolhopf aus Kemnat in Betracht (käme)" (1929, 102).

Wann Stöffler Ingolstadt verlassen hat, ist nicht bekannt. Wahrscheinlich hat er anschließend gleich sein Justinger Pfarramt übernommen. Die ausgedehnte Freizeit, die ihm Seelsorgstätigkeit und spätere zusätzliche Verpflichtungen als Dekan des Landkapitels von Ehingen ließen, nutzte er als echter Privatgelehrter zu mathematischen Studien und Forschungen. Dadurch erwarb er sich im Verlaufe von knapp 20 Jahren hohes Ansehen als Astronom, Instrumentenbauer und Astrologe. Neben anderen bedeutenden Persönlichkeiten bemühte sich deshalb im Frühjahr 1507 sogar Kaiser Maximilian I, ein leidenschaftlicher Liebhaber und Gönner von Mathematik, Naturwissenschaft und Astrologie, persönlich nach Justingen, um sich von Stöffler die Nativität stellen zu lassen und astronomische Instrumente in Auftrag zu geben. Stöffler seinersetis verließ Justingen nur zu gelegentlichen kürzeren Reisen nach Konstanz, Ulm und in die Umgebung von Heidelberg.

In aller Stille hatte sich Stöffler so weit über seine Heimat hinaus großes Ansehen als Gelehrter und Uhren- sowie Instrumentenbauer erworben. Deshalb drängte ihn der junge Herzog Ulrich unablässig, eine Professur an der jungen Universität Tübingen zu übernehmen. Schließlich wurde er am 5. Juli 1507 immatrikuliert. Ob er bei dieser Gelegenheit sofort nach Tübingen übersiedelte oder mit Rücksicht auf sein fortgeschrittenes Alter nach verschiedenen Lehrversuchen immer wieder nach Justingen zurückkehrte, darf hier auf sich beruhen bleiben. Ohne Zweifel war er bereits eine wissenschaftliche Kapazität, als er im Jahre 1511 definitiv den Tübinger Lehrstuhl für Astronomie übernahm. Deshalb wurde er trotz seiner Zugehörigkeit zur Artistenfakultät praktisch den Professoren der drei höheren Fakultäten gleichgestellt. Das hohe Gehalt, das er fordern durfte, konnte anscheinend nur aufgebracht werden, weil er sich mit herzoglicher Garantie für den Verzicht auf seine Pfarre durch eine jährliche Rente von 90 Gulden entschädigen ließ.

Von Kollegen und Studenten hoch geschätzt, lehrte er bis zum Jahre 1530 an der Artistenfakultät. Kurz nach der Eroberung der Stadt durch den Schwäbischen Bund wurde Stöffler im Jahre 1522 Rektor der Universität. Seine Publikationstätigkeit erlosch wahrscheinlich, nachdem ihm die Prophezeiung für das Jahr 1524 Spott und Feindschaft von allen Seiten eingetragen hatte. Als kurz darauf infolge der politischen Umwälzungen sein Reservat nicht mehr ausgezahlt wurde und sogar ein Appell an den Kaiser offenbar keinen Erfolg hatte, geriet der inzwischen über Siebzigjährige materiell anscheinend in äußerste Not. Trotzdem führte er seine Lehr- und Forschungstätigkeit unverdrossen weiter und zog, als Tübingen und weite Teile Württembergs im Jahre 1530 von einer schweren Pest heimgesucht wurden, mit den ,,Adlern", dem Realistenflügel unter den Artisten, nach Blaubeuren. Dort verstarb er am 16. Februar des folgenden Jahres 1531, 78 Jahre, 69 Tage und 19 Stunden alt.

2. Die Quellenfrage

Erheblich komplexer und für die Geschichte des geographischen Denkens ungleich wichtiger als die Biographie ist die Quellenfrage. Statt die Schriften einzeln durchzugehen, begnüge ich mich mit den drei folgenden allgemeinen Feststellungen.

2.1 Wie Heyd feststellt (1889, 62), ,,studierte und schrieb Stöffler viel, gab aber wenig zum Druck". Heute liegen folgende Schriften gedruckt vor: Almanach nova plurimis annis venturis inservientia..., Ulm, 1499; Elucidatio fabricae ususque astrolabii, Oppenheim 1513; Tabulae astronomicae, Tübingen 1514; Calendarium magnum Romanum, Oppenheim 1518; dasselbe deutsch mit dem Titel: Der newe gross römisch Calender..., Oppenheim 1522; Expurgatio adversus divinationem, Tübingen 1523; Ephemerides..., 1524. Nach seinem Tode gab Ludwig Schradin im Jahre 1534 in Tübingen Stöfflers Kommentar "In Procli Diadochi... sphaeram mundi" heraus.

Von diesen Werken erlebte der "Almanach", ein Kalender, der neben anderen für Kirche und Leben wichtigen Dingen die tägliche Stellung der Gestirne bis zum Jahre 1531, ab 1504 unter dem Titel "Ephemeridum opus", bis zum Jahre 1522 wenigstens 7 Neuauflagen, davon mehrere in Italien. Auch die Ephemeriden, die ab 1524 getrennt und bis zum Jahre 1556 fortgeführt erschienen, erlebten bis zum Jahre 1549 wenigstens 6 neue Auflagen. Die Astrolabiumsschrift erschien sogar 10 mal und wurde ins Deutsche und Französische übersetzt. Ohne Frage gehört Stöffler zu den akademischen Schriftstellern seiner Zeit, die ungewöhnlich weite Verbreitung erlangten. Das liegt zweifellos am Zuschnitt seiner Schriften.

Almanach und Calendarium sind ebenso wie die Expurgatio letztlich astrologische Werke. Auch die „Anweisung zur Herstellung und zum Gebrauch des Astrolabiums" hat, wie allein die Übersetzungen in Volkssprachen andeuten, einen für jeden Astrologen bedeutsamen Inhalt, kann aber schon eher als rein astronomisches Werk angesprochen werden. Dasselbe gilt von den übrigen Titeln. Posthum gab der Marburger Professor Joh. Dryander „Cosmographicae aliquot descriptiones" (Marburg 1537), einen kommentierenden Auszug aus Ptolemäus, heraus. Die letzten Reste von Stöfflers Briefwechsel enthalten Gebrauchsanweisungen des Astrolabiums an Reuchlin aus den Jahren 1502 und 1504[7].

2.2 Wahrscheinlich wurde nur ein Teil der Schriften gedruckt, die Stöffler verfaßt oder wenigstens geplant hatte. Zu den Ungedruckten gehört wohl jenes halbe Dutzend Titel, die in älteren Werken genannt sind, aber bisheran nicht nachgewiesen werden konnten[8].

2.3 Von allergrößter Bedeutung für die weitere Erforschung des Geographen Stöffler ist seine bereits erwähnte Ptolemäusvorlesung. Sie ist nur handschriftlich erhalten, kommentiert auf 263 eng beschriebenen Folioseiten die beiden ersten Bücher der Geographie des Ptolemäus (bis Germania magna ausschließlich) und befindet sich als Mc 28 in der Tübinger Universitätsbibliothek. Wir wissen nicht, ob Stöffler die Ausarbeitung und Niederschrift weiter fortgesetzt hat.

Auf der Titelseite der Handschrift findet sich, von späterer Hand nachgetragen, der Hinweis, die fehlenden „Kollegienbände"[9] seien bei einem Brande der Sapienz im Jahre 1534 ebenso wie Stöfflers Instrumente vernichtet worden. Die gesamte ältere Stöfflerliteratur schließt sich dieser Meinung an oder läßt die fehlenden Teile später in der Bibliothek verschollen sein. Es wäre aber auch möglich, daß Stöffler wegen des bevorstehenden Semesterendes gar nicht mehr zu „Germania magna" übergegangen ist, die verbleibenden Stunden zu dem auf den letzten Seiten des Manuskriptes gebotenen Abriss der Gewässerkunde benutzt und die Ptolemäusvorlesung nach den Ferien gar nicht mehr fortgesetzt hat. Für Hallers (1929, 107) geistvolle Vermutung, er könnte die Vorlesungsreihe abgebrochen haben, weil er durch die nähere Bekanntschaft mit den neuen Entdeckungen in seinem Glauben an Ptolemäus irre geworden sei, gibt es allerdings nicht den geringsten Anhaltspunkt. Obgleich schon Wolkenhauer „eine Bearbeitung dieses kostbaren Bandes...als sehr erwünscht" bezeichnet hat (1909, 24 Anm. 5) und Haller treffend von einem „in seiner Art einzig(n) Werk" spricht, „das vollständig bekannt gemacht und im einzelnen geprüft werden müßte", ist es bislang nicht gelungen, das von ihm angeregte Team aus einem Mathematiker, einem Philologen, einem Historiker und einem tüchtigen Paläographen für diese Aufgabe zu interessieren (1927, 273).

Bei Durchsicht eines Mikrofilmes fand ich bestätigt, daß die Schrift zwar sauber und gefällig geschrieben, aber wahrscheinlich selbst für einen Geübten nicht immer leicht zu entziffern ist. Einmal benützt Stöffler zahlreiche Abkürzungen, außer den in der Fachliteratur der damaligen Zeit allgemein üblichen eine größere Zahl rein persönlicher. Hinzu kommt der immer wieder angewandte ausgesprochene Telegrammstil mit lateinischen wie deutschen Wen-

dungen: "Hier erläutere dies oder jenes, verlies diese oder jene Stelle, erzähle das Beispiel so wie so!". Die größten Schwierigkeiten aber bereiten die zahlreichen Streichungen, Änderungen und Nachträge auf Rändern und zusätzlichen Blättern.
Die angeführten Namen, an die ich mich bei der Durchsicht naturgemäß besonders gehalten habe, sind nur zum Teil bekannt oder aus Standardwerken zu eruieren. Sehr häufig sind sie nur hingeworfen, ohne daß aus dem unmittelbaren Zusammenhange ersichtlich wäre, ob er sie bzw. die häufig stillschweigend damit gemeinten Ansichten zustimmend oder ablehnend anführt. Überblickt man die geradezu erdrückende, aus der gesamten damals geläufigen Fachliteratur zusammengetragene Materialfülle, dann darf man Stöfflers Ptolemäusvorlesungen mit Fug und Recht als ein "Handbuch der Länderkunde vom physikalischen, ethnographischen und historischen Standpunkte" (Haller 1927, 273) bezeichnen. Nach meinen bisherigen Untersuchungen ist die Handschrift dazu angetan, das Bild des Anstronomen, Humanisten und Geographen Stöffler um eine ganz neue Dimension zu erweitern. Rasche Ergebnisse sind dabei allerdings kaum zu erwarten, denn das Manuskript stellt sehr hohe Ansprüche an Herausgeber, Übersetzer und Kommentatoren.

3. Stöfflers Ausstrahlung

Nach der Quellenfrage ist auf Stöfflers Nachwirkungen einzugehen. Dabei ist die unmittelbare Resonanz seiner gedruckten Schriften von seiner persönlichen Ausstrahlung als Mensch und Lehrer zu unterscheiden.
Unter seinen wahrscheinlich zahlreichen Schülern ragen drei in ihrer Bedeutung für die Geschichte des geographischen Denkens besonders hervor: Johannes Schöner, Philipp Melanchthon und Sebastian Münster.
Der spätere Nürnberger Astronom Joh. Schöner (1477-1547), für dessen Schülerverhältnis zu Stöffler es allerdings keine offiziellen Belege gibt, veröffentlichte u. a. Ephemeriden und ein "Opusculum geographicum ex diversorum libris ac cartis summa cura et diligentia collectum, accomodatum ad recenter elaboratum ab eodem globum descriptionis terrenae" (Norimbergae 1533). Der spätere Gestalter des Schul- und Hochschulwsens im protestantischen Deutschland, Philipp Melanchthon, und der Orientalist und weltberühmte Cosmograph Sebastian Münster studierten seit etwa 1515 gleichzeitig bei Stöffler, letzterer drei, vielleicht sogar fünf Jahre. Wahrscheinlich unterhielt Stöffler schon zu Münsters Lehrer und Mentor Konrad Pellikan (1478-1556) und zu dessen Lehrer Paul Scriptoris (ca. 1450-1505), der selbst an der ptolemäischen Geographie sehr interssiert war, persönliche Beziehungen. Jedenfalls sollen beide Stöffler in seiner Justinger Pfarre aufgesucht haben.
Wie bei einer als Mensch, Lehrer und Fachmann gleich überragenden Persönlichkeit kaum anders zu erwarten, muß Stöffler seine Studenten nachhaltig geprägt haben. Sebastian Münster bestätigt sogar: "At ille (J. Stoefflerus) ut erat totus candidus erga studiosos, ultra ullum molestiae signum, produxit libros, quos manu propria conscripserat communicavitque mihi liberaliter et describendi fecit copiam..., unde haec nostra conflavimus instrumenta"[10].

Inzwischen ist eindeutig nachgewiesen, daß Münster zur Zeit der Niederschrift seines sogn. „Kollegienbuches" erheblich mehr Stöfflermaterial zur Verfügung hatte, als wir heute in den Stöfflerdrucken und wahrscheinlich auch in den beiden Manuskripten, dem erwähnten Tübinger, und dem von Moll (1877, 24) genannten Münchener mit dem Titel „Ain Erklärung des newen Almanach Joannis Stöffleri" (1503) nachweisen können. Konsequent hat Münster Abschriften und Auszüge aus Stöfflers Konzepten angefertigt und zur Herstellung eigener Schriften, Tabellen, Karten und Instrumente benutzt. Der Vorwurf, er habe dadurch seinen Lehrer plagiert, ist hier nicht noch einmal zurückzuweisen [11].
Wahrscheinlich verdankt auch Münsters Cosmographie Stöffler entscheidende Anregungen. So konnte er sich schon zu seinem Vorhaben, landauf landab Mitarbeiter zu suchen, von der Bitte inspirieren lassen, die Stöffler an Kaiser Maximilian gerichtet hatte, um die Bildung einer wissenschaftlichen Kommission zur sachgemäßen Beschreibung Deutschlands, ja ganz Europas anzuregen. Völlig ungeklärt scheint mir aber nach wie vor, wie weit Münsters Ausgestaltung der Geographie auf seinem Lehrer fußt. Da uns Stöfflers geographische Werke nicht oder nur teilweise verfügbar sind, sehe ich darin eine Hauptfrage der Münster- wie der Stöfflerforschung.
Um die wissenschaftlich-literarischen Nachwirkungen des Geographen Stöffler nachzuzeichnen, genügt es nicht, diesen oder jenem von ihm erstmals ausgesprochenen, nach heutiger Auffassung geographsich relevanten Gedanken zu verfolgen. Vielmehr wären die Einflüsse, die von seinem Geographiekonzept ausgegangen sind, aufzuweisen. Solange jedoch nur umrisshaft bekannt ist, was er unter Geographie verstanden hat und wie er sie betrieben sehen wollte, ist eine Untersuchung der Wirkungsgeschichte wenig erfolgversprechend. Offenbar ist die Quellenlage so misslich, daß der Geograph Stöffler sowohl in der Fachliteratur seiner Zeit als auch in neueren geographiegeschichtlichen Arbeiten kaum ernsthaft erwähnt wird.

4. Stöfflers Quellen

Stöffler weiß sich als gelehriger Schüler der Wiener Astronomen Johannes von Gmunden, Georg von Peuerbach (1423-1461) und Regiomontanus (1436-1476), die ihrerseits, genau wie er selbst, Schüler des Ptolemäus waren. Die mittelalterliche Tradition der mathematischen Cosmographie sieht er in den beiden Mönchen Hermannus Contractus (der Lahme, †1054) und Wilhelm, dem Abt von Hirsau (+1091), die beide Bücher über das Astrolabium verfaßt haben, vor allem aber in Albert dem Großen (+1280) verkörpert. Zitiert er diese drei Autoren wiederholt direkt, so kam er wahrscheinlich durch die „Margarita philosophica", das Lehrbuch der Artisten an mehreren oberdeutschen Universitäten aus der Feder des Freiburger Karthäuserpriors Gregor Reisch (†1525), mit weiteren astronomisch-geographischen Traditionen des Mittelalters in Berührung. Sein Kommentar zur Sphaera des Proclus und seine Beschäftigung mit dem Frühstoiker Aratos († ca. 240 v. Chr.) deuten darauf hin, daß er sich, getreu dem damaligen philologisch orientierten Wissenschaftsideal, auch für die Antike, speziell für deren Naturphilosophie interessierte. Allerdings müssen hier, besonders was die Astrologie und die im weiteren Sinne magischen Elemente seines Denkens angeht, die Florentiner Neuplatoniker eine Vermittlerrolle gespielt haben. Wiederholt erscheint der Florentiner Kreis um Marsiglio Ficino (1433-1499) in seiner „Kalendervolksheilkunde".

In seiner Ptolemäusvorlesung stützt sich Stöffler, soweit ich sehe, ganz deutlich auf die Geschichtsschreiber aus Antike, Mittelalter und seiner eigenen Zeit. So nennt er u. a. Plutarch, Sueton, Caesar, Tacitus, Plinius und Cato bzw. Conrad Celtes, Hartmann Schedels Weltchronik, Jakob von Bergamos Chronik usw. Auch verschiedene Reiseberichte kommen vor, desgleichen ein Hinweis auf „tabulam modernam Argentinensem", womit offenbar die kurz vorher in Straßburg erschienenen Waldseemüllerkarten gemeint sind. Obwohl er so an Hand der genannten Autoren und einer großen Zahl anderer Werke unterschiedlicher Qualität die von Ptolemäus getroffene, auf das Zeichnen von Erdkarten berechnete Faktenauswahl durch eine Fülle anderer, nach heutiger Auffassung geographischer, aber besonders historischer Angaben erweitert und bis auf seine Zeit heranführt, hat er grundsätzlich doch am geographischen Weltbild des Ptolemäus festgehalten. Bezeichnend ist eine Notiz, auf die Haller (1929, 106) hinweist: Eine Stelle aus der Chronik des Jakob von Bergamo (Venedig 1506), „die einen Bericht über die Fahrt des Columbus und eine ausführliche Schilderung des neuen Landes enthält", deutete Stöffler auf die Kanarischen Inseln. Und selbst ein bescheidenes Kapitel wie das 40. in Heinrich Glareans „De geographia liber unus" (Basel 1527) oder auch nur so spärliche Hinweise auf die Entdeckungen im Osten, Süden und Westen, wie sie Reisch in seiner „Margarita philosophica" (Freiburg 1503) gegeben hat, sucht man bei Stöffler vergebens. Wenn Haller recht behält, hat Stöffler „von den Entdeckungen seiner Zeit nirgends Notiz genommen" (1929, 106). Einen eindeutigen Hinweis auf die in Tübingen bestimmt nicht unbekannte „Cosmographiae introductio" aus St. Díe habe ich unter den zahlreichen Quellenangaben des Manuskriptes nicht finden können. Vielleicht darf man eine solche Fehlanzeige mit Haller wirklich als stillschweigende Ablehnung deuten.

5. Stöfflers wissenschaftlicher Rahmen

Wenden wir uns nun kurz dem wissenschaftlichen Gedankengut Stöfflers zu, dann ist davon auszugehen, daß er vor allem Astrologe war und sein wollte. Er stellte Nativitäten für Hoch und Niedrig, schrieb astrologische Gutachten über den besten Zeitpunkt wichtiger Entscheidungen und soll, nach einer allerdings nicht belegbaren Ansicht, sogar die Schriften der vorzüglichsten griechischen, römischen und arabischen Astrologen herausgegeben haben. Letztlich dienten auch seine umfangreichen Berechnungen, seine Himmelsbeobachtungen, Uhren und astronomischen Instrumente mehr der astrologischen Prognostik als einer „zweckfreien" Kenntnis des Weltenbaues.

Buchstäblichen Weltruhm hat Stöffler durch seine Prophezeiung für das Jahr 1524 erlangt. Im „Almanach" von 1499 heißt es zum 25. Februar 1524: „Hoc anno solis nec lunae eklipsin conspiciabimur. Sed praesenti anno errantium siderum habitudines miratu dignissime accident. In mense enim februario 20 conjunctiones cum minime mediocres tum magne accident, quarum 16 signum aqueum possidebunt, quae universo fere orbi climatibus, regnis, provinciis, statibus, dignitatibus, brutis beluis marinis cunctisque terrae nascentibus indubitatam mutationem, variationem ac alterationem significabunt, talem profecto qualem a pluribus saeculis ab historiographis aut natu majoribus vix percepimus".

Je näher der fragliche Tag rückte, desto intensiver befasste sich die gelehrte und ungelehrte Welt mit dieser Vorhersage des inzwischen zur unumstrittenen Autorität avancierten Stöffler. Von den nachweislich 56 Schriftstellern, die sich mit insgesamt 133 Drucken an der erbitterten Kontroverse beteiligten (Haller 1927, 268), entgegnete der greise Professor nur dem Wiener Georg Tannstetter, der selbst gläubiger Astrologe war, in einer eigenen Schrift: ,,Expurgatio adversus divinationum XXIIII anni suspitiones a quibusdam indigne sibi offusas, nominatim autem a Georgio Tannstetter Collimico", Tubingae 1523.

Entschieden verwahrt er sich gegen die Unterstellung, er habe ein bestimmtes Ereignis, geschweige denn die Sintflut oder den Weltuntergang vorhergesagt. Den ,,lügenhaften und abergläubischen ...Astrologastern", mit denen er als Wissenschaftler nicht das geringste zu tun haben möchte, hält er entgegen, sie prohpezeiten, was Gott allein wissen könne. Gefährliche Konstellationen wie die des Jahres 1524 müßten keineswegs sofort Auswirkungen haben, sie könnten sich u. U. erst nach und nach, bis etwa zum Jahre 1550 bemerkbar machen. Relativiert er auf diese Weise auch seine Vorhersage in heute schwer begreiflichem Ausmaß, so unterstreicht er damit doch zugleich seinen Glauben an die Astrologie. Wie er schon in seinem großen Kalenderwerk betont, durchwirkt Gottes Schöpferwille die belebte und die unbelebte Natur. Dabei scheint er - der Charakter der aufs Praktische berechneten Schrift und die Gebetsform der Hauptbelegstelle gestatten kaum unumstößliche Deutungen - nach einer durchaus naheliegenden These Wilhelm Maurers (1967, 137-141) die mittelalterliche Schöpfungstheologie auf eine deutlich pantheisierende Naturauffassung hin, wie sie die Florentiner Neuplatoniker vertraten, zu übersteigen. Dann aber wäre die ordnende Vernunft des Schöpfers aus der Natur zu erkennen und die Offenbarung hätte nur, ähnlich wie in der mittelalterlichen Scholastik, die Aufgabe, den auf die Schöpfung gegründeten Heilswillen Gottes nachzuweisen und weiter zu entfalten. Da sich die Kontrolle Gottes über die Schöpfung aber für Stöffler noch ausgeprägter als für die Neuplatoniker am Ende des Hellenismus und am Beginn der Neuzeit über die Sonne und die von dieser regierten Sterne vollzieht und deswegen auch am himmlisch-planetarischen Geschehen abgelesen werden kann, obliegt es der Astrologie, die Übereinstimmungen des Mikrokosmos Mensch mit dem Makrokosmos aufzudecken und den Menschen in allen Alltagsfragen dementsprechend aufzuklären.

Mit den meisten christlichen Anhängern der Astrologie befürwortete Stöffler die menschliche Freiheit innerhalb der durch die Schöpfungsordnung grundgelegten Notwendigkeiten. Schon aus diesem Grunde konnte er nicht den geringsten Zweifel daran lassen, daß es letztlich in Gottes Allmacht stehen muß, die Strafgerichte, die die Sterne anzeigen, auszusetzen, sofern sich die Menschen gebessert hätten. Bedenkt man ferner, daß Gott die Zweitursachen nach seinem unberechenbaren Willen lenken kann, der Teufel außerdem auf geheimnisvolle Weise in den Weltenlauf eingreifen und der Weise sich auch nach Ptolemäus' Motto dem Diktat der Gestirne entziehen kann, dann verliert die astrologische Prognostik viel von ihrer Eindeutigkeit. Umso mehr überrascht es, daß Stöffler die Astrologie ähnlich wie Kepler und andere namhafte Gelehrte jener Zeit nicht nur für ein Wissensgebiet neben anderen sondern für die Grundwissenschaft, die Grundlage des Natur- und Geschichtsveständnisses ansieht. Zu den Wissenschaften aber, die Stöffler eng mit der Astrologie verknüpft sah, gehört außer der Medizin das, was wir heute Geographie nennen. Stöffler entfaltet sie deshalb sozusagen im Rahmen des Weltbildes der christlichen Astrologie.

6. Stöfflers Geographie

Die naheliegende Frage, was Geographie sei, hat Stöffler nicht ernsthaft neu aufgerollt. Mit den meisten Humanisten des 15. und 16. Jahrhunderts gab er sich mit dem zufrieden, was das griechische Wort sagt: Erdbeschreibung, und unterscheidet sie mit Ptolemäus von der Chorographie, die sich Teilgebiete der (bekannten) Erde vornimmt. Wenn Stöffler dabei auch unter „Erde" überwiegend die Erdoberfläche verstand, so geriet seine Geographie doch nicht ausschließlich zu einer Wissenschaft von irdischen Gegebenheiten. Schon bei Ptolemäus hat die Geographie u. a. nicht nur die Kugelgestalt und Größe, sondern auch die Lage der Erde im Weltenraum zu zeigen [12]. Stöffler verschloß sich dieser Aufgabe nicht. Zudem sah er als Astrologe die ganze Welt in einer Form, die aus Ptolemäus' Geographie nicht ersichtlich ist, von zahlenmäßig erfaßbarer Ordnung durchdrungen, einer Ordnung, die am Himmel abzulesen ist und das Leben auf der Erde bestimmt, sodaß auch dieses in weithin berechenbaren Bahnen verläuft. Deshalb steht Stöfflers Geographie nicht nur im Dienste der Astrologie sondern artikuliert sich zu einem wesentlichen Teil als mathematische Geographie, als Cosmographie im engeren Sinne.

6.1 Schon in Ingolstadt hatte sich Stöffler für die Mathematik, und hier wieder speziell für die Astronomie der Wiener Schule um Johannes von Gmunden und Johannes Müller Regiomontanus begeistert. Im stillen Pfarrhaus von Justingen setzte er seine Studien fort und berechnete auf der Grundlage von Regiomontans Tafelwerk für jeden Tag den Durchgang der Gestirne durch die 12 Häuser des Himmels. Dabei übertraf er den Wiener in Einzelheiten beträchtlich an Genauigkeit. Vor allem aber korrigierte er unbekümmert um die Autorität des Ptolemäus Fehler, auf die er stieß, und ergänzte Angaben des Alexandriners über Regiomontan hinaus, indem er die Koordinaten für Orte seiner Umgebung wie Ulm, Tübingen oder Konstanz berechnete.

Ursprünglich waren alle Werte auf Ulm bezogen. In den späteren Ausgaben rechnete er sie auf Tübingen als Nullmeridian um. Kündigen sich in diesem Vorgehen auch eine Lösung von der antiken Tradition und ein Bewußtwerden der Relativität des eigenen Standpunkts an, so dienten seine Ephemeriden doch offensichtlich in erster Linie der astrologischen Prognostik, der Berechnung der Nativitäten.

Primär praktische Zielsetzung verrät auch sein Kalenderwerk. Um die Tradition, hier die auf Dionysius Exiguus (ca. 497-545) zurückgehende Kalenderrechnung, zu überprüfen, berechnete er die täglichen Bahnen von Sonne und Mond durch die Häuser, deckte die Fehlerquellen der Osterfeststreitigkeiten in der frühen Kirche auf und erarbeitete so die wissenschaftlichen Grundlagen für eine Neufestlegung des Ostertermins. Und als Papst Gregor XIII dann im Jahre 1582 tatsächlich die längst fällige Kalenderreform durchführte, bildete Stöfflers Gutachten eine ganz wesentliche Grundlage [13].

Schließlich ermittelte er aus der Stellung des Mondes den Wirkungsgrad von Heilkräutern, den günstigsten Augenblick und die beste Stelle für den Aderlaß usw. In fünf konzentrierten Kapiteln seines Kalenders faßte er die gesamte damalige Klostermedizin zu einem System der wissenschaftlich-mathematischen Heilkunde zusammen. Steht so auch in Stöfflers Denken und Forschen stets der Mensch eindeutig im Mittelpunkt, so hat ihn der Gedanke einer Entsprechung zwischen Oben und Unten zunächst doch nicht zu einer Beschreibung des auf Erden Beobachtbaren durchdringen lassen.

6.2 Zu Stöfflers Zeiten setzte im südwestdeutschen und schweizerischen Raum die Entwicklung einer von der (mathematischen) Cosmographie mehr und mehr unabhängigen, auf zeitgenössischen Beobachtungen beruhenden Erdbeschreibung ein. Am weitesten gedieh die Verbindung von Ptolemäus und den neu erscheinenden Entdeckungs- und Reiseberichten unter Herzog René von Lothringen in St. Dié, wo eine Einführung in die Cosmographie entstand, die für eine Reihe gleichgearteter Schriften als Vorbild dienen sollte.

Nach meinem derzeitigen Kenntnisstand haben weder die Entdeckungen der neuen Erdteile noch die damals verstärkt einsetzenden Versuche, die Erdoberfläche nach der Devise „der Mensch, das Maß aller Dinge" mit den menschlichen Massen Hand, Fuß, Stadium usw. zu erfassen, bei Stöffler großes Interesse ausgelöst. Zwar skizzierte er in seinem Ptolemäuskommentar z. B. eine Reiseroute, doch statt wie z. B. Heinrich Glarean (1527, 20 f.) über die Größe von „Hand", „Fuß" etc. nachzusinnen, sich über die unterschiedlichen Einheiten in Frankreich, Deutschland oder Italien zu beklagen und seinerseits Normmaße anzugeben, fertigte Stöffler lieber in seiner eigenen Werkstatt mit Sorgfalt und Geschick Sonnen- und Räderuhren, Astrolabien und Himmelsgloben. Deshalb bleibt für ihn die Koordinatentafel typisch, eine Umsetzung ins Kartenbild, wie sie sein Schüler Sebastian Münster wenig später vollzogen hat, ist nicht erfolgt. Anders als bei Ptolemäus, der als echter Astronom zunächst seinen Standort Alexandria zum Nullmeridian wählte, diesen dann aber schon in seine astronomischen Handtafeln durch den der „Glücklichen Inseln" ersetzte, hat in Stöffler der Astronom dem Geographen wahrscheinlich nie recht Platz gemacht. Allerdings hat er sich in der posthum von Dryander herausgegebenen Abandlung mit der „dupl(ex) terrae proiectio(ne) in plano, hoc est, qua ratione commodius chartae cosmographicae, quas Mappas mundi vocant, desi-

gnari queant" beschäftigt und, wenn die Nachricht stimmt, auch mit der Herstellung von Erdgloben (Moll 1877, 23.46).
6.3 Gleichwohl hat sich Stöffler besonders in seinen Ptolemäusvorlesungen ausführlich um andere als mathematisch-astronomische Dimensionen der Geographie gekümmert. Nach Andreas', allerdings stark schematisierender Darstellung ist er sogar das „Haupt einer dritten Geographenschule, die im Verlauf ihrer Entwicklung den mathematisch-astronomischen Standpunkt der Nürnberger mit dem philologisch-historischen der Lothringer und Schweizer vereinigte" (1959, 533).
Mit Ptolemäus geht Stöffler davon aus, daß die „geographia" die bewohnte oder bekannte Erde zu beschreiben hat. Deswegen hält er sie für Feldherren und Reisende, für Jäger, Landwirte und Kaufleute für ebenso nützlich und wichtig wie für das Verständnis der Geschichtsschreiber. Wohl nicht zuletzt um dieser praktischen Zwecke willen mahnte er im 19. Kapitel seines Kalenders Kaiser Maximilian, „daß er Europam mit ihren Königreichen, Fürstentümern, Herrschaften, Inseln, Städten, Flüssen, Wassern, Seen, Bergen, Gebirgen und anderen fürnehmen Dingen, durch die hochgelehrten Mathematicos, mit denen seine kaiserliche Majestät umgeben ist, von neuem verschaffe zu beschreiben mit Vorbildung rechter und bequemlicher Karten oder Mappen", und fügte selbst eine lange „Tafel der Königreiche, Fürsten, und Herzogtümer, Landschaften, Marken, Grafschaften, Provinzen, Inseln, (Halbinseln) und herrlichen oder mehr bekannten Städten (ganz Europas)" an.
Diese Aufzählungen decken sich nur zum Teil mit dem, was Ptolemäus in die Geographie aufgenomnmen sehen wollte: „...nur noch jene Objekte..., die - wie Meerbusen, große Städte, Völker, bemerkenswerte Flüsse und was sonst unter jedem Gesichtspunkte besonders erwähnenswert ist - auch in Gesamtumrißzeichnungen, die mehr allgemein gehalten sind, im Zusammenhang mit dargestellt werden"[14]. Noch deutlicher aber werden die Unterschiede, wenn man sich vergegenwärtigt, daß Ptolemäus die Länder praktisch nur durch Koordinatenangaben beschreibt, Stöffler aber diese für Westeuropa nur wenige Seiten umfassenden Tafeln mit Positionsangaben auf über 100 Manuskriptseiten kommentiert und dabei für die eigentlichen Werte nur vergleichsweise sehr wenige Seiten benötigt. Der Grund ist sehr einfach: während Ptolemäus eine Einführung in die darstellende Erdkunde, eine Anleitung zum Kartenzeichnen verfaßte, überschreitet Stöffler diesen Geographiebegriff ganz beträchtlich! Von klimatischer und astrologischer Ethnographie, auf die Ptolemäus im Almagest und im Tetrabiblios eingegangen war, handelt Stöffler im Rahmen seiner Geographie ebenso wie von physiogeographischen Details, vom Wetter, der Vegetation, dem Tierbestand, den Bodenschätzen, vor allem aber von Kultur- und politischer Geschichte.
Stöffler läßt sich also von Ptolemäus weitgehend nur den Rahmen, die Großgliederung der Erde bzw. Westeuropas geben und füllt diesen Rahmen dann mit Mosaiksteinchen der verschiedensten Art sorgfältig aus. Dabei vermag ich im Augenblick weder ein einheitliches Schema, nach dem er die Länder behandelte, noch ein durchgehendes Prinzip für die Auswahl der vielfältigen Materialien erkennen. Letztlich scheint immer wieder seine mehr oder weniger gro-

ße Belesenheit und Quellenkenntnis ausschlaggebend. Ohne Zweifel aber nähert sich seine Darstellung immer wieder einer „geschichtlichen Erdbeschreibung in räumlicher Anordnung" (Schmithüsen 1970, 77). Der Schritt zu Sebastian Münster ist nicht mehr groß!

Anmerkungen

[1] So Wolkenhauer 1909 im Titel und öfter
[2] Calendarium Romanum magnum, 1518, cap. 19
[3] Außer den bei Poggendorff 1971, 667 f genannten Titeln noch Hehle 1925, 215 - 225
[4] Haller 1929, besonders S. 100
[5] Römischer Calender, 1522, Kap. 19, vgl. Einleitung
[6] Expurgatio, 1523
[7] Eine befriedigende Stöffler-Bibliographie liegt nicht vor und kann durch die vorstehende Übersicht nicht geboten werden. Poggendorff 1971, 667 verweist auf die relativ umfangreichen Listen im Catalogue générale des livres imprimés de la Bibliothèque Nationale, t. 178, Paris 1950, c. 833-837 und im British Museum General Catalogue of Printend Books, London 1965, vol. 230, c. 727 f.
[8] Wahrscheinlich sind mit den von Moll 1877, 23 unter XI und XII genannten Titeln nur Teile von Nr. X ("Cosmographicae aliquot descriptiones") gemeint, denn in der Dryander-Ausgabe trägt das genannte Schriftchen die Untertitel: „De sphaera Cosmographica, hoc est de Globi terrestris, artificiosa structura" und „De duplici terrae proiectione in planum, hoc est, qua ratione commodius chartae cosmographicae, quas Mappas mundi vocant, designari queant".
[9] Wir übernehmen diesen treffenden Ausdruck von Wolkenhauer 1909, 24.
[10] Münster, Sebastianus, Organa planetarum, vgl. Haller 1929, 108
[11] Vgl. besonders Knapp in seiner Baseler Dissertation von 1920
[12] Ptolemäus, Einführung in die Geographie I, 1:„,... Das Wesen der Geographie aber besteht darin, daß sie die bekannte Erde als zusammenhängende Einheit zeigt und welches ihre Natur (physis) und Lage (thesis) ist..." (Übersetzung v. Mzik 1938, 14)
[13] Einzelheiten bei Kaltenbrunner 1876, 104-109
[14] Ptolemäus, Einführung in die Geographie I, 1, Übersetzung v. Mzik 1938, 14

Literaturverzeichnis

Andreas, Willy, 1959, Deutschland vor der Reformation, eine Zeitenwende, 6. neu überarbeitete Auflage, Stuttgart
Büttner, Manfred, 1973, Die Geographia Generalis vor Varenius. Geographisches Weltbild und Providentialehre. (Erdwissenschaftl. Forschungen 7). Wiesbaden
Glarean, Heinrich, 1527, De geographia liber unus, Basileae
Haller, Johannes, 1927, Die Anfänge der Universität Tübingen 1477-1537, Stuttgart
ders., 1929, Zweiter Teil: Nachweise und Erläuterungen, Stuttgart
Hehle, Josef, 1925, Der große Mathematiker und Mechaniker, Astronom und Astrolog Johannes Stöffler aus Justingen (+1531), der weitaus gelehrteste Dekan des Landkapitels Ehingen. In: ders., Geschichtliche Forschungen über Ehingen und Umgegend, Ehingen, S. 215-225
Heyd, W., 1889, Melanchthon und Tübingen, Tübingen
Kaltenbrunner, Ferdinand, 1876, Die Vorgeschichte der Gregorianischen Kalenderreform, Wien, S. 104-109
Knapp, Martin, 1920, Zu Sebastian Münsters „astronomischen Instrumenten", Dissertation Basel
Maurer, Wilhelm, 1967, Der junge Melanchthon zwischen Humanismus und Reformation, Bd. I: Der Humanist, Göttingen, S. 129-170
Melanchthon, Philipp, 1517, De artibus liberalibus

Moll, Dr. J. C., 1877, Johannes Stöffler von Justingen. Ein Charakterbild. Schriften des Vereins für Geschichte des Bodensees, 8, Lindau
Münster, Sebastian, 1550, Cosmographia, Basel (Facsimile der dt. Ausgabe, hrsg. v. Ruthardt Oehme), Amsterdam 1968
Poggendorff, J. C., 1971, Biographisch-Literarisches Handwörterbuch der exakten Naturwissenschaften. Band VIIa Supplement, Berlin, S. 667 f.
Ptolemäus, Claudius, 1938, Einführung in die darstellende Erdkunde, ins Deutsche übertragen und mit Erläuterungen versehen von Hans v. Mzik, unter Mitarbeit von Friedrich Höpfner. Erster Teil. Klotho Band 5, Wien
Reisch, Gregor, 1503, Margarita philosophica, Freiburg
Schmithüsen, Josef, 1970, Geschichte der Geographischen Wissenschaft, Von den Anfängen bis zum Ende des 18. Jahrhunderts. Mannheim-Wien-Zürich
Schöner, Johannes, 1533, Opusculum geographicum. Nürnberg
Stöffler, Johannes, S. ob. S.
Wolkenhauer, A., 1909, Sebastian Münsters handschriftliches Kollegienbuch und seine Karten. Berlin

(Fertiggestellt: März 1978)

Karl Hoheisel

HENRICUS GLAREANUS
(1488-1563)

1. Erziehung, Leben und Werk

Der bedeutende Humanist des Baseler Raumes Heinrich Loriti (Loritti oder Loreti) mit dem späteren Beinamen Glareanus, der sich als Philologe, Dichter, Musiker, Mathematiker und Geograph einen Namen gemacht hat, wurde im Juni 1488 in dem Dörfchen Mollis bei Glarus als Kind wohlhabender Bauersleute geboren. Sein Vater starb nach vierzigjähriger Tätigkeit als Ratsherr im Januar 1518. Von seiner Mutter ist nichts bekannt. Heinrich hatte noch einen Bruder und zwei Schwestern.
Die Anfangsgründe seiner Bildung dürften schon in Glarus gelegt worden sein. Wahrscheinlich kam er dann 1501 nach Rottweil in die Schule seines später hochgeschätzten Lehrers Michael Röttlin (Rutellus), bei dem er fünf Jahre blieb. Unzutreffend scheint Glarens spätere Behauptung, er habe die Anfangsgründe der Musik bei Rutellus in Bern erlernt, denn der Berner Rat ernannte Rutellus erst am 2. Oktober 1510 zum Schulmeister. Seine musikalischen Interessen hat Glarean auch nach der Schulzeit bei Rutellus bis zum Ende seines Lebens unablässig gepflegt.
Von Rutellus begab sich Glarean wahrscheinlich direkt an die Universität nach Köln, wo er am 5. Juni 1506 immatrikuliert und in die Montanerburse aufgenommen wurde. Zunächst oblag er den üblichen philosophischen Studien, später traten theologische hinzu. Als Lehrer nennt er den Canonicus Andreas Herl von Bardwick, die Philosophen und Theologen Rutger von Venlo und Mathias Aquanus (von Aachen). Griechisch lernte er 1510, kurz vor Abschluß seiner Studien, bei dem Humanisten J. Caesarius, doch brachte er es nach Erasmus' Urteil in dieser Sprache nie über eine gewisse Mittelmäßigkeit hinaus.
Zu seinen Kommilitonen in der Montanerburse zählten der spätere Nürnberger Mathematiker Georg Hartmann und der nachmalige Hofastronom König Heinrichs VIII von England namens Nikolaus Kertzen. Johannes Cochläus promovierte 1507 zum Magister artium, sodaß Glarean auch ihn mit gewissem Recht seinen Freund und Lehrer in Musik und Mathematik nennen durfte.
Am 11. März 1510 erwarb er das Lizentiat und beschloß schon wenige Monate später sein Studium als Magister der Freien Künste. Mit Erklärungen von Vergils Aeneis und Georgica nahm er seine Lehrtätigkeit auf.

Wahrscheinlich hat Glarean schon während seines philosophisch-philologischen Studiums sein besonderes Augenmerk auf die Geographie der Klassiker gerichtet. An dem Lobgedicht „Flora", das Hermann van dem Busche im Mai 1508 vor großer Versammlung zur Verherrlichung Kölns vortrug, dürften ihn in erster Linie die dichterische und musikalische Seite so tief beeindruckt haben, daß er den in der Zwischenzeit mehrfach veröffentlichten Text noch im Jahre 1554 erneut abdrucken ließ. Sicher ist, daß sich Ulrich Zwingli, von 1506-1516 Pfarrer in Glarus, auf der Suche nach einem Exemplar der Geographie des Ptolemäus 1510 direkt an Glarean wandte, wohl wissend, daß dieser den Alexandriner eifrig studierte und im selben Jahre für sein Handexemplar der Ausgabe Ulm 1482 eine Weltkarte mit den Umrissen und dem Namen Amerikas zeichnete.

Der kurz vor Abschluß seiner Ausbildung stehende Glarean seinerseits bat den Pfarrer Zwingli, seinem Vater begreiflich zu machen, daß er sich entgegen der allgemeinen Erwartung in absehbarer Zeit nicht zum Geistlichen ordinieren lassen wolle, und ihm selbst bei Erlangung einer Professur für Philosophie „nach dem besseren Wege des Duns-Scotus" in Basel behilflich zu sein.

Seinem zweiten Brief an Zwingli vom 18.4.1911 fügte Glarean auch erstmals seine später praktisch offizielle Bezeichnung „Glareanus" bei. Wollte er damit ursprünglich nur seine Herkunft aus dem Glarner Land andeuten, so hat er, um seine von den Zeitgenossen oft gegeisselte Eitelkeit zu befriedigen - in den „Dunkelmännerbriefen" heißt er deswegen „Glorianus" - seinen Beinamen später von „glarea" (Steinacker, Kiesfeld) abgeleitet und sich damit so etwas wie einen eigenen adligen Stammsitz attestiert.

Im Jahre 1512 wurde er für ein Lobgedicht auf Kaiser Maximilian I zum Poeta Laureatus gekrönt. Da inzwischen der Streit um Johannes Reuchlin ausgebrochen war, in dem sich Glarean für den großen Hebräisten Partei zu ergreifen verpflichtet fühlte, begab er sich unter dem Vorwand gesundheitlicher Rücksichten nach Basel, wo er Pfingsten 1514 in die Reihe der Magistri aufgenommen wurde und die Erlaubnis erhielt, eine Studentenburse zu eröffnen. Nach zwei Jahren zählte sein Pensionat ca. 30 Studenten, darunter Ägidius Tschudi, in dem nicht zuletzt Glarean die große Liebe zur Erforschung der schweizerischen Altertümer geweckt hat, dessen Bruder Peter und deren Vetter Valentin. An der Universität konnte Glarean zunächst keinen festen Fuß fassen. Vor allem sein heftiges, zu Maßlosigkeiten bereites Temperament, in dem sich Lust zu Spott und Stichelei mit Argwohn und Eitelkeit paarten, vereitelten jede Aussicht auf eine feste Anstellung. Deshalb war er sehr glücklich, daß seine 1515 verfaßte, hexametrische „Descriptio Helvetiae" den gerade versammelten Kantonsdelegierten so gut gefiel, daß sie ihm eine Ehrengabe überbrachten und weitere Förderung versprachen.

Zunächst stellte Herzog Maximilian Sforza von Mailand Glarean für eine nicht näher bezeichnete Tätigkeit an der Universität Pavia ein jährliches Stipendium von 100 Rhein. Gulden in Aussicht. Als er schließlich doch leer ausging, begab er sich 1517 mit mehreren Studierenden nach Paris, weil ihm König Franz I von Frankreich zum Besuch dieser Universität jährlich 150 Gulden zugesichert hatte. In seinem Empfehlungsschreiben an den Pariser Bischof hatte Erasmus Glarean als Gelehrten mit besonderen Qualifikationen in Musik, Geographie und den mathematischen Wissenschaften charakterisiert.

In Paris eröffnete Glarean sofort wieder ein Pensionat, diesmal für Schweizer Studenten, und fand sogleich Zugang zu den bedeutenden Gelehrten; besonders mit dem führenden Humanisten Faber Stapulensis verbanden ihn bald persönliche Freundschaft und gemeinsame Ablehnung des scholastizistischen Lehrbetriebes an der Pariser Artistenfakultät. In die Universität wurde er auch in Paris nicht aufgenommen. Als sich die Hoffnung auf eine durch den Tod des Dichters Andrelinus vakant gewordene Professur endgültig zerschlagen hatten und seine Bemühungen um eine Chorherrenstelle am Großmünsterstift in Zürich erfolglos blieben, kehrte er 1522 mit der Gewißheit, das königliche Stipendium auch außerhalb Frankreichs ausbezahlt zu erhalten, nach Basel zurück und heiratete im November desselben Jahres die uneheliche Tochter des Junkers Hermann Offenburger.

Unterdessen schlug auch in Basel die Reformation hohe Wogen. Glarean begrüßte Luther begeistert und freute sich zutiefst, daß die Sache des Evangeliums Fortschritte mache. Als er jedoch den Willen der Reformatoren zur Abschaffung geheiligter Autoritäten und Institutionen erkannte, das teilweise wilde Treiben ihrer Anhänger den geregelten Studienbetrieb empfindlich störte und der Rückgang der Studentenzahlen seine eigene wirtschaftliche Existenzgrundlage zu untergraben drohte, wandte er sich in den Jahren 1523/24 entschieden ab. Er verbrannte Zwinglis Briefe und strafte ihn und andere seiner ehemaligen Freunde fortan mit Schweigen und bodenloser Verachtung.

Die Abkehr von der Reformation entspannte sein Verhältnis zur Universität. Am 10. März 1524 wurde er in den Rat der Artistenfakultät aufgenommen, er erhielt einen ehrenvollen Platz und wurde am 16. Oktober 1525 zum letzten Dekan vor der Reformation gewählt.

Trotz unsicherer Lage und zunehmend erbitterter Polemiken verlor Glarean auch in diesen Jahren die Wissenschaft nicht aus dem Auge. Besonders die Geographie scheint ihn beschäftigt zu haben. Mit Willibald Pirckheimer korrespondierte er über dessen lateinische Übersetzung der Geographie des Ptolemäus, und das einzige Buch, das Glarean zwischen 1520 und 1530 selbt verfaßt hat, war sein 1527 in Basel erschienener „De geographia liber unus".

Als die Reformationspartei in Basel immer stärker wurde, eröffnete sich für Glarean im katholischen Freiburg die Aussicht auf eine Professur für Dichtkunst und antike Literatur. Die neue angesehene Stellung, die Glarean am 26. Januar 1530 defintiv übernahm, befriedigte ihn sichtlich. Fortan betrachtete er die Universität als seine Hauptaufgabe und zählte schon nach kurzer Zeit zu ihren angesehendsten Lehrern und fruchtbarsten Schriftstellern. Von seinen insgesamt etwa 30 Schriften - neben grammatischen, einem musiktheoretischen, einem arithmetischen und einem metrologischen Lehrbuch zumeist Textausgaben und Kommentare zu Livius, Dionysius von Halikarnass, Horaz, Ovid, Boethius, Terentius, Cicero, Caesar, Sallust und Suetonius - erscheinen 22 in seiner Freiburger Zeit.

Eigene geographische Werke hat Glarean nicht mehr verfaßt. Wie die meisten Humanisten hat er aber beredt die Realienkenntnis verteidigt und sich dabei besonders die erdkundliche Seite angelegen sein lassen. So behandelte er an Lucans Pharsalis (Basel 1550) namentlich die geographsichen und geschichtlichen Seiten. An der Veröffentlichung von Ägidius Tschudis „Die uralt wahrhafftig Alpisch Rhaetia..." (1538) war Glarean in noch nicht ganz geklärter Weise maßgeblich beteiligt. Dabei trat er auch mit dem 1529 nach Basel berufenen Sebastian Münster in nähere Beziehung. Und als Glarean 1549 Baron von Hebersteins „Rerum Moscovitarum commentarii" (Wien 1549) zugeschickt erhielt, beschäftigte und erfreute ihn das Werk einen Monat.

Ende der fünfziger Jahre stellten sich Altersbeschwerden ein, die sich bald so steigerten, daß er nur noch zu Hause unterrichten konnte. In der Nacht vom 27. zum 28. März 1563 starb er und wurde in der Dominikanerkirche beigesetzt. Die Universität errichtete dem verdienten Lehrer, achtunggebietenden Gelehrten und aufrechten Gläubigen ein Grabdenkmal, das später in das Münster verlegt wurde.

2. Sein wissenschaftlich-geographisches Ideengut

Glareans geographische Gedankenwelt läßt sich am besten an seinen beiden erdkundlichen Werkchen verdeutlichen.

2.1 Descriptio Helvetiae

Dieses hexametrische Lobgedicht entstand auf Anregung des Züricher Chorherrn Heinrich Utinger und erschien im Jahre 1515 unter dem Titel „De situ Helvetiae et vicinis gentibus. De quattour Helvetiorum pagis" bei Adam Petri in Basel. Der zweiten Auflage mit dem Titel „Descriptio de situ Helvetiae..." (Basel, bei Johannes Frobenius, 1519) ist ein Kommentar des Oswald Myconius beigegeben. Da die nächste Ausgabe vom Jahre 1553 nicht von Glarean autorisiert war, gab er selbst ein Jahr später einen überarbeiteten Text und einen gleichfalls verbesserten Kommentar seines inzwischen verstorbenen Freundes Myconius, den er aber, um seinen Bruch zu unterstreichen, nun Molitor nennt, in Basel heraus. Später wurde diese Fassung mehrfach in Sammelwerken nachgedruckt. Separat erschien das patriotische Büchlein zum letzten Mal im Jahre 1737 in Zürich.

Noch während Glarean an dem Gedicht arbeitete, stellte er das Material geordnet in Prosa zusammen, um es dem gerade in Basel weilenden Gesandten des englischen Hofes in der Schweiz zu überreichen. Heute befindet sich dieses Manuskript aus dem Jahre 1513 in Glarus.

Mit den Alten sieht Glarean die Schweiz von Rhein, Jura, Genfer See und Rhône eingeschlossen und durch die vier Hauptflüsse in ebensoviele Gaue unterteilt. Dabei erwähnt er die bekanntesten in der Schweiz lebenden Völkerschaften, einige Nachbarstämme und diskutiert schließlich die Gebirgsnamen „Iurassus", „Vocecius" und „Adulas". Nach diesen mehr historischen Nachrichten wendet er sich den 13 Kantonen der damaligen Schweiz zu und nennt einige weitere Städte. Ein Blick auf das förderale System und die Deutung einiger schwer verständlicher Namen beschließen das Schriftchen.

Geschichte und Gegenwart, Beschreibung von Landesnatur und politischer wie kulturgeographischer Gegebenheiten durchdringen sich auch in der hexametrischen Descriptio. Diese hat nicht nur weithin Stolz und Vaterlandsliebe geweckt, sondern trotz offensichtlicher Fehler und Unklarheiten als erster Versuch dieser Art für die Zukunft Ziele und Maßstäbe einer historischen Landeskunde gesetzt. Dies hat schon Glareans Schüler Ägidius Tschudi erkannt, wenn es im Vorwort seiner viel gerühmten „„...Alpisch Rhaetia..." heißt: „Glareanus hat by uns von erst die alten namen harfür gezogen, welches domaln schier für unerhört geacht ward, uss lang verlegener ungewohnheit. Us solchem sinem anfang, allen anderen ein urhab und ursach geben ist worden, wyter zu ergründen."

Was Glarean selbst zu diesen Arbeiten veranlaßt hat, ist derzeit unbekannt; antike oder frühhumanistische Vorbilder, von denen er sich hätte anregen lassen können, sind nicht eindeutig auszumachen.

2.2 De geographia liber unus

Eine Verbindung von kartographischer und landeskundlicher Geographie schwebt Glarean auch in seinem zweiten erdkundlichen Werkchen, dem „De geographia liber unus" (Basel 1527) vor. Zumal für die Studierenden der Artes liberales erscheint ihm Ptolemäus' Hyphegesis zu schwer und fehlerhaft, Strabo aber, der zweite Exponent der geographischen Tradition, bietet in seinen Augen mehr Länderkunde (Chorographie) als wirkliche Erdbeschreibung (Geographie). Deshalb schwebt ihm ein Handbuch für Studierende vor, in dem beide Richtungen zu einer Vollgeographie vereinigt sind.

Geradezu pedantisch hat Glarean dieser in der „epistola dedicatoria" entwickelten Zielsetzung dann entsprochen. Die fortlaufend durchnummerierten 40 Kapitel zerfallen in zwei Teile von je genau 20 Kapiteln. Im ersten mathematisch-kartographischen Teil „erläutert (er)... die geographischen und astronomischen Prinzipien der mathematischen Geographie, behandelt" - nach einer kurzen Einblendung der Elementenlehre - „Sphäre, Achse und Pole, teilt die Erde in Zonen und Klimate, erklärt die Windrose und erläutert Herstellung und Aufgabe des Globus". Dabei orientiert er sich nach Umfang und Reihenfolge im wesentlichen an dem Kanon, der sich in der „Cosmographiae introductio", die Glarean in der Ausgabe St. Dié (IIII. kal.Septembris anno suprasesquilesimum VII) durchgearbeitet hat, oder in Petrus Apians „Liber Cosmographicus" (Landshut 1524) herausgebildet hatte. Obgleich er die Erde durchwegs als natürlichen Körper und weniger ihre Stellung und Bewegung im Weltall betrachtet und die Erdoberfläche nur in ihrer Beziehung zur Sonne gliedert, sodaß die Bezeichnung „geographia" anstelle des sonst üblichen „cosmographia" völlig gerechtfertigt erscheint, dringt er doch nirgends zu einer differenzierenden Beschreibung des Erdraumes durch. Lediglich im 20. Kapitel bietet er in Anlehnung an Joh. Cochläus eine Liste geographischer Allgemeinbegriffe (Maris, Terrae, Agrorum, fluviorum etc.).

Der zweite, gleichfalls sehr kurz gehaltene Teil enthält seine Länderkunde. Mit Ptolmäus sieht er die drei Erdteile Europa, Afrika und Asien durch das Mittelmeer, den Don und das Rote Meer voneinander getrennt und zählt, bei Europa beginnend, ihre Länder auf. Dabei schreitet er in Europa von Irland im Norden und Spanien im Süden in west-östlicher Richtung fort, während er bei Afrika nach einem allgemeinen Überblick über die 12 von Ptolemäus unterschiedenen Regionen bei der Cyrenaica beginnt und über Libyien nach Äthiopien gelangt, in Asien aber wieder von West nach Ost fortschreitet. Bei den einzelnen Ländern nennt er neben den ungefähren Grenzen nur die bekannteren Flüsse, Städte und Völker, wobei seine Kenntnisse nach Norden, Süden und Osten zu immer dürftiger und fehlerhafter werden.

Ein letztes Mal kommt seine Bindung an Ptolemäus zum Ausdruck, wenn er im abschließenden Kapitel jene Gebiete behandelt, die Ptolemäus noch nicht bekannt waren. Dabei zählt er einfach die Entdeckungen im Westen neben denen im Norden und Süden auf, obgleich er schon bei Niederschrift des Büchleins gerade die Entdeckung Amerikas sehr genau gekannt haben muß. Er besaß ja nicht nur ein Exemplar von Ringmanns bzw. Waldseemüllers ,,Cosmographiae introductio" aus dem Jahre 1507, sondern hat diesem Exemplar im 9. Kapitel, wo von der Entdeckung Amerikas die Rede ist, ein Blatt mit zwei selbstgezeichneten Karten eingefügt, die erneut zeigen, dass er neben der alten auch die neue Geographie gründlich studierte.

Die Vorderseite des Blattes zeigt eine ziemlich getreue Nachbildung von Apians Weltkarte, eine der ältesten, die den Namen ,,Amerika" verwenden. Den neuen Erdteil hat er der Wirklichkeit zwar schon weiter angenähert als Apian, dennoch bleiben die Umrisse noch weitgehend hypothetisch. Die Rückseite gestaltete Glarean hauptsächlich der Weltkarte nach, die der Pole Johannes von Stobnicza in seiner ,,Introductio in Ptolemaei Cosmographiam" (Krakau 1512) veröffentlicht hatte. Dabei hat er seine Vorlage, die als eine der ersten einen ungefähren Eindruck von dem neuen Erdteil, zwei riesigen, durch eine Landenge verbundenen Festländern, vermittelt, in einigen Details glücklich verbessert. Bekanntlich sind auch Beschriftung und Randlegende, mit denen Glarean die Karten ausgestattet hat, für die Entdeckungsgeschichte von grosser Bedeutung.

Wie Glareans eigenhändige Karten zeigen, besaß er genügend Material zur Konzeption eines neuen geographischen Weltbildes. Daß er den Schritt über Ptolemäus hinaus trotzdem nicht wagte, wird kaum mit zeitlichen Gründen zu erklären sein. Traten auch nach der Übersiedlung nach Freiburg Fragen namentlich der neueren Geographie zwangsläufig weiter zurück, so hätte er seine Entdeckungen höchstwahrscheinlich selbst dann nicht für sich behalten, wenn er erst nach Niederschrift seines Lehrbüchleins darauf gestoßen sein sollte. Daher drängt sich die Vermutung auf, daß der im tiefsten Herzen konservative Gelehrte den Schritt über Ptolemäus hinaus nicht wagte, weil auf dem Gebiet der Wissenschaft damit revolutionäre Konsequenzen verbunden gewesen wären, die denen der Reformation in religiösen Dingen nicht nachgestanden hätten.

3. Sein Beitrag zur Entwicklung des geographischen Denkens

Die Bindung an Ptolemäus sollte auch für Glareans Nachwirkungen im geographischen Denken entscheidend werden. Als Pensionsleiter, der seine Studenten hauptsächlich in die Lektüre der lateinischen Klassiker und in die Anfangsgründe des Griechischen einzuführen hatte, wird er nicht nur bei Ägidius Tschudi Hingabe und Liebe zur Erforschung namentlich der Schweizer Altertümer geweckt haben. Auch seine Beschreibung der Schweiz hat über ein halbes Jahrhundert Stolz und patriotische Gefühle ausgelöst, obwohl Methode, Exaktheit und Vielfalt der Aussagen schon bald durch Tschudi und die meisterhafte Darstellung der Schweiz in Münsters Cosmographie erheblich übertroffen wurden.

Sein Geographielehrbuch war für den akademischen Gebrauch bestimmt und hat, an mehreren Universitäten als Handbuch eingeführt, mehr als eine Generation Studierende der Freien Künste in die alte und neuere Geographie eingeführt. Um der ständig wachsenden Nachfrage zu genügen, mußte das sehr einprägsame Büchlein zu Lebzeiten des Autors alle drei bis vier Jahre neu aufgelegt werden. Nach Glareans Tode erschien es ebenfalls unverändert etwa ein halbes Jahrhundert in grösseren Abständen. Dabei veraltete es immer mehr. Denn obwohl sich Glarean bei der Niederschrift auf den modernen, die mittelalterliche Wissenschaft zugunsten der Antike ablehnenden Standpunkt stellte und in seinem Forschen literarische Kritik mit neuen Ergebnissen verband, war die ptolemäische Systematik bereits 1527 nicht mehr fähig, die Glarean bekannten Fakten der neueren Geographie zu erklären. Deshalb geriet auch sein Büchlein im Laufe des 17. Jahrhunderts praktisch in Vergessenheit und wurde erst in jüngster Zeit wieder als Markstein auf dem Wege zu einer „Vollgeographie" entdeckt.

Das Drängen besonders italienischer Humanisten auf Befreiung der Einzelwissenschaften von der Theologie hat Glarean erklärtermaßen nicht mitgemacht. Auch die Verselbständigung der Realienkunde von der Philosophie/Phiolologie hat in ihm keinen Fürsprecher gefunden. Dennoch ist seine Geographie in sich geschlossen, eindeutig von Mathematik und Geschichte abgegrenzt und weltanschaulich neutral. Wie die vergleichsweise intensive Beschäftigung mit dem Kartenzeichnen vermuten lässt, ging er im Unterschied zu den zeitgenössischen Cosmographen von einem zwar naiven, aber doch strengen Begriff von Geographie als Erdbeschreibung aus und bemühte sich konsequent, den Grundriss der Erd- und auf die Erde bezüglichen Himmelskunde der Klassiker darzustellen. Das sich die neuen Entdeckungen nahtlos einfügen würden, hat er offenbar nie ernsthaft bezweifelt. Nur so ist es zu erklären, daß ein kritischer Kopf von seinem Format, der die alte und neue Geographie gut genug kannte, um unter die grossen Baumeister des neuen geographischen Weltbildes aufrücken zu können, als Geograph bald nur noch als Mittler der Antike bekannt war und bei der Überwindung der ptolemäischen Systematik nicht die geringste Rolle spielte.

Dennoch gebührt ihm das Verdienst, sein Werk über Reisch die unter dem Einfluss der „Margarita philosophica" stehende Artistenausbildung hinaus als einer der ersten in eindeutiger Anlehnung an Ptolemäus „geographia" genannt und damit einen wesentlichen Beitrag zur Ausbildung einer Ptolemäus-Tradition in der geographischen Lehre an deutschen und westeuropäischen Hochschulen geleistet zu haben.

Literaturverzeichnis

Albrecht, H. 1956, Glarean(us), Heinrich. In: Musik in Geschichte und Gegenwart, Bd. V, S. 215-221

Büttner, Manfred 1973, Die Geographia Generalis vor Varenius. Geographisches Weltbild und Providentialehre. Erdwissenschaftliche Forschung 7. Wiesbaden, bs. S. 73-75

Elter, Antonius 1896, De Henrico Glareano geographo et antiqua forma „Americae" commentatio. In: Natalicia Regis Augustissimi Guilliemi II..., Bonn

Fritsche, O. F. 1888, Glareana. In: Zentralblatt für das Bibliothekswesen 5, S. 77-91

Fritsche, O. F. 1890, Glarean, sein Leben und seine Schriften. Frauenfeld

Glareanus, Henricus 1515, De situ Helvetiae et vicinis gentibus. De quattour Helvetiorum pagis. Basel

GClareanus, Henricus 1519, Descriptio de situ Helvetiae...Basel

Glareanus, Henricus 1527, De geographia liber unus, Basel (weitere Auflagen: 1529, 1532, 1533, 1534, 1535, 1536, 1537, 1538, 1539, 1542, 1546 u. ö.)

Kastrop, Rainer 1972, Ideen über die Geographie und Ansatzpunkte für die moderne Geographie bei Varenius unter Berücksichtigung der Abhängigkeit des Varenius von Vorstellungen seiner Zeit. Phil. Dissertation Saarbrücken, bes. S. 29-33

Laubenberger, Franz 1959, Ringmann oder Waldseemüller? Eine kritische Untersuchung über den Urheber des Namens Amerika. In: Erdkunde 13, S. 163-179

Müller, Johannes 1937, Glarean und Ägidius Tschudi, Freiburg (mir nicht zugänglich)

Oberhummer, E. 1887, Zwei handschriftliche Karten des Glareanus in der Münchener Universitätsbibliothek. In: Jahresbericht der Geographischen Gesellschaft in München für 1886, München, S. 67-74

Schöner, Johannes 1533, Opusculum geographicum ex diversorum libris ac cartis summa cura et diligentia collectum, accommodatum ad recenter elaboratum ab eodem globum descriptionis terrenae, Norimbergae

Schreiber, H. H,. 1837, H. Loriti, Glareanus, gekrönter Dichter, Philolog und Mathematiker aus dem 16. Jahrhundert. Freiburg

(Fertiggestellt: Juni 1977)

III.
Protestantische Geographie und Cosmographie im 16. Jahrhundert

Manfred Büttner

PHILIPP MELANCHTHON
(1497-1560)

Philipp Melanchthon, humanistisch gebildeter Philosoph und Theologe, Hauptmitarbeiter Luthers und Verfasser der ersten protestantischen Dogmatik sowie Begründer und Organisator des Hochschul- und Lateinschulwesens in den protestantischen Ländern Deutschlands ist als Praeceptor Germaniae in die Geschichte eingegangen. Als „Lehrer Deutschlands" hat er auch auf die Entwicklung des geographischen Denkens entscheidenden Einfluß ausgeübt.
Unter dem Eindruck der durch die Reformation ausgelösten neuen Geisteshaltung erweiterte er die bis zu jener Zeit vorwiegend an Ptolemäus orientierte Geographie (=Kartographie) um die Bereiche, die wir heute Kulturgeographie und Physiogeographie nennen. Dadurch wurde er zum Begründer der deutschen Geographie in ihrer lutherischen Ausprägung.
Sein direkter Einfluß, vor allem die theologische Indienstnahme des geographischen Faktenmaterials, reicht bis in das frühe 19. Jahrhundert. Indirekt wirkt er bis heute nach, denn die Einteilung der Geographie in Kultur- und Physiogeographie geht im wesentlichen auf ihn zurück.

1. Erziehung, Leben und Werk

Philipp Schwartzert, später von Reuchlin zu Melanchthon gräzisiert, wurde am 16. Februar 1497 zu Bretten in der Kurpfalz geboren. Sein Vater, der geschätzte kurfürstliche Waffenschmied Georg Schwartzert, war aus Heidelberg in dieses nordbadische Städtchen gezogen und hatte die Tochter des dortigen Bürgermeisters Johannes Reuter geheiratet. Dieser Ehe entstammten fünf Kinder, zwei Söhne und drei Töchter. Der ältere Sohn erhielt, dem regierenden Kurfürsten zu Ehren, den Namen Philipp. Er wuchs in einer sehr frommen Atmosphäre auf. Es wird überliefert, daß man zu Hause um Mitternacht den Schlaf zu unterbrechen pflegte, um ein Gebet zu sprechen.
Die ersten Grundlagen seines später umfassenden Wissens erhielt Philipp schon in seiner Vaterstadt Bretten. Sein Großvater Johannes Reuter, ein wohlhabender und gebildeter Kaufmann, verpflichtete Jakob Unger aus Pforzheim als Hauslehrer, der Philipp und dessen Bruder drei Jahre in Grammatik unterrichtete.

Kaum zehn Jahre alt, wurde Philipp schon als Wunderkind bekannt. Bachanten, die damals im Lande umherzogen, seien oft nach Bretten gekommen, um mit ihm zu disputieren, doch nur wenige konnten es - sehr zum Stolze des Großvaters - mit dem Jungen aufnehmen.
Als im Jahre 1507 der Großvater und wenige Tage darauf auch der Vater gestorben waren, zog die Familie nach Pforzheim. Hier besuchte der Zehnjährige sogleich die Lateinschule, die damals neben der in Schlettstadt die renommierteste in ganz Südwest-Deutschland war. Philipps Großonkel, Johannes Reuchlin, war aus ihr hervorgegangen. Außer dieser Schule war Pforzheim wegen seiner Druckerpresse berühmt, in der humanistische Drucke in großer Zahl hergestellt wurden.
Als Philipp in die Schule aufgenommen wurde, stand sie unter der Leitung von Georg Simler und Johannes Hiltebrant. Simler war der Verfasser einer der ersten griechischen Grammatiken und erteilte für besonders begabte Schüler, zu denen auch Philipp gehörte, Privatunterricht in Griechisch.
Reuchlin wohnte in Stuttgart, besuchte aber Pforzheim oft, sodaß Philipp regelmäßig mit ihm zusammenkam. Da er die überragende Begabung seines Großneffen erkannte, kümmerte er sich um dessen Weiterbildung. Wegen der großen Begeisterung, die Philipp von Anfang an für das Griechische entwickelte, gräzisierte Reuchlin dessen Familiennamen in Melanchthon. Zeitlebens hat Reuchlin entscheidenden Einfluß auf Philipp ausgeübt. Nicht zuletzt ist es ihm zu verdanken, daß sich schon der Zwölfjährige im Kreise seiner Lehrer und anderer berühmter Humanisten wie ein Gleichberechtigter bewegen lernte. Mit 13 Jahren hielt man ihn für universitätsreif und schickte ihn nach Heidelberg.

1.1 Studentenzeit
Am 14. Oktober 1509 ließ er sich immatrikulieren. Zu dieser Zeit herrschte an der Artistenfakultät bereits humanistischer Geist. Als äußeres Zeichen für den Übergang zum Humanismus kann die etwa 20 Jahre zuvor erfolgte Aufhebung des Gesetzes angesehen werden, kraft dessen an der Universität nur Geistliche als Professoren zugelassen waren, was in den naturwissenschaftlichen Fächern und besonders in der medizinischen Fakultät seit langem zu erheblichen Unzuträglichkeiten geführt hatte.
Als sich Philipp immatrikulierte, gehörte der Theologieprofessor Pallas Spangel zu den einflußreichsten Persönlichkeiten der Heidelberger Universität. Philipp wurde in dessen Haus aufgenommen und erhielt so nicht nur von ihm persönlich entscheidende Anregungen, sondern lernte auch die namhaften Vertreter des oberrheinischen Humanismus kennen.
Von den Gelehrten, die Melanchthon in theologisch-philosophischer und philologischer Hinsicht beeinflußten, muß insbesondere auch Cunradus Helvetius genannt werden, bei dem er Astronomie und Physik hörte und erste Berührungen mit der Geographie erhielt. Helvetius selbst war Schüler des Caesarius, der seinerseits aus der Kölner Hochschule hervorgegangen war.
Am 18. Juni 1511 promovierte Melanchthon zum Baccalaureus artium. Da ein Promotionsgesuch wegen seines jugendlichen Alters abgewiesen wurde,

wandte er sich nach Spangels Tod im Jahre 1512 auf Anraten seines Großonkels Reuchlin nach Tübingen. Die Mitglieder der dortigen jungen Universität - sie war erst 1477 gegründet worden - waren ausnahmslos Freunde und Bewunderer, zum Teil sogar Schüler Reuchlins.
Obwohl Melanchthon in Heidelberg sein Examen nach der „via antiqua" abgelegt hatte, führte er seine Studien in Tübingen nach der „via moderna" fort, was soviel bedeutete wie starke Hinwendung zu den griechischen Quellen unter Einbeziehung der geographischen.
Sein bedeutendster Lehrer war Johannes Stöffler. Dieser führte ihn an die Naturwissenschaft unter Einschluß von Geographie und Cosmographie heran, allerdings auf dem Weg über die Philologie und nicht über die Empirie. Stöffler war nämlich in erster Linie Philologe, der die antiken Quellen erschloß, aber über die Philologie hinaus als einer der ersten damit begann, die naturwissenschaftliche Überlieferung der Klassiker auch empirisch zu überprüfen, zu korrigieren und zu ergänzen. Namentlich diese Verbindung von philologischer Methode und eigener Beobachtung, die Melanchthon in Tübingen kennenlernte, wurde für sein späteres geographisch-cosmographisches Denken von entscheidender Bedeutung. Seinen Lehrer Stöffler muß er zeitlebens vor allen anderen geliebt haben. 1517 gestand er in der später gedruckten Rede „De artibus liberalibus", er habe alles, was er sei, Stöffler zu verdanken.
Vor allem lehrte Stöffler seine Schüler, von denen neben Melanchthon Konrad Pellikan und Sebastian Münster die bedeutendsten waren, daß die Naturwissenschaft, insbesondere Geographie und Cosmographie auf Gott verweist. Melanchthon ist in dieser Naturfrömmigkeit groß geworden und hat sein ganzes Leben nicht mehr davon abgelassen.
Interpretation der antiken Quellen, Aufgeschlossenheit für das neue geographische Weltbild und das Lob Gottes in der Natur - später als Physikotheologie bezeichnet - sind die drei Wurzeln, aus denen Melanchthons im Sinne der reformatorischen Geisteshaltung erneuerte Geographie bzw. Cosmographie erwuchs.
Am 25. Januar 1514 erwarb Melanchthon die Magisterwürde. Damit wurde er Lehrender und Lernender zugleich. In der Artistenfakultät hielt er Vorlesungen über Vergil, Cicero und Livius, außerdem Kurse in griechischer Grammatik. Als Lernender beschäftigte er sich nicht nur mit den bereits genannten Fächern Theologie und Philosophie weiter, sondern wandte sich auch der Medizin und Jurisprudenz zu. So entwickelte sich Melanchthon in diesen Tübinger Jahren zum Universalwissenschaftler.

1.2 Professor in Wittenberg

Im Jahre 1518 trat Kurfürst Friedrich von Sachsen an Johannes Reuchlin mit der Bitte heran, ihm für die Universität Wittenberg einen Griechisch- und Hebräischlehrer zu empfehlen. Da Reuchlin für den Kandidaten, der an diese neue Hochschule berufen würde, eine glänzende Karriere voraussah, schlug er seinen Großneffen vor. Nach kurzem Zögern willigte dieser ein, und Reuchlin sandte ihn wie ein Patriarch mit dem Segensspruche hinaus: „Gehe aus Deinem Vaterland und von Deiner Freundschaft und aus Deines Vaters Haus in ein Land, das ich Dir zeigen will. Und ich will Dich zum großen Volke machen und Dich segnen."

In Wittenberg geriet er unter Luthers Einfluß und nahm entscheidend an der im Zuge der Reformation einsetzenden Neuausrichtung des Wissenschaftsbetriebes und der neuen Zielrichtung der Wissenschaften unter betontem Einschluß der Geographie teil.

Am 29. August 1518 hielt er seine vielbeachtete Antrittsrede „De corrigendis adolescentiae studiis". In dieser lateinischen Vorlesung des 21jährigen steckt das Programm seines ganzen Lebens: Unlösliche Verbindung zwischen Humanismus und Evangelium. Der Humanismus soll nicht Selbstzweck sein. Die Studenten in Wittenberg sollten Griechisch, Hebräsch und Latein nur lernen, um - nach einem Wort des Apostels Paulus - den alten Adam abzulegen und einen neuen anzuziehen.

Auf Drängen Luthers erwarb Melanchthon schon nach einem Jahr am 9.9.1519 zusammen mit Johannes Agricola den Baccalaureus Biblicus, den untersten Grad der theologischen Fakultät. Fortan war er Mitglied zweier Fakultäten, der theologischen und der artistischen. Diese Doppelstellung hatte er bis zu seinem Tode inne. Seine Arbeit an der lutherischen Dogmatik blieb nicht ohne Folgen für seine philosophische Grundposition. Vor allem seine Providentialehre, die er auf der Grundlage der zeitgenössischen teleologischen Betrachtung des geographisch-cosmographischen Materials entfaltete, zeigt, wie einerseits aristotelische Vorstellungen in die lutherische Providentialehre einflossen, und andererseits vor allem geographisch-cosmographische Fakten in den Dienst der Erläuterung des lutherischen Zentraldogmas vom jetzt tätigen gnädigen Gott gestellt wurden.

2. Melanchthon als Geograph: Ziel und Methode der Geographie

Zum Forschungsstand: Über den Theologen und Organisator des Schulwesens sind wir bestens unterrichtet. Selbst der Spezialist vermag die Sekundärliteratur kaum noch zu überblicken. Auch der Humanist, Philosoph und Philologe ist gut bekannt. Über den Geographen wurde bislang nur wenig geschrieben. Der Verfasser dieses Artikels ist wohl der erste, der sich näher damit befaßt und herauszuarbeiten versucht hat, welchen Einflüssen Melanchthon unterlag, worin seine Eigenleistung bei der Neuausrichtung des geographischen Denkens bestand, und wie weit sein Einfluß reichte, d.h. welche Bedeutung er für die Geschichte des geographischen Denkens besitzt.

Seine Geographie- bzw. Cosmographiekonzeption: Wesen, Aufgaben und Ziele der Geographie, die Abweichungen vom klassischen Konzept, die neue Gestalt des Faches und seine Unterordnung unter die Theologie verdeutlicht am besten ein kurzer Blick auf sein Vorwort zu Sacro Busto und seine „Initia doctrina physicae".

2.1 Seine Äußerungen zum Verhältnis von „Naturwissenschaft" und Theologie aus dem Jahre 1531

Da Melanchthon für den Unterrichtsbetrieb in Wittenberg ein mathematisches Lehrbuch brauchte, gab er 1531 das Standardwerk des Sacro Busto mit einem Vorwort neu heraus. In diesem Vorwort, das seinem Pforzheimer Schulkameraden Simon Grynäus, einem geographisch sehr interessierten Humanisten, gewidmet ist, äußerte er sich grundsätzlich über die Naturwissenschaft, besonders Geographie und Cosmographie, und ihre Beziehungen zur Theologie.
Er beginnt mit dem Hinweis auf die Schönheit des Himmels. Doch von dieser Schönheit leitet er nicht, wie noch sein Lehrer Stöffler, den naheliegenden Schluß auf den Schöpfer ab, vielmehr sieht er Bewegungskräfte am Werk, die von der göttlichen Ratio (Vernunft) ausgehen. Daß die Gestirne von Gott geschaffen sind, erwähnt er expressis verbis nicht, es klingt nur leicht an. Sofort aber betont er ihre Bedeutung für das Jetzt: In der Schrift steht, daß die Gestirne Zeichen für Zeiten und Jahre sein sollen. Nur mit ihrer Hilfe können wir das Jetzt bewältigen. Aber diese jetzige Hilfe der Gestirne für uns ist nur die eine Seite der Sache. Die andere Seite besteht darin, daß wir sehen, wie Gott die Welt bewegt. Aristoteles hatte nämlich völlig recht mit seiner Behauptung, daß die untere Welt von oben her regiert wird. Nun kommt Melanchthon zu seinem eigentlichen Anliegen: Die für uns alle sichtbare göttliche Lenkung der Gestirne ist ein Zeichen dafür, daß Gott auch die Menschen - wenngleich für uns oft nicht durchschaubar - lenkt und leitet. Hier zeigt sich ganz deutlich, daß Melanchthon Gedankengänge aus der Aristotelesschrift „De Mundo" zugrundelegt, vom Jetzt der Himmelsbewegung auf den jetzt tätigen Gott schließt und von hier aus auf das Damals der Schöpfung und zugleich auf die Gegenwart und Zukunft des Menschen zielt. Dieser von Melanchthon durchgeführte aristotelische Schluß mit biblischer Absicherung erscheint etwas gewollt und wird nur verständlich, wenn man den auf das Jetzt zielenden lutherischen Denkhintergrund voraussetzt.

2.2. Seine Neuausrichtung der Geographie

Bei der späteren Lehrplangestaltung und Ausarbeitung der Studienordnung für die Geographie spielt die lutherisch-theologische Geisteshaltung eine noch größere Rolle. Der Praeceptor Germaniae läßt sich nämlich von folgenden Gesichtspunkten leiten: An lutherischen Universitäten und Schulen sollen nur Fächer gelehrt werden, die in den Dienst der Doctrina Evangelica gestellt werden können. Fächer, die dieser Forderung nicht genügen, sind entweder aus dem Kanon zu streichen oder umzugestalten. Das bedeutet für die Geographie: Da sie in ihrer mit der Schöpfungslehre verbundenen Gestalt des Mittelalters praktisch nicht mit dem lutherischen „Zentraldogma" vom jetzt tätigen, nahen Gott, der sich den Menschen zuwendet, in Beziehung gebracht werden kann, muß sie um die heute Physio- bzw. Kulturgeographie genannten Teile erweitert werden. Mit diesen Leitgedanken geht Melanchthon entscheidend über seinen Lehrer Stöffler hinaus, für den Geographie - in Anlehnung an Ptolemäus - nur Kartographie umfaßte.

Wie eine entsprechend umgestaltete Geographie aussehen muß, führt er in seiner Physik aus, einem Werk, das aus heutiger Sicht weniger eine Physik als vielmehr eine Besinnung auf die Methode und die Gesichtspunkte darstellt, nach denen das kosmologisch-geographische Faktenmaterial zu ordnen ist und welchen Stellenwert dieses Fach Geographie dann im Rahmen der Wissenschaften, und das bedeutet für Melanchthon: der Theologie einnimmt.

Das Werk besteht aus zwei Teilen. Im Vorwort und in den Kapiteln des ersten Teiles versucht Melanchthon Klarheit über das Verhältnis zwischen Naturwissenschaft (einschließlich Geographie) und Theologie zu gewinnen. Im zweiten Teil trägt er das kosmologisch-geographische Faktenmaterial dann auf der Basis des im ersten Teil methodisch Erarbeiteten vor.

2.2.1 Der erste Teil: Zunächst einmal stellt Melanchthon in einem breit angelegten Vorwort klar, daß die eigentliche Aufgabe der Naturwissenschaft und insbesondere der Geographie darin besteht, den Menschen zu Gott zu führen. Dabei fällt folgendes auf: Melanchthon spricht zwar häufig von Gott, doch niemals vom Creator (Schöpfer) oder der Creatio (Schöpfung), sondern nur vom Opifex (Werkmeister), Architectus (Baumeister), Conditor (Erbauer), Conservator (Erhalter) usw. Dieser Befund deutet schon rein äußerlich an, daß Melanchthon mit Hilfe der Naturbetrachtung zwar Gott erreichen will, daß es ihm dabei aber nicht um den „fernen" Schöpfergott geht sondern um denjenigen, der hier und jetzt alles lenkt.

Bereits im ersten Satz des Vorwortes heißt es: „Dieses ganze herrliche Theater, nämlich Himmel, Lichter, Sterne... Erde usw...., ist ein testimonium (Beweis) für Gott den Opifex (Werkmeister). Wer seine Augen umherschweifen läßt, der muß in der Ordnung der Dinge Gott den Architekten erkennen, der andauernd bei seinem Werke ist und alles... erhält und beschützt. Wir können nach Gottes Willen in dieser Welt seine Fußspuren wahrnehmen, wenn wir Naturwissenschaft betreiben." Der Leser bemerkt den Anklang an Röm. 1, 20. Damit ist gezeigt, daß es zu vertreten ist, eine empirisch betriebene Naturwissenschaft wie die Geographie in Wittenberg, und damit an allen lutherischen Schulen zu lehren.

Nach diesen grundsätzlichen Vorbemerkungen wendet er sich im ersten Kapitel folgenden Fragen zu:

1. Quid est physica doctrina? (Was ist die Lehre der Physik?)
2. Quae doctrina usitate nuncupatur physica? (Welche Lehre heißt üblicherweise Physik?)
3. Estne certitudo aliqua doctrinae physicae? (Welche Gewißheit besitzt die Physik?)
4. De fine et utilitate physices. (Ziel und Nutzen der Physik.)
5. Quod est subiectum physices? (Was ist Gegenstand der Physik?)
6. Quae est methodus in hac doctrina? (Welches ist die Methode der Physik?)
7. Quae est series partium doctrina physicae? (Welches ist die Reihenfolge der Teilstücke der Physik?)

1. Was ist die Lehre der Physik? Es ist eine Lehre, in der es um die Qualitäten und Bewegungen der Naturkörper geht. Zugleich werden darin die Ursachen

des Werdens und Vergehens sowie die Gründe für die Bewegungen in den Elementen und den aus Elementenmischung hervorgegangenen Körpern dargestellt. In der Erklärung dieser Eingangsdefinition der Physik - es ist von Lehre, nicht von Forschung die Rede - führt Melanchthon im einzelnen aus, daß man - wie üblich - „von außen nach innen" vorgehen müsse. Es sei bei den himmlischen Körpern zu beginnen, dann folgten der elementare Bereich, und zuletzt sei der Mensch zu behandeln.

2. Welche Lehre soll man vortragen? Melanchthon nennt die einzelnen Schulen und liefert dabei einen Überblick über die Geschichte der Naturwissenschaft. Er beginnt bei Thales und Anaxagoras. Breit geht er auf Aristoteles und dessen Meteorologie ein, um zu zeigen, daß die eigentliche und die einzig richtige Doctrina die Lehre ist, die verdeutlicht, „… ut omnes vires eius a superioribus regantur (daß alles hier auf Erden 'von oben' gesteuert wird)" (Melanchthon, 1549, 5).

3. Die Gewißheit der Physik. Es gibt drei regulae iudiciae (Entscheidungskriterien), welche die Gewißheit garantieren: Prinzipien, Erfahrung und Schlußfolgerung. Melanchthon nennt folgendes Beispiel: Die Erfahrung lehrt, daß im Feuer Wärme, im Wasser Kälte ist, daß sich der Himmel dreht usw. Diese Erfahrung verbindet der Philosoph mit den Prinzipien. Von hier kann er auf die Dinge schließen, die größer sind, als sie unser Auge jemals überblicken könnte, wie z. B. die Tatsache, daß die Welt begrenzt ist. Melanchthon schließt wie Aristoteles: Prinzip ist, daß kein unendlicher Körper sich im Kreis bewegen kann. Die Erfahrung zeigt, daß sich der Himmel in einer bestimmten Zeit einmal dreht. Also ist er mit Sicherheit endlich. Doch läßt er es bei diesem einen Beispiel nicht bewenden, sondern führt noch eine Menge weiterer an. Zum Schluß sagt er dann zusammenfassend: Also ist deutlich geworden, daß vieles sicher ist, auch wenn wir die Natur noch nicht bis ins einzelne völlig erforscht haben.

4. Ziel und Nutzen der Physik. Die Natur ist wie ein Theater. Selbst wenn die Betrachtung dieses Theaters keinen anderen Nutzen hätte als den, Vergnügen zu bereiten, so wäre dies schon genug. Doch da ist noch die andere, die theologische Seite der Physik. Die Naturwissenschaft liefert den ersten Weg zur agnitio Dei, der Anerkennung Gottes. (Daß über diesen ersten Weg jedoch nur eine unvollkommene Gotteserkenntnis möglich ist, sagt er später im Deus-Kapitel.) Und es gibt noch einen dritten Nutzen: Physik ist nützlich für das Leben. Nachdem er dies kurz am Beispiel der Medizin klargemacht hat, wendet er sich eingehend dem Nutzen für die Theologie zu. Er unterscheidet drei Bereiche:

a) Bei der Entfaltung der christlichen Lehre ist es nötig, den Menschen als physisches Wesen genau zu kennen.
b) Vieles von der Kirchenlehre ist ohne explicatio physica, ohne die Erklärung der Physik, nicht zu verstehen.
c) Schließlich bietet uns die Naturwissenschaft den ersten Weg zu Gott.

Bei dieser Gelegenheit zeigt Melanchthon ausführlich, daß alle diejenigen eine falsche Naturwissenschaft betreiben, die die Providentia nicht mit Hilfe der Physik erreichen können. Es ist also für ihn nicht daran zu zweifeln, daß richtige Physik und Providentia - Erläuterung zusammengehören. (Diesen Gedanken greifen auch die reformierten Geographen, wie Münster, Mercator u.a., auf).

5. Das Subjekt der Physik. Mit Subjekt bezeichnet man nach Melanchthon die materiam (Sache), um die es in einer Schrift geht. Nun gibt es ein einfaches und ein zusammengesetztes Subjekt. Das einfache, auch Titel genannt, ist das, wovon die mit diesem Titel versehene Schrift hauptsächlich handelt. Dieses einfache Subjekt ist nun in der Physik der natürliche Körper und besonders seine mobilitas (Beweglichkeit). In der Doctrina physica geht es also hauptsächlich um die Frage nach den Ursachen für die Entstehung des natürlichen Körpers sowie um die Frage nach den Gründen für die Bewegungen und Veränderungen in ihm. Das zusammengesetzte Subjekt dagegen ist die propositio principalis (die Hauptaussage) des Werkes; es bezeichnet das, was der Rhetoriker den „Status in einer Rede" nennt. Das bedeutet für die Physik: Wir haben es hier auch mit den Proprietäten wie Bewegung, Ort, Zeit und Veränderung zu tun.

6. Die Methode in der Physik. Nach Aristoteles gibt es grundsätzlich zwei Lehrmethoden:
Entweder schreitet man von den Ursachen zu den Wirkungen voran oder man setzt umgekehrt bei den Wirkungen an, die signa (Zeichen) sind, und gelangt von hier zu den Ursachen. In der Physik ist der an zweiter Stelle genannte Weg der angemessenste. Weiter zeigt Melanchthon, wie man - bei der experientia (Erfahrung) beginnend - zur grundsätzlichen Unterscheidung zwischen dem himmlischen und dem elementaren Bereich kommt. Damit hat er die übliche Unterscheidung zwischen Cosmographie und Geographie im Blick.

7. Die Reihenfolge der physischen Loci. Gemäß dem in Punkt 5 Gesagten ist mit der ersten Ursache, also mit den himmlischen Körpern zu beginnen.

Im Vorwort hat Melanchthon das Ziel der Physik und im ersten Kapitel ihr Wesen, ihre Methode usw. dargelegt. Nun geht er ins Detail. Zunächst zeigt er auf, wie die Physik im einzelnen zu Gott hinführt und wie der Gott aussieht, den wir mit Hilfe der Naturwissenschaft erreichen, bzw. erläutern und sogar beweisen können. Der Komplex wird in drei Teilabschnitten behandelt, die in sich eine Einheit bilden: In Kapitel 2 geht es um Gott im allgemeinen, in Kapitel 3 um die göttliche Providentia und schließlich in Kapitel 4 um die Contingentia Gottes. Dabei zeigt sich folgender Hauptgedankengang:

a) Der über die Natur erreichte Gott ist nur der Opifex (Werkmeister). Wenn die natürliche Gotteserkenntnis auch - wie Paulus sagt - dunkel ist, so liefert sie doch einen ersten Anhaltspunkt. Sie zeigt z. B., daß Gott kein Körper, sondern ein unvergänglicher Geist ist. Doch klare Erkenntnis erhalten wir nur durch die Schrift, nur in ihr erfahren wir Genaues über das Wesen des dreieinigen Gottes und darüber, was er mit seiner Kirche und mit uns Menschen vorhat.

b) Die mit Hilfe der Physik erstellte Gottes-Definition ist also durch die Lehre der Kirche zu ergänzen.

c) Gott handelt als Werkmeister und Weltenlenker frei; denn die Naturgesetze sind nicht notwendig. Sein Beweis setzt bei den Bewegungsgesetzen des Himmels an und schließt mit dem Hinweis auf das völlig kontingente R e g n e n . Die Himmelsbewegungen, so erläutert er, geschehen zwar gesetzmäßig, aber nicht notwendig.

Auf Kapitel 3, das wichtigste der ganzen Schrift, muß näher eingegangen werden. Melanchthon führt aus, daß das geographische Faktenmaterial dazu dient, die göttliche Weltenlenkung zu beweisen. Dabei erarbeitet er das bis zu diesem Zeitpunkt im lutherischen Raum noch nicht vorhandene Lehrstück von der Providentia, das dann später in die Dogmatik Eingang findet. Hierzu ist folgendes festzuhalten:

a) Aus dem erwähnten Grunde geht in die sich entwickelnde lutherische Lehre von der göttlichen Providentia zeitgenössisches geographisches Material ein.

b) Seither setzt sich unter den lutherischen Geographen die Überzeugung durch, daß Geographie und Providentialehre zusammengehören. In der Gefolgschaft Melanchthons vertritt noch der junge Kant die Meinung, mit Hilfe des geographisch-kosmologischen Faktenmaterials lasse sich ein Beweis für die göttliche Weltenlenkung führen. Auf Grund der im dritten Kapitel seiner „Initia doctrinae physicae" durchgeführten Indienstnahme des geographischen Faktenmaterials für die Providentialehre ist Melanchthon zum Begründer der später sogenannten Physikotheologie bzw. physikotheologischen Ausrichtung der Geographie geworden.

Er beginnt mit dem W a s der Vorsehung. Vorsehung, so erklärt er, ist zweierlei: einmal das passive Voraussehen, zum anderen aber das aktive Steuern künftiger Ereignisse. Hier liegt also die lutherische Providentialehre in statu nascendi vor. Der Verfasser benutzt noch nicht die klaren, eindeutigen Begriffe, die man später in diesem Lehrstück gebrauchte. Mit Hilfe mehrdeutiger Termini tastet er sich an die Sache heran. Das Vorausschauen definiert Melanchthon folgendermassen: Providentia ist eine Cognitio (Erkenntnis, Kenntnis, Bekanntschaft, Begriff), wodurch Gott alles cernit (sieht, wahrnimmt, erkennt, einsieht, scheidet, sondert, richtet) und prospicit (in die Ferne sieht, vorhersieht, besorgt, verschafft). Providentia ist also einerseits die passive göttliche Erkenntnis aller gegenwärtigen und zukünftigen Ereignisse.

Andererseits ist Providentia aber auch - und zwar hauptsächlich - die göttliche Steuerung der Natur, wodurch das Universum in Ordnung gehalten wird.

Dieses Steuern als pars altera der Providentia geschieht auf zweifache Weise. Einmal dirigiert Gott die Natur und dann den Menschen. Zur Steuerung der Natur heißt es: Providentia ist eine Gubernatio (Steuerung, Lenkung), wodurch Gott die gesamte Natur, nämlich die Ordnung der Bewegungen, den Wechsel der Jahreszeiten, die Fruchtbarkeit der Erde usw. servat (beobachtet, bewacht, behütet).

Die Lenkung des Menschen schildert Melanchthon wie folgt: Gott curat (sorgt, pflegt, behütet) und servat (beobachtet, bewacht, behütet) das menschliche

Geschlecht... Daraus ersieht man, daß Gott nicht müßig ist. Bisweilen straft er die Menschen durch gewaltige Wasserfluten.

Dem Damals mißt Melanchthon wenig Bedeutung bei. Er sagt nicht etwa (wie die Reformierten), daß Gott in seinem jetzigen aktiven Tun nur das damals Geplante ausführe. Er setzt im Jetzt an und stellt lediglich fest: Was Gott jetzt tut, das hat er schon früher vorausgesehen.

Bis hierher ist festzuhalten: Melanchthon verwendet geographisches Material, um die Steuerung der Natur und des Menschen zu veranschaulichen. Anders ausgedrückt: Er erweitert die ptolemäische Geographie, um mit Hilfe der Physio- und Anthropogeographie die Providentia zu definieren. An anderer Stelle sagt er dazu, daß man an der Ausbreitung des Christentums sehen könne, wie Gott die Menschheit lenkt. Hier liegt die lutherische Religionsgeographie in statu nascendi vor.

Nach der Definition kommt Melanchthon zu den testimonia (Beweisen) für die Vorsehung. Ich nenne hier nur das Hauptargument. Melanchthon betont ausdrücklich, daß er nicht indirekt über Gott an die Providentia herangehen will, sondern daß er die Vorsehung direkt, und zwar „von unten", also ohne die Bibel anstrebt. Unter anderem heißt es: Die Ordnung der Bewegungen, der den Lebewesen sehr nützliche Jahreszeitenwechsel, die regelmässige Folge von Tag und Nacht usw. weisen auf die Providentia hin. Gerade dann, wenn z. B. Trockenheit nötig ist, geht die Sonne in das Sternbild des Löwen, wodurch diese Trockenheit eintritt.

Nach weiteren Beweisen schließt dieser Teil, in dem die Geographie ihre neue Ausrichtung erhält, mit einem Ausblick auf das folgende Kapitel, in dem die Contingentia im einzelnen abgehandelt werden soll. Überleitend bemerkt er, daß Gott in der Steuerung der Natur genau so frei handle wie in der Lenkung der Menschen zum Heil.

Diese Bemerkung, die dann im Contingentia-Kapitel eingehend durchdiskutiert wird, ist deswegen wichtig, weil Melanchthon damit den lutherischen Geographen die Möglichkeit eröffnet, das Fach auf dem Boden lutherischen Denkens zu entfalten. Wäre Gott nicht frei, sondern an die von ihm stammenden Gesetze gebunden, dann müßte der theologisch orientierte Geograph bzw. der geographisch ausgerichtete Philosoph oder Theologe zur Vorstellung eines schlafenden Gottes kommen, der sich nach Erschaffung der Weltmaschine zur Ruhe gesetzt hätte. Gerade diese Folgerung wird später von den Reformierten, z. B. von Comenius, gezogen. Lutheraner lehnen diesen Gedanken ab, und die Geographie wäre von vornherein an lutherischen Schulen unterdrückt worden, hätte Melanchthon nicht ausdrücklich diese Sicherung eingebaut.

Noch für A. H. Francke ist es entscheidend, daß durch die Geographie Gottes Wirken in der Natur veranschaulicht und bewiesen werden kann. Eine Geographie, die diese Aufgabe nicht erfüllt, lehnt er an seinen Schulen ab.

2.2.2 Der zweite Teil: Das Faktenmaterial und seine Deutung

Melanchthon beginnt im ersten Kapitel des zweiten Teiles mit der Welt als ganzer, um dann ihre einzelnen Bereiche darzustellen. Dabei geht er von außen

Philipp Melanchthon

nach innen vor, setzt also beim Himmel an und behandelt die Erde zuletzt. Mithin bringt er, nachdem im ersten Teil das grundsätzlich Wissenschaftstheoretische abgehandelt wurde, nun eine Geographie bzw. Cosmographie in der üblichen Reihenfolge.

Was ist die Welt? fragt Melanchthon einleitend. Und die Antwort lautet: Sie ist das, was die Griechen „Kosmos" nennen, also der Zusammenschluß aus Himmel und Erde. Die Teile der Welt sind im einzelnen: Himmel, Gestirne, Elemente (Feuer, Luft, Wasser, Erde), Pflanzen, Tiere und Menschen. Doch diese von Aristoteles stammende Definition genügt Melanchthon nicht. Deshalb fügt er hinzu: Dieses herrliche Werk ist von Gott conditus (gegründet), damit der Mensch hier einen Wohnsitz hat und Gott, den Weltenlenker, erkennen kann. Hierzu sei folgendes bemerkt:

1. Melanchthon weist auch in diesem Teil seiner Schrift zunächst einmal betont darauf hin, daß die Physik bzw. Geographie oder Kosmologie zu Gott führt.
2. Auch jetzt greift er den sich anbietenden Schluß auf den Creator (Schöpfer) nicht auf. Er sagt nicht, der Mensch könne Gott, den Schöpfer, erkennen, sondern wieder ist nur der Weltenlenker im Blick.
3. Durch seine Hinzufügung, die er über Aristoteles hinaus macht, erreicht Melanchthon folgende Erkenntnis: Gott will, daß man ihn mit Hilfe des geographisch-kosmologischen Faktenmaterial auch ohne die Bibel erkennen kann.
4. Melanchthon versucht also, den aristotelischen Beweger-Gott mit dem biblischen Gott zu identifizieren.
5. Das im ersten Teil seiner Schrift nur grundsätzlich Ausgeführte soll hier offenbar am geographischen Einzelmaterial näher erläutert werden.
6. Der geographische zweite Teil der Schrift entspricht dem im Providentia-Kapitel Dargelegten. Dort wurde die Zielsetzung diskutiert, nun folgt die Ansteuerung des Zieles.

Bei dieser Gelegenheit wird die Frage nach dem Umfang der Erde gestellt, obwohl dies eigentlich noch nicht hierher gehört. Er sagt: Wie wir später noch zeigen werden, beträgt er 5400 Deutsche Meilen.

Melanchthon fährt fort und behandelt das Problem der Endlichkeiten der Welt. Wie Aristoteles schließt er von der in endlicher Zeit ausgeführten Drehung des Himmels auf dessen Endlichkeit, woraus die Endlichkeit der Welt folgt. Auch die Gestalt des Himmels, so sagt er, weist auf seine Endlichkeit, denn sie ist sphärisch. Keine Figur aber - auch die sphärische nicht - kann unendlich sein.

Wie ist die Gestalt der Welt? Die Welt ist rund! Melanchthon beweist dies auf mehrfache Weise. Zunächst weist er darauf hin, daß die meisten Sterne Kreisbahnen beschreiben, die man beobachten kann, andere gehen auf und unter, was ebenfalls auf kreisförmige Bewegungen deutet. Im übrigen - sagt er - kann es kein Vakuum geben. Das wäre aber der Fall, wenn die Welt eckig wäre; denn dann wäre zwischen der einen und der anderen Ecke in gerader Linie nichts. Die Welt bewegt sich kreisförmig um die in ihrer Mitte ruhende Erde. Aristarch hatte unrecht, wenn er behauptete, die Erde drehe sich um die Sonne. Nein, Bibel und Naturwissenschaft zeigen, daß es umgekehrt sein muß.

Mit diesen Ausführungen leitet er zu den Beweisen für die im Mittelpunkt der Welt ruhende Erde über. Zunächst nennt er die biblischen Argumente. Dabei vermerkt er ausdrücklich, daß diese eigentlich nicht in die Physik gehören; da sie sich aber mit den aufgrund von Beobachtungen gemachten Aussagen der Physik decken, will er sie aufführen:
1. Im Psalm steht, daß die Sonne sich bewegt.
2. Von der Erde heißt es in einem anderen Psalm: non movebitur in aeternum (sie ruht unbeweglich für alle Zeiten).
3. Der Ecclesiast sagt im ersten Kapitel: Die Erde steht fest in Ewigkeit. Die Sonne geht auf und unter.

Als naturwissenschaftliche Beweise werden genannt:
1. Bei einer kreisförmigen Bewegung muß der Mittelpunkt ruhen. Da sich die Erde in der Mitte der Welt befindet, ist sie unbeweglich.
2. Angenommen, die Erde befände sich nicht im Mittelpunkt der Welt, dann gäbe es drei Möglichkeiten: Sie müßte entweder außerhalb der Weltachse, aber in gleichem Abstand von den Polen oder auf der Achse und näher an dem einen Pol oder weder auf der Achse noch in der Äquatorebene liegen. Melanchthon zeigt, daß alle drei Annahmen mit den sichtbaren Tatsachen in Widerspruch stehen.

Im folgenden wendet er sich gegen die Vorstellung, daß es zwei verschiedene Mittelpunkte geben könnte. Nein, erklärt er, aus dem bisher Gesagten folgt, daß „...tamen unum revera centrum est, quod idem et gravitatis et magnitudinis centrum est (Erde und Wasser zusammen einen einheitlichen Kugelkörper mit einem einzigen Schwerpunkt bilden)".

Gibt es nur eine Welt oder gibt es mehrere Welten? Diese Frage beantwortet Melanchthon aus seinem System heraus. Die bewiesene Tatsache, daß die Erde im Mittelpunkt ruht, führt zu der Folgerung, daß es nur eine Welt geben kann, denn gäbe es mehrere, so würde dies zu folgenden Widersprüchen führen:
1. Wenn die anderen Welten konzentrisch um unsere Welt lägen, müßten sich deren Erden um unsere Erde drehen. Das aber ist unmöglich, weil die Erde jeweils im Mittelpunkt der Welt liegt. Melanchthon setzt also voraus, daß für eine hypothetische andere Welt dieselben Gesetze gelten müßten wie für die unsrige.
2. Lägen aber die anderen Welten nicht konzentrisch um unsere Welt, dann gäbe es ein Vakuum zwischen diesen. Das ist gleichfalls unmöglich. Auch hier schließt Melanchthon analog: In unserer Welt gibt es - und das ist nach seiner Überzeugung empirisch erwiesen - kein Vakuum, also kann es anderswo auch keines geben.

Ist die Welt ewig oder hat sie angefangen und vergeht eines Tages wieder? Hierzu sagt er: Die neutrale naturwissenschaftliche Untersuchung führt zu der Annahme, daß die Welt ewig sei. Doch die Schrift offenbart das Gegenteil.

Durch sie erfahren wir: Nur Gott ist ewig. Aristoteles schließe zwar aus der Bewegung der Welt auf ihre Ewigkeit, doch dieser Schluß sei nicht zwingend. Man muß nämlich das Wort der Bibel von der Weltschöpfung durch Gott hinzunehmen. Bei dem auf die Empirie gegründeten Schlußverfahren des Aristoteles fehlt etwas, und erst Aristoteles und die Bibel zusammen ergeben die ganze Wahrheit. Die Ausgangsposition des Aristoteles läßt sowohl den Schluß auf die Weltewigkeit als auch den auf die Vergänglichkeit zu. Erst durch die Bibel wird die Mehrdeutigkeit der Schlußfolgerung zur Eindeutigkeit.

Nach diesen grundsätzlichen Erörterungen über die ganze Welt wendet sich Melanchthon ihren Einzelheiten zu. Auch hier geht er wie üblich „von außen nach innen" vor und beginnt mit dem Himmel und dessen Sphären.

Aus welchem Material besteht der Himmel? Während die Erde und ihre nähere Umgebung aus dem Material der vier Elemente besteht, ist die Materie des Himmels der Äther. Dieser ist nichts anderes als reines Licht. Daher sagt auch die Bibel: Das Licht ist die Materie des Himmels.

Wieviel Himmelssphären gibt es? Dieser Frage geht der Verfasser erst nach umständlichen einleitenden Erörterungen nach. Endlich kommt er zum eigentlichen Thema. Er sagt, daß die Klassiker acht Sphären kannten; die jüngeren Wissenschaftler hätten jedoch zwei weitere hinzugefügt. Wie diese, setzt auch er bei der zehnten Sphäre an und zeigt, daß die Bewegung von dort ausgeht und sich bis zur Mitte der Welt hin fortsetzt. Auf über hundert Seiten erläutert er im einzelnen jene Steuerung „von oben". In diesem Zusammenhang entwickelt er eine Art solarer Klimatologie.

Melanchthon ist nicht der erste, der den „von oben" ausgehenden Einfluß auf die Erde - und sogar auf den Menschen - darstellt. Doch ist bei ihm - seinen Vorgängern gegenüber - eine Schwerpunktverlagerung festzustellen. Während man vor Melanchthon unter anderem auch vom Einfluß der Gestirne auf die Erde sprach, ist bei ihm die gesamte Cosmographie bzw. Geographie unter den Leitgedanken der Lenkung „von oben" gestellt. Dieser Gedanke klang zwar schon in der Aristoteles-Schrift „De Mundo" stark an, Melanchthon ordnet ihm aber alles andere gänzlich unter. Das ist nur von seinem theologischen Anliegen her zu verstehen, in dieser Welt den göttlichen Regierer herauszustellen. Immer wieder weist Melanchthon daraufhin, daß diese Lenkung „von oben" nicht von irgendeiner Causa (Ursache) ausgeht, sondern vom biblischen Gott, der die Sonne lenkt und damit die Jahreszeiten und das Klima steuert. Ebenso wie er die Dinge über die Erde führt und leitet, so regiert er auch alles das, was auf der Erde ist. Das letzte Ziel aller göttlichen Regierung aber ist die Lenkung des Menschen zur Erlösung.

An anderer Stelle führt er dazu näher aus, daß diese Lenkung zur Erlösung mit der Offenbarung in Palästina begann. Daher sei es auch die Aufgabe der Geographie, die Ausbreitung des Christentums darzustellen.

Soviel zum ersten Buch der Physik, das die theologische Einleitung und den geographisch-kosmologischen Hauptteil des Werkes umfaßt.

Von den weiteren Kapiteln sei nur noch das dem Fatum gewidmete kurz besprochen, da es in Parallele zum Contingentia-Kapitel der Einleitung steht und

für die methodische Ausrichtung und Deutung des geographisch-kosmologischen Faktenmaterials von grundlegender Bedeutung ist.
Das Problem des Fatums bringt verschiedene Schwierigkeiten mit sich. Kann man zeigen, daß auch in dem Fatum physicum, das die Folge unverbrüchlicher Naturgesetze zu sein scheint, in Wirklichkeit Gott am Werke ist, oder muß man hier Gottes Regierung einfach postulieren? Das hieße aber entweder gegen die klassische Physik aufzustehen oder diese umzuändern, damit die erstrebte Aussage dann auf ihrem Boden gemacht werden kann.
Melanchthon führt aus, daß vier verschiedene Vorstellungen von Fatum auseinanderzuhalten sind:
1. Oft wird mit dem Begriff Fatum das göttliche Dekret bezeichnet. Beispiel: Die Kinder Israels leisteten in Ägypten Frondienste. Das war für sie ein Fatum, doch es geschah nach Gottes Willen.
2. Dann gibt es nach Ptolemäus das sogen. Fatum physicum, womit die Serie der natürlichen Ursachen gemeint ist.
3. Das Fatum der Stoiker ist die notwendige Verbindung der ersten Ursache mit den folgenden.
4. Und schließlich gibt es noch das Fatum Aristotelicum, womit die Ordnung der natürlichen Ursachen bezeichnet wird. Beispiel: Ein Pferd zeugt immer wieder ein Pferd und nichts anderes.

Für Melanchthon scheiden das stoische und das aristotelische Fatum von vornherein aus, denn das stoische engt die göttliche Freiheit ein, und das aristotelische führt nicht zur Willensaktion. Es bleiben also nur die beiden anderen Fata übrig. Nun ist das erstgenannte aber nichts anderes als die göttliche Providentia, denn man sieht hier den Regierer am Werk. Doch das Fatum physicum bereitet Schwierigkeiten. Deshalb verwendet Melanchthon beträchtliche Mühe darauf. Er beginnt mit dem Einfluß der Sonne auf das irdische Wetter, wodurch die Vorgänge auf der Erde „von oben" gesteuert werden. Davon war zwar schon früher ausführlich die Rede, doch wird dieselbe Sache hier von einer anderen Seite beleuchtet. Während zuvor versucht wurde, aus der empirisch einsichtigen Tatsache der „von oben" erfolgten Wettersteuerung induktiv zu Gott, dem Regierer, zu gelangen, geht er hier deduktiv vor und zeigt, daß man mit Hilfe der Geographie bzw. Cosmographie und Meteorologie Gottes Wirken in der Natur erkennen kann. Gott steuert das Auf- und Untergehen der Sonne sowie alle daraus resultierenden Folgen zum Wohle der Menschen, damit Regen, Trockenheit usw. zur rechten Zeit eintreten.

Hier zeigt sich folgendes:

Melanchthon findet eine Ergänzung zu seinem bisherigen Vorgehen. Bislang schloß er nur von den geographischen Fakten auf den Regierer. Nun setzt er „von oben" an, geht von Gott aus und weist mit Hilfe der Physik nach, wie der Regierer bei seiner Arbeit vorgeht.
Damit ist sein System geschlossen. Melanchthon ging zunächst induktiv vor, schloß „von unten" empirisch über die Nicht-Notwendigkeit der Naturgesetze auf den Lenker und identifizierte diesen Natur-Lenker mit dem Gott der Bibel. Nun beginnt der Weg „von oben". Melanchthon zeigt deduktiv mit Hilfe der

teleologischen Betrachtung des Faktenmaterials, wie die auf den Menschen hin gerichtete Steuerung der Natur aussieht.

3. Zusammenfassung:
Melanchthons Bedeutung für die Geschichte des geographischen Denkens (Melanchthon als Begründer und Wegweiser der lutherischen Geographie)

Der erste Teil der Physik Melanchthons ist aus heutiger Sicht eine Geographie, in der mit Hilfe geographischer Fakten ein Weg zur speziell lutherischen Providentia aufgezeigt wird. Im zweiten Teil werden die geographischen Fakten deduktiv teleologisch gedeutet. Damit trägt Melanchthon *als erster* Lutheraner infolge seiner theologischen Determination das Deutungs-Element an die Geographie heran und bietet eine Synthese zwischen induktivem und deduktivem Vorgehen. Es ist seine lutherische Providentiavorstellung, die zu dieser speziellen Beziehung zwischen Naturwissenschaft, - insbesondere Geographie und Theologie, und damit zu einer Schwerpunktverlagerung und Erweiterung der Geographie führt.

Welches ist das Gesamtziel der Schrift? Seinem Wunsche entsprechend, für die Lehre an den lutherischen Universitäten und Schulen beispielhaft Naturwissenschaft einschließlich Geographie mit der Doctrina Evangelica auszugleichen, weist Melanchthon der Wissenschaft, die sich mit dem befaßt, was wir heute geographisches Faktenmaterial nennen, die Aufgabe zu, im Sinne der lutherischen Providentia-Lehre den Regierer-Gott zu beweisen. Somit ist die Geographie als Ganzes in den Dienst der Theologie genommen. Hinsichtlich der methodischen Ausrichtung der Geographie stellt das Providentia-Kapitel das wichtigste der ganzen Schrift dar; denn hier wird die lutherische Providentia-Lehre unter Verwendung geographischer Begriffe und Vorstellungen erarbeitet und damit die Zielsetzung der Geographie bestimmt.

Angeregt wurde Melanchthon zunächst von Stöffler, der ihn mit dem zeitgenössischen geographisch-cosmographischen Material vertraut machte. Die Ausrichtung dieses Materials auf den Regierer fand er in der Aristoteles-Schrift „De Mundo" vorgezeichnet. Zwar plante er ursprünglich, in Anlehnung an Plato, mit dem Creator (Schöpfer) zu beginnen. Daß er sein Faktenmaterial dann aber doch nicht auf den platonischen Schöpfergott, sondern auf den aristotelischen Beweger-Gott ausrichtete, dürfte wesentlich auf die durch Luther beeinflußte Entfaltung der Providentia-Vorstellung zurückzuführen sein.

Auf die Entwicklung des geographischen Denkens hat Melanchthon in mannigfacher Weise eingewirkt, vor allem durch die von ihm vertretene Auffassung, daß Geographie und Ausrichtung auf die Providentia im Jetzt zusammengehören. Alles, was sich mit dem geographischen Vorher befaßt - wie z. B. die sich später im reformierten Bereich entwickelnde Geologie -, gehört für ihn nicht in die Geographie. Aber auch Bibel und Geographie haben nichts miteinander zu tun, denn die Schrift berichtet nur über das nicht interessierende Damals der geographischen Situation.

Ferner vermittelt Melanchthon die Anregung, daß Geographie und aristotelisch-teleologische Deutung nicht zu trennen sind, und vor allem, daß der

Mensch in der Geographie zu behandeln ist. Da er fordert, Geographie auch unter dem Gesichtspunkt der Ausbreitung des Christentums zu betreiben, ist seine Geographie des Menschen zugleich eine der Wurzeln der heutigen Religionsgeographie. Sein Schüler Peucer greift die Forderung Melanchthons dann auf.

Melanchthon gehört zu den Begründern und/oder Wegweisern der deutschen Geographie. Unter dem Eindruck der durch die Reformation veränderten Geisteshaltung gelangte er zur Erweiterung der bis dahin überwiegend an Ptolemäus orientierten Kartographie um die Physio- und Kulturgeographie. Seine Schüler, namentlich seine direkten wie Peucer und Neander, griffen diese Anregung auf; doch auch Keckermann, der Begründer der wissenschaftlichen Geographie und ihr erster Wissenschaftstheoretiker empfing von Melanchthon wichtige Anregungen. Und wenn Kant in seiner „Physischen Geographie" auch den Menschen behandelte, so dürfte er darin ebenfalls von dem Wittenberger Gelehrten beeinflußt sein. Zwar zeigt Kant in seiner Transzendentalphilosophie, daß ein Gottesbeweis über das geographische Faktenmaterial ausgeschlossen ist. Gleichwohl aber sind noch bei Carl Ritter Anklänge daran zu finden, die Geographie im Sinne Melanchthons physikotheologisch auszurichten. Deshalb darf man behaupten, daß Melanchthons Einfluß auf das geographische Denken direkt bis ins 19. Jahrhundert und indirekt bis heute reicht. Zwar überwindet man schließlich die theologische Indienstnahme der Geographie; die Wurzeln der heutigen Geographie mit ihrer Aufteilung in Physio- und Kulturgeographie, insbesondere auch die Wurzeln der heutigen Religionsgeographie, reichen aber bis auf Melanchthon, den Praeceptor Germaniae, zurück.

Literaturverzeichnis

1. Schriften Melanchthons
1518, De corrigendis adolescentiae studiis, Wittenberg, (^{2}1519 Basel) (abgedruckt im Corpus Reformatorum I, Sp. 52-54)
1521, Loci theologici (hrsg. v.H. Engelland, Gütersloh 1952)
1531, Johannis de Sacro Busto libellus de sphaera, Wittenberg (Vorwort abgedruckt im Corpus Reformatorum II, Sp. 530-537)
1536, De astronomia et geographia, Wittenberg (abgedruckt im Corpus Reformatorum, Sp. 292-298)
1549, Initia doctrinae physicae, dictata in Academia Wittenbergensi, Wittenberg (abgedruckt im Corpus Reformatorum XIII, S. 179-412)
1559, Locii, theologici (hrsg. v.H. Engelland, Gütersloh 1952)
Encomium Sueviae (abgedruckt im Corpus Reformatorum XI, Sp. 374-383)
Encomium Franciae (abgedruckt ebd. Sp. 383-397)
Declamatio de Misnia (Meissen) (abgedruckt ebd. XII, Sp. 34-46)
De Salinis Saxonicis (abgedruckt ebd. Sp. 119-127)
Explicatio locorum Palaestinae (abgedruckt ebd. XX, Sp. 439-452)

2. Sekundärliteratur zum Naturwissenschaftler und Geographen
Bergmann, Hermann 1897, Philipp Melanchthons Ansichten von dem Wert und der Bedeutung der einzelnen Unterrichtsgegenstände. In: Rheinische Blätter für Erziehung und Unterricht 71, S. 341-355

Bernhard, W. 1865, Philipp Melanchthon als Mathematiker und Physiker, Wittenberg
Blumenberg, H. 1965, Die kopernikanische Wende. Edition Suhrkamp 138. Frankfurt/M. bes. S. 100-121
Bonacker, W. - Volz, H. 1956, Eine Wittenberger Weltkarte aus dem Jahre 1529. In: Die Erde 87, S. 154-170
Bornkamm, H. 1937, Luther und das Naturbild der Neuzeit, Berlin
Büttner, Manfred 1964, Theologie und Klimatologie. In: Neue Zeitschrift für systematische Theologie und Religionsphilosophie 6, S. 154-191
Büttner, Manfred 1966, Geographie und Theologie im 18. Jahrhundert. In: Verhandlungen des Deutschen Geographentages 1965, Bochum, Wiesbaden, S. 352-359
Büttner, Manfred 1973, Zum Gegenüber von Naturwissenschaft (insbesondere Geographie) und Theologie im 18. Jahrhundert. Der Kampf um die Providentialehre innerhalb des Wolffschen Streites. In: Philosophia Naturalis 14, S. 95-122
Büttner, Manfred 1973 a, Die Geographia Generalis vor Varenius. Geographisches Weltbild und Providentialehre (Habil.-Schrift). Wiesbaden
Büttner, Manfred 1973 b, Kopernikus und die deutsche Geographie im 16. Jahrhundert. In: Philosophia Naturalis 14, S. 353-364
Büttner, Manfred 1973 c, Das „physikotheologische" System Karl Heims. Einordnung und Kritik. In: Kerygma und Dogma, S. 267-286
Büttner, Manfred 1973 d, Zum Übergang von der theologischen zur kausalmechanischen Betrachtung der geographisch-kosmologischen Fakten. In: Studia Leibnitiana 5, S. 177-195
Büttner, Manfred 1974, Religion and Geography. Impulses for a New Dialogoue between Religionswissenschaftlern and Geographers. In: Numen 21, S. 163-196
Büttner, Manfred 1974 a, Manfred Büttners Arbeiten zur Geographie und Theologie bzw. Religionswissenschaft (hrsg. v. Hideo Suzuki). In: Geographical Review of Japan, S. 653-657
Büttner, Manfred 1975, Regiert Gott die Welt? Vorsehung Gottes und Geographie. Studien zur Providentialehre bei Zwingli und Melanchthon (Calwer Theologische Monographien Bd. 3). Stuttgart
Büttner, Manfred 1975 a, Die Emanzipation der Geographie im 17. Jahrhundert. In: Sudhoffs Archiv 26, S. 1-16
Büttner, Manfred 1975 b, Kant und die Überwindung der physikotheologischen Betrachtung der geographisch-kosmologischen Fakten. Ein Beitrag zur Geschichte der Geographie in ihren Beziehungen zur Theologie und Philosophie. In: Erdkunde 29, S. 53-60
Büttner, Manfred 1975 c, Kant and the Physico-Theological Consideration of the Geographical Facts. In: Organon (Warschau) 11, S. 233-250
Büttner, Manfred 1976, Von der Religionsgeographie zur Geographie der Geisteshaltung. In: Die Erde 107, S. 300-329
Büttner, Manfred 1976 a, Zur Geschichte und zum gegenwärtigen Stand der Religionsgeographie. In: Denkender Glaube, Festschrift für Carl Heinz Ratschow, hrsg. v. Otto Kaiser, Berlin-New York, S. 342-361
Büttner, Manfred 1976 b, A Discussion of the Geography of Religion in Germany. On the Historical Roots of the Geography of Religion in Protestantism, its History in Lutheran Europe, Present New Approaches in the Federal Republic of Germany and Relations to the Geography of Religion in the USA. Paper, presented at the Annual Meeting of the Association of American Geographers 1976, New York (im Druck)
Büttner, Manfred 1977, Die Bedeutung der Reformation für die Neuausrichtung der Geographie im protestantischen Europa. In: Archiv für Reformationsgeschichte 68, S. 209-225
Büttner, Manfred 1977 a, On the Significance of the Reformation for the New Orientation of Geography in Germany. Vortrag, gehalten auf dem 15. International Congress of the History of Science, Edinburgh 10.-19. August 1977. In: History of Science (im Druck)
Büttner, Manfred 1977 b, On the History and Philosophy of the Geography of Religion in Germany. Vortrag, gehalten auf dem 15. International Congress of the History of Science, Edinburgh 10.-19. August 1977. In: Religion (im Druck)
Büttner, Manfred 1977 c, Johannes Stöffler und die Beziehungen zwischen Geographie und Theologie im 16. Jahrhundert. Vortrag, gehalten im Rahmen der Feiern anläßlich des 500-jährigen Bestehens der Universität Tübingen am 25.6.1977 (im Druck)

Büttner, Manfred 1977 d, El significado de la Reforma para lanueva orientacion de la geografía en la Alemania Luterana. In: Geocritica. Cuadernos Criticos de la Geografía Humana 12, S. 5-22
Büttner, Manfred 1978, Die Bedeutung von Karte und Globus innerhalb der Entwicklung des geographischen Denkens vom Zeitalter des Humanismus bis zur Aufklärung. Paper für das V. Internationale Symposium des Coronelli-Weltbundes. In: Der Globusfreund 25-27, S. 77-95
Büttner, Manfred, Burmeister, Karl Heinz, 1979, Sebastian Münster (1488-1552), s. S. 111 ff.
  Geyer, H. G. 1956, Mensch und Welt. Zum Problem des Aristotelismus bei Melanchthon. Dissertation Bonn
Günther, Siegmund 1887, Geschichte des mathematischen Unterrichts im deutschen Mittelalter. Berlin
Hammer, Wilhelm 1967/68, Die Melanchthonforschung im Wandel der Jahrhunderte. Bd. I 1519-1799, Bd. II 1800-1965 (Quellen und Forschungen zur Reformationsgeschichte Bd. XXXV/XXXVI). Gütersloh
Hartfelder, K. 1889, Philipp Melanchthon als Praeceptor Germaniae (Monumenta Germaniae Paedagogica, Bd. VII). Berlin
Hofmann, Fr. 1963, Philipp Melanchthon und die zentralen Bildungsprobleme des Reformationsjahrhunderts. Ein Beitrag zur erziehungsgeschichtlichen Wertung des 16. Jahrhunderts. Philipp Melanchthon 1497-1560 Band I: Philipp Melanchthon, Humanist, Reformator, Praeceptor Germaniae. Berlin
Leser, Hermann 1925, Das Pädagogische Problem in der Geistesgeschichte der Neuzeit, Bd. I: Renaissance und Aufklärung zum Problem der Bildung. München und Berlin, bes. S. 139-167
Maurer, Wilhelm 1962, Melanchthon und die Naturwissenschaft seiner Zeit. In: Archiv für Kulturgeschichte 44
Maurer, Wilhelm 1967/69, Der junge Melanchthon, 2 Bde. Göttingen, bes. I, S. 129-170
Müller, Konrad 1963, Philipp Melanchthon und das kopernikanische Weltsystem. In: Centaurus. International Magazine of the History of Mathematics, Science and Technology 9, S. 16-28
Petersen, P. 1921, Geschichte der aristotelischen Philosophie in Deutschland. Leipzig
Schröder, Karl Heinz 1977, Geographie an der Universität Tübingen 1512-1977. Tübinger Geographische Studien, Heft 72. Tübingen
Wagenmann, 1885, Melanchthon, Philipp. In: Allgemeine Deutsche Biographie Bd. 21. Leipzig, S. 268-279

(Der vorstehende Artikel wurde im Sommer 1976 fertiggestellt. Arbeiten zum Thema, die der Autor danach verfaßt hat, wurden, um den Fortgang der Forschung gerade zu den Anfängen der lutherischen Geographie zu dokumentieren, ins Literaturverzeichnis aufgenommen, konnten aber nicht mehr in den Artikel selbst eingearbeitet werden.)

Manfred Büttner / Karl Heinz Burmeister

SEBASTIAN MÜNSTER
(1488 - 1552)

Der humanistisch gebildete Universalgelehrte Sebastian Münster hat sich auf seinen Hauptarbeitsgebieten Theologie, insbesondere alttestamentliche Studien und Hebraistik, Orientalistik und Geographie einen Namen gemacht. Vor seinem Übertritt zur reformierten Kirche gehörte er dem Franziskanerorden an. Die Herausgabe der ersten vollständigen hebräischen Bibel trug ihm bei seinen Zeitgenossen international hohes Ansehen ein. Auch die Entwicklung des geographischen Denkens und das Fach Geographie hat er nachdrücklich beeinflußt. Sein geographisches Hauptwerk, das unter dem Einfluß reformierten theologischen Denkens entstand, machte ihn neben Melanchthon zum Begründer der modernen nachreformatorischen „Vollgeographie".

1. Erziehung, Leben und Werk
1.1 Familienhintergrund
Sebastian Münster wurde am 20. Januar 1488 in Niederingelheim in der Nähe von Mainz geboren. Über seine Vorfahren sind nur spärliche Nachrichten überliefert. Sein Großvater Jakob Münster war Kirchmeister an St. Wyprecht in Oberingelheim. Dessen Sohn Andreas, Sebastians Vater, hatte in Niederingelheim eine Zeitlang das Amt eines Spitalmeisters inne. Auch ein Onkel Sebastians war Kirchmeister. Von Münsters Mutter ist nicht einmal der Name bekannt, da Sebastian sie im Gegensatz zu seinem Vater nie erwähnt. Auch von seinen Geschwistern wissen wir nur wenig. Letztlich ist nur bekannt, daß er einen Bruder hatte, dessen Sohn Andreas an verschiedenen Universitäten Europas Theologie studiert hat. Anscheinend hat Sebastian engen Kontakt mit diesem seinem Neffen gepflegt und äußerte sich begeistert über dessen Eintreten für die Reformation.

Zusammenfassend läßt sich sagen, daß Münster in eine nicht sehr reiche, aber auch nicht eben arme Familie hineingeboren wurde. Er wuchs in einer als bäuerlich zu bezeichnenden Umwelt auf, der für die Mehrzahl der Humanisten charakteristische Zug des Urbanismus fehlt ihm zunächst. Das blieb nicht ohne Auswirkungen auf seine spätere Tätigkeit als Gelehrter. Zeit seines Lebens zeigte er großes Interesse am Landbau, am Naturgeschehen usw.

Wenn er später neben der Theologie immer wieder besonders stark diesen Dingen seine Aufmerksamkeit zuwendet und sich dabei nicht nur auf Bücher, sondern auch auf die praktischen Erfahrungen der Bauern stützt, dann dürfte diese für einen Humanisten untypische Verhaltensweise auf Umwelteinflüsse in seiner frühen Kindheit zurückgehen.

1.2 Studium und Lehrtätigkeit
Die Nachrichten sind so spärlich, daß die schulische Ausbildung von der außerschulischen nicht zu trennen ist.

1.2.1 Vor Eintritt in das Kloster
Offenbar wurde Münster von Anfang an auf ein Universitätsstudium vorbereitet. Die Schulerziehung war bereits auf das Trivium, die unteren Disziplinen der sieben freien Künste, ausgerichtet. Da in Ingelheim keine entsprechende Schule bestand, ist anzunehmen, daß Sebastian den Unterricht von Geistlichen privat erhalten hat. Wer sein Lehrer bzw. seine Lehrer waren, ist nicht bekannt. Überliefert ist auch nicht, welches Fachwissen Münster im einzelnen erhalten hat, sondern nur daß Gott als Herrscher des Weltalls im Mittelpunkt des Unterrichts stand. Die Anregungen, die er hier erhalten hat, dürften von großem Einfluß für seine späteren (theologisch ausgerichteten) geographischen Arbeiten gewesen sein.

1.2.2 Die Zeit als Franziskaner
Im Jahre 1505 trat er in Heidelberg dem Franziskanerorden bei. Hier setzte er das bereits in Ingelheim begonnene Trivium fort und widmete sich dann vor allem dem Quadrivium. Ob er diesen Studien in Heidelberg an der Universität, am Generalstudium der Franziskaner oder sogar an beiden Anstalten oblag, ist nicht bekannt. Auch über seine Lehrer wissen wir nichts Genaues. Fest steht lediglich, daß er sich außer dem Quadrivium auch mit Logik, Ethik und Metaphysik, dem oberen Kurs der Artistenfakultät, befaßte. Besonders ist sein Studium der Cosmographie hervorzuheben, mit dem er bereits in Heidelberg begann.

Ab 1507 studierte er in Löwen vor allem Mathematik, Geographie und Astronomie. Auch hier sind seine Lehrer unbekannt.

Nach offenbar nur kurzem Aufenthalt in Löwen begab er sich nach Freiburg. Hier wurde der Theologe, Hebraist und geographisch interessierte Gregor Reisch sein bedeutendster Lehrer. Wenn Münster diese Fächerkombination später für sein ganzes Leben beibehielt, dürften die entscheidenden Anregungen hier bei Reisch zu suchen sein.

Im Jahre 1509 wurde Münster von seinem Orden zu Konrad Pellikan nach Rufach geschickt. Auch dieser vertrat dieselbe Fächerkombination wie Reisch. Münster wurde bald sein Lieblingsschüler und machte besonders im Hebräischen große Fortschritte. Bereits 1510 verfaßte Münster eine hebräische Grammatik und ein hebräisches Wörterbuch (beide ungedruckt). Auch seine geographischen Studien setzte er bei Pellikan mit solchem Eifer fort, daß ihn sein Lehrer ermahnen mußte, darüber das pflichtgemäße Philosophie- und Theologiestudium nicht zu vernachlässigen.

Im Jahre 1511 folgte Münster seinem Lehrer Pellikan in das Kloster Pforzheim, wo er 1512 zum Priester geweiht wurde.
Als Pellikan 1514 nach Tübingen versetzt wurde, schloß sich ihm Münster abermals an. Als Lektor für Theologie und Philosophie trennte er sich aber bald mehr und mehr von Pellikan und wandte sich Stöffler zu, der Münsters weitere wissenschaftliche Entwicklung entscheidend bestimmen sollte. Münster studierte vor allem Geographie bei Stöffler, dessen Biograph Schreckenfuchs sogar berichtet, es sei eigentlich Stöffler gewesen, der Münster nach Tübingen gezogen habe. Bald war Münster Stöfflers bevorzugter Student, der vom Lehrer die gesamten handschriftlichen Ausarbeitungen zur Verfügung gestellt bekommt. Da die Stöfflerschen Handschriften später bei einem Brand der Tübinger Sapienz vernichtet wurden, war Münster praktisch der einzige, der wenigstens einen Teil dieser Manuskripte in exzerpierter Form besaß.
In Tübingen traf Münster auch mit Melanchthon zusammen, der zur selben Zeit u.a. auch bei Stöffler Geographie studierte.

Im Jahre 1518 siedelte Münster von Tübigen nach Basel über, wo er beim Buchdrucker Adam Petri die Stelle eines Korrektors übernahm. Die Gründe für die Übersiedlung lassen sich nur vermuten. Höchstwahrscheinlich war es die Aufgeschlossenheit für die Lehren der Reformation, die Münster nach Basel trieben, ihn für längere Zeit von geographischen Studien abhielten und erneut auf die Theologie verwiesen. Anregungen dazu waren möglicherweise von Pellikan ausgegangen. Jedenfalls war Basel wegen seines bedeutenden Buchdruckergewerbes von Anfang an führend in der Verbreitung des lutherischen Schrifttums. Pellikan, der 1519 nach Basel kam, gab noch im selben Jahre die erste Gesamtausgabe Luthers heraus. Münster arbeitete in engem Kontakt mit ihm und übernahm 1520 die Herausgabe der Übersetzung von Luthers „Decem praecepta Wittenbergensia...". Dies zeigt deutlich, daß Münster bereits zu dieser Zeit von den Gedanken der Reformation angetan war, obwohl er sich erst 1529 offiziell zu ihnen bekannte.
Für Münsters nächste Zukunft wurde die gleichfalls 1520 herausgebrachte hebräische Grammatik bedeutsam. Sie trug ihm 1521 ein Lektorat für hebräische Sprache am Ordensstudium der Franziskaner in Heidelberg und 1524 den Lehrstuhl für Hebraistik an der dortigen Universität ein. In den folgenden Jahren ließ er zahlreiche grammatische und lexikographische Schriften zur hebräischen und aramäischen Sprache erscheinen und zog schließlich auch Arabisch und Äthiopisch in seine Studien ein. Von Beatus Rhenanus angeregt, begann er nebenher mit den Arbeiten an seiner Cosmographie.

1.2.3 Nach seinem Austritt aus dem Orden

Im Jahre 1529 wurde Münster als bekannter Hebraist nach Basel berufen. Zugleich verließ er seinen Orden, trat zur Reformation über und heiratete die Witwe des Buchdruckers Adam Petri. Fortan wurde sein Stiefsohn Heinrich Petri einer der Hauptverleger seiner Werke. Von 1542 - 1544 verwaltete er in Personalunion den Lehrstuhl für alttestamentliche Theologie, 1547/48 war er Rektor

der Universität, wo er über zwei Jahrzehnte mit großem Erfolg die hebräische Sprache lehrte. Jean Calvin gehört zu seinen bedeutendsten Schülern.
Unter Münsters Leitung stieg der Baseler Lehrstuhl für Hebraistik zu europäischem Ansehen empor. Als Münster am 26. Mai 1552 in Basel an der Pest starb, verlor der Baseler Humanismus zugleich eine seiner markantesten Persönlichkeiten.

1.3 Das wissenschaftliche Werk

Münsters Arbeitsschwerpunkte lagen eindeutig in der Theologie und der Hebraistik, Geographie hat er Zeit seines Lebens nur nebenamtlich betrieben. Von seinen insgesamt über 70 Veröffentlichungen entfallen deshalb auch weniger als 1/4 auf die Geographie (bzw. Cosmographie). Gelehrt hat er nur Theologie und Hebraistik.

Gleichwohl gehören Theologie und Geographie (bzw. Cosmographie) nach Münsters Überzeugung eng zusammen und bilden eine untrennbare Einheit. Die Theologie, insbesondere die alttestamentliche Theologie in Verbindung mit Hebraistik, weist den *secundum iter ad deum*, den zweiten Weg zu Gott und seiner Schöpfung, und die Geographie (bzw. Cosmographie) bildet im Rahmen der theologia naturalis den *primum iter ad deum*, den ersten Weg zu Gott. Warum Münster trotz dieses innigen Zusammenhanges zwischen beiden „Fächern" nicht (wie z.B. Vincentius von Beauvais, Gregor Reisch u.a.) Theologie und Geographie (bzw. Cosmographie) zusammen gelehrt hat, ist bislang nicht eindeutig erforscht.

1.4 Münsters geographisches Werk

Münster gab Werke klassischer Geographen (Ptolemäus, Mela, Solinus) in kommentierter Form heraus. Außerdem veröffentlichte er eigene Werke, die in der „CKosmographie" gipfeln. Alle geographisch-ckosmographischen Schriften, die Münster vorher herausgebracht hatte, bildeten praktisch Vorarbeiten zu diesem seinem Hauptwerk, vor allem die „Germaniae descriptio" (1530) und die „Mappa Europae" (1536). Auch seine kommentierten Textausgaben sind als solche Vorarbeiten zu betrachten, namentlich der Ptolemäus-Kommentar, der von 1540 - 1552 vier Auflagen erlebte und 1548 sogar in einer italienischen Übersetzung erschien.

Im Jahre 1544 kam die „Cosmographie" heraus, wie die meisten Werke Münsters bei Petri in Basel. Sie erlebte in der deutschen Fassung bis zum Jahre 1628 21 Auflagen und gehörte in dieser Zeit zu den neben der Bibel meist gelesenen Büchern. Die lateinische, ebenfalls bei Petri erschienene Ausgabe wurde fünfmal aufgelegt. Daneben erschienen Übersetzungen ins Französische (5 Auflagen bei Petri, die 6. in Paris), Italienische (5 Auflagen) und eine tschechische (Prag 1554). Auszüge wurden auch ins Englische übersetzt.

Burmeister hält die deutsche Ausgabe von 1550 für die endgültige, die Erstausgabe 1544 war in gewisser Weise noch unfertig. In den späteren Auflagen wird die Konzeption nicht mehr verändert, lediglich die historischen Nachrichten werden auf den jeweils neuesten Stand gebracht.

Zur Zeit läßt sich nicht entscheiden, ob Münster die Kommentare und übrigen Vorarbeiten zur Cosmographie, namentlich die „Germaniae descriptio", als Lehrbücher für Schulen oder Universitäten gedacht hat. Während seine theologischen Schriften von vornherein auf den Lehrbetrieb zugeschnitten waren (und tatsächlich auch Eingang in die Universitäten fanden), scheint er bei seinen geographisch-cosmographischen Werken nicht nur die sog. gebildete Bevölkerung vor Augen gehabt zu haben. Dafür spricht schon, daß er die deutsche Sprache bevorzugte. (Die lateinische Ausgabe der „Cosmographie" stellt, zu jener Zeit durchaus ungewöhnlich, eine Rückübersetzung aus dem Deutschen dar.) Daß auch das „gemeine Volk" in ganz Europa an der „Cosmographie" interessiert war (ob von Münster von vornherein beabsichtigt oder nicht, sei dahingestellt), zeigen auch die Übersetzungen in die verschiedenen Landessprachen. Der Sache nach kann man Münsters Hauptwerk als so etwas wie ein geographisch ausgerichtetes Universallexikon bezeichnen, aus dem sogar der des Lesens Unkundige dank der von Auflage zu Auflage immer reichlicheren Illustrationen ein gewisses Grundwissen über die Welt beziehen konnte. Weitere geographische Aktivitäten, die möglicherweise in keiner Veröffentlichung einen Niederschlag fanden, sind von Münster nicht bekannt.

1.5 Einflüsse auf sein geographisch-cosmographisches Werk

1.5.1 Münsters Erziehung in der Kinderzeit war auf die bäuerliche Praxis des „gemeinen Mannes" abgestellt. In einer solchen „frommen" Umgebung, in der die eigene Umwelt als Teil der göttlichen Schöpfung galt, war man sich stets bewußt, daß über die Betrachtung der Natur ein erster Weg zu Gott führt. Wurde dieser erste Weg auch als unvollkommen angesehen, so führte er den Menschen doch dazu, den zweiten, vollkommenen über die in der Bibel geoffenbarte Wahrheit zu gehen und sich dem in der Schrift Niedergelegten zu öffnen.
Noch vor Eintritt ins Kloster geht dem jungen Münster unter dem Einfluß seiner Lehrer offenbar auf, was ihm bis dahin mehr oder weniger unbewußt war: Es ist Gott, der Herrscher der Welt, der im Mittelpunkt jeglichen, auch des geographisch-cosmographischen, wissenschaftlichen Bemühens zu stehen hat.

1.5.2 In Heidelberg, Löwen und Freiburg wurde der junge Franziskaner dann im einzelnen mit der zeitgenössischen Cosmographie und Geographie vertraut gemacht, die in der oben beschriebenen Geisteshaltung betrieben wurde. Sein erster namentlich bekannter Lehrer, Gregor Reisch, dürfte ihn zum erstenmal auf die Gegensätze zwischen einem an der Bibel und einem an den antiken Geographen orientierten geographisch-cosmographischen Denken hingewiesen haben. Dessen Versuch, beide Denkweisen miteinander auszugleichen, offenbar lange Zeit als ideal angesehen, dürfte auch auf Münster in positivem Sinne anregend gewirkt haben. Im Vergleich dazu dürfte nach Büttners Überzeugung Pellikans Einfluß auf den Geographen und Cosmographen Münster nicht so hoch zu veranschlagen sein.
Die entscheidende Anregung über Reisch hinaus muß dann wohl in Tübingen von Stöffler ausgegangen sein. Während Münster bei Reisch mehr das Grund-

sätzliche, die Bedeutung der Geographie und Cosmographie für die Theologie u.dgl.m. gelernt zu haben scheint, dürfte ihn Stöffler, der erste Geographieprofessor Deutschlands (Büttner), ähnlich wie seinen zweiten Schüler, Melanchthon, stark in das Handwerkliche (mathematische Geographie in Anlehnung an Ptolemäus, Länderkunde in Anlehnung an Strabo, Mela usw.) eingeführt haben. Schon in Tübingen dürfte Münster aber über Melanchthon auch mit jener Geisteshaltung in Berührung gekommen sein, die ihn dann später zu protestantischem Denken und zu einer protestantisch-theologischen Ausrichtung der Geographie und Cosmographie angeregt haben muß.

Entscheidende Denkanstöße von Luther hat er dann in Basel erhalten. Seine Abneigung gegen Aristoteles, die bei dem philosophisch nicht sonderlich interessierten Münster möglicherweise schon von vornherein gegeben war, scheint sich hier weiter verstärkt zu haben. Das mag der Hauptgrund sein, daß sich Münster später in seinen geographisch-cosmographischen Werken von Aristoteles nicht nur nicht anregen läßt, sondern überhaupt nicht auf ihn eingeht. Melanchthon, der unter Luthers Einfluß auch zunächst von Aristoteles abgerückt war, verhielt sich dann später grundsätzlich anders!

Schließlich empfing er in Heidelberg die entscheidende Anregung zur Abfassung seiner „Cosmographie". Schon 1524 hatte ihm Beatus Rhenanus einen entsprechenden Plan unterbreitet. Als erste Reaktion auf diese Anregung gab Münster 1525 ein Buch mit einer Deutschlandkarte heraus.

Gleichwohl scheinen die von Beatus Rhenanus ausgegangenen Anstöße mehr vordergründiger Natur gewesen zu sein. Wahrscheinlich ging Münster auf diese Anregungen, die er ja dann in entscheidenden Punkten modifizierte, deswegen besonders bereitwillig ein, weil er als Hebraist immer wieder darauf gestoßen war, daß man die Bibel, namentlich das Alte Testament, ohne geographische Kenntnisse nicht verstehen könne, die klassische griechische Geographie aber auf einem grundsätzlich anderen Denken beruhe. Daher muß er es unter anderem als seine besondere Aufgabe angesehen haben, hier zu einem Ausgleich zu kommen, der über den von Reisch angestrebten hinausging. Ausserdem fand Rhenanus bei ihm ein offenes Ohr, weil der in bäuerlicher Umgebung aufgewachsene Münster offenbar seit langem gemerkt hatte, wie nötig eine über Ptolemäus, Strabo (usw.) hinausgehende Geographie Deutschlands wäre. Der Plan, all diese Anregungen aufzugreifen, dürfte, vielleicht mehr unbewußt als bewußt, schon in der Heidelberger Zeit gereift sein.

1.5.3 Nach der endgültigen Übersiedlung nach Basel hat sich der Einfluß des protestantischen Denkens immer mehr verstärkt. Ob er unter direkten Einfluß Melanchthons geriet, der als Praeceptor Germaniae bereits in den dreißiger Jahren gefordert hatte, eine protestantische Geographie müsse in Einklang mit der Doctrina Evangelica stehen, oder ob er allgemein reformatorisches Gedankengut aufgriff, ist nach dem gegenwärtigen Forschungstand nicht eindeutig auszumachen. Auf jeden Fall ist das Bestreben, in seiner „Cosmographie" protestantisches, speziell reformatorisches Gedankengut mit neutralem geographischen Stoff in Beziehung zu bringen, nicht zu übersehen. Von seinen Lehrern angeregt, entnimmt er das geographische *Material* vorwiegend den antiken Geographen, ergänzt es aber auch durch eigene Beobachtungen und Berichte von Mitarbeitern. Die *Methode,* nach der er dieses Material ordnet, ist weder die des Aristoteles noch die Strabos oder Ptolemäus'. Unter dem Einfluß der reformierten Theologie entwickelte er eine neue Methodik.

2. Das wissenschaftliche, speziell geographisch-cosmographische Ideengut

2.1 Im Vorwort seines Hauptwerkes entfaltet Münster seine Vorstellungen zu Ziel, Aufgabenstellung und Methode, deren wichtigste kurz wie folgt zusammengefaßt werden können:
a) Geographie und Cosmographie eröffnen dem Menschen die verborgenen Geheimnisse der Heiligen Schrift. Alles auf Erden geschieht nach dem Willen und der Vorsehung Gottes.
b) Damit auch der „gemeine" Mann, der nicht in er Lage ist, die ganze Welt zu bereisen, erkennen möge, wie wunderbar Gott die Welt geschaffen hat und lenkt, soll das Werk einen Überblick über alle Länder, vor allem aber über Deutschland, geben. Dabei soll jeweils auf die Städte, Berge, Gewässer, Völker, Landschaften, Fürstentümer, Religionen usw. eingegangen werden.
c) Vorausgeschickt wird eine allgemeine Einführung in die Wissenschaft von der Cosmographie.

2.2. Inhalt und Aufbau des Hauptwerkes

2.2.1 Teil I: Die geographia generalis

Münster beginnt mit der Schöpfung. Dabei wird aber sofort deutlich, daß ihm weder am biblischen Scopus der Schöpfung aus dem Nichts gelegen ist noch daran, was Gott am 1. und 2. Schöpfungstage gemacht hat. Das steht in ausgesprochenem Gegensatz zu den katholischen Geographen und Cosmographen des Mittelalters, die wie z.B. Vincentius von Beauvais stets gerade darauf besonderen Wert gelegt hatten. Münster kommt es darauf an, auch als Geograph im Sinne des reformierten theologischen Denkens vorzugehen, d. h. sich auf die göttliche Weltenlenkung zu konzentrieren. Deshalb beginnt er beim dritten Tage, also an dem Punkt der Genesis-Erzählung, da von der Teilung in Wasser und Land berichtet wird. Damals nämlich trat jener Zustand ein, der bis jetzt kontinuierlich das geographische Objekt Erde kennzeichnet. Damals begann die geographisch relevante Vorsehung Gottes, die ohne Unterbrechung bis zur Gegenwart reicht.
Es gilt festzuhalten, daß Münster das Lehrstück der reformierten Theologie von der göttlichen Vorsehung, das bis in die Zeit vor der Schöpfung, bis zur göttlichen Planung reicht, nur soweit zurückverfolgt, wie es bis in die Gegenwart geographisch relevant geworden ist. Noch heute sind, jedenfalls für Münster, Land und Wasser so verteilt, wie es Gott am dritten Schöpfungstage für gut befunden hat. Weiter ist Münster der erste Cosmograph, der nicht in der aristotelischen Reihenfolge „von außen nach innen" (Feuer, Luft, Wasser, Erde) vor-

geht, sondern sofort mit der aus Erde und Wasser bestehenden Erde bzw. Erdoberfläche beginnt. Das zeigt, wie sein offenbar angestrebter Ausgleich zwischen biblischem Weltbild, griechischem Weltbild und reformiertem theologischen Denken „beinahe von selbst" zu einer neuartigen Konzeption von Cosmographie bzw. Geographie führt, in der die Erdoberfläche im Mittelpunkt des Interesses steht.
Nach langen Erörterungen der Land/Meer-Verteilung im einzelnen, der Besonderheiten von Meer und Land usw. schließt Münster mit folgendem Gedankengang: Gott schuf dieses Antlitz der Erde zum Wohle der Menschen. Er regiert die Natur aber weiter und modifiziert sie unentwegt, er läßt neue Inseln entstehen, ermöglicht das Wachstum der Pflanzen, die dem Menschen Nahrung geben usw.
Nach diesen mehr als 10 theologisch ausgerichteten Einleitungskapiteln folgt die mathematische Geographie mit gleichfalls 10 Kapiteln. Nur kurz erinnert Münster daran, daß Gott die Himmel und die drei oberen Elemente als Hohlkugeln geschaffen habe - der Ausgleichsversuch zwischen biblischem und griechischem geographischen Denken ist unverkennbar - und schließt dann eine knappe Inhaltsangabe der Geographie des Ptolemäus an.
Als Überleitung zur Anthropogeographie folgt ein weiteres Kapitel über die Entdeckungsreisen, in dem auch die Entdeckung der neuen Welt kurz erwähnt wird.
Nun folgt ein kurzer Überblick über die Besiedlung bzw. Bevölkerung der Erdoberfläche. Wie im ersten Teil der Einleitung versucht er auch hier, so weit wie möglich in die Vergangenheit zurückzugehen. Von der für einen Theologen naheliegenden Möglichkeit, mit den beiden ersten Menschen Adam und Eva zu beginnen, macht er indes keinen Gebrauch. Sein Gedankengang lautet auch hier wieder: Nur soweit zurück, wie es geographisch relevant ist. Da die Sündflut alle Menschen bis auf die wenigen Überlebenden in der Arche Noah sowie alle menschlichen Siedlungen vernichtet hat und sich bis heute auch keinerlei Reste davon gefunden haben, genügt es, mit der Zeit nach der Sündflut zu beginnen.
Von dem Wohnsitz der Überlebenden in der Arche, die zunächst in Armenien siedelten, ging die Besiedlung bzw. Bevölkerung der Erde aus. Kurz geht er dann auf die einzelnen großen Reiche ein, deutet ihren Aufstieg und Niedergang an und schließt mit einem Hinweis auf Deutschland, das aus dem zerfallenen römischen Reiche hervorgegangen sei.
Damit schließt das 1. Buch, das man nach heutiger Terminologie als *allgemeine Geographie* bezeichnen kann.

2.2.2 Teil II: Die geographia specialis
Die *spezielle Geographie* schließt sich an. Wie im Vorwort angekündigt, behandelt er die einzelnen Länder sehr ausführlich, ganz besonders Deutschland, und hier wiederum das ihm gut bekannte Oberrheingebiet. Da allein die Überschriften der einzelnen Bücher und Kapitel selbst in gekürzter Fassung mehr als 20 Seiten füllen würden, kann hier nur auf die Großgliederung und an einigen typischen Beispielen auf die Methode eingegangen werden.

In Anlehnung an Ptolemäus schreitet er von West nach Ost voran.
Buch 2: Europa, und zwar England, Spanien, Frankreich, Italien.
Buch 3: Deutschland, und zwar allgemein über die deutschen Stämme, die geographische Lage, die Religion, dann speziell, mit der Schweiz beginnend, die Gebiete rheinabwärts (die zugehörige Karte ist gesüdet), weiter nach Osten (Schwaben, Bayern, Österreich) und Norden (Hessen, Thüringen usw. bis Pommmern und Schlesien).
Buch 4: Die nordischen Länder (Dänemark, Schweden usw.) und die osteuropäischen (Ungarn, Polen usw.).
Buch 5: Asien, wobei das Schwergewicht auf Palästina liegt. In diesem Buch wird auch Amerika behandelt, und zwar nach China unter dem Namen „Neu Indien".
Buch 6: Afrika, und zwar nur Nordafrika. Im Zusammenhang mit Alexandrien findet sich ein besonderer Abschnitt über Ptolemäus.
Im allgemeinen geht Münster nach folgendem Grundschema vor:
a) Zusammenfassender Überblick über den zu behandelnden Kontinent: Grösse, Form, Fruchtbarkeit, Bevölkerung, Klima, Gebirge, Flüsse, schließlich die von Ptolemäus durchgeführte Gliederung.
b) Gemäß der von Ptolemäus gegebenen Gliederung werden dann die Gebiete im einzelnen abgehandelt. Dabei kann es sich um politische Gebilde (Königreiche, Fürstentümer usw.), um „natürliche" Räume (Inseln, Halbinseln usw.) oder auch um ethnische oder religiöse Einheiten (das von deutschen Stämmen bevölkerte Germanien bzw. das christliche Reich des Priesters Johannes in Afrika) handeln.
Bei den „natürlichen" Räumen ist die Anlehnung an Ptolemäus am engsten. Das ist durchaus verständlich, denn Münster weist ausdrücklich darauf hin, daß er die von Ptolemäus vorgelegte Erdbeschreibung auf den neusten Stand bringen wollte.
Wie unterschiedlich Münster innerhalb dieses Schemas dann im einzelnen doch vorging, sei an der Gegenüberstellung England/Deutschland verdeutlicht.
Die *britischen Inseln* bilden für Münster eine natürliche Einheit. Mit Ptolemäus untergliedert er weiter in Irland, England und Schottland. Über die physiogeographischen Gegebenheiten berichtet er nur ganz knapp. Das Schwergewicht ruht auf der politischen und religiösen Geschichte (Christianisierung, jetzige Bistümer, Kriege, Königreiche usw.). Eingehend behandelt er auch, was wir heute „Besonderheiten" nennen würden, wie z.B. Sitten und Gebräuche, Sprachen, Kunst und Wissenschaft usw. Abschließend geht er kurz auf die größeren Städte ein.
Deutschland bildet für Münster keine „natürliche" physio-geographische, sondern eine ethnische Einheit. Deshalb behandelt er zunächst die deutschen Stämme und ihre Wanderungen. Allein dieser Teil seiner „Cosmographie" umfaßt soviel Seiten wie das ganze Kapitel über die britischen Inseln. Ziel dieser Darstellung ist es zu zeigen: Wo Deutsche leben bzw. herrschen, dort ist Deutschland. Dann folgt ein großer Abschnitt über den Einfluß, den die Römer

auf das Land, das heute Deutschland ausmacht, und auf desen Bevölkerung ausgeübt haben. Ein kirchenhistorischer und politischer Überblick über die deutsche Geschichte seit dem Untergang des römischen Reiches schließt sich an. Dabei werden hier und da physio-geographische Fakten eingestreut: Klima, Gewässer, Fruchtbarkeit usw. Dieser historische Überblick (Religions-, Kultur- und politische Geschichte) umfaßt schon in der frühen Ausgabe von 1550 über 100 Seiten, in den späten wächst er auf über 200 Seiten an. Er schließt mit einem Abschnitt zu gegenwärtigen Sitten und Gebräuchen und einer tabellarischen Aufzählung der wichtigsten Städte.

Nach diesem Überblick über Gesamtdeutschland geht er ins Detail und bespricht die „einzelnen Länder deutscher Nation". Leitfaden bildet die politische Gliederung. Er beginnt im Süden und wandert, getreu der Überschrift von Buch 3, zunächst rheinabwärts nach Norden und dann parallel dazu jeweils von Bayern und von Österreich aus nach Norden. Dabei liegt z. B. bei der Beschreibung Helvetiens folgendes Schema zugrunde:

Er beginnt damit, wie das Gebiet besiedelt wurde. Dadurch gewinnt er die Grenze nach Süden und Westen zu den welschen Ländern Italien und Frankreich. Zugleich bildet diese Grenze Helvetiens Deutschlands Grenze zu den welschen Ländern.

Nun folgt wieder die Geschichte, zunächst ganz Helvetiens, dann einzelner Teile, verbunden mit Hinweisen auf die Landesnatur (Berge, Flüsse, Klima, Fruchtbarkeit).

Den Abschluß bildet eine Art „Stadtgeographie". Die wichtigsten Städte werden behandelt, ihre jeweilige Geschichte (religiös, kulturell, politisch) umrissen und ihre augenblickliche Bedeutung für das ganze Land und die nähere Umgebung.

Der Vergleich England/Deutschland macht deutlich, daß die „Cosmographie" hauptsächlich um Deutschland kreist; mehr als die Hälfte des Werkes ist diesem Lande gewidmet. Außerdem zeigt er, daß sich Münster umso weiter von der Konzeption des Ptolemäus entfernt, je weniger er sich von ihm anregen lassen kann. (Ptolemäus hatte über Deutschland ja nur so knappe Angaben, daß sich Münster genötigt sah, hier eine eigene Konzeption zu entwickeln.)

2.2.3 Die Karten und ihre Beziehung zum Text

Da uns hier nicht der Kartograph Münster beschäftigt sondern nur der Geograph, insbesondere die Frage, welches geographische Denken sich in seinem Hauptwerk niederschlägt, ist es gerechtfertigt, von der Behandlung der Karten im einzelnen, ihrer Herstellung usw. abzusehen und nur zu prüfen, inwieweit sie zum Text der „Cosmographie" passen, ob sie etwa ganz oder teilweise einen Fremdkörper bilden, der ein ganz anderes geographisches Denken als das sich im Text widerspiegelnde erkennen läßt.

2.2.3.1. In der geographia generalis
Zum ersten Buch, der allgemeinen Geographie, gehören drei Karten.
a) *Eine Weltkarte.* Sie stellt die Welt, den ganzen Kosmos, so dar, wie sie nach Münsters Ansicht am Ende des dritten Schöpfungstages ausgesehen hat.

Deutlich ist die Trennung zwischen Wasser und Land herausgearbeitet. Über der Erdoberfläche sind die Elemente Luft und Wasser dargestellt. Begrenzt wird die Welt von der Fixsternsphäre, über der Gott thront.

Nur bei oberflächlicher Betrachtung steht diese Karte mit dem in Einklang, was Münster im Einleitungskapitel ausführt. Bei genauerem Zusehen ist nicht der dritte Schöpfungstag, auf den Münster hinweist, dargestellt, sondern ein Zustand, der die Verhältnisse nach der Vertreibung aus dem Paradiese widerspiegelt. Ein Segelschiff ist zu erkennen, und Tiere leben auf der Erde. Außerdem sind Spuren griechischen geographischen Denkens zu erkennen, die nicht zu dem passen, was Münster im Text ausführt, so das Element Feuer und die Fixsternsphäre.

Deshalb drängt sich der Schluß auf, daß die Karte wesentlich stärker um einen Ausgleich zwischen biblischem und griechischem Weltbild bemüht ist als der Text. Nur bei oberflächlicher Betrachtung entsteht der Eindruck, als überwiege auf der Karte ebenso wie im Text die biblische Vorstellung, in Wirklichkeit jedoch ist die Übernahme klassisch griechischen Denkens sehr stark.

Die Frage, ob diese Karte älter oder jünger als der Text ist, muß hier offenbleiben. Ist sie älter, dann könnte sie jenen Zustand widerspiegeln, in dem Münster (womöglich noch unter dem Einfluss von Gregor Reisch), stark vom griechischen Denken beeinflußt war. Für eindeutige Antworten ist es aber noch zu früh.

b) Auch *eine Generalkarte der Erdoberfläche* stimmt nicht mit den Ausführungen des Textes überein. Im Text heißt es, die Erdoberfläche bestünde aus drei Teilen Europa, Asien und Afrika, die Karte jedoch weist bereits Amerika auf. Hier erscheint sogar der Name Amerika, während im Text nur von Neu Indien gesprochen wird. Erst in späteren Auflagen erscheint auch im Text der Name Amerika. Wahrscheinlich lag ihm deshalb die Karte bei Abfassung des Textes noch gar nicht vor, und er oder die späteren Herausgeber kamen erst nach und nach dazu, Text und Karte aufeinander abzustimmen.

c) Nur die *Karte des Ptolemäus von der Erdoberfläche* stimmt völlig mit dem Text überein. Das bestätigt erneut, wie eng sich Münster zunächst an Ptolemäus angelehnt hat.

2.2.3.2 In der geographia specialis
Hier stimmen Text und Karten im allgemeinen überein. Dennoch sei auf folgende Besonderheiten hingewiesen:
a) Einige Karten sind gesüdet (z. B. die Europa-Karte, die Deutschland-Karte, viele Karten von einzelnen Teilen Deutschlands). Es gibt sogar Karten, die nach Westen ausgerichtet sind (z. B. die Karte von den britischen Inseln).
b) Von Auflage zu Auflage setzt sich immer mehr die Nordung (Norden oben) durch.
c) Obwohl sich Münster intensiv mit dem Rheinknie bei Speyer befaßt und festgestellt hat, daß der Rhein dort keinen großen Bogen nach Osten macht, erscheint doch in den Karten der „Cosmographie" dieser Bogen.

d) Münster ist der erste, der Stadtansichten und Stadtpläne in größerer Zahl angefertigt hat. Viele davon sind Phantasiekarten. In der Auflage von 1580 finden sich sogar Karten von amerikanischen Städten, z. B. von Cuzco (Peru), die jemand anders nachträglich eingefügt haben muß, da Münster schon 1552 gestorben ist.

2.3 Das Neue bei Münster

Vor Münster schöpfte man das Material im allgemeinen nur aus wenigen Quellen. Meist lehnte man sich sogar nur an einen klassischen geographischen Text an. So bezog Cochläus sein Material ausschließlich von Mela, Stöfflers Hauptquelle war Ptolemäus. Münster dagegen schöpfte nicht nur aus dem gesamten verfügbaren Reservoir sondern unternahm als erster Geograph so etwas wie Forschungsreisen und baute, dank seiner internationalen Renomees als Hebraist, Alttestamentler usw. einen weltweiten Mitarbeiterkreis auf, dem er anhand seiner Arbeiten über das Oberrheingebiet präzise Anweisungen und „Musterartikel" zur Anregung unterbreitete. Auch methodisch beschritt Münster in beiden Teilen seiner „Cosmographie" neue Wege.

2.3.1 Das Neue im ersten Teil

In der geographia generalis sucht Münster, unter Einbeziehung weiterer historischer Quellen, einen Ausgleich zwischen Bibel und Ptolemäus. Vor Münster hatten sich besonders Reisch und Vincentius um einen Ausgleich zwischen biblischer Schöpfungslehre und klassischem geographischem Denken (Ptolemäus, Aristoteles usw.) bemüht. Münster ist der erste, der unter dem Einfluß protestantischen Denkens einen Ausgleich zwischen dem neuen protestantischen „Zentraldogma" von der göttlichen Weltregierung und dem klassischen griechischen-geographischen Denken durchführt. Als erster behandelt er in der allgemeinen Geographie das, was wir heute Kultur- bzw. Humangeographie nennen können. Auch hierzu dürfte die Anregung, wenngleich vielleicht indirekt, von Melanchthon ausgegangen sein.

Auf jeden Fall kann man festhalten, daß Münster die bis dahin vorwiegend nur mathematisch ausgerichtete allgemeine Geographie um die Humangeographie erweitert hat. Der Grund ist in der von Melanchthon geforderten Unterordnung der Geographie und Cosmographie unter die Doctrina Evangelica zu suchen, denn die göttliche Weltregierung ließ sich in der bis dahin üblichen mathematischen Geographie nur schwer veranschaulichen. Münster verlagerte deshalb unter dem Einfluß des protestantischen Denkens den Schwerpunkt derart, daß die Geographie fortan auch den Menschen und seine Geschichte umfaßte.

2.3.2 Das Neue im zweiten Teil

Die Zweiteilung in eine allgemeine und eine besondere Geographie war ziemlich verbreitet. Neu an Münsters geographia specialis ist aber folgendes:

a) Der zweite Teil hat ein starkes Übergewicht gegenüber dem ersten, innerhalb des zweiten Teiles aber Deutschland.

b) Während vorher entweder in weitgehender Anlehnung an Ptolemäus praktisch nur die Großräume mathematisch-kartographisch behandelt (Glarean, Apian usw.) oder in Ablehnung an Strabo, Mela u. a. einzelne Länder vorwiegend historisch beschrieben wurden (Cochläus), versuchte Münster, ein Feinschema zu entwickeln. Ließ er sich auch in der Reihenfolge der großen Räume von Ptolemäus leiten, so war seine Reihenfolge bei der Behandlung namentlich der Teile Deutschlands neu und stellte in gewissem Sinne eine Verbindung aus Cochläus (von Süd nach Nord) und Ptolemäus (von Westen nach Osten) dar.

Obwohl Münster kein länderkundliches Feinschema entwickelt, nach dem er grundsätzlich und ausnahmslos gleich vorgeht, läßt sich doch auch hier ebenso wie im ersten Teil feststellen, daß er die vorwiegend an Ptolemäus orientierte mathematische Länderkunde um den humangeographischen Aspekt erweitert. Anders als im ersten Teil geht er im zweiten aber auch stark auf physiogeographische Gegebenheiten ein, wenn sie sich von der Sache her anbieten. So beschäftigt er sich bei der Schweiz ausführlich mit den Gebirgen, und in Abschnitten zu Europa und Afrika geht er auf das Klima ein und leitet Folgerungen für die Fruchtbarkeit des Bodens und die Besiedlung ab. Münster ist der erste, der eingehend Beziehungen zwischen physiogeographischen Gegebenheiten und dem Menschen (Besiedlung, Verkehr, Bevölkerungsdichte usw.) erörtert, und zwar immer dort, wo sie sich sozusagen von selbst aufdrängen. Auch die einzelnen Länder grenzt er nicht nach einem festen, gleichbleibenden Schema voneinander ab. Wenn ihm die natürlichen Grenzen (Land/Meer, Gebirge, Flüsse usw.) gravierender erscheinen als die ethnischen, dann wählt er diese, scheinen ihm aber ethnische, religiöse, politische oder kulturelle wichtiger, dann legt er diese zugrunde.

Neu ist auch seine Erweiterung der Länderkunde um jenen Aspekt, den wir heute Stadtgeographie nennen würden. Zwar findet man schon vor ihm gelegentlich Stadtbeschreibungen (z.B. Cochläus: Nürnberg, der zentrale Ort Deutschlands), doch die Absicht, sämtliche Städte zu beschreiben (Lage, Aussehen, Geschichte, Bedeutung für das Umland usw.), die für ein Land wichtig sind, ist neu.

2.3.3 Zusammenfassung

Unter dem Einfluß protestantischen Denkens hat Münster die Geographie zur Vollgeographie erweitert, die aus allgemeiner und spezieller Geographie besteht und den mathematisch-kartographischen, physiogeographischen und humangeographischen Aspekt mit umfaßt. Sein originärer Beitrag bezieht sich deshalb auf das Fach als ganzes und nicht nur auf Teilgebiete wie Kartographie oder Länderkunde.

3. Münsters Beitrag zur Entwicklung des geographischen Denkens

Sebastian Münster hat in der Entwicklung des geographischen Denkens durchgeführt, was Melanchthon als Praeceptor Germaniae gefordert hatte. Wenn er

im einzelnen auch auf die Physiogeographie und auf Aristoteles weniger Gewicht legt als Melanchthon, so spiegelt sein Werk doch nach Ansicht seiner Zeitgenossen geographisch-cosmographisches Denken in idealer Weise wider. Da sein Bemühen um Ausgleich zwischen Doctrina Evangelica und der Geographie der Klassiker nicht zu einer Vergewaltigung der Geographie sondern zu einer Erweiterung bzw. Vervollständigung des Faches geführt hat, blieben sein geographisches Denken und sein vor diesem Denkhintergrund verfaßtes Buch lange Zeit in Deutschland und ganz Europa beispielhaft. Dabei ist zu beachten, daß sein Einfluß auf das Gesamtfach ausschließlich durch sein Buch erfolgte; Schüler, die sein geographisches Gedankengut hätten weitertragen können, hatte er nicht.
Da die heutige Vollgeographie, wissenschaftstheoretisch von Melanchthon begründet und in Münsters Hauptwerk erstmals praktisch vorgeführt, ihre Wurzeln im 16. Jahrhundert hat, reicht Münsters Einfluß indirekt bis zum heutigen Tage. Direkt ist er bis ins 17., ja sogar bis ins 18. Jahrhundert spürbar. Mercator ist Münster in seinem Hauptwerk noch sehr verpflichtet. Auch Keckermann, der Begründer der geographia generalis, ist noch direkt von Münster abhängig, wenngleich sich bei ihm wie später bei Varenius eine stärkere Hinwendung zur mathematischen (Keckermann) bzw. physischen (Varenius) Geographie und eine Abwendung von der unverhältnismäßig umfangreichen Länderkunde, namentlich in ihrer betont historischen Ausrichtung, bemerkbar macht. Obgleich Münster in seiner Länderkunde keinem starren Schema folgte sondern herausstellte, was ihm gerade wichtig schien, wirkt seine Konzeption noch bei Kant nach, der sein Material freilich, trotz dessen abweichender länderkundlicher Konzeption und grundsätzlich politischen Gliederung, schon weitgehend von Büsching übernimmt.
Auch als Kartograph genoß Münster bis ins 17. Jahrhundert hinein hohes Ansehen. Seine zumeist ohne Projektion gefertigten Landkarten wurden zwar schon von Mercators Entwürfen weit übertroffen, doch selbst Merian konnte sich dem Einfluß seiner Städtebilder und -grundrisse noch nicht verschließen. Mit der Entwicklung der Geographie zu einem wirklich wissenschaftlichen Fach verblaßte Münsters Einfluß zusehends. Hatte sein Werk schon immer auf Leute, die nicht hauptberuflich Geographen bzw. Cosmographen waren, besonders anziehend gewirkt, so konnte es bald neben der im 17. Jahrhundert wissenschaftstheoretisch neu begründeten Geographie nicht mehr bestehen: seine Karten wirkten neben denen von einem Profi wie Mercator gearbeiteten laienhaft, und seine Länderkunde wurde von den auf völlig neuem zeitgenössischem Material basierenden Darstellungen Büschings rasch verdrängt.

4. Kritische Bemerkungen

Ohne Münster damit an heutigen Maßstäben messen zu wollen, sei abschließend auf einige kritische Punkte hingewiesen.

4.1 Das Verhältnis von Text und Vorwort

Münster hält im Text nur zum Teil, was er im Vorwort bzw. in der Einleitung versprochen hat (vgl. 2.1 - 2.2.3.2). Praktisch geschieht die theologische In-

dienstnahme der Geographie nur im ersten Teil. Nur hier zeigt ja Münster, wie sich die Menschheit unter Gottes Leitung über die Erde ausgebreitet hat usw. Während hier also tatsächlich die verborgenen Geheimnisse der Schrift und die Vorsehung Gottes erläutert werden, klingt dieses Anliegen im länderkundlichen Teil nur schwach an, z.B. wenn er ausführt,. in Europa könne die Bevölkerungsdichte größer sein als in den von Wüsten bedeckten Gebieten Afrikas und Asiens, weil es christlich sei und durch Gottes Güte ein gutes Klima, ja das beste der ganzen Welt habe.
Text und Vorwort weichen aber nur in diesem einen Punkte voneinander ab, von den erheblich größeren Diskrepanzen eines Wolff oder Kant hat er sich freigehalten.

4.2 Sein Begriff der „cosmographia"
Deutlicher muß hervorgehoben werden, daß sein Cosmographie-Begriff widersprüchlich ist. Der Titel seines Hauptwerkes lautet: „Cosmographey oder Beschreibung aller Länder, Herrschaften... des ganzen Erdbodens". Mit diesem Titel soll gesagt sein: Objekt der Cosmographie ist die Erdoberfläche, insbesondere die Beschreibung dessen, was der Mensch auf dieser Erdoberfläche tut, also nicht so sehr wie er die Erdoberfläche gestaltet, sondern wie er dort lebt.
Dieser Cosmographie-Begriff ist also kulturgeographisch-historisch akzentuiert und auf die Erdoberfläche bezogen.
Im Vorwort heißt es dann, Cosmographie sei die Beschreibung der Welt (gemeint ist die mathematisch-kartographische Beschreibung), Geographie aber die Beschreibung der Erdoberfläche, und zwar nach den Quellen der Historiker.
Vergleicht man nun diese beiden Definitionen bzw. Umschreibungen von Cosmographie bzw. Geographie mit dem in seinem Werk ausgebreiteten Material, dann ergibt sich folgendes:
a) Der Titel entspricht nicht dem, was im Text behandelt wird. Im ersten Teil, also in der allgemeinen Geographie, geht Münster sehr wohl auf die ganze Welt ein. Er behandelt also mehr als er im Titel verspricht.
b) Er bietet nicht nur eine mathematische Beschreibung der ganzen Welt (Cosmographie) und eine historisch-kulturgeographisch ausgerichtete Beschreibung der Erdoberfläche (Geographie), sondern auch noch eine physiogeographische Betrachtung. Mißt man ihn an seinem eigenen Werk, an dem im Text gebotenen Material, dann kann man sagen: er hat eine Überschrift gewählt, die nicht zum Text paßt. Die passende Überschrift hätte ungefähr wie folgt lauten können: Cosmographie oder mathematische Beschreibung der ganzen Welt nach Ptolemäus und Beschreibung der Erdoberfläche nach ihren natürlichen (physiogeographischen) und historischen (humangeographischen) Gegebenheiten.

4.3 Der kommerzielle Aspekt
Schließlich muß man Münsters „Cosmographie" auch unter kommerziellen Rücksichten betrachten. Sein Stiefsohn, der das Werk verlegte, wollte es zu ei-

nem „Bestseller" machen. Deshalb dürfte sich Münster zu gewissen Konzessionen an den Geschmack und die Interessen der Leser gezwungen gesehen haben. Das dürfte verschiedene Unstimmigkeiten innerhalb des Werkes ebenso erklären wie die Aufnahme recht unrealistischer Angaben.

Schlußwort: Zum gegenwärtigen Forschungsstand

In jüngster Zeit haben sich Burmeister und Büttner mit Münster beschäftigt. Burmeister hat mehr den Historiker Münster untersucht, Büttner nach den Hintergründen der neuen Konzeption Münsters gefragt. Schon vor längerer Zeit hat Victor Hantzsch den Geographen Münster ausführlich behandelt.

Trotz aller Bemühungen ist immer noch nicht restlos geklärt, wie Münster im einzelnen zu seiner neuen Konzeption gekommen ist. Ziemlich klar scheint, welche Anregungen er aufgegriffen hat. Warum er freilich in dieser Weise vorgegangen ist und (in Analogie zu Melanchthon) eine typisch reformiertem Denken entsprungene Geographie und Cosmographie entwickelt hat, müßte im Detail noch untersucht werden. Ebensowenig wissen wir, in wieweit ihn Zwingli angeregt hat und wie weit Melanchthons direkter Einfluß reicht und nicht nur vermutet werden kann. Festzuhalten bleibt, daß Münster und Melanchthon bei demselben Lehrer Stöffler Geographie und Cosmographie studiert und von diesem ihre Hauptanregungen empfangen haben. Wenn beide Schüler dann später eine recht verschiedene Erweiterung der Geographie vornehmen, dann sind Wurzeln in der unterschiedlichen theologischen Denkweise des Katholiken Stöffler, des lutherisch denkenden Melanchthon und des reformierten Münster zu vermuten, müßten aber im Detail noch nachgewiesen werden.

Wie Büttner 1977 in seinem Wiener Vortrag auf dem Symposium des Coronelli-Weltbundes angedeutet hat, gibt es bisheran noch keine befriedigende Antwort auf die Frage, warum sich Münster der Länderkunde so stark verschrieben hat, während die lutherischen Geographen von Melanchthon über Peucer und Varenius bis hin zu Kant stärker die allgemeine Geographie gepflegt und dementsprechend keine Karten gezeichnet haben.

Literaturverzeichnis

1) Ausgewählte Schriften Münsters
a) Das geographisch-cosmographische Werk
1530 Germaniae descriptio. Basel.
1532 Weltkarte zu Simon Grynaeus. Novus Orbis. Basel
1536 Mappa Europae. Frankfurt, ²1537. (Facsimile hrsg. von Klaus Stopp. Wiesbaden 1965)
1538 Aegidius Tschudis Rhaetia, Text und lateinische Übersetzung. Basel
1538a Ausgabe des Solinus. Basel
1538b Ausgabe des Mela. Basel
1540 Claudii Ptolemaei geographia universalis, Text und lateinische Übersetzung. Basel, ⁴1552
    (Italienische Ausgabe, Venedig 1548). (Facsimile, hrsg. v.R.A. Skelton, Amsterdam 1966)
1544 Cosmographia (kurze deutsche Ausgabe). Basel, ⁴1548

1550 Cosmographia (lange deutsche Ausgabe). Basel, ¹⁷1628 (Facsimile der Ausgabe Basel 1550, hrsg. v. Ruthardt Oehme, Amsterdam 1968)
(Lateinische Ausgabe). Basel, ⁵1572
(Französische Ausgabe). Basel 1552, Paris 1575
(Italienische Ausgabe). Venedig 1575
(Tschechische Ausgabe). Prag 1554

b) Mathematisch-astronomische Werke
1525 Instrument der Sonnen. Oppenheim
1526 (bzw. 1532 bzw. 1548) Kalender für die Jahre 1527, 1532 und 1549. Sämtlich: Basel
1528 Erklärung des Instruments der Sonnen. Oppenheim
1529 Instrument über den Mondlauf. Worms
1529a Erklärung des Instruments über den Mond. Worms
1531 Compositio horologiorum. Basel
1534 Instrumentum novum. Basel
1534a Canones super instrumentum luminarium. Basel
1536a Organum uranicum. Basel
1546 Ausgabe von Abraham bar Chijas Sphaera mundi, Basel (Facsimile Amsterdam 1968)
1551 Rudimenta Mathematica. Basel

c) Hebraistische Werke
1520 Epitome hebraicae grammaticae. Basel
1523 Dictionarium Hebraicum. Basel, ⁶1564
1524 Institutiones grammaticae in hebraem linguam. Basel
1525a Grammatica Hebraica absolutissima Eliae Levitae. Basel, ⁵1552
1525b Composita verborum et nominum Hebraicorum Elia Levita autore editum. Basel, ²1536
1527 Caldaica grammatica. Basel
1527a Dictionarium chaldaicum. Basel
1527b Capitula cantici autore Elia Levita. Basel
1527c Compendium Hebraicae grammaticae. Basel, Paris ³1537)
1530a Dictionarium trilingue. Basel, ³1562
1535 Isagoge elementalis in Hebraicam linguam. Basel, ²1540
1539 Accentuum Hebraicorum liber ab Elia Iudaeo editus. Basel
1542 Opus grammaticum consummatum. Basel, ⁶1570

Von den zahlreichen hebräisch-lateinischen Textausgaben seien nur die folgenden erwähnt:
1534/35 Hebraica Biblia Latina (2 Bde.). Basel, ²1546
1537 Evangelium secundum Matthaeum in lingua Hebraica. Basel, ³1582

2) Ausgewählte Sekundärliteratur
Büttner, Manfred 1973, Die Geographia Generalis vor Varenius. Geographisches Wetlbild und Providentialehre. Erdwissenschaftliche Forschungen Bd. VII. Wiesbaden
Büttner, Manfred 1974, Manfred Büttners Arbeiten über die Beziehungen zwischen Theologie und Geographie (hrsg. v. Hideo Suzuki). In: Geographical Review of Japan, S. 653-657
Büttner, Manfred 1976, Die wechselseitige Beziehung zwischen Weltbild und Glaube vom Mittelalter bis zur Neuzeit. In: Weltbild und Glaube. Tagung der Akademie Bad Herrenalb 16. bis 18. Januar 1976. Protokoll 1, S. 30-74
Büttner, Manfred 1977, Johannes Stöffler und die Beziehungen zwischen Geographie und Theologie im 16. Jahrhundert. Vortrag, gehalten im Rahmen der Feiern anläßlich des 500-jährigen Bestehens der Universität Tübingen am 25.6.1977 (in Druck)
Büttner, Manfred 1977a, On the Significance of the Reformation for the New Orientation of Geography in Germany. Vortrag, gehalten auf dem 15. Internationalen Congress of the History of Science, Edinburgh 10.- 19.August 1977. In: History of Science (in Druck)
Büttner, Manfred, 1977b, Die Bedeutung der Reformation für die Neuausrichtung der Geographie im protestantischen Europa. In: Archiv für Reformationsgeschichte 68, S. 209-225
Büttner, Manfred 1977c, El significado de la reforma para la nueva orientacion de la geografía en la Alemania Luterana. In: Geocritica. Cuadernos Críticos de Geografía Humana 12, S. 5-22

Büttner, Manfred 1978, Die Bedeutung von Karte und Globus innerhalb der Entwicklung des Geographischen Denkens vom Zeitalter des Humanismus bis zur Aufklärung. Paper für das V. Internationale Symposium des Coronelli-Weltbundes. In: Der Globusfreund 25-27, S. 77-95
Büttner, Manfred 1979, Philipp Melanchthon 1497-1560, s. S. 93 ff.
Büttner, Manfred -
Burmeister, Karl Heinz 1979, Georg Joachim Rheticus (1514-1574), s. ob. S.
Burmeister, Karl Heinz 1963, Sebastian Münster, Versuch eines biographischen Gesamtbildes. Baseler Beiträge zur Geschichtswissenschaft Bd. 91. Basel-Stuttgart, ²1969
Burmeister, Karl Heinz 1964, Sebastian Münster. Eine Bibliographie. Wiesbaden (Verzeichnet alle Werke, die Münster verfaßt, herausgegeben oder übersetzt hat; hier finden sich auch sämtliche Angaben der oben in verkürzter Form aufgeführten Titel)
Burmeister, Karl Heinz (Hrs.) 1964a, Briefe Sebastian Münsters, Lateinisch und Deutsch. Frankfurt
Burmeister, Karl Heinz 1971, Neue Forschungen zu Sebastian Münster. In: Beiträge zur Ingelheimer Geschichte Bd. 21. Ingelheim, S. 42-57 (Ausführliche Bibliographie mit ca. 300 Titeln!)
Gattlen, Anton 1953, Zur Geschichte der ältesten Walliserkarte. In: Vallesia Bd. 8, Sitten, S. 101-120
Glacken, Clarence J. 1976, Traces on the Rhodian Shore. Berkely/Calif., S. 363-366
Grenacher, Franz 1956, Die erste Rheinstromkarte im 16. Jahrhundert geschaffen. In: Strom und See. Basel, S. 452-455
Grenacher, Franz 1956a, The Basel Proofs of Seven Printed Ptolemaic Maps. In: Imago Mundi Bd. 13, S. 166-171
Grenacher, Franz 1968, Die älteste Landtafel der Regio Basiliensis. In: Regio Basiliensis Bd. 1, S. 67-85
Hantzsch, Victor 1898, Sebastian Münster. Leben, Werk, wissenschaftliche Bedeutung. In: Abhandlungen der Königlich Sächsischen Akademie der Wissenschaften, Philolog. Historische Klasse, Bd. 13, Nr. 3, Leipzig
Horch, Hans Jürgen 1971, Sebastian Münster: Mappa Europae (uma raridade seiscentista no Itamarati). In: Revista de Historia Bd. 87, S. 187-220
Horch, Hans Jürgen 1973, Bibliographische Notizen zu Sebastian Münsters Baseler Ausgaben der 'Geographia universalis' des Ptolemäus. In: Gutenberg-Jahrbuch, S. 257-266
Horch, Hans Jürgen 1974, Bibliographische Notizen zu einigen Ausgaben der „Kosmographie" von Sebastian Münster und ihre Varianten. In: Gutenberg-Jahrbuch, S. 139-151
Jenny, Beat Rudolf 1965, Zu Sebastian Münster. In: Schweizerische Zeitschrift für Geschichte, Bd. 15, S. 87-97
Knapp, Martin 1920, Zu Sebastian Münsters 'astronomischen Instrumenten'. Basel
Koncxńska, Wanda 1936, List Sebastian Münstea do Stanislawa Laskiego i garsc szczególów zwiazko z jego Kosmografia. Krakau
Matthey, Walter 1951, Sebastian Münsters Deutschlandkarte von 1525 aus einem Messingastrolabium. In: Jahresbericht des Germanischen National-Museums Bd. 106, S. 42-52
Oehme, Ruthardt 1957, Sebastian Münster und die Donauquellen. In: Alemannisches Jahrbuch, S. 159-165
Panzer, Wolfgang 1953, Der deutsche Geograph Sebastian Münster. Ingelheim
Ruland, Harold L. 1962, A Survey of the Double-Page Maps in 35 Editions of Münster's Cosmographia and his Edition of Ptolemy's Geographia. In: Imago Mundi, 84 SS.
Schilling, Friedrich 1961, Sebastian Münsters Karte des Hegaus und Schwarzwalds von 1537. In: Jahrbuch der Coburger Landesstiftung, S. 117-138
Schröder, Karl Heinz 1977, Geographie an der Universität Tübingen 1512-1977. Tübinger Geographische Studien, Heft 72. Tübingen
Siegrist, Werner 1950, A Map of Allgäu, 1534. In: Imago Mundi, Bd. 6. 27-30
Wilsdorf, Helmut 1954, Präludien zu Agricola. Die Bergbaukunde und ihre Nachbargebiete in der Cosmographey des Sebastian Münster. In: Freiburger Forschungshefte, D 5 II. Berlin, S. 65-205
Wolkenhauer, August 1909, Sebastian Münsters handschriftliches Kollegienbuch aus den Jahren 1515-1518 und seine Karten. In: Abhandlungen der Gesellschaft der Wissenschaften zu Göttingen. Philolog. historische Klasse Bd. 11, Nr. 3. Berlin

(Fertiggestellt: Januar 1978)

Manfred Büttner / Karl Heinz Burmeister

GEORG JOACHIM RHETICUS
(1514 - 1574)

Einleitende Charakterisierung

Führender Mathematiker seiner Zeit. Astronom und Arzt. Eifriger Verfechter der kopernikanischen Lehre. Seine geographischen Arbeiten beschränken sich im wesentlichen auf die Zeit seines unmittelbaren Kontaktes mit Kopernikus. Er fordert eine Erneuerung der Geographie und die Zusammenarbeit mit Laien. Verwendet als erster Geograph den Landschafts-Begriff. Führt eine Schwerpunktverlagerung von der allgemeinen Geographie zur Chorographie durch. Legt (unter dem Einfluß Melanchthons) die lutherische Verbindung zwischen Geographie und Theologie zugrunde.

1. Erziehung, Leben und Werk

1.1 Familiärer Hintergrund

Georg Joachim Rheticus wurde am 16.2.1514 in Feldkirch als Sohn des dortigen Stadtarztes Dr. med. Georg Iserin geboren. Der humanistisch gebildete Iserin (vielleicht Verdeutschung eines italienischen Namens) stammt aus Mazzo bei Tirano (Veltlin); er wurde 1528 wegen medizinischer Betrügereien und Zauberei hingerichtet. Seine aus lombardischem Adel stammende Ehefrau Thomasina de Porris (geb. 1554) heiratete in zweiter Ehe den begüterten Bürgermeister von Bregenz Georg Wilhelm. Der zweisprachig aufgewachsene Georg Joachim verbrachte einen Teil seiner Kindheit in Norditalien. Nach der Hinrichtung seines Vaters nannte er sich nach seiner Mutter de Porris (deutsch: von Lauchen); in Wittenberg nahm er den Gelehrtennamen Rheticus (der aus Rhätien stammende) an. In Wittenberg erfolgte 1532 sein Übertritt zum Luthertum.

1.2 Studienzeit

1.2.1 Die Zeit bis zur Wittenberger Professur

Den ersten mathematischen Unterricht verdankt Rheticus seinem Vater, nach dessen Tod er 1528 - 1531 die Frauenmünsterschule in Zürich besuchte. Hier kommt es zu einer Jugendfreundschaft mit dem späteren Polyhistor Konrad Gesner; beide sind Tischgenossen im Hause ihres Lehrers Oswald Mykonius (1488 - 1552). Auf der Rückreise nach Feldkirch, wo ihn Achilles Pirmin Gasser (1505 - 1577), der Nachfolger Dr. Iserins als STADTARZT, für das Studium der

Astronomie begeisterte, kam es zu einer für Rheticus denkwürdigen Begegnung mit Paracelsus, dessen revolutionierende Gedanken einen nachhaltigen Eindruck auf ihn gemacht haben. Der Melanchthonschüler Gasser schickte 1532 Rheticus mit Empfehlungsschreiben an Melanchthon zum weiteren Studium nach Wittenberg. Melanchthon förderte Rheticus' Interesse für die mathematischen Fächer, denen er sich unter den Magistern Johannes Volmar (+ 1536) und Jakob Milichius (1501 - 1559) widmete. 1536 promoviert er zum Magister artium, um dann kurz darauf selbst den Lehrstuhl des verstorbenen Volmar zu übernehmen.

1.2.2 Die Wittenberger Professur
Obwohl Rheticus' Lehrauftrag auf die Einführung in die Arithmetik und Geometrie auf der Grundlage des Euklid lautete, hielt er schon in den ersten Jahren Vorlesungen über Astrologie und Astronomie (Proklos und Alfraganus). Er diskutiert die gerüchteweise bekannt gewordene heliozentrische Lehre mit Johannes Schöner (1477 - 1547) in Nürnberg, Peter Apian (1495 - 1552) in Ingolstadt und Schülern des Johannes Stöffler (1452 - 1531) in Tübingen und entschließt sich 1539 zu einem Besuch des Nikolaus Kopernikus (1477 -1543) in Frauenburg, wo er sich bis 1541 aufhielt. In Danzig gab er 1540 die „Narratio prima", den ersten gedruckten Bericht über die Lehre des Kopernikus heraus, unter dessen Einfluß er umfangreiche astronomische, mathematische und geographische Studien betrieb sowie er auch astronomische Instrumente angefertigt hat. Mit dem für die Drucklegung freigegebenen Manuskript von Kopernikus' „De revolutionibus" kehrte er im Oktober 1541 nach Wittenberg zurück, wo seine überschwängliche Begeisterung für das heliozentrische Weltsystem bei Melanchthon und Luther wenig Gegenliebe fand. Das veranlaßte Rheticus nach einer letzten Vorlesung über Ptolemaeus im Wintersemester 1541/42 Wittenberg für immer zu verlassen.

1.2.3 Die Leipziger Professur
Nach dem Beginn der Drucklegung des kopernikanischen Hauptwerkes in Nürnberg übernahm Rheticus im Herbst 1542 den Lehrstuhl für Mathematik in Leipzig, las aber auch dort hauptsächlich über Astronomie. Die Lehrtätigkeit wurde 1545 - 1548 durch eine Italienreise (längerer Besuch bei Girolamo Cardano), eine Krankheit und den Schmalkaldischen Krieg unterbrochen. Während dieser Zeit hielt sich Rheticus jeweils einige Monate in Lindau, Bregenz, Konstanz und Zürich auf. Der 1551 gegenüber Rheticus erhobene Vorwurf einer homosexuellen Verfehlung führte zu seiner Relegation von der Leipziger Universität.

1.2.4 Die Krakauer Jahre
Es hat den Anschein, daß Rheticus 1551 - 1553 an der Universität Prag Medizin studierte und den Grad eines Doktors der Medizin erwarb. Seither wirkte Rheticus als praktischer Arzt und Privatgelehrter in Krakau. Einen Ruf auf den vornehmsten der drei mathematischen Lehrstühle der Universität Wien lehnte er 1554 ebenso ab wie 1564 einen Ruf nach Paris. Auch der Krakauer Universität stand Rheticus fern. Obwohl er die Wahl Krakaus als Wohnsitz damit begrün-

det, daß es auf dem gleichen Meridian wie Frauenburg liege und hier eine Weiterarbeit an Kopernikus am besten gegeben sei, verlagern sich seine Interessen einerseits auf die Mathematik, andererseits auf die Paracelsische Medizin und Chemie. Auch als Astrologe und Zauberer machte Rheticus am polnischen Hofe von sich reden. Die letzten Lebensjahre verbrachte Rheticus in der Zips; er starb - von der wissenschaftlichen Welt kaum beachtet - am 4. Dezember 1574 in Kaschau. Sein Hauptwerk, die als „Opus Palatinum" bezeichneten mathematischen Tafeln, wurden erst 1596 von seinem Schüler Valentin Otho in Neustadt publiziert.

1.3 Sein Werk
Das Schwergewicht der Tätigkeit des Rheticus liegt auf dem Gebiete der Mathematik und Astronomie (einschließlich der Astrologie). Die Geographie spielt demgegenüber nur eine untergeordnete Rolle und bleibt auf wenige Opuscula aus der Zeit seines unmittelbaren Kontaktes zu Kopernikus beschränkt. In dieser kurzen Zeit scheint er aber großes Interesse für die Geographie aufgebracht zu haben; denn er befaßt sich mit einer Erneuerung dieses Faches und arbeitet entsprechende Richtlinien aus. Wenn er diese Dinge dann schließlich nicht weiter verfolgte, so mag das nicht zuletzt daran gelegen haben, daß er in Wittenberg als Außenseiter galt. Dort hatten Melanchthon und sein Schülerkreis während seiner Abwesenheit der Geographie bereits eine Neuausrichtung gegeben, die in eine andere Richtung wies.

1.4 Das geographische Werk
1.4.1 Das 1539 entstandene *Encomium Prussiae* ist ein stark humanistisch ausgerichtetes Loblied auf Preußen in lateinischer Prosa. Der acht Oktavseiten umfassende Text wurde erstmals im Anhang zur „Narratio prima" in Danzig bei Franz Rhode 1540 abgedruckt; er erschien auch in allen weiteren Auflagen der „Narratio prima" (Basel 1541, 1566 usw.) und wurde später mit ihr auch in verschiedene moderne Sprachen übersetzt (ins Deutsche von Karl Zeller, München / Berlin 1943).
Ausgehend von einer Ode Pindars auf Rhodos, mit dem Preußen verglichen wird, schildert Rheticus zunächst den Bernstein, aus dessen Fundstätten er folgert, daß Preußen ursprünglich vom Meer bedeckt gewesen ist. Er erwähnt dann den Jagdreichtum, die Wälder, die Bienen, kommt auf die besondere Tierwelt zu sprechen, um dann die einzelnen Städte zu charakterisieren: Thorn, Danzig, Frauenburg, Marienburg, Elbing, Kulm. Die weiteren Ausführungen sind der Wirtschaft gewidmet: der Fruchtbarkeit des Landes, dem Export nach England, Holland und Portugal, dem Fischreichtum und dem Import. Der nächste Abschnitt beschäftigt sich mit Wissenschaft und Kunst sowie mit der Verfassung. Rheticus schließt mit einem Lob der preußischen Gastfreundschaft, wobei er besonders seine Mäzene Tiedemann Giese und Johannes von Werden herausstellt.
Ein Vorbild dazu lag - sieht man von dem antiken Ausgang ab - in der Elegie auf Preußen von Eobanus Hessus aus dem Jahre 1512 vor. Diese Literaturgat-

tung läßt sich in ihren Ursprüngen auf den italienischen Humanismus, in Deutschland auf die „Norimberga" des Erzpoeten Conrad Celtis zurückführen. Man kann das Encomium Prussiae als Konzept zu einer chorographischen Beschreibung auffassen. Das umso mehr, als es ja auch durch eine „Tabula Chorographica auf Preußen" (Nürnberg 1542) ergänzt wird, die unter dem Namen von Rheticus' famulus Heinrich Zell erschien, aber als ein Gemeinschaftswerk von Kopernikus, Rheticus und Zell angesehen werden muß.

1.4.2 Die 1541 während seiner Abwesenheit von Wittenberg geschriebene *Chorographie* kann als das geographische Hauptwerk des Rheticus bezeichnet werden. In ihm kommen seine Vorstellungen vom Wesen, den Aufgaben und Zielen, der Methode usw. der Geographie am deutlichsten zum Ausdruck. Es sei daher weiter unten gesondert und eingehend behandelt.

1.4.3 Ein anderes chorographisches Werk ist noch zu nennen: In der verschollenen Arbeit *De salinis,* die um 1570 entstanden ist, hat Rheticus die Salzbergwerke von Wielicke geschildert.

1.4.4 Die von Melanchthon beeinflußte *Oratio de Astronomia et Geographia* ist eine typische Universitätsrede, die Rheticus am 9. Februar 1542 in Wittenberg anläßlich einer Magisterpromotion gehalten hat. Möglicherweise ist diese Rede nie selbständig im Druck erschienen. Erstmals wurde sie in Melanchthons „Selectae Declamationes", Straßburg: Crato Mylius, 1544, gedruckt; sie erlebte in diesem Rahmen zahlreiche Auflagen. In dieser Rede, die vorwiegend der Astronomie gewidmet ist, geht Rheticus allerdings nur am Rande auf die Geographie ein.

2. Das wissenschaftliche, speziell geographische Ideengut

2.1 Grundsätzliches zum geographischen Hauptwerk

Das Ziel dieser Chorographie ist es, Anregungen für eine Erneuerung der Geographie zu geben. Zunächst behandelt Rheticus grundsätzliche Dinge und kommt dann zu seinen Vorschlägen. Diese richten sich vorwiegend an den Laien bzw. Nicht-Mathematiker mit der Aufforderung zur Mitarbeit.Obwohl Rheticus seine Chorographie in engstem Kontakt mit Kopernikus erstellt hat, geht er doch auf das heliozentrische Weltsystem nicht ein.

2.1.1 Wesen, Ziel, Aufgabenstellung usw. der Geographie

In der Einleitung geht Rheticus zunächst kurz auf die theologische Bedeutung der Geographie ein. Expressis verbis weist er darauf hin, daß man über die Natur nicht nur zu Gott dem Schöpfer gelangen kann, sondern daß man in dieser Welt gerade auch den Lenker erkennen kann, der nach der Schöpfung weiter am Werk ist und alles regiert. Hier schimmert bei Rheticus lutherisches Denken durch. Der Unterschied zwischen lutherischem und katholischem geographischen Denken lag ja hauptsächlich darin, daß für den Lutheraner die Naturwissenschaften (unter ausdrücklicher Einbeziehung der Geographie) zum Erweis der göttlichen Regierung heranzuziehen sind, während der Katholik vorwiegend „nur" auf den Erweis der göttlichen Schöpfung abzielt.

Es folgt der Hinweis, daß die Geographie völlig erneuert werden müsse, und zwar aus folgenden Gründen:

a) Seit dem Zerfall des Römischen Reiches haben sich gewaltige politische Veränderungen vollzogen. Auch viele Städte, die Geographen wie Ptolemäus noch gekannt und genannt haben, existieren nicht mehr. Andere Städte dagegen, die neu gegründet wurden, fehlen in den Werken der antiken Geographen.

b) Viele Länder, die zu Zeiten des Ptolemäus noch unbedeutend waren und daher nicht oder nur am Rande erwähnt wurden, sind heute „wohl erbaute Länder" mit „Religion" und „loblicher Polizei verfaßt". Andere Länder, die früher bedeutend waren, existieren heute gar nicht mehr.

c) Die neuen Inseln (Amerika) waren den alten Geographen noch nicht bekannt.

Rheticus fordert dann ausdrücklich, man solle in die Fußtapfen des Ptolemäus treten und Landkarten zeichnen, die den gegenwärtigen Zustand so genau darstellen wie die Karten des Ptolemäus den damaligen Zustand dargestellt haben. Es wird deutlich, daß Rheticus keine methodische Erneuerung der Geographie fordert. Sein Ziel ist es, die Karten des Ptolemäus auf den neuesten Stand zu bringen.

Nach dieser Einleitung wendet sich der Verfasser dem Wesen der Geographie zu, weist auf die engen Beziehungen zur Astronomie bzw. Physik hin und stellt den Unterschied zwischen Geographie und Chorographie heraus. Sein Gedankengang ist dabei im einzelnen folgender: Physik und Astronomie haben erwiesen, daß die Erde eine „runde Kugel" ist, so wie Sonne und Mond. Außerdem kann man mit Hilfe der Geometrie den Lauf der Sonne und des Mondes berechnen und Finsternisse voraussagen. (Bemerkenswert: Rheticus gibt sich hier nicht als Kopernikaner zu erkennen, sondern spricht von der Bewegung der Sonne.)

Nun sehen aber wegen der „Rundlichkeit" der Erde die Bewohner Asiens eine Finsternis nicht zu derselben Zeit wie z. B. die Bewohner Spaniens. Auch sehen die im Norden Wohnenden manche Sterne nicht, die ein im Süden Wohnender beobachten kann. Außerdem sieht man im Norden während des Sommers die Sonne länger als in südlichen Breiten. Es ist nun die Aufgabe der Geographie, diese Phänomene zu beschreiben und so die Beziehung zwischen „Erdreich und Himmel" herauszustellen. Es genügt nicht, wie Strabo, Mela und andere es getan haben, ein „Land und Königreich nach dem anderen" zu beschreiben, sondern man muß von jedem Ort genau angeben, wo er auf der Erdkugel liegt, nur dann kann man die eigentliche Aufgabe des Geographen erfüllen, nämlich genau sagen, „wie man von diesen oder jenen Ländern die Finsternisse, Gestirne, und himmlische Zeichen sehen kann".

Es zeigt sich deutlich, daß Rheticus die Geographie der Astronomie zuordnet bzw. aus ihr ableitet. Reisch war ebenfalls so vorgegangen. Wenn auch Rheticus Reisch nicht zitiert, so dürfte die Anregung zu einer derartigen Ableitung doch von Reisch ausgegangen sein; denn zu Beginn des 16. Jahrhunderts studierte man in der Artistenfakultät zunächst einmal nach dem Lehrbuch von Reisch die septem artes liberales, in deren Rahmen auch das gelehrt wurde, was wir heute zur Geographie rechnen.

Rheticus grenzt dann die Geographie deutlich von der Chorographie ab, in der es um die Beschreibung der einzelnen Länder geht, unabhängig von ihren Beziehungen zum Himmel und ihrer Lage im Koordinatensystem. Wie er im einzelnen ausführt, wird daher die Geographie von Mathematikern betrieben, während die Chorographie von Laien (Nicht-Mathematikern) ausgeführt wird. Grundlage für die Chorographie bilden meist Reisebeschreibungen von Kaufleuten. Oft haben sich auch Könige und Potentaten auf diesem Felde hervorgetan, indem sie Länder erkunden ließen.

Für Rheticus haben also Geographie und Chorographie nicht so viel gemein wie Geographie und Astronomie. Wenn man die moderne Terminologie zugrundelegt, dann könnte man vielleicht sagen: Für Rheticus ist Geographie soviel wie ,,die astronomische Beschreibung der Erde als Himmelskörper". Chorographie ist dann das, was auch wir heute noch als ,,Länderkunde" betrachten.

Nun kommt Rheticus zu seinem eigentlichen Anliegen. Er sagt, bei den alten Geographen finde sich kein Hinweis, wie chorographische Karten (Landkarten) ,,zu machen seien". Deswegen wolle er mit der vorliegenden Schrift diese Lücke ausfüllen. Er führt dann in einer auch für den Nicht-Mathematiker verständlichen Weise aus, wie man auf der Grundlage eines Itinerariums in Verbindung mit Winkel-Messung vorzugehen habe. Dabei ist auf folgendes zu achten:

a) Wiederholt weist Rheticus darauf hin, daß eine solche Erneuerung der Geographie nicht von einem einzigen Gelehrten ausgeführt werden kann, sondern daß dazu viele Mitarbeiter erforderlich sind. Diese können aber durchaus auch Laien sein.

b) Ausdrücklich betont er, daß eine Karte nur dann als chorographische Karte angesehen werden kann, wenn auch Berge, Flüsse usw. eingezeichnet sind.

c) In diesem Zusammenhang verwendet er den Begriff ,,Landschaft".

2.1.2 Das Neue bei Rheticus

2.1.2.1 Geographie in Verbindung zur Astronomie. Trennung zwischen Geographie und Chorographie.

Zwar hatte auch Reisch die Geographie noch im Rahmen der Astronomie behandelt, doch mehr aus formalen Gründen. Der Sache nach bildet sie bei ihm bereits mit der Chorographie eine Einheit. Seit Reisch war die Entwicklung zu einer immer engeren Verbindung zwischen Geographie und Chorographie gekommen. Gelehrte wie Glarean, Schöner, Apian, Münster usw. heben die aus allgemeiner Geographie und Länderkunde bestehende Wissenschaft von der Erde deutlich von der Cosmographie, Astronomie usw. ab. Rheticus geht hier seinen eigenen Weg. Es ist bislang nicht geklärt, warum er so vorgeht, hatte er doch mit den führenden Geographen seiner Zeit, die eine andere Vorstellung von der Beziehung der Wissenschaften Astronomie, Geographie und Chorographie hatten, engen Kontakt. Vielleicht bietet sich folgende Erklärung an:

Rheticus war von Hause aus Mathematiker und Astronom. Sein ganzes Denken war von diesen Wissenschaften her geprägt. In der Geographie war er im Grunde genommen Laie oder Autodidakt. Ob Kopernikus ihn zu seiner Konzeption angeregt hat, ist bislang noch nicht geklärt.

2.1.2.2 Die Erneuerung der Geographie
Bereits 1528 hatte Münster in ähnlicher Weise zur Mitarbeit aufgerufen und damit auch Erfolg gehabt. (Seine Cosmographie von 1544 ist das Ergebnis einer solchen Zusammenarbeit.) Es ist zur Zeit noch nicht geklärt, aus welchen Gründen Rheticus noch 1541 zu einer Erneuerung der Geographie, die doch längst imgange war, aufruft. Möglicherweise hat er von Münster und dessen Mitarbeiterkreis nichts gewußt.

2.1.2.3 Der Landschafts-Begriff
Nach dem gegenwärtigen Stand der Forschung ist Rheticus der erste, der den deutschen Begriff „Landschaft" verwendet. Dieser Begriff ist nicht identisch mit den lateinischen Begriffen „pars terrae" oder „regiones terrae". Wenn er z. B. von der „Landschaft um Wien" spricht, so ist damit nicht ein mathematisch, physiogeographisch oder politisch klar abgegrenzter Teil eines Landes gemeint, sondern das, was das Besondere, Einmalige, Individuelle dieses Gebietes ist, das ihm sein Gepräge gibt. Zwar geht Rheticus auf diese begrifflichen Dinge nicht ausdrücklich ein; aber aus seinen Andeutungen läßt sich herauslesen, daß der Landschaftsbegriff bei ihm bereits (wenn auch nur in Ansätzen) dieselben Assoziationen erzeugt wie der Landschaftsbegriff im 19. und 20. Jahrhundert. Auch Münster verwendet später in seiner Cosmographie von 1544 den Begriff Landschaft. Bei ihm handelt es sich jedoch um einen mathematisch abgegrenzten Raum.

2.1.2.4 Zum heliozentrischen Weltsystem
Rheticus ist zwar als eifriger (und einer der ersten) Verfechter des heliozentrischen Weltbildes bekannt. Es muß jedoch betont werden, daß er in seinen geographischen Schriften nicht darauf eingeht.

3. Sein Beitrag zur Entwicklung des geographischen Denkens
Die geographischen Arbeiten des Rheticus haben keinen Einfluß ausgeübt. Seine Arbeit über Preußen fand zwar Eingang in die Cosmographie Münsters, und seine Schrift über die Salzbergwerke von Wielicke war bis ins 18. Jahrhundert in Polen bekannt; aber auf das geographische Denken und die Entwicklung des Faches Geographie hat Rheticus praktisch keinen Einfluß genommen. Folgende Gründe mögen dafür maßgebend gewesen sein:
a) Melanchthon und Münster, die Begründer der Geographie im protestantischen Deutschland, bestimmen die Entwicklung des geographischen Denkens von der Mitte des 16. Jahrhunderts ab. Gegenüber diesen Gelehrten konnte sich Rheticus nicht durchsetzen. Sein geographisches Hauptwerk stellt in gewisser Weise einen Rückschritt dar. Man hat den Eindruck, daß

Rheticus als Geograph nicht ganz „up to date" war, zumindest, was das geographische Denken angeht. Es ist daher nicht verwunderlich, wenn sein Hauptwerk nicht im Druck erschienen ist.

b) Rheticus mußte seinen Zeitgenossen als Verfechter des heliozentrischen Weltsystems „verdächtig" vorkommen, auch wenn er als Geograph darauf nicht eingeht. Die Vorstellung, daß nicht die Erde, sondern die Sonne im Mittelpunkt der Welt steht, stellte ja vor allem das physikalische Weltbild infrage, wonach die Erde als das schwerste Element im Mittelpunkt stehen muß. Alle zeitgenössischen Geographen von Reisch bis Münster hielten daher am geozentrischen Weltsystem fest. Ein Andersdenkender mußte ihnen als unvernünftig vorkommen.

Möglicherweise wird Rheticus „nur" als derjenige in die Geschichte der Geographie eingehen, der als erster den Landschafts-Begriff verwendet hat.

Literaturverzeichnis

1. Werke von Rheticus:

1536 Quaestio an leges damnent praedictiones astrologicas (in: Phil. Melanchthon, Quaestiones de rebus cognitione dignissimis, Wittenberg 1557, Bl. 24^v - 26^v).
1536a In arithmeticen praefatio, Wittenberg.
1538 (Hrsg:) Johannes de Sacrobosco, Libellus de sphaera, Wittenberg.
1540 De libris revolutionum Nicolai Copernici narratio prima, Danzig (2. Aufl. Basel 1541).
1542 (Hrsg.:) De lateribus et angulis triangulorum libellus, scriptus a Nicolao Copernico, Wittenberg.
      Tabulae astronomicae, Wittenberg o. J., (3. Aufl. Wittenberg 1545).
1542a Orationes duae, prima de Astronomia et Geographia, altera de Physica, Nürnberg.
1549 (Hrsg.:) Euclidis elementorum geometricorum libri sex, Leipzig.
1550 Prognosticon oder Practica Deutsch auff MDLI, Leipzig.
1550a Ephemerides novae seu expositio positus diurni siderum, Leipzig.
1551 Canon doctrinae triangulorum, Leipzig.
1596 Opus Palatinum de triangulis, Neustadt.

2. Werke über Rheticus:

Balmer, Heinz 1956: Beiträge zur Geschichte der Erkenntnisse des Erdmagnetismus, Aarau.
Büttner, Manfred 1973: Kopernikus und die deutsche Geographie im 16. Jahrhundert. In: Philosophia Naturalis 14, S. 353 - 364.
Büttner, Manfred 1979: On the Significane of the Reformation for the New Orientation of Geography in Germany. In: History of Science (im Druck).
Burmeister, Karl Heinz 1967/68: Georg Joachim Rheticus 1514 - 1574. Eine Bio-Bibliographie. 3 Bände, Wiesbaden (in Bd. 2 ausführliche Bibliographie).
Burmeister, Karl Heinz 1969: Georg Joachim Rheticus as a Geographer and His Contribution to the First Map of Prussia, in: Imago Mundi 23, 73 - 76.
Burmeister, Karl Heinz 1974: Die chemischen Schriften des Georg Joachim Rheticus, in: Organon 10, Warschau 177 - 185.
Burmeister, Karl Heinz 1977: Neue Forschungen über Georg Joachim Rheticus, in: Jahrbuch des Vorarlberger Landesmuseumsvereins 1974/75, Bregenz, 37 - 47.
Dianna, Jadwiga 1953: Pobyt J. J. Retyka w Krakowie, in: Studia i materialy z dziejów nauki polskiej l, Warschau 64 - 79.
Figala, Karin 1971: Die sogenannten Sieben Bücher über die Fundamente der chemischen Kunst von Joachim Rheticus (1514 - 1574), in: Sudhoffs Archiv 55, 247 - 256.

Hipler, Franz 1876: Die Chorographie des Joachim Rheticus, in: Zeitschrift für Mathematik und Physik 21, Leipzig 125 - 150.
Horn, Werner 1951: Sebastian Münster's Map of Prussia and the Variants of it, in: Imago Mundi 7, 66 - 73.
Rosen, Edward 1940: The Ramus -Rheticus Correspondence, in:Journal of the History of Ideas l, 363 - 368.
Rosen, Edward 1970: Rheticus' Earliest letter to Paul Ebner, in: Isis 61, 384 - 386.
Rosen, Edward 1971: Three Copernican Treatises, The Commentariolus of Copernicus, The Letter against Werner, The Narratio prima of Rheticus, Third Edition New York.
Rosen, Edward 1975: George Joachim Rheticus, in: Dictionary of Scientific Biography 11, New York 395 - 398.
Maurer, Wilhelm 1967/69: Der junge Melanchthon, 2 Bde. Göttingen.
Strauss, Gerald 1959: Sixteenth-Century Germany, Its Topography and Topographers, Madison.
Sudhoff, Karl 1903: Rheticus und Paracelsus, in: Verhandlungen der Naturforschenden Gesellschaft in Basel 16, 349 - 362.
Sudhoff, Karl 1903 a: Rheticus und Paracelsus, ein neuer Beitrag zu ihren Beziehungen, in: Münchener Medizinische Wochenschrift 50, 1850.
Zeller, Karl 1943: Des Georg Joachim Rheticus Erster Bericht über die 6 Bücher des Kopernikus von den Kreisbewegungen der Himmelsbahnen, München/Berlin.

(Fertiggestellt: September 1978)

Manfred Büttner

MERCATOR UND DIE AUF EINEN AUSGLEICH ZWISCHEN ARISTOTELES UND DER BIBEL ZURÜCKGEHENDE „KLIMAMORPHOLOGIE" VOM MITTELALTER BIS INS FRÜHE 17. JAHRHUNDERT

Beziehungen zwischen Theoriebildung und regio

Vortrag, gehalten auf dem Symposium des International Committee on the History of Geological Sciences (INHIGEO) im September 1978 in Münster mit dem Leitthema: Einfluß der regio auf die Theoriebildung

Einleitung

Welche Kräfte sind es, die das Antlitz der Erde geschaffen haben und dieses weiter modifizieren? Nach unseren heutigen Vorstellungen ist die Form der Erdoberfläche durch das Zusammenwirken von endogenen und exogenen Kräften entstanden und wird auch durch dieses Zusammenwirken weiter verändert.

Früher dachten die Geographen darüber anders. Für sie gab es nur die Kräfte von außen. Demzufolge war für sie das Gesicht der Erde (also die Land/Meer-Verteilung, die Form der Gebirge usw.) einzig und allein durch die Einwirkung exogener Kräfte entstanden und wurde auch allein durch diese weiter modifiziert. Wenn man moderne Begriffe benutzt, dann kann man sagen, ihre Morphologie war eine Art Klimamorphologie; denn sie versuchten, die Gestalt der Erdoberfläche nur durch das Einwirken von Niederschlag, Wind usw. zu erklären. Wie kam das eigentlich?

Ich sehe folgende Gründe:

1. Aristoteles, nach dem man sich in der Physiogeographie bis weit ins 17. Jahrhundert hinein richtete, war so vorgegangen.
2. Auch die Bibel, deren Aussagen man mit denen des Aristoteles in Einklang zu bringen versuchte, kennt nur von außen wirkende Kräfte, nämlich solche, die von Gott, der im Himmel wohnt, ausgehen.
3. Alle Beobachtungen, die man machen konnte, schienen ebenfalls dafür zu sprechen.

In diesem Zusammenhang sei schon hier in der Einleitung auf folgendes verwiesen: Aristoteles zieht Beispiele aus dem östlichen Mittelmeer (seiner regio) heran. Er läßt sich von Beobachtungen, die man in diesem Gebiet anstellenn kann, zur Entfaltung und zum weiteren Ausbau einer Lehre anregen, die in ihren Ansätzen von seinen Vorgängern entwickelt worden war. Doch er läßt sich von diesen Beispielen nicht nur anregen, sondern geht noch einen Schritt weiter und sagt, daß mit ihrer Hilfe die Richtigkeit seiner Lehre nicht nur plausibel gemacht, sondern sogar bewiesen werden könne. Nur mit Hilfe seiner Lehre sei es möglich, die Fülle des zu Beobachtenden widerspruchslos und von einem einzigen gedanklichen Ausgangspunkt her verstehend zu erklären.

Die Geographen in Mitteleuropa leben in einer anderen regio. Sie machen zum Teil andere Beobachtungen, werden also von anderen Beispielen angeregt, bzw. müssen ihre Lehre mit Hilfe anderer Beispiele erläutern oder beweisen. Umgekehrt werden sie mit der Frage konfrontiert, ob sich auch ihre Beobachtungen mit Hilfe derselben Lehre erklären lassen. Ihre Morphologie muß daher im Detail (eigentlich schon im Ansatz, also der Fragestellung) anders aussehen als die ihres großen Vorgängers. Sie sind genötigt, die Schwerpunkte anders zu setzen, auch wenn sie grundsätzlich die Konzeption des Aristoteles nicht im geringsten infragestellen, sondern in ihrem geographischen Denken sich einzig und allein von dieser leiten lassen.

Ich wende mich im folgenden zunächst der Physiogeographie des Aristoteles zu und zeige dann an dem Beispiel Mercators auf, wie unterschiedlich demgegenüber die Morphologie eines im nördlichen Mitteleuropa vom Mittelalter bis ins frühe 17. Jahrhundert lebenden Aristotelikers aussehen konnte oder mußte.

1. Aristoteles

Da die Physiogeographie des Aristoteles (und mit ihr die „Klimamorphologie") nur im Zusammenhang seiner Vorstellungen über die ganze Welt, also seiner Kosmologie, verständlich wird, sei zunächst auf diese eingegangen.

1.1 Das Weltbild des Aristoteles

Wenn man aus den umfangreichen Ausführungen des Aristoteles [1] das für unseren Zusammenhang Wesentliche zusammenfaßt, dann läßt sich folgendes sagen: (Vergl. die Skizze)

a. Es gibt grundsätzlich zwei Bereiche, den erdnahen Bereich A und den erdfernen Bereich B.

b. Beide Bereiche hängen miteinander zusammen. Der erdnahe Bereich bezieht all seine Kraft vom erdfernen. Deswegen ist bei einer Beschreibung der Welt vom erdfernen Bereich auszugehen, also von dort, wo die erste Ursache zu finden ist.

Zum erdfernen Bereich: Der Stoff, aus dem dieser Bereich besteht, ist der göttliche Äther. Er ist in einzelne Sphären (Mondsphäre, Sonnensphäre usw.) unterteilt. Den Abschluß dieser Sphärenregion bzw. Ätherregion (und damit den Abschluß der ganzen Welt) bildet die Fixsternsphäre. Jenseits dieser hat Gott, der erste Beweger, seinen Wohnsitz. Er selbst befindet sich in Ruhe, von ihm geht jedoch jegliche Bewegung aus. Diese teilt sich über die Fixsternsphäre und die einzelnen Planetensphären dem erdnahen Bereich und schließlich der Erde selbst mit.

Zum erdnahen Bereich: Diese Region besteht aus den vier Elementen Feuer, Luft, Wasser und Erde. Die Erde bildet als in sich ruhende Kugel die Mitte dieses Bereiches und damit zugleich die Mitte der Welt. Die anderen drei Elemente umgeben die Erde in Form konzentrischer Kugelschalen. Diese Schalen sind entsprechend der Schwere der Elemente angeordnet. Das Feuer bildet als das leichteste Element die äußerste Schale, darunter liegt die Luft und unter dieser das Wasser.

Zu den Beziehungen zwischen beiden Bereichen: Da sich der Ätherbereich, angestoßen von Gott, in rasender Umdrehung befindet, der elementare Bereich jedoch in absoluter Ruhe verweilt, muß es dort, wo beide Bereiche zusammentreffen, zu gewaltigen Turbulenzen kommen, die sich bis auf die Erdoberfläche, ja sogar bis ins Erdinnere hinein auswirken. Dadurch wird das Gleichgewicht (also die normale Verteilung von Erde, Wasser, Luft und Feuer) im elementaren Bereich gestört. Leichte Teile werden nach unten bis auf die Erde (ja sogar in sie hinein) gedrückt und schwere Teile werden hochgewirbelt.

Aber das Schwere drängt immer wieder nach unten und das Leichte nach oben. So kommt es zu einer ungeordneten, manchmal chaotisch erscheinenden Bewegung von oben nach unten und umgekehrt.

Das aristotelische geographische Weltbild

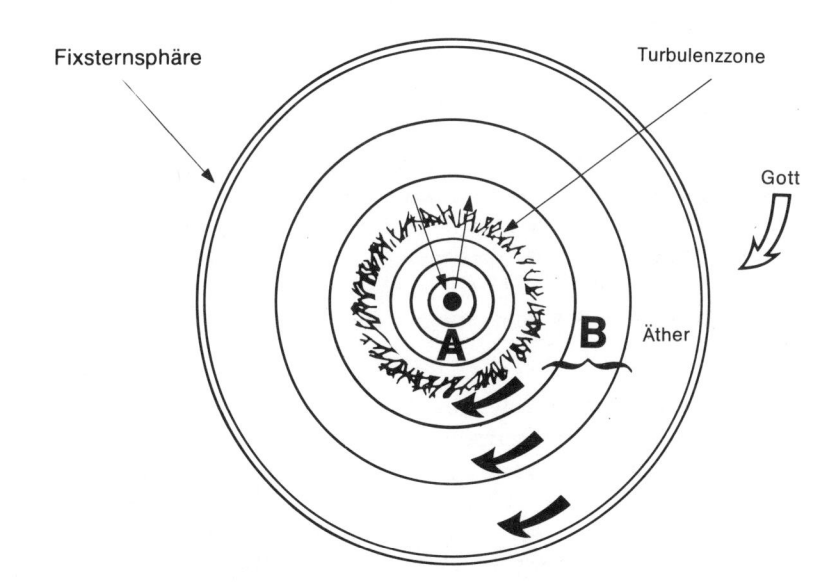

Neben der dargestellten gibt es noch eine tägliche Auf- und Abbewegung, die von der Sonne ausgeht und gleichförmig ist. Die von der Sonne erwärmten Teilchen werden leicht und steigen tagsüber auf, nachts kühlen sie sich ab, werden schwer und sinken wieder herunter. Doch ob gleichförmig oder chaotisch, grundsätzlich steht die kreisförmige Bewegung des Äthers einer Auf-

und Abbewegung im elementaren Bereich gegenüber. Die kreisförmige Bewegung ist ewig, die Auf- und Abbewegung findet in der Zeit statt. Beide Bewegungen werden von außen verursacht, nämlich von Gott. Diese Gedankengänge bilden den Hintergrund für die Konzeption der Physiogeographie des Aristoteles.

1.2 Die Physiogeographie bzw. „Klimamorphologie"
Auch hier greife ich aus der Fülle dessen, was Aristoteles zu dieser Thematik sagt, wieder nur einiges heraus, was in unserem Zusammenhang von besonderem Interesse ist.
Zur Entstehung des Regens: Aristotels sagt wörtlich:
> „Während die Erde ruht, strömt die Feuchtigkeit ihrer Umgebung, durch die Sonnenstrahlen (und die sonstige Wärme von oben) verdampft, aufwärts; und wenn nun die Wärme, die die Feuchtigkeit nach oben geführt hat, sie wieder verlassen hat,.... dann tritt der durch Entzug der Wärme... abgekühlte Dampf wieder zusammen und verwandelt sich aus Luft in Wasser zurück. Darauf fällt dies auf die Erde zurück....
> Dieser Kreislauf ahmt die Sonnenbahn nach. So wie diese rund verläuft, so jener auf und ab. Wenn nämlich die Sonne nahe ist, fließt der Dampfstrom aufwärts, entfernt sie sich, fließt der Wasserstrom abwärts. Und dies will ohne Unterlaß geschehen nach seiner Ordnung" (Aristoteles 1955, 43).

Es scheint mir wichtig, ausdrücklich auf folgendes hinzuweisen: Aristoteles beschreibt hier nicht einfach den Wasserkreislauf, sondern er zieht dieses Beispiel im Grunde genommen dazu heran, um aufzuzeigen, wie die von außen bewirkte kreisförmige Bewegung der Sphären in eine Auf- und Abbewegung im erdnahen Bereich umgewandelt wird. Hier zeigt sich zwar noch nicht irgendein Einfluß der regio (auch beispielsweise in Nordeuropa wäre Aristoteles möglicherweise zu derselben Einsicht gekomen); aber diese Gedankengänge bilden den Hintergrund für das Folgende, in dem dann der Einfluß der regio deutlich wird.

Zur Bildung von Flüssen: Ich zitiere wieder wörtlich:
> „....die Strömungen der Flüsse kommen aus den Bergen; denn Quellen sind meist in den Bergen und an höher gelegenen Stellen. Gebirgige und hochgelegene Stellen lassen nämlich wie ein aufgehängter Schwamm überall...Wasser hervorsprudeln,...da sie eine Unmenge von Regenwasser aufsaugen. Auch kühlen die Berge den aufsteigenden Dampf wieder ab und lassen ihn wieder zu Wasser verdichten. ...Viele Ströme kommen aus dem Rhodope-Gebirge, und ähnlich wird man auch die Quellen anderer Flüsse finden...denn auch da, wo Flüsse aus Niederungen entspringen, liegen diese Niederungen am Fuße von Gebirgen oder in allmählich ansteigendem Gelände" (Aristoteles 1955, 527).

Zu diesem Zitat ist folgendes zu sagen: Die Vorstellung, daß Gebirge wie ein Schwamm Regenwasser aufsaugen und dieses am Fuße wieder als Quellwasser austreten lassen, verweist auf die regio, in der Aristoteles lebte. Es ist schwer vorzustellen, daß er zu dieser Aussage gekommen wäre, wenn er in einer Gegend gelebt hätte, in der das Regenwasser unmittelbar, ohne in den Boden einzusickern, oberflächlich ins Meer abfließt. Im übrigen braucht man hier nicht zu spekulieren. Aristoteles sagt expressis verbis, daß die Verhältnisse ähnlich wie in Griechenland (er verweist auf das Quellgebiet im Rhodope-Gebirge) überall auf der Welt sein dürften. Ganz selbstverständlich schließt er von den Verhältnissen in seiner regio auf die Verhältnisse andernorts.

Zur Land/Meer-Verteilung: Da Aristoteles zu diesem Thema sehr weit ausholt, kann ich hier kein kurzes treffendes Zitat bringen, sondern deute nur seinen Gedankengang an. Dieser ist folgender: Die Land/Meer-Verteilung ist nicht beständig, sondern schwankt. Nicht immer ist die ganze Zeit hindurch hier Land und dort Meer, sondern es entsteht ein Meer, wo jetzt Festland ist, und wo jetzt Meer ist, ist ein andermal wieder festes Land. Woher kommt das? Weil die Intensität der Sonnenstrahlen in großen Zyklen schwankt. Daraus folgt, daß trockene und feuchte Perioden einander abwechseln. In trockenen Perioden fällt kein oder nur wenig Regen, die Quellen und Flüsse versiegen bzw. werden zu Rinnsalen, der Meeresspiegel sinkt, einst überflutete Gebiete werden Land. In feuchten Perioden ist es umgekehrt (Aristoteles 1955, 58ff)

Weil sich derartige Entwicklungen jedoch sehr langsam vollziehen, können wir sie nicht direkt beobachten, sondern wir müssen alte Erzählungen heranziehen und dann entsprechend schließen. Nach diesen Erzählungen muß es früher feuchter gewesen sein; denn heute trockene Gebiete im Lande von Argos und Mykenai waren früher überschwemmt oder sumpfig. Auch Ägypten war früher feuchter und ist in letzter Zeit immer trockener geworden.

Soweit zu Aristoteles. Man ist versucht, zu seinen Thesen und Ausführungen Stellung zu nehmen, in ihm eventuell den ersten Diluvialtheoretiker zu erkennen, im einzelnen sein methodisches Vorgehen zu überprüfen und nach der Haltbarkeit seiner Folgerungen zu fragen. Ich kann auf derlei Dinge nicht eingehen, sondern stelle nur folgendes heraus, worauf es in unserem Zusammenhang einzig und allein ankommt: Auch hier in diesem Abschnitt, der zu den wichtigsten seines ganzen Werkes gehört, versucht Aristoteles wieder, zweierlei miteinander zu verbinden, nämlich

a. von Beobachtungen in seiner regio auszugehen und
b. diese Beobachtungen mit Hilfe seiner Theorie, daß alle Veränderungen hier unten ihre Ursache außerhalb des elementaren Bereiches haben, zu erklären.

Zum Thema Erdbeben, Vulkanismus, Gebirgsentstehung usw. Auch diese Dinge, die nach unserer heutigen Vorstellung einzig und allein durch endogene Kräfte bewirkt werden, sind für Aristoteles Folgen einer Einwirkung von außen. Die Turbulenzen an der Grenze zwischen dem elementaren und dem Ätherbereich führen dazu, daß gelegentlich Teile der leichten Elemente, Luft und Feuer, durch Spalten und Klüfte in das Erdinnere hineingedrückt werden und sich dort verfangen. Da aber das Leichte grundsätzlich nach oben strebt, wölben diese eingeschlossenen Teile die Erde gelegentlich auf (was zur Entstehung von Bergen führt und sich durch Erdbeben ankündigt) oder durchstoßen sie gar. Im letztgenannten Falle haben wir es mit einem Vulkanausbruch zu tun.

Aristoteles führt eine Menge von Beispielen aus seiner regio an. Ich zitiere eine Stelle exemplarisch. Aristoteles sagt:

> „So ereignete es sich auch bei Herakleia am Pontos erst kürzlich und vorher bei der Insel Hiera, einer der sogenannten Aiolischen Inseln. Auf dieser nämlich hob sich ein Stück Erde wie eine Geschwulst und es kam heraus eine Masse wie ein Berg so groß mit Getöse. Als es schließlich geplatzt war, fuhr ein starker Wind heraus und förderte Feuerregen und Asche zutage...." (Aristoteles 1955, 103).

Aristoteles fährt dann mit der Beschreibung von Einzelheiten fort und kommt schließlich zu der Feststellung, daß diese Ausführungen Beweise für die Richtigkeit seiner Theorie seien. Die Ursache für all diese Vorgänge muß außerhalb liegen. Während er im vorigen Beispiel nur das Beobachtbare mit seiner Theorie erklären will, zieht er hier wieder das Beobachtete bzw. Beobachtbare (nachdem es erklärt ist) zur Stütze für seine Theorie heran. Auch hier drängt sich wieder eine Frage auf, nämlich die, ob Aristoteles sich nicht im Zirkel bewegt. Es wäre zu fragen, ob er wirkliche Beweise für die Richtigkeit seiner Theorie liefert. Doch ich stelle diese Frage zurück und beschränke mich wieder auf die in unserem Zusammenhang einzig wichtige Feststellung, daß Aristoteles mit Beispielen aus seiner regio operiert.

1.3 Der Einfluß der regio auf das geographische Denken des Aristoteles.
Ich frage auf der Grundlage der bisherigen Ausführungen zusammenfassend: Inwieweit ist das geographische Denken, insbesondere die „Klimamorphologie" des Aristoteles durch die regio, in der er lebte, beeinflußt worden? Auf sein Weltbild hat die regio (wie ich eingangs bereits andeutete) sicherlich keinen Einfluß ausgeübt; denn dieses war in seinen Grundzügen Spekulation, von seinen Vorgängern übernommen und nicht aufgrund von empirischen Beobachtungen induktiv entwickelt. Doch die in seiner regio zu machenden Beobachtungen ließen sich unter Zugrundelegung dieses Weltbildes gut erklären. Daß Aristoteles über Vulkanausbrüche, über Erdbeben usw. nachdenkt und (auf der Grundlage seines Weltbildes) zu erklären versucht, dazu gab ihm seine regio Anlaß. Hätte er in einer anderen regio gelebt, so wäre ihm die Aufgabe zugefallen, Beobachtungen, die dort zu machen sind, aus seinem Weltbild heraus zu erklären. Wenn das nicht möglich gewesen wäre, hätte er sein Weltbild modifizieren müssen, genauso wie er viele Theorien modifizieren mußte (und tatsächlich modifiziert hat), wenn sie sich mit neueren Beobachtungen nicht vereinbaren ließen.

Ich fasse zusammen: Daß Aristoteles „klimamorphologisch" dachte, geht auf sein Weltbild zurück und hat nichts mit seiner regio zu tun; welche Vorgänge er aber im einzelnen behandelte, wo also der Schwerpunkt seiner „Klimamorphologie" lag, das war großenteils durch die regio vorgegeben.

2. Mercator

Mercator, den ich beispielhaft für das geographische Denken mitteleuropäischer Geographen vom Mittelalter bis ins 17. Jahrhundert auswähle, war - was sein Weltbild und sein naturwissenschaftliches Denken angeht - wie alle seine Vorgänger und Kollegen, Aristoteliker. Er stand (wie seine Zeitgenossen seit Reisch, Melanchthon, Münster und seine Vorgänger wie Beda, Albertus, Vincentius usw.) vor einer doppelten Aufgabe. Zunächst einmal mußte das Weltbild des Aristoteles mit dem der Bibel zum Ausgleich gebracht werden. Sodann war das geographische Denken auf Beobachtungen abzustellen, die in seiner regio zu machen waren. Es wird zu untersuchen sein, welche Schwerpunktverlagerung sich aus diesen Gründen in der Geographie Mercators (gegenüber derjenigen des Aristoteles) ergab.

2.1 Der Ausgleichsversuch zwischen aristotelischem und biblischem Weltbild
Im Grunde genommen konnte ein christlicher Geograph das eingangs geschilderte Weltbild des Aristoteles übernehmen, ohne in wesentlichen Punkten mit den Aussagen der Bibel in Widerspruch zu geraten. Es waren eigentlich nur Kleinigkeiten, die ausgeglichen werden mußten. Zunächst sei kurz auf die Übereinstimmungen zwischen Bibel und Aristoteles hingewiesen. Die für unseren Zusammenhang wichtigsten sind:
a. Gott ist die erste Ursache. Sein Wohnsitz befindet sich außerhalb der menschlichen Welt.
b. Die Erde ist die Mitte der Welt. Diese Mitte befindet sich in Ruhe; um sie herum drehen sich Sonne, Mond usw.

Zu Punkt b. ist eine Anmerkung wichtig: Es wird ja in der Schöpfungsgeschichte nichts Genaueres über die Form der Erde gesagt. Ob es sich um eine Scheibe, eine Kugel, einen Würfel usw. handelt, bleibt offen[2]. Nach einhelliger Ansicht der Theologen liegt dem Bericht in der Genesis zwar die babylonische Vorstellung von der Erdscheibe zugrunde, expressis verbis ist davon jedoch in der Schöpfungsgeschichte nichts zu finden. Ein im aristotelischen Denken erzogener und lebender Gelehrter wie Mercator konnte also ohne weiteres beim Lesen der Schöpfungsgeschichte davon ausgehen, daß - wenn von der Erde gesprochen wird - die Erdkugel gemeint ist.
Analog verhält es sich mit den Elementen. Zwar kommt in der Bibel der Begriff „Element" (bzw. sein griechisches oder hebräisches Pendant) nicht vor, jedoch ist oft von „Erde", „Wasser", „Luft" oder „Feuer" die Rede. Mercator kann also sagen, daß in der Bibel zwar nicht expressis verbis, wohl aber der Sache nach von den Elementen gesprochen wird. Auch in diesem Punkt konnte also eine Übereinstimmung zwischen Bibel und Aristoteles (bzw. zwischen dem naturwissenschaftlichen Denken der Bibel und dem der Griechen) ohne große Mühe hergestellt werden.
Lediglich die sogenannten oberhimmlischen Wasser, von denen in der Schöpfungsgeschichte die Rede ist, bereiteten den christlichen Geographen gewisse Schwierigkeiten; denn sie passen nun einmal nicht zum griechischen Weltbild, wonach Wasser einzig und allein nur im elementaren erdnahen Bereich vor-

kommen kann, also nur unterhalb des Himmels (bzw. der Fixsternsphäre, die man gemeinhin als Grenze des Himmels betrachtete.) Doch dieser Widerspruch - und damit komme ich zu den Kleinigkeiten - ließ sich leicht dadurch lösen, daß man die oberhimmlischen Wasser als eine besondere Form von Äther interpretierte. Mercator sagt ausdrücklich, die oberhimmlischen Wasser seien feuriger Natur.

Weitere Kleinigkeiten (sie ließen sich alle ohne große Mühe durch Uminterpretation lösen) kann ich hier übergehen. Ebenso brauche ich auf die theologischen Fragen (und hier lagen die eigentlichen zum Teil unüberwindbaren Schwierigkeiten), mit denen sich Gelehrte wie Mercator auch als Geographen intensiv auseinandersetzten, nicht einzugehen, da sie in unserem Zusammenhang von untergeordnetem Interesse sind. (Hierher gehören zum Beispiel Fragen wie diese: Wurde die Welt von Gott geschaffen oder existiert sie seit Ewigkeit? Wenn Gott sie geschaffen hat, muß er sie dann hernach auch noch regieren? Greift Gott direkt in irdisches Geschehen ein? usw.) [3]

Es ist noch auf eine formale Seite hinzuweisen. Seit dem Mittelalter war es üblich geworden, physiogeographische Fragen, ja, die ganze Physiogeographie im Rahmen einer Schöpfungsexegese abzuhandeln. Diese formale Seite hatte tiefgreifenden Einfluß auf den Duktus. Aristoteles ging ja von außen nach innen vor, begann mit dem Ätherbereich, beschrieb die einzelnen Sphären und wandte sich dann dem erdnahen elementaren Bereich zu. Gelehrte wie Mercator gingen am Genesistext entlang und erläuterten, was Gott an den einzelnen Schöpfungstagen genau gemacht hatte; denn die Aussagen in der Bibel sind so knapp gehalten, daß sie eine Erläuterung nötig haben. Bei diesen Erläuterungen mußte man - gemessen am Duktus des Aristoteles - immer wieder springen; denn in der Bibel ist zunächst von der ganzen Welt die Rede, dann von der Erde, danach von den Gestirnen und zum Schluß wieder von der Erde. Rein äußerlich sieht es also so aus, als ob Mercator sich in seiner geographischen Konzeption (seinem Duktus) von der Bibel leiten ließe, in Wirklichkeit ist es umgekehrt: Er versucht, unter Zugrundelegung der Konzeption des Aristoteles das in der Bibel Gesagte zu erläutern. Gelegentlich weist er sogar ausdrücklich darauf hin, daß man eigentlich in einer anderen Reihenfolge vorgehen müsse (z.B. bei Behandlung der Gestirne, die in der Bibel erst nach der Erde an die Reihe kommen); aber er ist nun einmal gehalten, am Genesistext entlang zu gehen.

Eine letzte Bemerkung zum Formalen ist angebracht. Rein formal handelt es sich bei dem hier zugrundeliegenden Hauptwerk Mercators, seinem Atlas, um eine theologische Schrift, auch wenn (aus heutiger Sicht gesehen) das Geographische darin die Hauptrolle spielt [4]. Theologie und Geographie waren eben in jener Zeit noch sehr eng miteinander verbunden. Für unseren Zusammenhang ist dabei folgendes wichtig: Bei den Genesis-Exegesen ließ man sich sehr oft von Beobachtungen aus der eigenen regio anregen, bzw. versuchte, seinen Lesern mit Hilfe von bekannten Beispielen aus der Heimat das in der Bibel Gesagte zu erläutern, so auch Mercator.

2.2 Zu Mercators Morphogenese

Am deutlichsten läßt sich der Einfluß der regio bei Mercator wohl an seinen Ausführungen über die Entstehung der Gebirge erkennen, deswegen gehe ich nur auf diesen Teil seiner Physiogeographie ein. Er beginnt mit dem Hinweis, daß ursprünglich das Wasser gleichmäßig über die Erde verteilt war. Wie es die Elementenlehre verlangt, bildete also das Wasser zunächst eine Kugelschale um die Erde herum. Erst am dritten Tage wurden dann die Kontinente geschaffen, und zwar so, wie sie noch heute bestehen. (Anders als die meisten Geographen bzw. Geologen späterer Zeiten ist er der Meinung, daß durch die Sintflut keine grundsätzliche Veränderung der Erdoberfläche eingetreten ist.) Wie entstanden nun die Kontinente? Mercator sagt dazu zusammengefaßt folgendes: Gott schickte einen sehr starken Wind, der Teile der Erde so hoch auftürmte, daß sie seither über das Wasser hinausragen [5].

Zu dieser Theorie von der Entstehung der Gebirge, bzw. der Kontinente, ist zweierlei zu sagen:

a) Es gelingt Mercator, eine plausible Erklärung dafür zu finden, warum das Element Wasser, das doch nach der Elementenlehre leichter als Erde ist und eigentlich eine Kugelschale um diese herum bilden müßte, an vielen Stellen von Teilen der Erde durchstoßen wird und so direkten Kontakt mit dem nächst höheren Element, der Luft, hat. Klassische Elementenlehre (bzw. klassisches Weltbild) und Empirie sind also bei Mercator ideal ausgeglichen. Obendrein ist dieser Ausgleichsversuch auch noch in Übereinstimmung mit der Bibel durchgeführt, ja, rein äußerlich sogar aus der Bibel heraus exegesiert.

b) Zwar deutet Mercator (wie Aristoteles) an, daß die Gebirgsentstehung durch Einflüsse von außen stattgefunden hat; aber er benutzt dazu nicht die Hilfskonstruktion von den in die Erde hineingefahrenen Winden, die bei ihrem Versuch, wieder nach oben zu gelangen, die Erde aufwölben.

Warum geht Mercator in dieser Weise vor? Warum bleibt er nicht möglichst nahe bei Aristoteles und sagt, daß es eben Gott war, der die Winde in die Erde hineintrieb und Gebirge durch Luft aus dem Erdinnern entstehen ließ? Mit dieser Deutung wäre ihm auch ein Ausgleich zwischen Aristoteles und Bibel möglich gewesen. Meiner Meinung nach spielt hier die regio, in der Mercator lebte, die entscheidende Rolle. In seiner flandrischen Heimat konnte man keinen Vulkanausbruch beobachten, wohl aber das Anwehen von Dünen. Deswegen mußte er die von Aristoteles gebrachten Beispiele auswechseln. Grundsätzlich geht er dabei analog zu Aristoteles vor. Er versucht, Beobachtungen aus seiner regio mit Hilfe der herrschenden Vorstellung, daß alle Vorgänge hier unten von oben gesteuert werden, zu erklären. (Den anderen Weg, nämlich mit Hilfe der Beobachtungen die Richtigkeit der Theorie zu untermauern, schlägt er - entgegen Aristoteles - nicht ein, meiner Meinung nach aus folgendem Grunde: Eine Grundtheorie, die mit dem, was in der Bibel steht, übereinstimmt, braucht nicht mehr bewiesen zu werden. Wenn in der Bibel davon die Rede ist, daß alle Vorgänge hier unten von oben gesteuert werden, dann ist das Beweis genug.)

Schlußwort

Ich fasse zusammen: Die Grundthese, daß alle Vorgänge hier unten von oben ingang gesetzt werden, ist weder von Aristoteles noch von Mercator aufgrund empirischer Beobachtungen induktiv entwickelt worden, sie hat also mit der regio des betreffenden Gelehrten nichts zu tun. Anders ist es mit den Beispielen, die mit Hilfe dieser Grundthese erklärt werden sollen. Sie stammen aus dem Lebensraum des jeweiligen Geographen und geben dessen „Klimamorphologie" ein jeweils besonderes Aussehen.

Ein Vergleich zur heutigen Klimamorphologie scheint angebracht. Diese ist grundsätzlich anders entstanden. Bei ihr geht es nicht darum, empirische Beobachtungen mit Hilfe einer vorhandenen spekulativ oder aus der Bibel abgeleiteten Lehre zu erklären. Insofern bestehen keine innere Beziehungen zwischen der aristotelisch-biblisch ausgerichteten alten „Klimamorphologie" und der heutigen. Auch bestehen keine historischen Beziehungen. Mit der Aufklärung setzt ein Bruch ein. Es ist daher auch wenig sinnvoll, die Wurzeln der heutigen Klimamorphologie bereits im 15./16. Jahrhundert oder gar bei Aristoteles suchen zu wollen. Aber es ist doch immerhin aufschlußreich, zu wissen, daß es so etwas wie eine Art Klimamorphologie früher schon einmal gegeben hat, wenn auch eine, die unter ganz anderen Voraussetzungen als die heutige entstanden ist.

Anmerkungen

[1] Ich verzichte hier und im folgenden auf Einzel-Quellenangaben, sondern verweise nur auf meine Habil.-Arbeit (1973), in der ich mich mit Aristoteles und seinem Einfluß auf die mitteleuropäische Geographie genauer befaßt habe. Lediglich für wörtliche Zitate gebe ich die entsprechende Quelle an.
Bei den wörtlichen Zitaten, die ich in deutscher Übersetzung bringe, richte ich mich weitgehend nach Gohlke.
[2] Näheres dazu in meiner Habil.-Schrift. Dort stelle ich in allen Einzelheiten das Weltbild des Aristoteles dem Weltbild der Bibel gegenüber.
[3] Näheres dazu ebenfalls in meiner Habil.-Schrift.
[4] In meiner Habil.-Schrift bin ich dem Problem, ob es sich um eine theologische oder geographische bzw. cosmographische Schrift handelt, im einzelnen nachgegangen.
[5] Atlas sive cosmographicae meditationes, Duisburg 1595. Dieses geographisch-cosmographische Hauptwerk Mercators erschien erst nach seinem Tode. Es galt als *das* geographische Werk bis weit ins 17. Jahrhundert hinein. Seine „Theorie" über die Entstehung der Gebirge findet sich auf S. 21.

Literaturverzeichnis

Aristoteles 1952: Über die Welt (deutsch von P. Gohlke). Paderborn.
Aristoteles 1955: Meteorologie (deutsch von P. Gohlke). Paderborn.
Aristoteles 1958: Über den Himmel (deutsch von P. Gohlke). Paderborn.
Averdunk, H. u. Müller-Reinhard, J. 1914: Gerhard Mercator und die Geographen unter seinen Nachkommen. Petermanns Geograph. Mitteilungen. Ergänzungsheft 182. Gotha.
Bagrow, L. 1930: Ortelii Catalogus Cartographorum, 2. Teil M - Z, Petermanns Geograph. Mitteilungen. Ergänzungsheft 210, Gotha, pp. 3-17.
Bagrow, L. u. Skelton, R.A. 1963: Meister der Kartographie. Berlin.

Mercator 149

Beck, H. 1973: Geographie. Europäische Entwicklungen in Texten und Erläuterungen. Freiburg/ München. Orbis Academicus. Bd. 2/16.
Bernleithner, E. 1974: Gerhard Mercator. Die Großen der Weltgeschichte. Band V, Zürich, pp. 82-97.
Büttner, M. 1963: Theologie und Naturwissenschaft, insbesondere Geographie. Theolog. Diss. Münster.
Büttner, M. 1964: Theologie und Klimatologie. Neue Ztschr. f. systemat. Theologie und Religionsphilosophie. 6 (1964). pp. 154-191.
Büttner, M. 1973: Die Geographia generalis vor Varenius. Geographisches Weltbild und Providentialehre. Wiesbaden. Erdwissenschaftl. Forschung. 7 (Habil.-Schrift).
Büttner, M. 1973 c: Das ,,physikotheologische" System Karl Heims. Einordnung und Kritik. Kerygma und Dogma. 19 (1973). pp. 267-286.
Büttner, M. 1977: Die geographisch-cosmographischen Schriften des Aristoteles und ihre Bedeutung für die Entwicklung der Geographie in Deutschland.
Ursachen und Folgen, s. S. 15 ff.
Breusing, A. 1878: Gerhard Kremer gen. Mercator, der deutsche Geograph. Vortrag, gehalten in Duisburg. Duisburg.
Breusing, A. 1885: Mercator, Gerhard, ADB 21, pp. 385-397.
Clercq, C. de 1962: Mercator en de godsdienstige stromingen van zijn tijd. Vortrag, gehalten auf der 450-Jahrfeier der ,,oudheidkundige Kring van het Land van Waas, am 16. Sept. 1962 in Sint Niklaas.
Clercq, C. de 1962: Le commentaire de Gérard Mercator sur l' épitre aux Romains de saint Paul. Festschrift zum 450. Geburtstag Gerhard Mercators. Duisburger Forschungen. 6. Duisburg, pp.233-243.
De Smet, A. 1962: Mercator a Louvain (1530-1552), Festschrift zum 450. Geburtstag Gerhard Mercators. Duisburger Forschungen. 6. Duisburg, pp. 28-90.De Smet, A. 1963: A Chronicle of the Mercator Commemoration in 1962 and a Selection from the Mercator literature on the Occasion of the Mercator year 1962. Imago Mundi. 17 (1963), pp. 99-103.
De Smet, A.: L'Oeuvre cartographique de Gérard Mercator. Revue belge de Géographie LXXXVI (1962), pp. 67-84.
De Smet, A.: Gerhard Mercator's wetenschappelijke, technische en kartografische activiteit. Tijdschr. van de Belgische Vereniging voor Aardr. Studies XXXII (1963), pp. 31-49.
Dinse, P. 1894: Zum Gedächtnis Gerhard Mercators (8. Dez. 1894). Verhandlungen der Gesellschaft für Erdkunde zu Berlin. 21 (1894), pp. 368-384.
Gallois, L. 1890: Les Géographes Allemands de la Renaissance. Paris. pp. 190-236.
Geseke, H. H. 1962: Die Vita Mercators des Walter Ghim, wiedergegeben und übersetzt. Festschrift zum 450. Geburtstag Gerhard Mercators. Duisburger Forschungen 6. Duisburg, pp. 244-276.
Kastrop, R. 1972: Ideen über die Geographie und Ansatzpunkte für die moderne Geographie und Ansatzpunkte für die moderne Geographie bei Varenius. Diss. Saarbrücken.
Kirmse, R. 1961: Neue Arbeiten über Gerhard Mercator, sein Sohn Arnold und Christian Sgroten. Eine Betrachtung der Veröffentlichungen von 1945-1960. Duisburger Forschungen. 5 (1961), pp. 52-80.
Kirmse, R. 1962: Zu Mercators Tätigkeit als Landmesser in seiner Duisburger Zeit. Festschrift zum 450. Geburtstag Gerhard Mercators. Duisburger Forschungen. 6. Duisburg, pp. 91-114.
Mercator, G. 1537: Terrae sanctae descriptio. Löwen.
Mercator, G. 1538: Orbis imago. Löwen.
Mercator, G. 1551: Globi coelestis sculptura. Löwen.
Mercator, G. 1569: Chronologia. Hoc est temporum demonstratio exactissima, ab initio mundi, usque ad annum Domini MDLXVIII. Köln, Haeredes Arnoldi Birckmanni.
Mercator, G. 1578: Tabulae geographicae Cl. Ptolemaei. Köln.
Mercator, G. 1592: Evangeliae historiae. Duisburg.
Mercator, G. 1595: Atlas sive cosmographicae meditationes (s.Ms. S. 19) Duisburg.
Mercator, G. 1631: Atlas minor. Amsterdam.
Opladen, P. 1938: Gerhard Mercators religiöse Haltung. Annalen des Historischen Vereins für den Niederrhein, insbesondere das alte Erzbistum Köln. 133 (1938), pp. 77-90.

Raemdonck, J. v. 1869: Gérard Mercator. Sa vie et ses oeuvres. St. Nicolas.
Van Beylen, J. 1962: Schepen op kaarten ten tijde van Gerard Mercator. Festschrift zum 450. Geburtstag Gerhard Mercators. Duisburger Forschungen. 6. Duisburg, pp. 131-157.
Van Durme, M. 1959: Correspondence mercatorienne. Anvers.
Van Ortroy, F. 1892/1893: L'ouvre géographique de Mercator. Revue des Questions Scientifiques, publ. par la Société Scientifiques des Bruxelles, 2e série Brüssel, pp. 523-528, u. 1893.
Van Ortroy, F. 1914-16: Bibliographie sommaire de l'oeuvre de Mercator. Revue des Bibliothéques XXIV-XXVI, Paris.
Wauwermans, H. E. 1877: Notes sur les variations de l'Escaul au XVIe siècle à propos de l'exemplaire unique de la Carte de Flandre de Mercator acquise par la ville d'Anvers. Bulletin Société de la Géographie Anvers. 1 (1877), pp. 155-188.
Wauwermans, H. E. 1896: Mercator, Gerhard (de Kremer). Biographie Nationale de Belgique XIV, pp. 372-421.

(Fertiggestellt: Oktober 1978)

IV.
Weitere Wandlungen im 17. Jahrhundert

Manfred Büttner

BARTHOLOMÄUS KECKERMANN
(1572 - 1609)

Der Universalgelehrte Bartholomäus Keckermann gehört zu den größten Denkern seiner Zeit. Als Haupt der Deutsch-Reformierten richtete er außer der Theologie im engeren Sinne die gesamten Wissenschaften auf der Basis seiner analytisch-distinktiven Methode neu aus. Dabei gelang ihm auch eine Neuorientierung der Geographie. Seine Methode wurde nicht zuletzt dadurch für mehrere Generationen wegweisend, daß Varenius ganze Partien aus Keckermanns „Geographia Generalis" übernahm, ohne allerdings seine Quelle anzugeben. Die heutige Einteilung der Geographie in „Geographia generalis" (=allgemeine Geographie) und „Geographia specialis" (=Länderkunde) geht auf Keckermann zurück.
Er bestimmte Ziel, Aufgaben und Methoden der Geographie neu. Auch grenzte er die Geographie klar gegen die Nachbardisziplinen, namentlich gegen die Theologie, ab, was vor ihm in dieser Schärfe nie geschehen war. Man darf ihn deshalb als den ersten Wissenschaftstheoretiker der neueren europäischen Geographie und damit als den Begründer der nachreformatorischen wissenschaftlichen Erdkunde bezeichnen.

1. Erziehung, Leben und Werk

Bartholomäus Keckermann wurde in der Freien Stadt Danzig geboren. Dort verlebte er auch seine Kindheit. Als Geburtsjahr gilt gemeinhin 1572. Wie van Zuylen ausführt, können aber auch die Jahre 1571 oder 1573 in Frage kommen. Sein Vater, Georgius oder Gregor Keckermann, stammte aus Stargard in Pommern und hatte am Hofe Barnims von Pommern gelebt. Er war reformiert. Von Jugend auf war er in den Disciplinae Liberales unterrichtet worden. Später ging er nach Danzig. Hier war er zunächst Konrektor der Marienschule, gab aber diesen Dienst bald auf und wurde Kaufmann. Er heiratete eine Frau aus dem Geschlechte der Lorengi, namens Gertruda, eine „femina honesta et religiosa". Dieser Ehe entstammte Bartholomäus. Joachim, ein Bruder seines Vaters, der in der Familie großen Einfluß besaß und Gregor wahrscheinlich zur Übersiedlung nach Danzig angeregt hatte, war Pfarrer an der Kirche St. Johannes rechts der Weichsel.

Nach anfänglichem Hausunterricht besuchte Bartholomäus das Danziger Gymnasium, das der überzeugte Calvinist J. Fabricius leitete.
Eine gebildete reformierte Familie und eine freie evangelische Handelsstadt bildeten also die Umwelt, in der der junge Keckermann seine Kindheit verlebte.
In Danzig war das Volk lutherisch, aber die Oberschicht, der Rat und die vornehmen Familien reformiert. Der Verkehr mit England und den Niederlanden und der Fortschritt des Calvinismus in Polen hatten diese Entwicklung herbeigeführt. Da sich der Calvinismus bei Rat, Kaufmannschaft und bei den vornehmen, gebildeten Geschlechtern unaufhaltsam weiter durchsetzte, kam es mit den Lutheranern immer wieder zu ernsthaften Streitigkeiten, die Joachim Keckermann im Jahre 1588 veranlaßten, Danzig zu verlassen. Das Volk drohte, ihn zu ermorden, weil er gegen Beleidigungen der Calvinisten öffentlich Protest eingelegt hatte.
Diese Vorfälle prägten Bartholomäus zeitlebens, später schrieb er in seinen Briefen noch oft von den ,,luthero - manistae".

1.1 Studentenzeit
Wahrscheinlich ist er mit seinem Onkel aus Danzig in die ,,große Welt" gezogen. Zunächst studierte er in Wittenberg, wo damals viele Danziger immatrikuliert waren, wo auch sein Onkel das Studium begonnen hatte und wo sich nach Luthers Tod der Calvinismus eingenistet hatte. Schon der alte Melanchthon galt als Kryptocalvinist.

Keckermann studierte Philosophie und Theologie. Am einflußreichsten für seinen weiteren Werdegang ist das Philosophiestudium unter seinem Lehrer Claepius gewesen. Außerdem nennt er das Buch von Scherbius: ,,Adversus antiperipatheticos disputatio", das ihn zu einer Kehrtwendung seines Denkens veranlaßte. Während er vorher alles Aristotelische verabscheut hatte, wandte er sich nun Aristoteles zu. Rückschauend beschreibt er seine frühere Geisteshaltung als ,,Wandel in den sandigen und beinahe unfruchtbaren Gefilden der ramistischen Philosophie".

Diese Kehrtwendung hat sein ferneres wissenschaftliches Leben bestimmt. Die philosophischen Schriften Melanchthons, zu denen auch geographische gehörten, dienten den Philosophiestudenten als Handbuch. Das Studium dieser Melanchthonschriften, die ihm erst nach der Hinwendung zu Aristoteles verständlich wurden, führte ihn seinerseits zu einer Vertiefung des Aristotelismus.
Von Wittenberg begab sich Keckermann nach Leipzig. Hier war kurz zuvor der Ramismus endgültig unterdrückt worden. Bartholomäus hörte vor allem bei Neldelius, der ihn weiter in der aristotelischen Denkweise förderte.
Auch die Universität Altdorf hat auf Keckermann ausgestrahlt, obgleich er nie dort studiert hat. Gelegentlich war er bei Scherbius zu Gast, stand mit diesem und anderen Freunden aus Altdorf in Briefwechsel und studierte Altdorfer Vorlesungsnachschriften.

Von Leipzig ging er nach Heidelberg, der „Hochburg" des deutschen Reformiertentums (Heidelberger Katechismus). Am 22. Oktober 1592 wurde er immatrikuliert und verließ die Stadt erst nach der längsten und entscheidenden Studienzeit seines Lebens im Jahre 1602.
Auch hier studierte er Theologie und Philosophie. Zum Abschluß seiner philosophischen Studien, zu denen stets auch Geographie gehörte, promovierte er am 27.2.1595 zum Magister artium. Am 23.3.1602 beförderte ihn Paraeus zum Licentiatus theologiae.
Nach eigenen Worten wollte sich Keckermann durch ein Universalstudium der philosophischen und theologischen Disziplinen auf den Dienst in Schule und Kirche vorbereiten. Diesem Vorsatz ist er treu geblieben.

1.2 Lehrtätigkeit in Heidelberg
Wenn einheimische Kräfte fehlten, ernannten die Pfälzischen Kurfürsten wiederholt „Ausländer" zu Predigern und Lehrern, so auch der damals regierende Friedrich IV. Bartholomäus wurde einer der vier Regenten in den Studentenbursen. Als solcher hatte er einige Fächer der philosophischen Fakultät, nämlich Dialektik, Rhetorik und Grammatik zu unterrichten.
Bald wurde er Lehrer am Pädagogium. Nun hatte er den Schülern die erste wissenschaftliche Ausbildung zu vermitteln, denn hier wurden vor allem Zöglinge für das Sapienzkolleg herangebildet.
Als Magister durfte er auch an der philosophischen Fakultät dozieren. Zunächst las er Logik. Im Februar 1600 bekam er einen Lehrauftrag für hebräische Sprache. Daneben hielt er private Vorlesungen in Dogmatik ab.

1.3 Professor in Danzig
Im Jahre 1601 unternahm Keckermann eine Reise in die Schweiz. Man weiß von einem Aufenthalt in Zürich in den Monaten September/Oktober. Möglicherweise hat er bei dieser Gelegenheit auch Kontakt zum Herausgeberkreis der Cosmographie Sebastian Münsters gefunden. Diese erschien bis um die Mitte des 17. Jahrhunderts in verbesserten, erweiterten Auflagen und wurde von Keckermann in seinem 1602 abgefaßten „Systema geographicum" kritisiert.
Nach der Rückkehr aus der Schweiz erreichte ihn im Jahre 1601 ein Ruf an das Gymnasium seiner Heimatstadt Danzig. Schon 1597 hatte er den gleichen Ruf abgelehnt, weil er sich an Heidelberg gebunden fühlte und seine Studien noch nicht für abgeschlossen hielt. Nun willigte er ein. Wie aus seinen Briefen hervorgeht, fiel ihm die Entscheidung nicht leicht, denn er liebte Heidelberg, hatte einen Freundes- und Studentenkreis um sich und durfte einer glänzenden Karriere entgegensehen. Doch schließlich glaubte er, im Ruf nach Danzig einen göttlichen Wink zu erkennen, dem er sich beugen müsse, um, wie er schreibt, seinem Vaterland und seiner Heimatstadt durch Verteidigung der himmlischen Wahrheit zu dienen. Denn die Gegenreformation begann auch in Danzig zu wirken, und dieser wollte er sich entgegenstemmen. Um ihn in Heidelberg zu halten, wurde ihm eine theologische Professur angeboten, doch er lehnte ab

und übernahm am Gymnasium seiner Vaterstadt einen Lehrstuhl für Philosophie.
Seiner Danziger Tätigkeit ist es zu verdanken, daß Keckermann zum Begründer der Geographia generalis wurde, denn in Ermangelung eines guten Geographielehrbuches sah er sich genötigt, selbst ein solches zu verfassen. Als Theologieprofessor in Heidelberg wäre er wohl kaum in diese Lage geraten.
Das Danziger Gymnasium war weit berühmt und hatte nahzu Universitätsniveau. Viele junge Adlige aus den vornehmsten Familien Polens, Livlands und Kurlands besuchten es. Nicht selten kamen auch Studenten, die schon an Universitäten immatrikuliert gewesen waren. In ganz Preußen, Livland, Kurland und Hinterpommern gab es keine Bildungsstätte von ähnlichem Umfang und vergleichbarem Niveau. Auch galt es als Bollwerk des evangelischen, namentlich des calvinischen Christentums an der Nordostgrenze Deutschlands. Um 1605 waren alle Lehrer am Gymnasium reformiert, und der Rat der Stadt achtete sorgfältig darauf, daß kein Nicht-Reformierter in den Lehrkörper berufen wurde.
Keckermann wurde Konrektor des Gymnasiums, lehnte jedoch alle Amtsgeschäfte ab, um sich ganz der Lehre und Forschung zu widmen. Seine philosophischen Kollegien hielt er in einem Dreijahreszyklus ab. Im ersten Jahr standen Logik und Physik auf dem Plan, im zweiten Mathematik - wozu die Geographie gehörte - und Metaphysik und im dritten Ethik, Ökonomie und Politik.
Als Lehrer und Forscher hat Keckermann die letzten sieben Jahre seines Lebens verbracht. Da das Gymnasium etwa 400 Schüler, darunter den bekannten Goclenius, zählte, die alle seine Kurse durchlaufen mußten, war sein persönlicher Einfluß beträchtlich, ganz zu schweigen von der Wirkung seiner zahlreichen Schriften.

1.4 Schriftstellerische Tätigkeit

Keckermann war Philosoph und Theologe, doch der Akzent liegt auf seiner philosophischen Arbeit. Praktisch beherrschte er den ganzen Kreis der zur Philosophie gehörigen Fächer. In Heidelberg hatte er sich vorwiegend mit seinem Lieblingsfach, der Logik, beschäftigt. Als er die Stadt verließ, waren die meisten logischen Schriften fertiggestellt, doch auch seine Dogmatik lag schon 1602 gedruckt vor.

In Danzig hat er sich fast ausschließlich der Philosophie gewidmet. Neben kleineren Aufsätzen erschienen umfangreiche Werke zur Metaphysik, Physik, Geographie, Astronomie, Rhetorik und Geschichte. Als Hauptwerk kann man seine Philosophia practica bezeichnen, in der Ethik, Ökonomie und Politik zusammengefaßt sind.

Vielleicht veranlaßte ihn das Erdbeben des Jahres 1601, das er in der Schweiz erlebte, sich im Rahmen der Philosophie besonders intensiv mit Geographie zu beschäftigen. Der in Zürich liegende, noch nicht ausgewertete Schriftverkehr dürfte genauere Hinweise enthalten.

Ein Teil seiner Schriften ist nach seinem Tode von seinem Schüler Alsted herausgegeben worden. Fast alle sind aus Vorlesungen entstanden. Verschiedene Schriften erlebten mehrere Auflagen, vor allem seine Geographie. Wann die Schriften konzipiert wurden, läßt sich nicht immer genau feststellen, denn in den meisten Fällen kann nur aus Keckermanns Lebensumständen auf die Abfassungszeit zurückgeschlossen werden. Die Geographie dürfte er 1602 konzipiert haben, denn es heißt dort, Amerika sei seit 110 Jahren entdeckt. Gesamtausgaben liegen im „Systema systematum", Hanoviae (=Hanau) 1613 und in seinen „Opera omnia", Genevae (=Genf) 1614 vor, doch beide sind unvollständig, denn seither wurden weitere Keckermann-Schriften gefunden.

1.5 Einflüsse auf Keckermann
Das Werk Melanchthons dürfte den Haupteinfluß auf Keckermann ausgeübt haben. Melanchthon seinerseits fußte, namentlich in seiner Philosophie und insbesondere in seiner Geographie, auf Aristoteles. Doch auch Claepius und Scherbius haben ihn an Aristoteles herangeführt. Keckermann selbst urteilt, Aristoteles habe in methodisch recht geordneter, in allen Teilen vollständiger Form dasjenige überliefert, was Plato verwirrt, ohne Methode und Ordnung gelehrt habe. Sicher wird Keckermann durch Melanchthons Physik zu diesem Urteil gekommen oder doch darin bestärkt worden sein, denn gerade in diesem Werk zeigt Melanchthon deutlich, daß man praktische Philosophie wie Physik, Geographie usw. nur nach Aristoteles und nicht nach Plato lehren kann.
Daher galt ihm Melanchthon als *der* Philosoph schlechthin, dem es gelungen sei, die aristotelische Wissenschaft seiner Zeit anzupassen und für den Lehrbetrieb an den protestantischen Schulen und Hochschulen fruchtbar zu machen. Daneben preist er Zabarella als „lumen methodi omnis per Italiam et Germaniam". Er weiß um Zabarellas Einfluß auf die Methodik der deutschen Philosophie. Auch Keckermann verfolgt diese Linie des Humanismus, die sich auch in seiner Geographie niederschlägt.
Einflüsse auf den hier nicht näher zu behandelnden Theologen Keckermann gehen hauptsächlich von Ursin aus. Wichtig ist, daß er *nicht* unter Calvins Einfluß stand, der den Naturwissenschaften gegenüber eine andere Haltung einnahm, weil sie nach seiner Überzeugung den Menschen von Gott weg zur Erkenntnis der Sünde führen.

2. Wissenschaftliches, speziell geographisches Gedankengut
Während wir über den Theologen und Philosophen Keckermann relativ gut unterrichtet sind, ist der Geograph bald in Vergessenheit geraten. Die Geographiegeschichtler haben ihn aus dem Auge verloren. Einer der Hauptgründe dürfte darin zu suchen sein, daß Varenius seinen Namen nicht genannt hat. So bildete sich langsam die Vorstellung heraus, Varenius sei der Begründer der Geographia generalis. Baker und Philippson verwiesen zwar auf gewisse Vorläufer, doch das Verdienst des Varenius schien dadurch nicht geschmälert.

2.1 Keckermanns geographisches Hauptwerk

Abgesehen von kleineren Werken, die hier nicht eingehend besprochen werden sollen, hat Keckermann den entscheidenden Anstoß zur Neuausrichtung der Geographie mit seinem „Systema geographicum" gegeben. Inhalt und Methode sollen deshalb kurz dargestellt werden.

Keckermann liefert eine Gesamtgeographie, in der die Geographia generalis nur den ersten Teil ausmacht. Schon der äußere Umfang läßt aber vermuten, daß die Geographia generalis den Schwerpunkt bildet. Dieser Teil umfaßt 163 Seiten, dann folgen nur noch 31 Seiten, die man als Anhang bezeichnen kann. Während bei früheren geographischen Werken das gesperrt und groß gedruckte Wort *DEUS* (bzw. *PROVIDENTIA* usw.) schon im Schriftbild die theologische Determination anzeigte, springen bei Keckermann die kursiv herausgehobenen Zitate ins Auge. Immer wieder erscheinen Namen wie Mercator, Apian, Ortelius, Münster, Eratosthenes, Plinius, Aristoteles usw. Keckermann ist der erste Geograph, der genau zitiert. Meist gibt er neben dem Buch auch das Kapitel an, das er an der jeweiligen Stelle benutzt. Wenn seine Vorgänger überhaupt einmal auf ihre Quellen hinwiesen, pflegten sie nur Namen zu nennen. Eine systematische Untersuchung der Zitate ergibt, daß er keinen bedeutenden Geographen ungenannt läßt. Keckermann hat diese, für ihn kennzeichnende Methode korrekten Zitierens von der Theologie übernommen, denn in diesem Fach war man gezwungen, seine Quellen genau anzuführen, um seine Rechtgläubigkeit unter Beweis zu stellen.

Kapitel 1 handelt vom Wesen der Geographie als Wissenschaft. In seinen Augen ist es die Wissenschaft (scientia), die sich mit den Maßen (mensurae) und Besonderheiten (affectiones) bzw. mit der Unterteilung oder Gliederung (distinctio) der Erde befaßt. Nicht die Ökumene, sondern die *ganze* Erde steht also zur Diskussion, und das in einer scientia, also mit dem Anspruch, nicht ein Nebeneinander von vielen Aussagen, sondern ein logisch zusammenhängendes Gedankengebäude zu bieten.

Dann folgt die Abgrenzung von der Cosmographie. Diese ist die umfassendere Disziplin, denn sie schließt Physik, Astronomie und Geographie in sich. Die Geographie ist enger (angustius) und spezieller, nämlich nur die Beschreibung (descriptio) der aus Wasser und Land zusammengesetzten Erdkugel.

Diese Geographie besteht aus zwei Teilen: der Geographia generalis und der Geographia specialis. Hier erscheint dieses Begriffspaar zum ersten Male. Schon Ptolemäus hatte eine solche Gliederung durchgeführt, indem er der Geographie die Chorographie gegenüberstellte. Wie die Vorgänger verweist Keckermann auf diese Einteilung des Ptolemäus. Was aber ist die Geographia generalis? Es ist derjenige Teil der Geographie, der von der Erde insgesamt und von allen ihren Teilen zusammengenommen (simul sumptis) handelt. Hier zeigt sich, daß Keckermann nicht dasselbe wie Ptolemäus sagt. Er meint die ganze Erde, während der Alexandriner nur den bewohnten Teil der Erdoberfläche im Blick hatte. Erläuternd fährt Keckermann fort: auch die Karten werden in dieser Weise unterschieden. Man teilt sie in Universal- und Partikularkarten ein.

Bei der weiteren Behandlung des Stoffes wird die distinktive Methode sichtbar. Die Geographia generalis besteht aus der Geographia generalis absoluta und comparata. Die comparata bespricht er hier nicht näher, erst später geht er darauf ein. Die absolute Geographie handelt von den grundsätzlichen Dingen, nicht von denen, die sich erst aus dem Vergleich verschiedener Orte ergeben. Die Geographia generalis absoluta ist nun ihrerseits wieder zu untergliedern, und zwar in den Teil, der sich mit den realen Dingen selbst befaßt (Geographia realis), und denjenigen Teil, der diese Realia auf die Karte überträgt (Geographia pictoralis). Die Kartenkunde behandelt er seiner distinktiven Methode entsprechend erst später, während er die Geographia generalis absoluta realis - der Name wird der auf jeder Stufe neu durchgeführten Zusatz-Distinktion entsprechend immer länger - sogleich näher erläutert. Sie besteht aus drei Teilen. Im ersten werden die allgemeinen Eigenschaften (affectiones generales) abgehandelt, im zweiten geht es um die einzelnen Teile der Erde (Geographia partialis) und im dritten um die Abstände bzw. Intervalle (distinctiones et intervalla).

Skizze 1
Keckermanns Einteilungsprinzip der Geographie

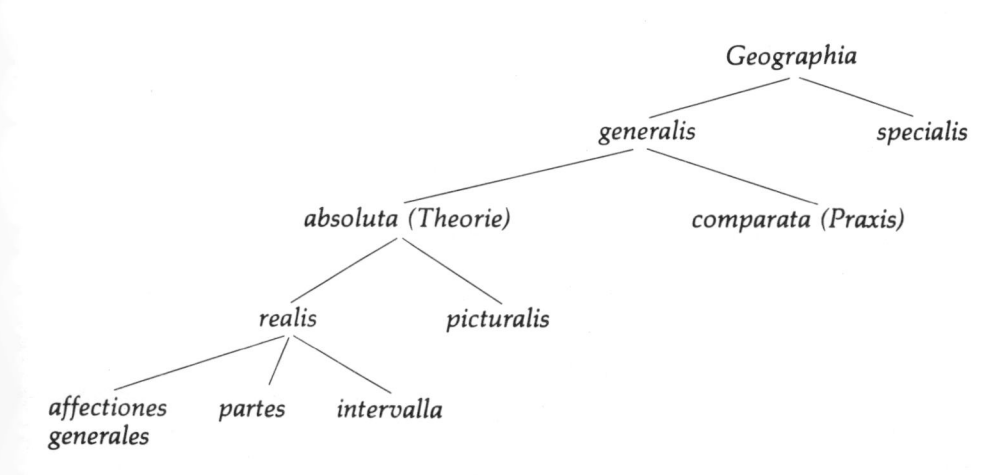

```
                            Geographia
                           /          \
                      generalis       specialis
                     /         \
            absoluta (Theorie)   comparata (Praxis)
           /        \
        realis    picturalis
       / |  \
affectiones partes intervalla
generales
```

Die aus der Theologie übernommene distinktive Aufgliederung der Geographie veranschaulicht die vorstehende Skizze 1. Man erkennt daraus, daß es ihm vorwiegend auf die Geographia generalis ankommt; die Geographia specialis wird von vornherein abgesondert.
Nach dieser grundsätzlichen Aufgliederung wendet sich Keckermann den einzelnen Teilbereichen zu. Er beginnt in Kapitel 2 mit den affectionibus generalibus. Hier behandelt er fünf Probleme. Eine bestimmte These wird jeweils an den Anfang gesetzt und näher erklärt. Allein diese Leitsätze sollen hier besprochen werden. Auf die Kommentierung wird nur eingegangen, wenn sich wichtige Schlüsse auf sein neues Vorgehen daraus ergeben.

These 1: In der Geographie werden die beiden Elemente Erde und Wasser als ein einziger Körper behandelt. Im Kommentar arbeitet er den Unterschied zwischen der physischen Behandlung der Einzelelemente Erde/Wasser und der geographischen Untersuchung des aus Erde und Wasser zusammengesetzten Erdkörpers heraus. Der Physiker - so sagt er - untersucht vorwiegend die Qualitäten wie Feuchtigkeit, Trockenheit, Wärme, Kälte usw. Der Geograph fragt dagegen auch nach der Quantität, Dimension usw. der Erde bzw. nach den Intervallen auf ihr. Auf diese Weise unterscheidet Keckermann erstmals in der Geschichte der Geographie expressis verbis grundsätzlich zwischen Physik und Geographie.

These 2: Das Land bildet zusammen mit dem Wasser einen sphärischen Körper. Keckermann holt weit aus und bringt viele Beweise für die Kugelgestalt der Erde. Strabo, Reinholdi, Plinius und vorwiegend Peucer werden zitiert. Man vermißt Aristoteles, den er auch sonst nicht so oft nennt, wie man es vermuten sollte. Aber indirekt hat er ihn immer im Sinn, wenn er z. B. Plinius, Peucer oder andere Aristoteliker zitiert. Wichtig ist die immer wieder hervorgehobene Bemerkung: Land und Wasser bilden *einen* Körper. Daraus folgt: Es gibt nur einen Mittelpunkt und auch nur einen Schwerpunkt für dieses eine geographische Gebilde, das aus zwei physischen Elementen besteht.

These 3: Auch die höchsten Berge und tiefsten Täler stellen die grundsätzlich sphärische Figur der Erde nicht infrage. Hier operiert er mit Eratosthenes, Plinius und insbesondere Peucer.

These 4: Die Erde ruht unbeweglich im Zentrum des Universums. Auch hier holt er weit aus, indem er sich vorwiegend auf Aristoteles und dessen Elementenlehre stützt.

These 5: Die Erde bildet im Vergleich zum Universum nur einen kleinen Punkt. Diese immer wieder von den Geographen betonte Tatsache wird nach Aristoteles, Ptolemäus und Plinius erläutert.

In Kapitel 3 geht es um die einzelnen Teile der Erde (vgl. Skizze 1, S. 157). Er geht also von links nach rechts vor. Nachdem die Affectiones generales behandelt sind, folgen die Partes, also die Affectiones partiales. Dies ist eine Art allgemeiner Morphologie, die aber weniger Erklärungen, als vorwiegend Beschreibungen enthält. Keckermann beginnt mit der Feststellung: Es ist zu untergliedern zwischen einer Beschreibung der Teile des Landes und der Teile des Wassers. Auch er beginnt also mit dem Land. Die Zeit, da man zuerst das Wasser behandelte, ist damit endgültig vorbei. Die Beschreibung der Landteile wird in eine prinzipielle und in eine weniger prinzipielle untergliedert. Zur prinzipiellen gehört die durch das Wasser verursachte Aufteilung des Landes, wobei folgende Begriffe genannt werden: Continens - Insula - Peninsula - Isthmus - Promontium - Mons - Vallis - Campus - Sylva.

Ein Berg ist laut Keckermann eine hohe Erdhäufung. Auch hier auf die Genese zunächst nicht eingehend, verweist er nur auf die hohen Gebirge, die jeder kennt. Doch dann sagt er: Man muß als Geograph auch über den Ursprung dieser Gebirge nachdenken. Sicherlich bestanden einige schon vor der Sintflut. Hier liegt eine der wenigen Stellen vor, wo er auf die Bibel rekurriert. Andere

Gebirge entstanden nachher, und zwar dadurch, daß die Wasser Erdmengen zusammenschwemmten, die später durch Erdbeben gehoben wurden. So gibt es heute dort Berge, wo früher einmal Ebenen waren.

Nach dieser nur mit wenigen Worten angedeuteten Orogenese wendet er sich nun wieder in seitenlangen Erörterungen alten bekannten Beschreibungen der Berge zu. Seine Quellen sind hier vor allem Plinius, Solinus, Strabo, Mela, Nonius, Sues, Cardanus, Erathostenes u. a. Was diese verschiedenen Geographen über Höhen, Ausdehnung, Form usw. der einzelnen Berge sagen, wird getreu wiedergegeben.

Dann beschreibt er das Aussehen von Vallis, Campus und Sylva, deutet aber nicht an, wie er sich die Entstehung dieser Morpheme denkt.

Darauf wendet er sich den weniger prinzipiellen Landteilen zu: Collis, Saltus, Arbustum, Virgultum, Dumetum. Auch hier geht er rein beschreibend vor. So heißt es z. B. lediglich, daß Collis ein kleiner Berg sei.

Damit sind die Landteile, genauer gesagt die Begriffe, mit denen man das Land beschreibend gliedern kann, abgehandelt. In analoger Weise folgt das Wasser. Wieder wird zwischen Partes principales und Partes minus principales unterschieden. Zur ersten Gruppe gehören: Mare, Fretum, Sinus, Lacus, Stagnum, Flumen, zur zweiten Palus, Rivus, Lacuna, Cisterna, Piscina. Neues geographisches Material bringt Keckermann in diesem Kapitel nicht, wohl aber stellt er für den Geographen neues Handwerkszeug bereit, um das Bekannte besser zu ordnen.

Zu seinem System morphologischer Begriffe vgl. die folgende Skizze:

Skizze 2

Keckermanns ,,morphologisches" Begriffs-System

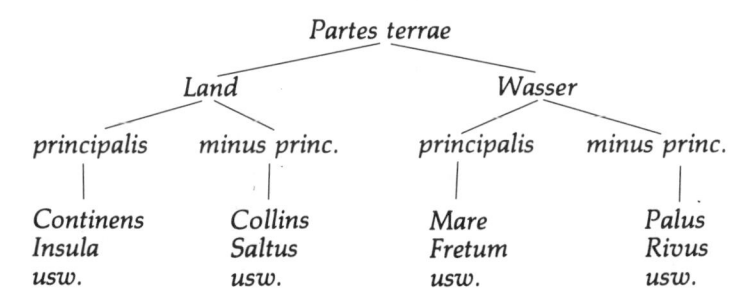

```
                    Partes terrae
              ┌───────────┴───────────┐
            Land                    Wasser
         ┌────┴────┐            ┌─────┴─────┐
   principalis  minus princ.  principalis  minus princ.
        │           │              │            │
   Continens     Collins          Mare         Palus
   Insula        Saltus           Fretum       Rivus
   usw.          usw.             usw.         usw.
```

Mit Kapitel 4 beginnt die mathematische Geographie und damit der dritte Teil der Geographia generalis absoluta realis (vgl. Skizze 1, S.159). Zunächst geht es um die Quantität, dann um die Dimension. Da Meßergebnisse vorgetragen werden sollen, spricht Keckermann zuerst einmal grundsätzlich über das Messen und die Maße. Er führt die einzelnen Maßeinheiten vor. Unter Hinweis auf Platos Ausspruch, der Mensch sei das Maß aller Dinge, geht er bei der Erdmessung von Körpermaßen aus. Wieder werden zwei Gruppen einander gegenübergestellt. Zu den minora Mensurae gehören: Granum, Digitus, Palmus, Pes. Er beginnt mit dem als bekannt vorausgesetzten Granum und definiert es nicht genauer, so daß man heute schwer sagen kann, was er mit diesem „Korn" meint. Ein Digitus umfaßt 4 Grana, 4 Digiti ergeben einen Palmus, und der Pes besteht wieder aus 4 Palmi. Wenn man den Fuß kennt, kann man zum Granum zurückrechnen.

Nun folgen die Mensurae maiores Passus, Stadium und Milliare. Ein Passus geometricus hat 5 Pedes, das Stadium umfaßt 125 und ein Milliare 1000 Passus. Keckermann vergleicht die anderen Maßsysteme wie das italienische, schweizerische, spanische usw. mit dem deutschen. Er ist der erste Geograph, der seinen Erörterungen so korrekt ein klares Maßsystem zugrundelegt. Dabei bezieht er sich hauptsächlich auf Gauricus. Insbesondere zitiert er noch dessen Feststellung, daß praktisch jede Provinz ihre eigenen Maße hat, so daß die Verständigung oft große Schwierigkeiten mit sich bringt.

Jetzt ist der Weg frei für die Maßangaben. Keckermann sagt, er wolle zunächst die Dimensionen der Erde in toto, dann die Distinktionen in particulari besprechen. Die Dimension in toto ist wieder zu unterteilen in diejenige des Umfanges und in diejenige der Dicke. Das etwas umständliche Vorgehen Keckermanns ist hier bewußt im einzelnen behandelt, um zu zeigen, daß er grundsätzlich bei der in der Theologie angewandten distinktiven Methode bleibt. Auch das scheinbar Selbstverständliche muß, bevor man es behandelt, erst einmal in Denkklassen bzw. Kategorien eingeteilt werden. Erst nach Bereitstellung des Handwerkszeuges kommt die Sache zur Sprache, denn jede Sache ist nur mit einem ganz speziell hergerichteten Handwerkszeug angemessen zu behandeln.

Den Zahlenangaben sind Theoremata vorangestellt, die den Weg zur Ermittlung der ersteren angeben. Dabei spricht neben dem Systematiker auch der Pädagoge. Der Schüler soll den Denkweg nachvollziehen und dabei seinen Geist schulen.

Keckermann formuliert fünf Lehrsätze. Ihr Inhalt besagt kurz zusammengefaßt: Der Geograph hat die Erde mit einem Gradnetz überzogen. Von Meridian zu Meridian beträgt der Abstand am Äquator 15 Milliaria. Demnach hat die Erde einen Umfang von 5400 Deutschen Meilen.

Es folgt noch eine Erörterung darüber, daß dieses Maß durch die Berge und Täler grundsätzlich nicht in Frage gestellt wird. Ein kurzer Überblick über die Geschichte der Erdmessung - er stützt sich dabei auf Peucer - beschließt diesen Abschnitt. Darauf wird gezeigt, wie man aus dem Erdumfang den Erddurchmesser berechnen kann.

Auch die Distinctio particularis untergliedert er wieder, und zwar in eine Distinctio prima und in eine Distinctio orta. Die Distinctio prima ist die Einteilung, die sich durch die Zirkel ergibt. Demzufolge geht Keckermann hier auf den Teil der mathematischen Geographie ein, der von den Erdkreisen handelt. Er verweist auf die von Rheticus herausgestellte Entprechung zwischen irdischen und himmlichen Kreisen, leitet jedoch aus dieser Entsprechung nicht den Ursprung der Gesamtgeographie ab. Keckermann breitet seinen neuen Begriffsapparat über das traditionelle Material aus. Zunächst wird, wie üblich, in Groß- und Kleinkreise gegliedert, doch dann unterteilt er die Großkreise weiter in principales und minus principales und diese je noch einmal weiter in die veränderlichen und die unveränderlichen. Zu der letzten Gruppe gehört z. B. der Äquator. Der Horizont dagegen ist als veränderlicher Kreis der ersten Gruppe zuzurechnen. Hier wird auch das Problem angeschnitten, wo man mit der Meridianzählung zu beginnen habe. Keckermann entscheidet sich für die Kanarischen Inseln.

In Kapitel 5 folgen die von diesen Kreisen umschlossenen Räume. Damit ist der zweite Teil der Distinctio particularis, die Distinctio particularis orta erreicht. Auch diese ist wieder zweifach zu gliedern, in die Distinctio zonalis und climatis. Nun wird eingehend erklärt, was eine Zone ist, wie die einzelnen Zonen heißen und welche Unterschiede gegenüber dem Klima bestehen. Hier ist der Ort, die traditionelle Zonenlehre unter Einbeziehung Amerikas anzuschließen. Keckermanns Vorgehen ist rein mathematisch. Weder wird das Problem der Gegenbewohner oder Kopffüßler gestreift noch das des Einflusses der in den südlichen Zonen stärker brennenden Sonne auf den Menschen noch das der Unbewohnbarkeit der verbrannten Zone. Deshalb wird auch hier nicht Strabo, sondern es werden vorwiegend Mathematiker wie z. B. die Conimbricenser zitiert. In einer kurzen Nachbemerkung wird nur angedeutet, daß gewisse Gebiete den Menschen besonders zusagen.

Seinem System entsprechend folgt die Distinctio particularis orta climatis. In 23 Lehrsätzen erklärt Keckermann grundsätzlich, was es mit der Klima - Lehre und Klima - Einteilung auf sich hat. Auch hier behandelt er nur die mathematische Seite des Problems und nicht den Menschen. Dann bespricht er die alte Klima-Lehre und geht sogar ausführlich auf die kleinen Unterschiede ein, die zwischen der Einteilung des Ptolemäus und der seiner Vorgänger bestanden. Allein dieser Überblick über das Grundsätzliche und über die Geschichte der Klima-Lehre ist umfangreicher als die gesamte Geographie mancher seiner Vorgänger.

Nun folgt seine neue „Klimatologie", die er grundsätzlich von der alten abhebt (Kapitel 6). Die ganze Erde, nicht nur die bewohnte oder ein Teil dieser bewohnten Erde, muß berücksichtigt werden. Man wird darin die konsequente Weiterführung dessen sehen dürfen, was Reisch begonnen und Waldseemüller fortgesetzt hatte. Es ist nicht nötig, auf die umfangreichen Erörterungen Kekkermanns und auf die Besprechung der verschiedenen Klimata einzugehen. Es möge genügen, die Einteilung tabellarisch vor Augen zu führen. Keckermann ist übrigens der erste Geograph, der auch deutsche Lokalitäten mit einbezieht und sich nicht ausschließlich mit klassischen Stätten begnügt.

Tabelle 1
Die Klima-Einteilung Keckermanns

Klima	1	per sinum maris rubri Araletum
Klima	2	per Meroe
Klima	3	per Syene
Klima	4	per Alexandria
Klima	5	per Rhodos
Klima	6	per Roma
Klima	7	per Venedig
Klima	8	per Podolia
Klima	9	per Wittenberg
Klima	10	per Rostock
Klima	11	per Hybernia
Klima	12	per Riga
Klima	13	per Gothia
Klima	14	per Bergen
Klima	15	per Viburg (Finnland)
Klima	16	per Arotia (Schottland)
Klima	17	per ostia fluvii Dalecarlii
Klima	18	per Norwegen (nur Gradangaben)
Klima	19	per Norwegen (nur Gradangaben)
Klima	20	per Norwegen (nur Gradangaben)
Klima	21	per Norwegen (nur Gradangaben)
Klima	22	per Norwegen (nur Gradangaben)
Klima	23	per Norwegen (nur Gradangaben)
Klima	24	per Norwegen (nur Gradangaben)

Nördlich des letztgenannten Klimas, dessen Grenze bei 66 Grad 31 Minuten liegt, erübrigen sich - wie er sagt - weitere Angaben.

Nachdem der reale Teil der Geographia generalis absoluta besprochen ist, geht Keckermann zur Geographia generalis absoluta pictoralis über. In den Kapiteln 7 und 8 befaßt er sich mit „Globus- und Kartenkunde". Zunächst geht es um die bei der Erddarstellung grundsätzlich anfallenden Probleme. Nach Keckermann gibt es zwei Möglichkeiten einer Repräsentation der Erde. Man kann entweder eine sphärische oder eine zweidimensionale Repraesentatio, also einen Globus oder eine Karte erstellen.

Wieder beginnt er mit einer Distinktion. Am Globus gibt es zwei Teile, einen äußeren und einen inneren. Auch diese beiden Teile sind jeweils wieder aufzugliedern, und zwar in einen separaten und in einen connexen.

Kapitel 8, die Kartenkunde, bildet den zweiten Teil der Repraesentatio.

Keckermann beginnt mit dem Hinweis, daß geographische Karten auch für Theologiestudenten wichtig sind, und verweist auf die berühmten Kartensammlungen von Mercator und Ortelius. Dann wendet er sich den Problemen zu, die bei der Kartenherstellung auftreten. Dabei geht es hauptsächlich um die Projektionsmethode. Er zitiert Ptolemäus, Münster, Apian, Ortelius und Chynäus. Grundsätzlich gibt es zweierlei Karten, die universalen und die partikularen. Da nur die universalen gewisse Probleme aufwerfen, wird nur deren Anlage und damit die ptolemäische Geographie behandelt. Die Chorographie entfällt ganz. Seine Gliederung der Geographie in eine Geographia generalis und eine Geographia specialis hat also genau genommen nichts mit der ptolemäischen Zweiteilung in Georaphie und Chorographie zu tun. Er betont, Ptolemäus habe nur einen kleinen Teil der Erdoberfläche gezeichnet, seit Münster umfasse aber eine universale Karte die ganze Erdoberfläche.

Bei Besprechung der grundsätzlichen Probleme tritt der Systematiker Keckermann ganz besonders hervor. Er teilt die Universalkarten in notwendige und nicht notwendige ein. Die notwendigen - gemeint sind diejenigen, die für den Gebrauch der Reisenden bestimmt sind - lassen sich in geographische und nautische unterteilen. Bei den geographischen spielen die Zirkel die Hauptrolle. Die Zirkel sind in Groß- und Kleinzirkel zu untergliedern. Die Großzirkel bestehen aus prinzipalen und nicht prinzipalen, diese ihrerseits kann man äquatorial und meridional gliedern. Nach diesen systematischen Erörterungen wird dargelegt, wie die einzelnen Karten anzulegen sind und welche Probleme sich in der Praxis bei der Kartenanfertigung von Fall zu Fall ergeben.

Keckermann ist der erste Geograph, der so grundsätzlich vorgeht, alle Möglichkeiten durchdenkt, eine Bestandsaufnahme des Bekannten liefert und schließlich alles auf die Praxis ausrichtet.

Damit ist die Geographia generalis absoluta picturalis abgehandelt (vgl. Skizze 1, S. 157). Es bleibt nur noch die Geographia generalis comparata übrig, der sich Keckermann in den letzten vier Kapiteln seiner allgemeinen Geographie zuwendet. Hier deutet er einen ersten Schritt in die neutrale Anthropogeographie im Unterschied zur theologisch ausgerichteten Anthropogeogaphie Münsters und Neanders an.

In Kapitel 9 werden die Himmelsrichtungen besprochen. Dabei geht er von der durch die Polhöhe bestimmten Sonnenscheindauer aus, die für die dort lebenden Menschen wichtig ist. Über diese Andeutung hinaus ist vom Menschen jedoch nicht die Rede.

In Kapitel 10 geht es um die Schattenlänge in den einzelnen Gegenden der Erde. Laut Überschrift könnte man zwar vermuten, es solle über die Verschiedenheit der Einwohner gesprochen werden (iam etiam ... atque adeo diversitate habitatorum Terrae ...), doch wird wieder nur die mathematische Seite des Problems behandelt. Von einer Darstellung der in den einzelnen Gebieten lebenden Bewohner und ihrer Verschiedenheit oder gar von einer Beziehung zwischen Mensch und Umwelt ist nichts zu finden.

Mit den beiden abschließenden Kapiteln 11 und 12 kommt Keckermann zur letzten Distinctio, nämlich der nach Länge und Breite. Vergleichend soll untersucht werden, wie sich die von den Breiten und Längen mathematisch definierten Gebiete inhaltlich unterscheiden und wie die Entfernungen der Räume untereinander bestimmt werden können. Für bestimmte Längen und Breiten sind zur Erläuterung Beispiele angeführt, die das zuvor rein mathematischgrundsätzlich Erarbeitete veranschaulichen sollen. In diesem Abschnitt der vergleichenden Geographie ist offenbar der Pädagoge am Werk. Es hat den Anschein, daß die Geographia comparata als Einübung für den Schüler zu dem Zwecke verfaßt ist, das im absoluten Teil grundsätzlich Erarbeitete durch praktische Vergleiche zu festigen. Immer wieder zieht er daher Danzig, den Wohnort der Schüler, heran, geht von den mathematischen Daten dieser Stadt aus und versucht so, die Dinge zu veranschaulichen.

In diesem Zusammenhang kommt er auch auf die Gegenfüßler zu sprechen und wehrt die theologischen Einwände der Kirchenväter gegen ihr Vorhandensein mit mathematischen Argumenten ab.

Damit endet seine vergleichende allgemeine Geographie, die eine Art praktische Ergänzung zum rein mathematisch theoretischen Teil der Geographia absoluta bildet.

Nun folgt die Geographia specialis, doch auch diese ist bei Keckermann nur der allgemeine Teil einer Geographia specialis, nicht aber diese selbst, denn die Kapitel enthalten nur Grundgedanken zum Aufbau einer Geographia specialis.

Keckermann beginnt mit der Feststellung: Die Geographia particularis (bzw. specialis) hat von den einzelnen Teilen der Erde zu handeln. Auch dabei ist wieder in einen realen und einen picturalen Teil zu untergliedern.

Die Einzelteile der Erde werden weiter nach anthropo- und physiogeographischen Gesichtspunkten unterteilt. Da die Erdoberfläche in die alte und die neue Welt zerfällt, muß man diese Großgliederung beachten und zunächst die Kontinente Europa, Asien und Afrika beschreiben, danach hat Amerika zu folgen.

Von Europa nennt er die mathematischen Koordinaten sowie einige kultur- und physiogeographische Besonderheiten. Dabei behandelt er die Kultur Europas als Ganzes und zählt anschließend die Reiche einzeln auf.Keckermann beschreibt, deutet aber nicht. Deshalb geht er auch auf Wanderungen u. a. nicht ein. Die physiogeographischen Besonderheiten erschöpfen sich in der Aufzählung von Flüssen, Seen, Bergen usw.

Die übrigen Kontinente behandelt er nach dem gleichen Schema. Bei Asien erwähnt er beiläufig, hier sei Christus, der Retter der Welt, geboren. Sonst findet sich kein Anklang an eine Geographia sacra. Bei Amerika ist besonders eine kurze Entdeckungsgeschichte hervorzuheben. Zum Schluß dieses Teiles folgt ein Hinweis auf die Kartensammlung zur Geographia particularis sive specialis. Hier wie in den vorausgegangenen Grundgedanken zu einer Länderkunde werden vor allem Ptolemäus, Münster, Mercator, Neander und Chynäus als Quellen genannt.

2.2 Das Neue bei Keckermann

Keckermann trägt eine Geographie vor, die nicht mehr, wie bei vielen seiner Vorgänger, im Dienste der Theologie steht. Dabei stellt er sich nicht - wie noch Mercator - nur gegen die Bibel, sondern läßt sich nicht einmal mehr die Fragestellung von der Theologie vorschreiben. Seine geographischen Einzelaussagen sind im großen und ganzen die gleichen wie die seiner Vorgänger, insbesondere Münster, Mercator, Peucer und Neander. An Neuerungen sind zu nennen:

1) In seiner „Morphologie" geht er insofern einen erheblichen Schritt über seine Vorgänger, einschließlich Mercator hinaus, als er durch seine neue Begrifflichkeit das Handwerkszeug bereitstellt, mit dessen Hilfe es in Zukunft besser möglich wird, die Fülle des Materials zu bewältigen.

2) Neu an seiner Klima-Einteilung ist vor allem die Berücksichtigung deutscher Lokalitäten. Darin deutet sich ein Bewußtwerden des eigenen Standortes an.

3) Zum ersten Mal spricht Keckermann bewußt aus, daß die Geographie ein eigenes, von der Physik grundsätzlich verschiedenes Objekt hat. Vor ihm herrschte mehr oder weniger die Meinung, der Geograph sei ein „halber" Physiker, der sich von den Elementen Äther, Feuer, Luft, Wasser und Erde nur die beiden unteren auswählte. Analog war der Meteorologe für die anderen Elemente zuständig. Keckermann erklärt: Forschungsobjekt des Geographen ist der aus Wasser und Erde zusammengesetzte einheitliche Erdball.

4) Keckermann ist der erste, der alle wichtigen geographischen Werke seiner Zeit kennt, verarbeitet und genau zitiert. Schon Münster war sehr belesen, wenn er auch seine Quellen nicht exakt angab, doch Keckermann übertrifft ihn insofern, als er neben den antiken und zeitgenössischen deutschen Schriftstellern auch viele bedeutende aus dem Ausland berücksichtigt. So zitiert und verarbeitet er z. B. Material der Italiener Patritius, Gauricus und Cardanus, der Engländer Camden, Sues und Chynäus, des Franzosen Bodin (Chynäus war lediglich naturalisierter Franzose) und des Spaniers Acosta.

5) Fragt man nach dem Methodischen, nach der Verknüpfung der Einzelaussagen, so zeigen sich auch hier bedeutende Fortschritte. Seine unmittelbaren Vorgänger, vor allem Münster und Mercator, hatten sich von der in der Genesis vorliegenden Reihenfolge leiten lassen und entfalteten das ihnen von Aristoteles, Ptolemäus usw. bekannte geographische Faktenmaterial nach dem Duktus des ersten Schöpfungsberichtes. Für Keckermann erhob sich die Frage, nach welchen Gesichtspunkten das Material zu ordnen sei, denn die durch die Bibel vorgegebene Reihenfolge widerspräche einer Emanzipation der Geographie. Die aristotelische Elementenlehre als „roten Faden" zu benutzen und mit Reisch, Glarean, Apian, Melanchthon u.a. die geographischen Fakten in der Reihenfolge „von außen nach innen" (also in der Reihenfolge: Feuer, Luft, Wasser, Erde) abzuhandeln, lehnte er ebenfalls ab, weil dann eine Physik bzw. Cosmographie, nicht aber eine Geographie herauskäme. Deshalb beschritt Keckermann einen neuen Weg, indem er die geographischen Fakten weder in der physischen noch in der biblischen Reihenfolge abhandelte und, wie vor ihm üblich, nach Gesichtspunkten ordnete, die wir heute als außergeographisch bezeichnen. Er schuf eine Art hierarchischer Begriffssystematik, wodurch die Geographie zum erstenmal in ihrer Geschichte eine Art facheigener Methodik erhielt.

2.3 Wissenschaftstheoretische Begründung der Eigenständigkeit der Geographie

Er begründete die Trennung von Naturwissenschaft (einschließlich der Geographie) und Theologie im Lehrstück von der Sünde. Thesenartig zusammengefaßt ergibt sich folgendes:

1) Keckermann geht von der Unterscheidung des Gesamtwissens in Theorie und Praxis aus. In jeder Disziplin kommt es hauptsächlich auf die praktische Seite an, die theoretischen Erörterungen haben in sich selbst keinen Sinn und Wert. Das bedeutet für die Theologie: Da die Praxis der Erlösung die Hauptsache ist, muß die gesamte Theologie auf dieses Ziel hin ausgerichtet werden.

2) Aus diesem „praktischen" Ansatz ergibt sich die sogenannte analytische Methode, die Keckermann dann nicht nur in der Theologie, sondern in allen Disziplinen anwandte. Bei dieser Methode geht man prinzipiell vom Ziel, d.h. in der Theologie vom Heil des Menschen aus. Diesem Ziel entsprechend ist eine facheigene Systematik zu entfalten.

3) Um zum Hauptziel, dem Heil der Menschen, zu gelangen, baute Keckermann in sein System der Beziehungen zwischen Theologie und Naturwissenschaft eine neue Lehre von der Gottebenbildlichkeit des Menschen ein. Er ging davon aus, Ziel des Menschen sei es, die Gottebenbildlichkeit, die sein Heil ausmacht, zu erlangen. Diese ist zwar durch den Sündenfall verloren gegangen, kann aber auf zweierlei Weise zurückgewonnen werden: Mit Hilfe der Theologie durch die Offenbarung und durch die Philosophie, was bei Keckermann soviel heißt wie durch die Naturwissenschaft, insbesondere auch die Geographie.

Dieser Gedanke ist zu erläutern. Keckermann geht davon aus, daß Gott alles in allem ist. Ein echtes Ebenbild Gottes muß daher auch alles in allem sein, das heißt, es muß alles begreifen und dieses Begriffene beherrschen. Daraus folgt: Je mehr Kenntnis der Mensch von der Erde hat, und je mehr er sie demzufolge beherrscht, umso mehr hat er seine alte verlorengegangene Gottebenbildlichkeit wieder erlangt.

Der Mensch wußte im Paradies mehr von der Natur als alle heutigen Wissenschaftler zusammen. Nach dem Sündenfall aber ging ihm u. a. auch diese Naturerkenntnis verloren, denn von nun ab war der Mensch in seiner ganzen Person von der Sünde erfüllt. Doch vermag die Naturwissenschaft und insbesondere auch die Geographie durch immer neue Erkenntnisanreicherung die alte Vollerkenntnis der Natur wiederherzustellen und dadurch dem Menschen diesen Teil der Gottebenbildlichkeit zurückzugeben.

4) Die Frage, wie das geschehen kann, beantwortete er mit dem Hinweis auf den grundsätzlichen Unterschied zwischen subjekt- und objektbezogener Erkenntnis. Da alle auf das Subjekt bezogene Erkenntnis dem Menschen seit dem Sündenfall verbaut ist und wesentliche Dinge, wie z. B. die Heilserkenntnis, von ihm nicht mehr zurückgewonnen werden können, (es sei denn durch Of-

fenbarung), folgerte Keckermann, daß er in diesem Bereich die Gottebenbildlichkeit nicht wiedererlangen kann.
Im objektiven Bereich der Naturerkenntnis ist jedoch ein Rest von Gottebenbildlichkeit, von Imago Dei, erhalten geblieben, der wieder angereichert werden kann. Je weniger sich also eine Wissenschaft mit dem Menschen selbst und mit seiner subjektiven Beziehung zu Gott befaßt, und je mehr sie sich auf die Erkenntnis der Naturobjekte richtet, umso eher kann sie echte, wahre Erkenntnis liefern und den Menschen in diesem Bereich wieder gottebenbildlich machen, indem sie ihm gottähnliche Vollmacht über die Natur verleiht.
Soll allerdings die ganze Gottebenbildlichkeit wiedererlangt werden, dann hat der nach ihr strebende Mensch gleichzeitig sowohl den theologischen als auch den philosophischen (naturwissenschaftlichen) Weg zu gehen.
5) Eine natürliche Theologie lehnte Keckermann grundsätzlich ab. Für ihn gab es nicht den Weg, der mit Hilfe geographischer Fakten „von unten" zu Gott führt. Die Geographie kann wegen des vorher Gesagten gar nicht im Dienste der Providentia - Erhellung stehen. Daraus folgt: Sie ist theologisch neutral, emanzipiert, zu betreiben.
Im Gegensatz zu Melanchthon, bei dem die Naturwissenschaft einschließlich der Geographie im Rahmen der sogenannten natürlichen Theologie den Menschen zur Erkenntnis Gottes und seiner Providentia führte, erfüllt die Geographie bei Keckermann eine andere, viel wichtigere Aufgabe: Sie macht gottgleich.
Wie diese emanzipierte Geographie, Physik usw. jeweils ihre Systematik und Forschungsmethodik entfalten, das ist für Keckermann Sache der Fachvertreter, nicht Sache der Theologen bzw. theologischen Ausrichtung oder Indienstnahme des Faches. Einen Ausgleich zwischen Doctrina Evangelica und Naturwissenschaft bzw. eine Unterordnung der Naturwissenschaft unter die vom Theologen anzugebenden Ziele (wie es noch Melanchthon anstrebte), oder einen Ausgleich zwischen biblischen und klassisch-geographischen Vorstellungen (wie ihn Mercator zu erreichen versuchte) braucht man, ja soll man nicht einmal zu erzwingen suchen.
Keckermann schuf also anstelle der alten Beziehung, die über die Providentia hergestellt wurde und auf die Unterordnung der Geographie unter die Theologie hinauslief, eine neue, die theologisch im Grunde genommen viel bedeutsamer ist (die Gottebenbildlichkeit), obwohl er sich theologisch mit der Tatsache der Emanzipation abfand und sich nicht wie die Theologen des 18. und 19. Jahrhunderts in Rückzugsgefechte einließ.

3. Einfluß und Verbreitung seiner Ideen

Sein Gegner Martini schreibt, Keckermanns Autorität reiche über alle konfessionellen Grenzen hinweg. Praktisch jeder Gelehrte halte seine Logik in Händen. Und Paraeus schreibt, seine Bücher seien in kurzer Zeit in ganz Europa gelesen und anerkannt worden. Alsted rühmt vor allem sein „Systema Geographicum", wodurch er diesem Teil der Philosophie eine neue Grundlage gegeben habe. Spätere Geographen wie Goclenius, Göllnitz, Christiani und Vare-

nius legten nicht nur seine Systematik zugrunde, sondern schrieben auch ganze Passagen seines Werkes ab.
Wenn ein Wissensgebiet dadurch zu einer wissenschaftlichen Disziplin wird, daß Objekt und Methode klar definiert werden, und wenn diese Definition auch wirklich die Praxis des Faches trifft, dann kann man Keckermann den Begründer der wissenschaftlichen Geographie nennen. Vor ihm war man sich noch nicht recht klar, was man als Geograph zu tun habe, wie die Fülle des Materials methodisch zu bewältigen sei und wo die Grenze zu anderen Disziplinen liege. Keckermann schuf hier Klarheit. Dieses wissenschaftstheoretische Bewußtwerden der Geographie als einer klar umrissenen wissenschaftlichen Disziplin, (eben einer Scientia), erfolgt im Zusammenhang mit der Verselbständigung des Faches, durch seine Lösung von der Theologie, aber auch von Ptolemäus und Aristoteles. Es ist der Universalgelehrte Keckermann, der die modernste, in der Theologie soeben erfolgreich angewandte Methode des distinktiven Voranschreitens in die geographische Betrachtung einführt. Damit gehen auch das Begriffspaar generalis/specialis (und das korrekte Zitieren als äußeres Zeichen von Wissenschaftlichkeit) von der Theologie in die Geographie über.
Keckermann griff das geographische Wissen seiner Zeit auf, ordnete es nach einer neuen Methode und ebnete der Geographie dadurch den Weg für die Aufgaben, die das Fach in der Folgezeit zu bewältigen hatte.
Eine dieser Aufgaben war die Einbeziehung der Physik Newtons in dieses System. Varenius hat diese Aufgabe gelöst. Man fragt sich, woran es gelegen haben mag, daß der Name Keckermann so bald aus dem Bewußtsein der Geographen verschwunden ist und Varenius schließlich seinen Platz eingenommen hat. Für Alsted war Keckermann noch der Geograph schlechthin. Doch um 1700 wird das anders. Zwar benutzte man auch damals noch die von Keckermann stammende distinktive Einteilung, kannte aber seinen Namen nicht mehr und hielt Varenius für den Begründer der Geographia generalis.
Folgende Gründe ließen sich anführen:
1) Varenius trägt, auf Jungius fußend, erstmals Gedankengut der neuen Newtonschen Physik in die Keckermannsche distinktive Geographia generalis hinein. Dies veranlaßte Newton, sich der Arbeit des Varenius anzunehmen und sie neu herauszugeben. Erst von England aus verbreitete sich das Werk, nunmehr an den großen Namen Newton gekoppelt, auch in Deutschland.
2) Varenius zitiert nicht und täuscht vielfach Eigenleistung vor, wo er geistiges Eigentum anderer verwertet. Hätte er Keckermann, der ihm sicher bekannt war, genannt, wäre zumindest dessen Name tradiert worden.
Wenn man die Bedeutung eines Gelehrten daran mißt, ob es ihm gelingt, sein Fach (bzw. seine Fächer) in Einklang mit der zeitgenössischen Gesamt-Geisteshaltung zu betreiben, also das Faktenmaterial nach der herrschenden Vorstellung von Wissenschaft zu ordnen und damit Schule zu machen, dann muß man Keckermann zu den sehr bedeutenden rechnen. Er gehört zu denjenigen, die (ähnlich wie Melanchthon nach der Reformation) für eine gewisse Zeit ein Gleichgewicht zwischen Geisteshaltung und methodischer Ausrichtung der

von ihnen betriebenen Wissenschaften (bei Keckermann vorwiegend Theologie, Philosophie, Geographie, Physik, Astronomie usw.) herstellten. Die Anhänger und Schüler folgten der von ihren Lehrern entwickelten Methode so lange, bis eine Änderung in der Geisteshaltung eine Neuausrichtung erforderte, die dann zu einem neuen Gleichgewicht führte.

Literaturverzeichnis

Baker, John N. L., 1963, The History of Geography. New York
Büttner, Manfred, 1964, Theologie und Klimatologie. In: Neue Zeitschrift für Systematische Theologie und Religionsphilosophie 6, S. 154-191
Büttner, Manfred, 1966, Geographie und Theologie im 18. Jahrhundert. In: Tagungsberichte und wissenschaftliche Abhandlungen. Deutscher Geographentag Bochum 1965. Wiesbaden, S. 352-359
Büttner, Manfred, 1972, Geographia generalis before Varenius. In: International Geography 2, S. 1229-1231
Büttner, Manfred, 1973, Die Geographia generalis vor Varenius. Geographisches Weltbild und Providentialehre. Erdwissenschaftliche Forschungen 7. Wiesbaden
Büttner, Manfred, 1973 a, Das „physikotheologische" System Karl Heims. Einordnung und Kritik. In: Kerygma und Dogma 19, S. 267-286
Büttner, Manfred, 1973 b, Keckermann und die Begründung der allgemeinen Geographie. Das Werden der Geographia generalis im Zusammenhang der wechselseitigen Beziehungen zwischen Geographie und Theologie. In: Plewe-Festschrift. Wiesbaden, S. 63-69
Büttner, Manfred, 1974: Manfred Büttners Arbeiten über die Beziehungen zwischen Theologie und Geographie (Hrsg. v. Hideo Suzuki). In: Geographical Review of Japan (Tokyo), S. 653-657.
Büttner, Manfred, 1975: Die Emanzipation der Geographie im 17. Jahrhundert. In: Sudhoffs Archiv 26, S. 1-16.
Büttner, Manfred, 1975 a: Die Neuausrichtung der Geographie im 17. Jahrhundert durch Bartholomäus Keckermann. Ein Beitrag zur Geschichte der Geographie in ihren Beziehungen zur Theologie und Philosophie. In: Geographische Zeitschrift 63, S. 1-12.
Büttner, Manfred, 1975 b: Kant and the Physico-Theological Consideration of the Geographical Facts. A Contribution to the History of Geography in its Relations to Theology and Philosophy. The Geographical Schools in Central Europe before 1600. In: Organon (Warschau) 11, S. 231-249.
Büttner, Manfred, 1976: Die Neuausrichtung der Providentialehre durch Bartholomäus Keckermann im Zusammenhang der Emanzipation der Geographie aus der Theologie. In: Zeitschrift für Religions- und Geistesgeschichte 28, S. 123-132.
Büttner, Manfred, 1977: Die Bedeutung der Reformation für die Neuausrichtung der Geographie im protestantischen Europa. In: Archiv für Reformationsgeschichte 68, S. 209-225.
Büttner, Manfred, 1977 a: El significado de la Reforma para la nueva orientacion de la geografía en la Alemania Luterana. In: Geocritica. Cuadernos Criticos de la Geografía Humana 12 (Barcelona), S. 5-22.
Büttner, Manfred, 1978, Bartholomäus Keckermann. In: Freeman-Oughton-Pinchemel (Editors), Geographers, Biobibliographical Studies, London, vol. II, 73-79
Heppe-Bizer, 1958, Die Dogmatik der evangelisch-reformierten Kirche, Neukirchen
Holtzmann, 1882, Bartholomäus Keckermann. In: Allgemeine Deutsche Biographie, Leipzig, Bd. 15, S. 518
Kastrop, Rainer, 1972, Ideen über die Geographie und Ansatzpunkte für die moderne Geographie bei Varenius... Dissertation Saarbrücken
Keckermann, Bartholomäus, 1601, Meditatio de insolito et stupendo illo terrae motu, anno praeterito 8 sept. 1601, Heidelberg

Keckermann, Bartholomäus, 1603, Systema compendiosum totius mathematices, h. e. geometriae, opticae, astronomiae et geographiae. Hanoviae
Keckermann, Bartholomäus, 1607, Contemplatio gemina, prior ex generali physica de loco, altera ex speciali de terrae motu potissimum illo stupendo qui fuit anno 1601 mense septembri, Hanoviae
Keckermann, Bartholomäus, 1611, Systema astronomiae compendiosum in Gymnasio Dantisco olim praelectum et duobus libris adornatum, Hanoviae
Keckermann, Bartholomäus, 1611 a, Systema geographicum, Hanoviae
Keckermann, Bartholomäus, 1612, Brevis commentatio nautica, Hanoviae
Keckermann, Bartholomäus, 1613, Sytema systematum (hrsg. v. J. Alsted). Hanoviae
Keckermann, Bartholomäus, 1614, Opera omnia quae exstant, 2 Bde. Genevae
Keckermann, Bartholomäus, 1617, Systema astronomiae libri duo, Hanoviae
Nadolski, B., 1966/67, Bartlomiej Keckermann. In: Polski Slownik Biograficzny. Wroclaw-Warszawa-Krakow. Bd. 10, S. 322-323
Petersen, P., 1921, Geschichte der aristotelischen Philosophie in Deutschland. Leipzig
Philipp, Wolfgang, 1957, Das Werden der Aufklärung in theologiegeschichtlicher Sicht. Göttingen
Philippson, A., 1891, Zwei Vorläufer des Varenius. In: Ausland 52, S. 817-818
Schieder, 1941, Bartholomäus Keckermann. In: Altpreussische Biographie, Königsberg, Bd. 1, S. 329
Yi Fu Tuan, 1968, The Hydrological Cycle and the Wisdom of God. A Theme in Geoteleology, Toronto
Zuylen, W. H. van, 1934, Bartholomäus Keckermann. Sein Leben und Wirken. Theologische Inauguraldissertation Tübingen. Borna-Leipzig

(Fertiggestellt: März 1978)

Rainer Kastrop

DAS GEOGRAPHISCHE WERK DES JOHANN HEINRICH ALSTED UND DES ABRAHAM GÖLNITZ
Darstellung und Vergleich

(Vortrag, gehalten auf dem geographiegeschichtlichen Kolloquium am Rande des 41. Deutschen Geographentages Mainz 1977, für den Druck überarbeitet)

Einleitung

Die geographische Wissenschaft des 17. Jahrhunderts wird bis heute an einem Werk und einem Namen gemessen, der „Geographia Generalis" des Bernhard Varenius. Der überwältigende Eindruck, der von diesem Werk ausging, hat lange den Blick auf die Gelehrten verstellt, die zu dieser Zeit Werke ähnlicher geographischer Thematik verfaßt haben [1].
Zwar wird in den Darstellungen zur Disziplinhistorie beständig auf Zeitgenossen und Vorläufer des Varenius verwiesen, zwar wurde ihrer gelegentlich in knappen Hinweisen und Untersuchungen gedacht, ausführlicher sind aber ihre Werke bis heute nicht betrachtet worden. Erst in jüngster Zeit haben wieder Forschungen begonnen, die sich die Aufgabe gestellt haben, die geographischen Werke des 15. - 19. Jahrhundert zu analysieren, um die Vorstellungen zu erhellen, die sich deren Autoren von der Geographie gemacht haben [2]. Dabei tauchten nicht nur die Namen neuer Gelehrter auf, die die geographische Wissenschaft des 17. Jahrhunderts mitgestalteten. Es wurden auch neue Erkenntnisse über die Zusammenhänge gewonnen, die zum Geographieverständnis dieser Zeit führten.
Die geographische Wissenschaft war zu Beginn des 17. Jahrhunderts in ein neues Stadium ihrer Entwicklung eingetreten, als das geographische Hauptwerk des Danziger Universalgelehrten Bartholomäus Keckermann erschien [3]. Durch ihn wurde die Geographie nicht nur aus der Theologie emanzipiert, es wurde dem Fach durch eine neue Form der Stoffaufbereitung auch ein neuer methodischer Weg gewiesen, der sich weitgehend von dem unterschied, auf dem noch im 16. Jahrhundert geschritten worden war [4].
Zwischen Keckermann und Varenius erschienen in der 1. Hälfte des 17. Jahrhunderts neben anderen Werken das „Compendium Geographicum" des Danzigers Abraham Gölnitz und ein Buch „Geographia" des Herborner Professor

Johann Heinrich Alsted [5]. Während Alsted in der Disziplinhistorie bis heute unbekannt geblieben ist, hat Gölnitz gelegentlich interessiert (*Günther*, 1905, S. 8), weil Varenius ihn als einzigen zeitgenössischen Schriftsteller namentlich erwähnt hat (*Varenius*, 1650, S. 2). Im folgenden soll nach einer knappen Biographie versucht werden, die geographischen Werke beider Autoren zu analysieren, zu vergleichen und ihre Bedeutung für die geographische Wissenschaft zu bestimmen.

1. Johann Heinrich Alsted (1588 - 1638)

1.1 Biographie

Johann Heinrich Alsted wurde Mitte 1588 als Sohn des Pfarrers Jakob Alsted und seiner Ehefrau Rebecca in Ballersbach bei Herborn geboren.

Nach erstem Unterricht bei seinem Vater besuchte er seit Herbst 1599 das Pädagogium in Herborn. Drei Jahre später, am 2.10.1602, wurde er an der 1584 gegründeten reformierten Herborner Hochschule, der Johannea, immatrikuliert, um Philosophie und Theologie zu studieren. Während er seine philosophische Ausbildung vorwiegend bei Johannes Pincier und Heinrich Dauber erhielt, verdankt er die theologische Johannes Piscator, Matthias Martinius und Wilhelm Zepper.

Nach einer Studienreise, die ihn nach Marburg, Frankfurt, Heidelberg, Straßburg und Basel führte und seine wissenschaftlichen Kenntnisse erweiterte und vertiefte, erhielt Alsted 1608 eine Stelle als Inspektor der Stipendiaten und Aufseher des Speisesaals an der Hochschule, die sich zu dieser Zeit wegen Pestgefahr in Siegen befand. Als die Hochschule 1609 nach Herborn zurückverlegt wurde, fand Alsted eine Anstellung als Lehrer am Pädagogium und wurde 1610 zum außerordentlichen Professor für Philosophie berufen.

Jetzt entfaltete Alsted eine reiche akademische und literarische Tätigkeit, die in Berufungen nach Wesel, Hanau und Frankfurt a. d. Oder ein Echo fanden. Während er diese ablehnte, nahm er den 1615 an ihn ergangenen Ruf als ordentlicher Professor für Philosophie an der Herborner Hochschule an.

Hier waren zu dieser Zeit 300 - 400 Studenten immatrikuliert. Viele stammten aus den Niederlanden, der Schweiz, aus Ungarn und Böhmen. Bei seinen Schülern, zu denen von 1611 - 1613 auch Johann Amos Comenius gehörte, genoß Alsted großes Ansehen. Er galt als Mann ,,von freundlichem Wesen, von großer Gelehrsamkeit und ernstem Streben." (*Wotschke*, 1936, S. 144)

Von der Dordrechter Synode zurückgekehrt, auf der er 1618/1619 im Auftrag der wetterauischen Grafen die nassauische Kirche vertreten hatte, erhielt Alsted am 20.5.1619 auch noch den Lehrstuhl für Theologie in Herborn. Der Höhepunkt seines Wirkens war erreicht.

Im Verlauf des dreißigjährigen Krieges verlor Herborn seine Ausstrahlung. Die Studentenzahlen sanken, 1626 mußte nach einem Brand der Lehrbetrieb für ein Jahr eingestellt werden, danach wurde er fast bedeutungslos.

Diesen Vorgängen trug Alsted Rechnung. 1629 nahm er den Ruf an die neugegründete reformierte Universität zu Weißenburg in Siebenbürgen an und verließ am 15.9.1629 Herborn. In Weißenburg wirkte er noch fast 10 Jahre als Professor für Philosophie und Theologie bis zu seinem Tode am 9.11.1638.

1.2 Das geographische Werk

Alsted war, wie die kurze Biographie zeigt, Lehrer für Philosophie und Theologie. Wirkung und Ausstrahlung erreichte er aber nicht allein durch seinen Unterricht, sondern ebenso durch eine Vielzahl von Werken, in denen er teils in encyclopädischer, teils in Form von Einzeldarstellungen den gesamten Bereich der philosophischen und theologischen Kenntnisse seiner Zeit bearbeitete[6]. Da man im 17. Jahrhundert zur Philosophie alle Wissenschaften rechnete, die nicht zur Theologie, Rechtswissenschaft und Medizin gehörten, hat Alsted in der großen „Encyclopaedia septem tomis distincta", die den Höhepunkt seiner literarischen Tätigkeit darstellt, auch die Geographie behandelt. Im 18. Buch dieses Werkes befaßt er sich mit dieser Disziplin.

Alsted gliedert das Buch in drei Abschnitte. Im ersten wird die Geographia Generalis (S. 1106-1130), im zweiten die Hydrographia (S. 1131-1140) und im dritten die Geographia Specialis (S. 1141-1169) dargelegt[7]. Die einzelnen Teile sind in Kapitel untergliedert. Jedes Kapitel zerfällt in „praecepta" = Lehrsätze und „regulae" = Erläuterungen. Die Lehrsätze sind kurz und prägnant gefaßt, die Erläuterungen sind ausführlich gehalten.

Im ersten Kapitel behandelt Alsted das Wesen der geographischen Wissenschaft und die wesentlichen Eigenschaften (=„affectiones") der Erde. Die Geographie definiert er als „scientia de sphaerae terrestris dimensione" (S. 1106) und gliedert sie in eine „geographia generalis sive astronomica" und eine „geographia specialis sive historica". (S. 1106) Die Aufgabenbereiche beider Zweige werden folgendermaßen abgegrenzt.

Während die „astronomica Geographiae pars" die Erde mit Rücksicht auf ihre Beziehung zum umgebenden Himmel mathematisch gliedert, soll die „historica Geographiae pars" die die Erdoberfläche erfüllenden Länder nebst ihren Bewohnern erfassen[8]. Die Geographia Generalis betrachtet den Erdkörper aber nicht allein in seiner Abhängigkeit vom Himmel, sondern ebenso als ein real existierendes bzw. auf Globus oder Karte künstlich wiedergegebenes Individuum. (S. 1106)

Die Darstellung dieses Erdkörpers kann daher absolut („absolute") oder vergleichend („relate") sein. Die vergleichende Betrachtung läßt Alsted zunächst außer acht und wendet sich der absoluten zu (S. 1106).

Er beginnt mit den grundsätzlichen Eigenschaften der Erdkugel. Diese werden in „affectiones primae classis" und „affectiones secundae classis" gegliedert. Zu jenen rechnet Alsted Figur und Stellung der Erde im Weltraum, zu diesen ihre Unbeweglichkeit und Größe (S. 1106).

Diese Theoreme werden in den „regulae" genauer ausgeführt. Nachdem die Geographie gegen Geometrie, Chorographie, Topographie und Topothesis abgegrenzt ist, werden die Aufgabenbereiche der astronomischen und historischen Geographie erläutert. In These III wird das Arbeitsgebiet des Geographen vorgestellt. Dieser beschäftigt sich mit dem aus Wasser und Land zusammengesetzten Erdkörper, soweit er vom Menschen bewohnt oder mathematisch faßbar ist, nicht aber mit den Einzelelementen Erde und Wasser. Die behandelt der Physiker [9].

In den folgenden Thesen erörtert Alsted die grundsätzlichen „affectiones terrestres". Zu all den Problemen, die mit der Figur (These VII) und der Stellung (These VI), der Unbeweglichkeit (These VIII) und der Größe (These IX u. X) der Erde in Zusammenhang stehen, nimmt er im Anschluß an die ihm zur Verfügung stehende Literatur - seine Quellen reichen von der Antike bis zu seiner Zeit - ausführlich Stellung.

Die absolute Betrachtung wird in den folgenden Kapiteln fortgesetzt. Während in Kapitel II (S. 1112 f.) die einzelnen Himmelsrichtungen nebst den dazugehörigen Winden festgestellt werden, befassen sich die Kapitel III (S. 1113 f.) und IV (S. 1115 f.) mit der Gliederung der Erde nach Länge und Breite.

Alsted unterscheidet dabei eine „longitudo universalis" und eine „longitudo particularis". Während jene die gesamte Längenausdehnung von West nach Ost beinhaltet, bestimmt diese den Abstand eines Ortes vom 1. Meridian (S. 1113). Die Breite wird ebenfalls in eine „latitudo generalis" und eine „latitudo specialis" gegliedert und als Breitenerstreckung vom Äquator zum Pol = „generalis" bzw. vom Äquator zu einem beliebigen Punkt = „specialis" definiert (S. 1115).

Daneben werden andere Thesen aufgestellt und erläutert. Zu ihnen gehören die Frage nach dem 1. Meridian (S. 1113), nach dem Problem der längenabhängigen Zeitverschiebung (S. 1114) und nach der Bedeutung der Polhöhe (S. 1115). Weiterhin werden die wichtigsten Breitenkreise bestimmt (S. 1116) und ihr unterschiedlicher Umfang festgestellt (S. 1116).

Im 5. Kapitel (S. 1117) setzt mit der Zoneneinteilung der Erde die vergleichende Betrachtung ein. Prinzipiell untergliedert Alsted in „zonae temperatae" und „zonae intemperatae" (S. 1117). Zu diesen zählt er die am Äquator und Pol liegenden, zu jenen die zwischen Wende -und Polarkreis befindlichen. Auf diese Weise unterscheidet er fünf Zonen verschiedener Größe. Sie sind zwar nach seiner Meinung noch nicht gänzlich erforscht, aber alle bewohnbar (S. 1117). Wie man die Zonalität eines Ortes bestimmen kann und welche Gebiete sich in den einzelnen Zonen befinden, wird am Ende des Kapitels erläutert.

Das folgende 6. Kapitel (S. 1118-1120) beinhaltet die Klima-Lehre und Klima-Einteilung aus rein mathematischer Sicht. Es wird zwischen der alten ptolemäischen und der modernen Einteilung unterschieden (S. 1118), ein Abriß über die Entwicklung der Klimalehre gegeben (S. 1119), das Auffinden eines Ortes in einer Klimazone geübt (S. 1120) und am Ende eine Klimatabelle abgedruckt (S. 1120).

Nach dieser „divisio terrae secundum latitudinem relate" (S. 1117) geht Alsted zur „respectiven" Betrachtung der Erdoberfläche über und gliedert sie nach den Bewohnern entsprechend den solar-bedingten Schattenverhältnissen und den zonal bedingten Wohnverhältnissen. (S. 1122 f.) Die Einteilung wird allein aus mathematischer Sicht durchgeführt, eine Darstellung der in diesen Gegenden lebenden Bewohnern sucht man dagegen vergeblich.

Im letzten Kapitel (S. 1124-1130) der Geographia Generalis befaßt sich Alsted mit der Darstellung der Erde auf Globus und Karte. Es werden nicht allein deren Form und Aussehen beschrieben, wichtiger erscheinen die praktischen Übungen. Vorgeführt wird vor allem das Auffinden von Länge und Breite eines Ortes sowie das Bestimmen der Entfernung zweier Orte (S. 1127). Aus diesem Grunde wird an dieser Stelle auf die verschiedenen Maße eingegangen und eine Tabelle mit den Längen- und Breitenangaben bekannter Städte und Orte vorgestellt (S. 1127 f.). Wiederholende Übungen zur Bestimmung von Länge und Breite, Polhöhe, Zonalität und Klimakunde beenden das Kapitel.

Im zweiten Teil seiner Geographie behandelt Alsted die Hydrographie. Sie wird als ,,doctrina de dimensione aquae" (S. 1131) definiert und bereits zur Geographia Specialis gerechnet. In der Darstellung lassen sich drei Abschnitte unterscheiden, eine Ozeanographie, eine Limnologie und eine Potamologie. Die horizontale Gliederung des Meeres richtet sich nach dem äußeren Erscheinungsbild. Alsted gliedert das Meer in den ,,Oceanus vastus", der sich um die ganze Erde erstreckt und nur dem Namen nach in ,,Oceanus Indicus", ,,Oceanus Atlanticus", ,,Oceanus Hyperboraeus" und ,,Oceanus Australis" (S. 1136) geschieden wird. Von diesem trennt er die ins Festland eingreifenden Randmeere (=,,sinus") ab, die er in östliche und westliche (S. 1132) gliedert, sowie die Meerengen, von denen er die Straße von Gibraltar, die Magellanstraße und das Fretum Anian aufzählt (S. 1132).

Nach diesem Überblick über das Weltmeer, dessen sinnfälligste Eigenschaft, die Gezeiten, ausführlich behandelt wird (S. 1132-1134), wendet sich Alsted dem Mittelmeer zu, das er zunächst als Einheit betrachtet, um dann die an dieses angeschlossenen Randmeere sowie die auftretenden Meerengen zu benennen.

Das flüssige Element tritt uns aber nicht nur in der zusammenhängenden Form des Weltmeeres entgegen, sondern auch in individuell gestalteten Gebilden auf dem Land. Diese erfüllen einmal als stehende Gewässer von unterschiedlicher Ausdehnung dessen Hohlformen oder strömen als Flüsse verschiedener Größe in ihnen entlang.

Nach diesem Kriterium der Größe gliedert Alsted die Seen und Flüsse in bedeutende und weniger bedeutende (=,,principes vel minus principes") und zählt die innerhalb einer jeden Kategorie vorkommenden auf (S. 1137-1139). Beendet wird dieser hydrographische Teil mit einer kurzen Betrachtung bedeutender Quellen. Deren Besonderheit wird zwar beschrieben, nicht aber nach den Ursachen geforscht, denn das ist ja die Aufgabe des Physikers (S. 1140)[10].
Im dritten Teil folgt die eigentliche Geographia Specialis. In ihr soll die Erde einmal nach den natürlichen Gegebenheiten (=,,divisio naturalis") wie nach der vom Menschen bewirkten Aufteilung (=,,divisio civilis") beschrieben werden[11]. Da die Kenntnis der Erdoberfläche aber seit der Antike, dem Zeitpunkt des Auftretens der ersten Geographen, sich ständig erweitert hat, ist auch die Darstellung einem steten Wandel unterworfen gewesen. Deshalb wird diese Art von Beschreibung auch historische genannt. (S. 1141 u.1106)

Alsted unterscheidet acht Erdteile, von denen zwei noch unbekannt sind. Die Darstellung der übrigen sechs beginnt er nicht mit Europa, wie es Ptolemaeus, Strabo und Plinius taten, sondern in Anlehnung an Bertius (S. 1142) mit den nördlichen Ländern, zu denen er z. B. Spitzbergen, Grönland, Island und Schottland rechnet. Daran schließt sich die Behandlung des bekannten Teils des angenommenen Australkontinents an, der eine Darstellung von Nord- und Südamerika folgt (S. 1141-1144).

Grundsätzlich gegliedert und umrißhaft erfaßt wird der amerikanische Kontinent in den „praecepta". Eine kurze Beschreibung der einzelnen Landesteile, Halbinseln und Inseln folgt in den „regulae", in denen ebenfalls über die Herkunft des Namens, das mögliche Wissen der Antike um diesen Kontinent sowie über den Lebensweg des Columbus referiert wird.

Gehaltvoller und systematischer erscheint die Darstellung der alten Welt, zu der Alsted im traditionellen Sinn Europa, Asien und Afrika rechnet. Wie Amerika wird Europa in den „praecepta" prinzipiell gegliedert und in einen westlichen (Kap. VI), in einen nördlichen (Kap. VII), in einen östlichen (Kap. VIII) und einen südlichen Teil (Kap. IX) unterteilt. Die in den einzelnen Teilen vorhandenen Länder werden aufgezählt und in den „regulae" meistens nach folgendem Schema beschrieben:

a) Etymologie des Namens
b) Grenzen
c) Gestalt
d) Lage
e) Größe
f) Politische Einteilung

} eines Landes

Afrika und Asien werden nicht mehr so umfassend vorgestellt. Die sie erfüllenden Länder sowie die zugehörigen Inseln werden wieder in den „praecepta" vorgestellt und dann in den „regulae" entsprechend den Kenntnissen mehr oder weniger ausführlich beschrieben (S. 1150-1153).

Wie diese Länderkunde sinnfällig gemacht werden kann, ist das Thema des letzten Kapitels. Alsted bietet drei Möglichkeiten:

a) mit Hilfe einer Tabelle
b) mit Hilfe einer Schautafel
c) mit Hilfe von Kartenwerken, wie sie von
   Ptolemaeus, Mercator und Maginus vorliegen.

Auf diese Weise soll, so scheint es, dem Schüler das Erlernen der topographischen Verhältnisse auf der Erde erleichtert werden. Diese Absicht verfolgt Alsted offenbar auch, wenn er am Ende der Geographia Specialis eine Fülle von Fragen, die zu diesem Zweig der Geographie denkbar sind, stellt und beantwortet.

Skizze 1   Alsteds Einteilungsprinzip der Geographie

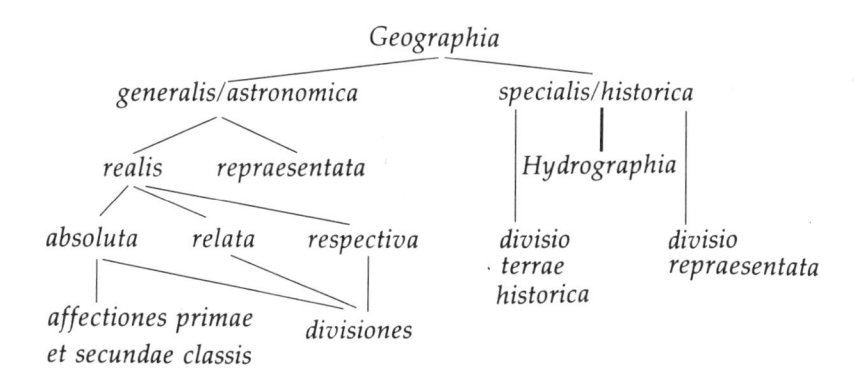

```
                              Geographia
                 _____|_____
         generalis/astronomica                specialis/historica
         _____|_____                         |
        realis          repraesentata             Hydrographia
       __|_____                                   |
   absoluta   relata    respectiva        divisio          divisio
      |    _____|          · terrae        repraesentata
      |                       |           historica
  affectiones primae      divisiones
  et secundae classis
```

2. Abraham Gölnitz (ca. 1600 - nach 1642)

2.1 Biographie

Der Lebensweg des Abraham Gölnitz ist weithin unbekannt. Er ist vermutlich um 1600 in Danzig geboren. Von seiner Herkunft, seiner Kindheit und seiner ersten schulischen Phase wissen wir nichts.

Fortgesetzt hat er seine Ausbildung an dem von Keckermann zu hoher Blüte geführten Danziger Gymnasium, an dem er 1611 und 1615 unter dem Vorsitz von Adrian Pauli über die Natur des Bernsteins dissertierte [12]. Wann er diese Schule verlassen hat, wo und bei wem er weiterstudierte, ist nicht bekannt.

Im Jahre 1631 hat sich Gölnitz vermutlich in Leyden aufgehalten und hier die Widmung zu seinem Werk ,,Ulysses Belgico-Gallicus......" unterzeichnet, in dem er eine Bildungsreise durch die Niederlande, Frankreich, die Schweiz und Norditalien beschrieb [13].

1642 war er als Sekretär des Königs Christian IV. von Dänemark in Kopenhagen tätig. Sein weiterer Lebensweg verliert sich dann wieder im Dunkeln. Todesjahr und Todestag sind bis heute ebenso unbekannt wie der Todesort.

2.2 Das geographische Werk

Gölnitz' spezifisch geographisches Werk, das ,,Compendium Geographicum", zerfällt in zwei Teile. Im ersten wird die allgemeine, im zweiten die spezielle Geographie dargelegt. Die einzelnen Teile sind in Kapitel gegliedert, die aus prägnanten Lehrsätzen und ausführlichen Erläuterungen bestehen.

Im 1. Kapitel untersucht Gölnitz das Wesen der geographischen Wissenschaft. Diese wird als ,,scientia explicans hunc mundum inferiorem" (S. 1) definiert, als Arbeitsbereich des Geographen der aus Wasser und Land zusammengesetzte Erdkörper vorgestellt [14]. Nachdem die Geographie gegen die Cosmographie, die Chorographie und die Topographie abgegrenzt ist, unterteilt Gölnitz sie in eine ,,geographia exterior" und eine ,,geographia interior" (S. 2).

Während jene die Erde mit Rücksicht auf die Beziehung zum umgebenden Himmel mathematisch erfaßt, also die allgemeine Geographie darstellt, betrachtet diese die Erdoberfläche mit den sie erfüllenden Ländern und ihren Bewohnern, beinhaltet also die spezielle Geographie [15] (S. 2). Die „geographia exterior" untersucht den Erdkörper aber nicht allein in seiner Abhängigkeit vom Himmel, sondern ebenso als ein real existierendes bzw. künstlich auf Globus und Karte wiedergegebenes Individuum (S. 3).
Diese „geographia exterior realis" kann daher absolut (=„absolute") oder vergleichend (=„comparate") sein (S. 3). Die absolute Betrachtung untersucht Größe und Gestalt der Erde. Da die Größe mit Hilfe von Berechnungen festgestellt wird, beleuchtet Gölnitz zunächst die verschiedenen Maße (S. 3 f.), die die Grundlage einer jeden Berechnung bilden. Nachdem Umfang, Durchmesser und Halbmesser der Erde bestimmt sind, wird ihre Figur betrachtet und die Kugelform empirisch und mathematisch nachgewiesen (S. 5 f.).
Die „consideratio absoluta" ist damit abgeschlossen und es folgt die „consideratio comparata". Während in Kap. II die Himmelsrichtungen mit den dazugehörigen Winden bestimmt werden (S. 7-9), beschäftigt sich Kapitel III mit den Groß -und Kleinkreisen sowie der daraus resultierenden zonalen Gliederung der Erde.
Gölnitz unterscheidet fünf Zonen (S. 15). Eine Reihe von Ländern und Inseln, die innerhalb dieser Zonen gelegen sind, zählt er auf. Die Bewohner dieser Gebiete erwähnt er zwar, unterscheidet sie aber nicht nach anthropogeographischen Gesichtspunkten, sondern nur nach den solar bedingten Schattenverhältnissen (S. 15-17).
Im 4. Kapitel behandelt Gölnitz aus rein mathematischer Sicht die Gliederung der Erde durch Breitenkreise und ihre Einteilung nach Klimaten (S. 19f). Praktische Übungen zum Auffinden eines Ortes auf einem Breitenkreis oder in einer Klimazone ergänzen die theoretischen Überlegungen (S. 20f).
Ein kurzer Abriß über die Längen- und Breitengrade (S. 22) leitet über zur Darstellung der Erde auf Globus und Karte. Zunächst werden (S. 23-27) das Aussehen des Globus, seine Einzelteile, sein Gradnetz und seine Beschriftung erläutert. Dann werden das Aussehen und die Funktion eines Kompasses mit der Begründung beschrieben, daß dieser oft auf Globen abgebildet sei (S. 28).
Die kartographische Abbildung der Erde auf der Weltkarte, deren Gradnetz und Beschriftung bilden das Thema des 7. Kapitels. Diese Fragen werden im 8. Kapitel noch einmal für die Partikularkarten aufgeworfen und darüber hinaus praktische Hinweise für die Berechnung der Entfernung von zwei Orten auf derartigen Karten gegeben (S. 33f).
Im zweiten Teil des Compendiums wendet sich Gölnitz der Länderkunde zu. Er unterscheidet vier Erdteile, von denen Europa, Afrika und Asien im traditionellen Sinne als „veteres partes" bezeichnet werden, während Amerika als „nova pars" angesehen wird (S. 35).
Die zunächst vorgenommene allgemeine Darstellung Europas umfaßt die belebte (=„animata") und die unbelebte (=„exanimata") Natur. Während jene den Charakter der Völker Europas erfassen soll, beschäftigt sich diese mit den

natürlichen Gegebenheiten des Kontinents. Dessen Polhöhe wird festgestellt, prägende Bestandteile wie „continens, insula, peninsula, isthmus" werden erläutert, vorhandene Gebirge und Wälder werden aufgezählt (S. 41-43).
Die Vertiefungen der festen Erdoberfläche nimmt die Wasserhülle ein. Diese tritt in Form des Weltmeeres auf, das mit seinen Rand- und Nebenmeeren in den Kontinent eingreift, der wieder von Flüssen, Bächen und Seen durchzogen ist.
Der dritte Faktor, der sich auf die Physiognomie Europas auswirkt, ist der klimatische Erscheinungskreis, der die Temperaturverhältnisse und die Ertragsfähigkeit des Bodens bestimmt (S. 47).
Einen ähnlichen allgemeinen Überblick, wie er ihn von den natürlichen Gegebenheiten Europas dargelegt hat, vermittelt Gölnitz von der geistbestimmten Welt nicht, sondern verknüpft ihre Betrachtung mit der der Länder, soweit ihm Material dazu vorliegt.
Dieses scheint er in ausreichendem Maße nur für die Landeskunde Spaniens besessen zu haben. In dieser werden zunächst die natürlichen Gegebenheiten, wie sie sich in der geographischen Lage, in der dinglichen Erfüllung mit Gebirgen und Wäldern, Flüssen und Seen und der Ertragsfähigkeit des Landes infolge der klimatischen Verhältnisse widerspiegeln, geklärt (S. 48-58). Die Gliederung des Landes in einzelne Provinzen mit ihren wichtigsten Städten (S. 59-94) leitet über zu einer Anthropogeographie, in der versucht wird, die Bevölkerung des Landes nach Körpergröße, Körperbau, Hautfarbe und Abstammung, Charakter und Begabung zu erfassen. Zugleich wird gezeigt, welche Auswirkungen der menschliche Geist im wirtschaftlichen und militärischen Bereich, auf politischem, gesellschaftlichem und religiösem Gebiet sowie im Bildungswesen aufweist (S. 94-112).
Eine derartige anthropogeographische Betrachtung wird nur in der Landeskunde Spaniens durchgeführt. In den Landeskunden anderer Teile Europas sowie der anderen Erdteile werden nur noch die in diesen Ländern vorhandenen Gebirge und Wälder, Flüsse und Seen, Provinzen und Städte aufgezählt, so daß das „Compendium Geographicum" zu einer „leblosen Aufzählung von Namen und Daten herabsinkt" (ADB, Bd. 9, S. 347).

Skizze 2   Gölnitz' Einteilungsprinzip der Geographie

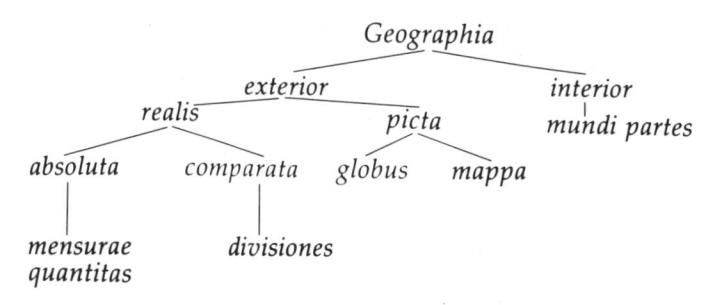

```
                        Geographia
                _____/         _____
            exterior                       interior
        realis      \                      |
        /    \       picta                 mundi partes
       /      \      /    \
  absoluta  comparata globus  mappa
      |        |
  mensurae  divisiones
  quantitas
```

3. Geographia Generalis und Geographia Specialis im Werke Alsteds und Gölnitz'

Alsted und Gölnitz tragen eine Geographie vor, die in der wissenschaftlichen Systematik wie im methodischen Aufbau eine weitgehende Übereinstimmung aufweist. Beide gliedern die Geographie in eine allgemeine und eine spezielle, beide schreiten in der Darstellung nach der von Keckermann eingeführten distinktiven Methode voran, beide untersuchen deshalb dieselben Problemkreise.

Wenn wir aber nach dem wissenschaftlichen Gehalt und der gedanklichen Tiefe fragen, mit der die einzelnen Problemkreise in der allgemeinen und speziellen Geographie untersucht werden, wird eine deutliche Diskrepanz offenbar. Die von Gölnitz vorgetragene Geographia Generalis ist weitgehend aus Keckermanns geographischem Werk entlehnt. Ohne diesen einmal zu zitieren, übernimmt Gölnitz in fast allen behandelten Problemkreisen Keckermanns Vorstellungen [16]. Dessen gedankliche Tiefe erreicht er aber nicht. Im Grunde bietet Gölnitz nur die wesentlichen Grundzüge einer allgemeinen Geographie. Im Gegensatz zu seinem Zeitgenossen beweist Alsted in diesem Teil eine profunde Kenntnis der antiken wie zeitgenössischen deutschen und ausländischen Schriftsteller [17]. Was er von ihnen entlehnt, zitiert er korrekt. Damit setzt Alsted nicht nur ein äußeres Zeichen von Wissenschaftlichkeit, sondern vermag die einzelnen Problemkreise wesentlich umfangreicher und tiefgründiger zu erfassen als Gölnitz. Alsteds und Gölnitz' allgemeine Geographie ähneln sich nur in der Problemstellung, nicht aber in der Problemlösung.

Die Geographia Specialis wird von beiden Autoren nicht mehr in dem Maße wissenschaftlich distinktiv gegliedert wie die Geographia Generalis. Für unbedeutend halten Alsted und Gölnitz die spezielle Geographie aber nicht [18]. Dieser Zweig nimmt bei ihnen eine gewichtige und durchaus eigenständige Position ein. Während ihm Alsted ungefähr die Hälfte seiner Geographie widmet, befaßt sich Gölnitz im überwiegenden Teil des „Compendium Geographicum" mit der Geographia Specialis [19].

Die Unterschiede in der wissenschaftlichen Arbeitsweise beider Autoren sind in diesem Bereich nicht mehr so auffällig wie in der Geographia Generalis. Sowohl Alsted wie auch Gölnitz vermitteln im allgemeinen von den einzelnen Ländern nur eine Reihe von topographischen, historischen und politischen Daten, über die Bevölkerung dieser Länder erfährt man aber so gut wie gar nichts. So gelingt es zwar beiden, die gesamte zu ihrer Zeit bekannte Welt zu erfassen, ein anschauliches Bild von ihr können sie aber nicht vermitteln. Die spezielle Geographie, die von Alsted und Gölnitz vorgestellt wird, darf nicht als Länderkunde im eigentlichen Sinne angesprochen werden, sondern mehr als ein Versuch, die für jeden Erdteil individuelle Ländergruppierung wiederzugeben. Die Grundlage der Darstellung ist dabei das Kartenbild. Gelegentlich greifen beide Autoren auch auf Schriftsteller als Gewährsmänner zurück [20]. Weiterreichende Beschreibungen oder gar Deutungen resultieren aus diesen Quellen nicht.

Alsted und Gölnitz stehen in der Tradition, wenn sie die allgemeine Geographie vorwiegend als Geomathematik, die spezielle dagegen hauptsächlich als Kartenkunde ansehen. Ursachenforschung in der Geographie ist ihnen noch fremd. Deshalb bleibt auch jegliches kausal-mechanisches Denken aus der Darstellung ausgeschlossen. Die Geographia Specialis hat bei ihnen einen höheren Stellenwert als bei Keckermann, eine ideelle Verknüpfung von allgemeiner und spezieller Geographie fehlt jedoch. Beide Zweige stehen unverbunden nebeneinander und ergänzen sich nicht. Ein tragfähiges und dem Zeitgeist angepaßtes Fundament konnte die geographische Wissenschaft aber erst erhalten, wenn die prinzipielle Auffassung vom Wesen der allgemeinen und speziellen Geographie überwunden, ihr gegenseitiges Verhältnis neu bestimmt und die Ursachenforschung in das Fach miteinbezogen wurde. Diesen Schritt vollzog erst Varenius in seiner Geographia Generalis.

4. Die Bedeutung von Alsted und Gölnitz in der Disziplingeschichte der Geographie

Die Stellung, die Alsted und Gölnitz in der Geographiegeschichte einnehmen, muß von zwei Seiten beleuchtet werden. Sicherlich ist ihre Postion unbedeutend, wenn wir die heutige Form von Geographie zugrunde legen und fragen, was sie zu dieser Form von geographischer Wissenschaft beigetragen haben. Nach heutigen Maßstäben würden Alsted und Gölnitz kaum als Geographen bezeichnet werden.

Der Begriff „Geograph" sowie der Aufgabenbereich der Geographie sind aber im Laufe der Zeit mannigfachem Wandel unterworfen gewesen. Alsted und Gölnitz können daher nicht vom heutigen Standpunkt allein beurteilt werden, sondern müssen vor dem Hintergrund ihrer Zeit gesehen werden. Beide verfaßten ihre Werke im 17. Jahrhundert. Ob sie als Geographen zu bezeichnen sind und welcher Platz in der Geschichte der geographischen Wissenschaft ihnen zukommt, wird deshalb davon bestimmt, ob sie die Geographie ihrer Zeit vorgetragen und ob sie zu ihrer Zeit Einfluß auf die Entwicklung des Faches genommen haben.

Die Antwort auf die Frage, ob Alsted und Gölnitz Geographen zu nennen sind, kann für beide gemeinsam gegeben werden. Wenn wir die als Geographen bezeichnen, die in Übereinstimmung mit den zeitgenössischen Vorstellungen vom Wesen der Geographie ihre Werke verfaßten, dann erscheint eine derartige Bezeichnung für beide Autoren gerechtfertigt. Ihre Auffassung von der geographischen Wissenschaft befindet sich in Einklang mit dem Zeitgeist, der Inhalt ihrer Werke spiegelt das geographische Gedankengebäude dieser Zeit wider[21]. Welche wissenschaftliche Stellung sie aber einnehmen, läßt sich nur einzeln bestimmen.

4.1 Abraham Gölnitz

Gölnitz ist, wie seine wenigen faßbaren Lebensdaten zeigen, kein Wissenschaftler gewesen. Verschiedene geistige Strömungen lassen sich in seinem Werk nicht entdecken. Das „Compendium Geographicum", an dem Gölnitz' geographische Leistung bis heute gemessen wird, basiert in inhaltlicher Hinsicht auf wenigen Quellen. Die Methodik und den Inhalt der allgemeinen Geographie, von ihm selbst als der eigentliche wissenschaftliche Teil des Faches bezeichnet [22], hat Gölnitz allein der Geographie Keckermanns entnommen. Im Bereich der speziellen Geographie entlehnt er zwar nicht in derartigem Umfang aus einer einzigen Quelle, aber abgesehen von der Darstellung Spaniens wird von den meisten Ländern nicht viel mehr als eine Reihe von Namen und Daten geboten. Die konnte jeder interessierte Zeitgenosse auch einem Atlas entnehmen.

Neu ist im Grunde nur sein Begriffspaar „exterior/interior", das er an die Stelle des tradierten Paares „generalis/specialis" setzt. Neue Inhalte verbindet er mit dieser Terminologie aber nicht. Das hat schon Varenius erkannt, der erklärte, daß eine derartige Bezeichnung „impropria et Catachristica et sine ratione assumta" sei. Deshalb erscheine das Begriffspaar „generalis/specialis" angemessener (*Varenius*, 1650, S. 2).

Der Beitrag, den Gölnitz selbst zur Entwicklung der Geographie geleistet hat, ist gering, seine wissenschaftsgeschichtliche Stellung unbedeutend. Neue Impulse für das Fach sind von ihm nicht ausgegangen. Seine Nachwirkung blieb bescheiden. In der Literatur wird er nur wenig erwähnt. Bessere und inhaltsreichere Werke haben ihn schon bald verdrängt.

Diese unbedeutende Stellung in der geographischen Wissenschaft bedeutet aber nicht, daß Gölnitz' Schriften zu seiner Zeit geringgeschätzt wurden. So wurde das „Compendium Geographicum" viermal aufgelegt [23]. Den Geschmack seiner Zeitgenossen scheint er getroffen zu haben.

4.2 Johann Heinrich Alsted

Der Beitrag, den Alsted zur Entwicklung der geographischen Wissenschaft geleistet hat, läßt sich mit letzter Sicherheit noch nicht bestimmen, da die Einflüsse, denen er in diesem Fach unterliegt, erst unvollständig eruiert sind. Soviel läßt sich aber bereits heute sagen, daß der sachliche Inhalt von Alsteds Geographie im Rahmen des schon Bekannten bleibt, daß er methodisch in einer Reihe von grundlegenden Gedankengängen wie Keckermann vorgeht [24].

Wie dieser gliedert er das Gesamtwerk in eine Geographia Generalis und eine Geographia Specialis. Die behandelten Themenkreise entsprechen sich. Die Theologie schließt Alsted ebenfalls aus der Geographie aus. Wie Keckermann beschränkt er das Arbeitsgebiet des Geographen auf den aus Erde und Wasser zusammengesetzten Erdkörper und überläßt das Erforschen der Elemente dem Physiker.

Neben diesen Übereinstimmungen zeigen sich auch deutlich differierende Ansätze. So ist die Geographia Specialis für Alsted kein Anhängsel mehr, sondern ein gleichberechtigter Zweig. Er rechnet zu diesem Teil die Hydrographie, die er wesentlich ausführlicher darstellt als sein großes Vorbild. Er bedient sich auch einer abweichenden Terminologie wie Kapitelfolge und überwindet so noch bei Keckermann vorhandene methodische Unsicherheiten.

Übereinstimmungen wie Differenzen legen die Vermutung nahe, daß Alsted Keckermanns Ideen und Vorstellungen gekannt hat, sich aber nicht allein von ihnen hat leiten lassen. Vielmehr scheint Alsted auch eigene Ideen in seine Geographie eingearbeitet zu haben, ohne aber deshalb neue Bahnen zu brechen, wie es Keckermann gelungen war.

Diese Absicht wird Alsted vermutlich gar nicht verfolgt haben. Seine Werke sind nicht die eines Forschers, sondern eines Lehrers und Erziehers. Aus seinen Vorlesungen sind sie hervorgegangen, für seine Schüler waren sie verfaßt. Als ein Mann, aus dessen Werken man „den Stand der gesamten theologischen und philosophischen Wissenschaft auf reformiert kirchlichem Gebiet" (ADB, Bd. 2, S. 355) erkennen kann, ist er in die Wissenschaftsgeschichte eingegangen.

Zur Philosophie gehörte zu dieser Zeit auch die Geographie. Den Stand dieser Wissenschaft wollte Alsted zusammenfassen und schulgerecht darstellen. Ihm ging es nicht so sehr um neue Ideen und Anschauungen, sondern um das gewissenhafte Sammeln und Aufbereiten des Vorhandenen [25]. Deshalb sind neue Impulse für die geographische Wissenschaft auch von ihm kaum ausgegangen. Seine Nachwirkung scheint gering gewesen zu sein. Während David Christiani [26] ihn noch häufiger zitiert, wird sein Name von Varenius nicht mehr aufgeführt [27]. Die Ausstrahlung, die er in der Pädagogik und der Theologie erreichte, war ihm in der Geographie nicht beschieden.

Alsted und Gölnitz gehören nicht zu den Geographen, die Bahnbrechendes für die Entwicklung des Faches geleistet haben. Von ihnen sind keine neuen grundlegenden Ideen ausgegangen, sie haben keine neue richtungsweisende Konzeption entwickelt.

Wenn man aber auch die zu den Förderern einer Wissenschaft rechnet, die in ihren Werken die zeitgenössische Geisteshaltung repräsentieren und das vorhandene Wissen nach der herrschenden Vorstellung einer Wissenschaft darbieten, dann dürfen Alsted und Gölnitz nicht mit Stillschweigen übergangen werden.

Beide vertreten die Auffassung von Geographie, wie sie in der ersten Hälfte des 17. Jahrhunderts vorherrschte. Beide vermitteln in ihren Werken einen Eindruck vom Stand der geographischen Kenntnisse ihrer Zeit. Auf diese Weise reichen sie das vorhandene Wissen um Inhalte und Methoden weiter, das solange Anerkennung findet, bis die Zeit zu einer Neuorientierung reif ist. Gelehrte wie Gölnitz und Alsted stellen Bindeglieder zwischen den Großen einer Wissenschaft dar. Ohne sie kann aber keine Wissenschaft existieren, auch nicht die Geographie. Darum gebührt auch ihnen ein Platz in der Geschichte der geographischen Wissenschaft.

Anmerkungen

[1] Dieser Eindruck wird am deutlichsten von Günther (1905, S. 5) wiedergegeben, der Varenius' Werk eine „proles sine matre creata" nennt. Richthofen (1883, S. 43) spricht von Varenius „einsamer Größe" und Penck, A. (1894, S. 3) erklärt, es sei auf Varenius „die erste allgemeine systematische Darstellung des Formenschatzes der Erdoberfläche" zurückzuführen.

2) Diese Forschungen werden vor allem von Prof. Manfred Büttner, der eine Vielzahl von Schriften zu dieser Thematik verfaßt hat, und seinem Bochumer Team betrieben.
3) Keckermann, Bartholomäus 1616, Systema Geographicum, Hanoviae (= Hanau)
4) Die geistesgeschichtlichen Vorgänge, die zu dieser Emanzipation der Geographie aus der Theologie führten, hat Büttner (1973) im einzelnen herausgearbeitet.
5) Gölnitz, Abraham 1643, Compendium Geographicum, Amsterdam
Alsted, Johann Heinrich 1630, Encyclopaedia septem tomis distincta, Herborn
6) Im Gesamtkatalog der preußischen Bibliotheken werden von Alsted 80 Schriften nachgewiesen, die zum Teil mehrfach aufgelegt wurden.
7) Da es sich bei Alsted und Gölnitz jeweils nur um ein Werk handelt, das vorgestellt wird, soll im folgenden nur noch die Seitenzahl als Beleg angegeben werden.
8) ,,Astronomica Geographiae pars dicitur generalis illa, quae tractat de affectionibus terrae illiusque divisionibus respectu coeli, quatenus partes terrae respondent partibus coeli ... Historica Geographiae pars est specialis illa de variis terrae regionibus et incolis." (Alsted, S. 1106).
9) ,,Hic (i. e. globus terrestris) autem consideratur a Geographo, non quatenus est corpus naturale, (sic enim ad Physicum pertinet) sed ratione superficiei, quatenus ab hominibus habitatur et ad circulos refertur sphaerae coelestis." (Alsted, S. 1106).
10) ,,Physicus enim ostendit causas thermarum, acidularum et similium fontium: quod nempe oriantur e venis sulphureis, metallicis, vitriolatis etc. et quod aquae dulces bene colentur etc. Hydrographus autem commemorat fontes historice." (Alsted, S. 1140).
11) ,,Geographia speciatim dicta persequitur divisionem terrae partim naturalem, partim civilem: quae utraque dicitur descriptio terrae historica." (Alsted, S. 1141).
12) Ob Gölnitz noch selbst bei Keckermann gehört hat, kann infolge des unsicheren Datums seines Geburtsjahres nicht mit Bestimmtheit gesagt werden. Die Möglichkeit besteht aber, da Keckermann bis 1609 lebte und wirkte. Sicherlich werden die Schriften Keckermanns aber Gölnitz noch alle zugänglich gewesen sein.
13) In diesem Werk beschreibt Gölnitz eine Reise, die er mit Freunden durchgeführt hat und die ihn von Dover über Brügge, Genf, Antwerpen, Paris, Orléans, Lyon, Avignon, Montpellier, Bordeaux, Clermont-Ferrand, Lyon, Genf nach Turin geführt hat.
Während die durchreisten Landesteile nur gelegentlich dargestellt werden (so Flandern S. 25-42), erfreuen sich die besuchten Städte und Orte einer ausführlichen Beschreibung. Es werden vor allem die Lage und Ausdehnung, die Befestigungswerke, die Gliederung in Stadtteile, die politische und gesellschaftliche Ordnung und die Lebensgewohnheiten der Bevölkerung betrachtet. Auf diese Weise trägt das Werk zwar mehr den Charakter eines ,,Bädekers des 17. Jahrhunderts" als einer Landeskunde, es vermittelt aber ein aufschlußreiches Bild vom Zustand der Städte und ihrer Bevölkerung in der damaligen Zeit.
14) ,,Subjectum Geographiae terra quidem potest constitui, non ut est unum ex IV Elementis, sed ut globus terrenus ob commodam hominum habitationem, aqua et terra simul constitutus." (Gölnitz, S. 1)
15) ,,Explicatio versatur vel circa exteriorem globi cognitionem; vel circa interiorem in globo repraesentatarum regionum enoditionem." (Gölnitz, S. 2)
16) Es lassen sich in Gölnitz' Werk eine Vielzahl von Stellen nachweisen, an denen er wörtlich aus Keckermanns Geographie abschreibt. Auf einzelne Nachweise kann in unserem Rahmen jedoch verzichtet werden, da weitere Erkenntnisse aus ihnen nicht gewonnen werden können.
17) Bei Alsted lassen sich die Zitate von insgesamt 44 in- und ausländischen, antiken und zeitgenössischen Schriftstellern nachweisen.
18) So war noch Keckermann verfahren, von dessen Geographia Specialis Büttner (1973, S. 194) sagt: ,,Es folgt die Geographia Specialis. Doch auch dieser Teil der Geographie Keckermanns ist nur der allgemeine Teil einer Geographia Specialis, nicht aber diese selbst; denn er enthält nur Grundgedanken zum Aufbau einer Geographia Specialis."
19) Gölnitz befaßt sich mit der speziellen Geographie auf den Seiten 35 - 278 seines Werkes.
20) So erklärt Alsted (S. 1154): ,,Ex quibus authoribus hodie potissimum petenda sit geographia specialis? Ex Ortelio, Mercatore et Magino: qui merito appellantur Triumviri rei publicae geographicae. Quibus si addatur Ptolemaeus, erit Quatuor viratus." Gölnitz nennt daneben auch Autoren wie Münster, Clüver oder Merula als Quellen für seine Darstellung.

[21] „Hauptamtliche" Geographen gab es im 17. Jahrhundert nicht. Man kam mit dem Fach entweder als Lehrer für Philosophie in Berührung wie Keckermann, Alsted und Christiani, oder man betrieb es aus persönlichen Interessen wie Gölnitz und Varenius. Dieser wollte mit seinem Werk auch nicht als Geograph bekannt werden, sondern eine Anstellung als Lehrer erhalten.

[22] „Definitur Geographia per scientiam, respectu nimirum eorum, quae in terra ratione coeli considerat: reliqua enim cum ex hominum arbitrio maximam partem dependeant, fluxa ac mutabilia sunt." (Gölnitz, S. 1)

[23] In Amsterdam wurde das Werk 1643 und 1649 aufgelegt, in Wittenberg 1671 und 1678.

[24] Keckermann war für Alsted das große Vorbild und der Geograph schlechthin. Alsted preist ihn als einen Mann, der durch „ingenii magnitudine, excellentia doctrinae, methodi perspicuitate, dexteritate docendi" (nach Zuylen, 1934, S. 17) ausgezeichnet sei. Ihm geht er daher im Aufbau seiner philosophischen und theologischen Wissenschaftslehre parallel, ihm gleicht er sich weitgehend in seiner methodischen Darstellung an.
Es verwundert daher nicht, daß Keckermanns Leitbilder auch die Alsteds sind. Während der Philosoph Alsted vornehmlich von Melanchthon beeinflußt, der Theologe vor allem von Ursinus geprägt erscheint, zeigt sich der Methodiker Alsted von Zabarella angeregt. Diese Gelehrten haben auch schon Keckermann beeinflußt.

[25] Aus diesem Grunde enthält Alsteds Geographie wie die Keckermanns eine Vielzahl von Aufgaben, mit deren Hilfe der theoretisch erörterte Stoff praktisch erprobt wurde. Derartige Aufgaben finden sich später auch bei Varenius.

[26] Christiani, David, 1645, Systema geographiae generalis duobus libris absolutum, Marburg.

[27] Da Alsteds Encyclopädie nur einmal aufgelegt worden ist, besteht auch die Möglichkeit, daß sie Varenius infolge der Kriegswirren nicht vorgelegen hat.

Literaturverzeichnis
Alsted, Johann Heinrich, 1630, Encyclopaedia septem tomis distincta, Herborn
Althaus, Paul, 1967, Die Prinzipien der deutschen reformierten Dogmatik im Zeitalter aristotelischer Scholastik, Darmstadt
Büttner, Manfred, 1973, Die Geographia Generalis vor Varenius. Geographisches Weltbild und Providentialehre. Erdwissenschaftliche Forschungen, Band VII, Wiesbaden
Christiani, David, 1645, Systema geographiae generalis duobus libris absolutum, Marburg
Gölnitz, Abraham, 1643, Compendium Geographicum, Amsterdam
Günther, Siegmund, 1905, Varenius, Klassiker der Naturwissenschaften, Leipzig
Heppe, 1875, Alsted. In: Allgemeine deutsche Biographie, Bd. 1, S. 354 f. Leipzig
Hettner, Alfred, 1927, Die Geographie. Ihre Geschichte, ihr Wesen und Ihre Methoden, Breslau
Kastrop, Rainer, 1972, Ideen über die Geographie und Ansatzpunkte für die moderne Geographie bei Varenius unter Berücksichtigung der Abhängigkeit des Varenius von den Vorstellungen seiner Zeit, Saarbrücken
Keckermann, Bartholomäus, 1616, Systema geographicum, Hanoviae
Müller, Karl, 1896, Alsted. In: Realencyclopädie für protestantische Theologie und Kirche, Bd. 1, S. 391, Leipzig
Penck, Albrecht, 1894, Morphologie der Erdoberfläche, Stuttgart
Philippson, Alfred, 1891, Zwei Vorläufer des Varenius. In: Ausland, Nr. 52, S. 817 f.
Ratzel, Friedrich, 1879, Gölnitz. In: Allgemeine deutsche Biographie, Bd. 9, S. 346, Leipzig
Richthofen, Friedrich Freiherr von, 1883, Aufgaben und Methoden der heutigen Geographie, Leipzig
Schlosser, Heinrich, 1943, Johann Heinrich Alsted. In: Nassauische Lebensbilder, Bd. 2, S. 28-39
Schmithüsen, Josef, 1970, Geschichte der geographischen Wissenschaft, Mannheim
Schwarz, 1974, Gölnitz. In: Altpreußische Biographie, Bd. 1, S. 219, Marburg
Seider, A., 1930, Alsted. In: Lexikon für Theologie und Kirche, Bd. 1, S. 294, Freiburg.
Weber, Otto, 1953, Alsted. In: Neue deutsche Biographie, Bd. 1, S. 206, Berlin
Wotschke, Theodor, 1936, Des Herborner Alsted Verbindung mit Polen. In: Archiv für Reformationsgeschichte, 33. Jahrgang, S. 145-164
Zuylen, Willem Hendrick van, 1934, Bartholomäus Keckermann, sein Leben und Wirken, Leipzig

(Fertiggestellt: März 1978)

Manfred Büttner

ZUR KONZEPTION DER PHYSIOGEOGRAPHIE BEI COMENIUS
Wechselseitige Beziehungen zwischen theologischem und geographischem Denken

Vortrag, gehalten in der dritten Fachsitzung der 61. Jahrestagung der Deutschen Gesellschaft für Geschichte der Medizin, Naturwissenschaft und Technik e. V. in Coburg (September 1978)

Einleitung

1.1 Zur Geschichte der Biblischen Physik

Comenius steht mit seiner Physik in der Tradition jener Gelehrten, für die als Quelle vorwiegend nur die Bibel infrage kommt. Hauptvertreter dieser Richtung sind Lactanz, Kosmas, Vincentius, Danaeus, Aslacus, Zanchi, Hyperius, Mercator, Alsted, Reyher. (Alsted war der Lehrer des Comenius.) Es hat sich eingebürgert, die naturwissenschaftlichen Werke dieser Gelehrten als Biblische Physik [1] zu bezeichnen. Die Biblische Physik hat ihren Ursprung in einer Art Gegenbewegung gegen die Aristotelische Physik (Kosmologie, Meteorologie, Geographie usw.), in der es darum geht, die griechische Naturanschauung (oder später auch die Naturanschauung zeitgenössischer Gelehrter) als falsch zu erweisen bzw. mit dem in der Schrift Gesagten zum Ausgleich zu bringen. (So z. B. Alsted in seiner physica harmonica, oder Mercator in seinem Atlas.) Je nachdem, ob man den Text der Bibel mit Hilfe des Aristoteles (oder auch anderer Philosophen) zu erläutern versucht (so z. B. Vincentius) oder ob man einzig und allein nur die Bibel zu Wort kommen läßt (um mit ihr eventuell Aristoteles oder zeitgenössische Gelehrte zu widerlegen), hat man es mit einer „reinen" Biblischen Physik oder einer Mischung aus Bibel und Philosophie zu tun [2].
Kosmas kann als *der* Vertreter einer reinen Biblischen Physik bzw. Geographie gelten. Seine geographische Konzeption, also sein geographisches Denken ist einzig und allein aus der Bibel abgeleitet. Die unmittelbaren Vorläufer des Comenius (vor allem Mercator) gingen dagegen so weit, nur noch rein äußerlich eine Genesis-Exegese zu liefern, in Wirklichkeit lieferten sie eine Aristotelische Naturlehre. Comenius versucht wieder stärker auf die Bibel zurückzugehen und zumindest die wichtigsten Prinzipien für seine Naturlehre aus dieser abzuleiten.

1.2 Zu den Beziehungen zwischen Physik und Geographie

Wer am Genesistext entlang geht und auf der Grundlage des dort Gesagten eine Physik entfaltet, wird von der Kosmologie über die (physische) Geographie zur Anthropologie geführt; denn im Schöpfungsbericht ist zunächst von der ganzen Welt die Rede, dann (vom 3. Tage an) wird das behandelt, was wir heute zur Physiogeographie rechnen (Land/Meer-Verteilung, Gebirgsentstehung, Flußsystem und seine Entstehung, Wind, Regen usw.), und schließlich ist vom Menschen, dem Geschöpf des 6. Tages, die Rede. Im allgemeinen beginnt also in jeder Biblischen Physik die Geographie mit der Beschreibung des dritten Tagewerkes. Gelegentlich schließt sich an die Anthropologie noch eine Anthropogeographie an, wie z. B. bei Vincentius [3], der in einem länderkundlich ausgerichteten Abschnitt über die Siedlungen der Menschen handelt.

1.3 Zu den Beziehungen zwischen Biblischer Physik und Physikotheologie

Während man sich in der Biblischen Physik vom Wortlaut der Schrift leiten läßt, also mit der Bibel ansetzt, versuchen die Physikotheologen, die zeitgenössische Naturlehre mit der christlichen Lehre von Gott dem Schöpfer und Weltenlenker zum Ausgleich zu bringen. Sie setzen also mit der Naturwissenschaft an und sind „nur" noch auf dem Umweg der christlichen Doctrina an die Bibel gebunden. Dieser "Umweg" über die Doctrina ermöglicht ihnen größere Flexibilität, da sie sich über den Wortlaut der Schrift ohne weiteres hinwegsetzen können. Man kann Melchanthon, den Freund Luthers und Begründer des neuen Wissenschaftsbetriebes im protestantischen Deutschland, als Begründer der Physikotheologie [4] bezeichnen. (Nach älteren, inzwischen überholten Forschungen galt Derham als „Vater der Physikotheologie".) Melanchthon und seine Nachfolger legen das jeweils zu ihrer Zeit herrschende naturwissenschaftliche Lehrsystem zugrunde und versuchen dieses mit der Doctrina Evangelica zum Ausgleich zu bringen.

Das führt dann entsprechend der unterschiedlichen theologischen Grundposition zwischen Lutheranern und Reformierten zu einer je speziellen lutherischen oder reformierten Physikotheologie.

Ihren Höhepunkt erlebte die Physikotheologie im 18. Jahrhundert, als es darum ging, die Forschungsergebnisse der modernen kausalmechanisch betriebenen Physik (und Physiogeographie) mit dem theologischen Lehrstück von der Vorsehung (Providentia) zum Ausgleich zu bringen. Da die Providentiavorstellung der Reformierten stärker in die Vergangenheit (also in Richtung auf die Schöpfung) ausgerichtet war, die der Lutheraner jedoch mehr auf die Gegenwart (das Funktionieren der Welt unter Gottes Lenkung) zielte, entwickelten sich die lutherische und reformierte Physikotheologie immer stärker auseinander.

Schon hier in der Einleitung sei darauf hingewiesen, daß Comenius als reformierter Theologe unter dem Eindruck des kausalmechanischen Schocks [5] eine Wendung von der Biblischen Physik zur Physikotheologie vornahm mit allen sich daraus ergebenden Konsequenzen für das theologische und geographische Denken. (Folgen für das geographische Denken: Ansatz nicht mehr mit der Bibel, sondern empirisch. Folgen für das theologische Denken: Verkürzung der Providentia auf die Creatio.)

2. Die Physik und Physiogeographie des Comenius

(Der junge Comenius. Einfluß des theologischen Denkens auf das geographische.)

2.1 Aufbau des Gesamtwerkes [6]

Zum Ziel der Schrift: Wie aus dem Einleitungssatz hervorgeht, will Comenius eine naturwissenschaftliche Genesis-Exegese liefern, wobei besonderes Gewicht auf das gelegt wird, was wir heute zur Physiogeographie rechnen. Comenius sagt, er wolle im einzelnen erläutern „quae Deus initio produxit....ut caelum, terra, mare, fluvius, mons... etc."

Im folgenden deute ich kurz an, was in den einzelnen Kapiteln behandelt wird und weise dabei insbesondere auf das hin, was für unseren Zusammenhang (den Einfluß des theologischen Denkens auf das naturwissenschaftliche bzw. geographische) wichtig ist.

Kapitel I: Comenius geht am Genesis-Text entlang und exegesiert kurz, was Gott an den einzelnen Schöpfungstagen gemacht hat.

Kapitel II: Aus dem in Kapitel I Ausgeführten zieht er den Schluß, daß es drei Prinzipien gibt: Materie, Geist, Licht. Diese Prinzipien werden näher erläutert. Ich greife nur folgenden Gedankengang auf: Licht ist die Ursache für alle Bewegung (lux primum movens). Wärme und Feuer sind mit Licht identisch bzw. gehen aus diesem hervor.

Kapitel III: Von der Bewegung. Hier wird im einzelnen ausgeführt, wie alle Bewegungen vom Licht ausgehen und welche Bewegungen es im einzelnen gibt. Kalte Materie wird durch Wärme in Bewegung gesetzt.

Kapitel IV: Von den Qualitäten. Als Paracelsus-Anhänger nennt er die drei Qualitäten Schwefel, Salz und Mercur, verweist aber ausdrücklich darauf, daß die Vorstellung von den Qualitäten nicht auf die Bibel zurückgeht.

Kapitel V: Von Veränderungen. Alle Veränderungen gehen von der Wärme aus, die ihrerseits ihren Ursprung im Licht hat.

Kapitel VI: Von den Elementen. Hier beginnt die eigentliche (allgemeine) Geographie. Er beginnt mit dem Element Erde, das im Mittelpunkt der Welt ruht. Ursprünglich umlagerten die anderen Elemente die Erde in Form einer Kugelschale. Erst seit dem dritten Schöpfungstage erfolgt eine Bewegung im elementaren Bereich durch das Licht. Im Folgenden geht er breit auf physiogeographische Vorgänge ein, immer unter dem Aspekt: Alle Bewegung geht vom Licht aus.

Kapitel VII: Hier behandelt er das, was wir heute der Klimatologie zurechnen. Hauptaspekt wieder: Alle Bewegung geht vom Licht aus. Besonders interessant: Alle Wallung wird durch Wärme verursacht, so auch die Meereswallung (Ebbe und Flut).

Kapitel VIII: Erscheinungen im oberen Bereich der Lufthülle.

In den restlichen Kapiteln behandelt Comenius die Pflanzen, Tiere, Menschen und Engel. Die hier gemachten Ausführungen sind für unseren Zusammenhang von geringerem Interesse, da sie praktisch nichts mit Geographie zu tun haben.

2.2 Die theologische Ausrichtung der Physik
(Christologisierung)

Es erhebt sich die Frage, warum Comenius seiner Physik einen solchen Aufbau und eine solche Zielrichtung gibt. Warum bildet die eigentliche Genesis-Exegese nur noch einen kleinen Teil seines Gesamtwerkes? Meiner Meinung nach ergibt sich die Antwort auf diese Frage aus dem, was er im 2. Kapitel über die Prinzipien sagt. Dort heißt es, daß die Materie zwar von Gott geschaffen sei, daß jedoch das, was mit dieser Materie geschieht, durch Christus bewirkt werde; denn Christus ist das Licht der Welt. Erst durch das Licht erhielt die ungeordnete Materie ihre Ordnung, erst durch das Licht kam Bewegung in die tote Masse. Christus ist derjenige, der seit der Schöpfung alles hier auf Erden lenkt und steuert: ganz besonders gut sichtbar steuert er die geographischen Vorgänge wie den Waserkreislauf, Ebbe und Flut, das Wetter usw. [7].

Diese auch immer wieder in allen anderen Kapiteln anklingende eigentliche Zielrichtung seiner Physik (Christus als das Licht ist die Ursache für alle physischen Vorgänge) veranlaßt mich, bei Comenius von einer *christologisch ausgerichteten* Physik zu sprechen. Wie mag Comenius zu solch einer Ausrichtung gekommen sein? Warum hat er es nicht (wie seine Vorgänger in der Biblischen Physik) bei einer theologischen Ausrichtung bewenden lassen?

Da der gegenwärtige Forschungsstand auf diese Frage noch keine sichere Antwort zuläßt, kann ich nur Vermutungen (Arbeitshypothesen) äußern. Meine Vermutungen sollen bei Bekanntem und bereits Erforschtem ansetzen.

Bekannt ist ja, daß in den Beziehungen zwischen Geographie und Theologie seit der Reformation eine Schwerpunktverlagerung stattgefunden hat, die nicht ohne Einfluß auf die innere Konzeption der Geographie (also das geographische Denken) geblieben ist. Während die katholischen Geographen wegen ihres besonderen Interesses an der Creatio vorwiegend Faktenmaterial auswählten, das sie mit der Schöpfung in Beziehung bringen konnten, wandten sich die Protestanten stärker dem Material zu, das in Beziehung zur göttlichen Vorsehung zu setzen war; denn ihr Interesse galt weniger dem Schöpfergott als mehr demjenigen, der nach der Schöpfung die Welt lenkt [8].

Es waren also Schwerpunktverlagerungen im theologischen Denken, die zu einer Schwerpunktverlagerung in den Beziehungen zwischen Theologie und Geographie und damit zugleich zu einer Umorientierung des Faches Geographie selbst geführt hatten. Melanchthon war derjenige, der diese Entwicklung - angeregt von Luther - ingang gesetzt hatte. Ganz in seinem Geist weist noch Mercator, der ja rein formal eine Genesis-Exegese in seinem Atlas bietet, darauf hin, daß sich der Geograph vor allem mit den Dingen zu befassen habe, die auf die göttliche Lenkung der Welt verweisen [9].

Zusammenfassend kann man sagen: Im Zuge der Schwerpunktverlagerungen in den Beziehungen zwischen Theologie und Geographie hatte sich zugleich

eine Verlagerung von der statischen zur dynamischen Betrachtungsweise vollzogen. Den Geographen des 15. und 16. Jahrhunderts interessierten immer stärker Vorgänge, Prozesse usw., weniger unveränderliche Strukturen.
Soweit zu dem, was bezüglich der Entwicklung in der Zeit *vor* Comenius bekannt ist.

Aus der Zeit *nach* Comenius ist bekannt, daß man sich in der Theologie (insbesondere mit dem Aufkommen des Pietismus) immer stärker Christus zuwandte. Die Theologie Zinzendorfs z. B. (er ist einer der Hauptvertreter des Pietismus und ein indirekter Schüler von Comenius) kann man als Christusmonismus bezeichnen. Als Folge für die Beziehung zwischen Theologie und Geographie ergeben sich dann bei Zinzendorf Aussagen wie diese: Gott hat die Welt zwar geschaffen, was jedoch in ihr passiert, das läßt er durch Christus bewirken. Zinzendorf geht sogar so weit, zu sagen: Das Wetter macht Christus [10].

Man hat sich bisher oft gefragt, wo das „missing link" zwischen der nachreformatorischen Beziehung zwischen Theologie und Geographie (die auf die göttliche Providentia zielt) und der eben genannten pietistisch christologisch ausgerichteten Beziehung liegt. Oder anders ausgedrückt: Woher hat Zinzendorf seine Anregungen? Meiner Meinung nach spielt Comenius hier eine entscheidende Rolle. Er ist es, der - offenbar auf dem Wege von der Theologie zur Christologie stehend - die göttliche Providentia (sprich: Weltregierung) durch die von Christus ausgehende Regierung ersetzt hat.

Soviel zu meiner Arbeitsthese, die durch weitere Forschungen von Theologen, Philosophen aber auch von Physikhistorikern, Comenius-Spezialisten usw. zu ergänzen, bzw. zu verifizieren oder zu falsifizieren wäre [11].

Mit Hilfe meiner Arbeitsthese scheint auch folgendes verständlich zu werden, was bisher unerklärlich schien: Seit Rohr sein Werk über die Geschichte der Physik geschrieben hat, wird der Physiker Comenius ja immer wieder als „Wirrkopf" bezeichnet. Auch die mit Rebler in verstärktem Maße einsetzenden Untersuchungen [12], woher Comenius seine Bausteine hat (seine Physik scheint ja ein zusammengewürfeltes Sammelsurium aus Bibel, Aristoteles, Campanella, Sennert, Bacon usw. usw. zu sein), konnten nicht verständlich machen, *warum* Comenius, der doch auf anderen Gebieten durchaus nicht den Eindruck eines „wirren" Geistes macht, hier in der Physik so seltsam vorgeht. Bei Zugrundelegung meiner Arbeitsthese ergibt sich nunmehr eine einleuchtende Antwort: Wer (ob bewußt oder unbewußt) eine christologisch ausgerichtete Physik schreiben will, der muß einfach so vorgehen wie Comenius und das Licht und die von ihm ausgehende Bewegung in den Mittelpunkt stellen. Mit diesem meinem Erklärungsversuch ist selbstverständlich nur das Gesamtziel der Physik des Comenius verständlich geworden. Viele Einzelheiten (z. B., daß er die drei Qualitäten von Paracelsus übernimmt) lassen sich damit allerdings noch nicht erklären.

An dieser Stelle ist eine Anmerkung über die Aufgabe des Geographiehistorikers angebracht. Es genügt nicht, nur herauszustellen, *wie* frühere Gelehrte vorgegangen sind, von *wem* sie welches Material übernommen haben, usw.

Entscheidend zum wirklichen Verständnis ist die Beantwortung der *Warum-Frage.*

3. Die spätere Überarbeitung

(Einfluß geographischen Denkens auf das theologische Denken)
Nach seinem Amsterdamer Aufenthalt entschließt sich Comenius zu einer grundlegenden Überarbeitung seiner Physik [13]. Er ist inzwischen zu der Überzeugung gekommen, daß man nicht mit der Bibel ansetzen kann, sondern einzig und allein von der Beobachtung ausgehen muß, und zwar unter Zugrundelegung kausalmechanischen Denkens. Der Tod hat ihn daran gehindert, seine Überarbeitung zu vollenden: aber sie ist immerhin in ihren Grundzügen vorhanden. Für unseren Zusammenhang ist folgender, völlig neue Gedankengang wichtig, der die Zielrichtung der überarbeiteten Physik anzeigt: Der moderne Physiker hat aufzuzeigen, daß die Welt wie eine gut gebaute Maschine „von selbst" läuft. Zwar ist - wie in der alten Physik - der Schwerpunkt bei der Beschreibung der Vorgänge zu suchen: aber der christologische Bezug fehlt völlig. Mußte in der alten Physik Christus durch sein Licht alle Vorgänge steuern, so zieht Comenius nun die theologischen Folgerungen aus seinem kausalmechanischen Ansatz, wenn er sagt, es sei Gottes unwürdig, eine Maschine zu bauen, die einer dauernden Steuerung bedarf. Nein, gerade darin sieht man die Größe Gottes, daß er eine so perfekte Maschine schuf, die „von selbst" ohne Korrektur und Steuerung weiterläuft (Comenius 1633, 366-368).
Mit diesen Aussagen deutet Comenius eine völlige Umkehr an. Für ihn ist nun auf einmal in der Geographie nur noch Platz für den Schöpfergott, der sich nach seinem Schöpfungswerk gewissermaßen zur Ruhe gesetzt hat. Der Weg zu Deismus und zur reformierten Version der Physikotheologie ist damit eingeschlagen. Das theologische Denken des Comenius hat unter dem Einfluß des neuen kausalmechanischen Denkens eine neue Richtung genommen [14].

4. Nachwirkungen der Physik des Comenius

Es ist der Frage nachzugehen, welchen Einfluß das Werk des Comenius auf die weitere Entwicklung des naturwissenschaftlichen (insbesondere des geographischen) Denkens gehabt hat und ob eventuell ein Einfluß auf die weitere Entwicklung der Beziehungen zwischen Geographie und Theologie von ihm ausging.
Hier ist entscheidend, welche Rolle die Physik des Comenius im Wolffschen Streit [15] gespielt hat. Beim Wolffschen Streit handelt es sich im Grunde genommen um einen Streit darum, wie man als Theologe auf die moderne kausalmechanisch vorgehende Naturwissenschaft (insbesondere die Geographie, die ja ein Schulfach war und großen Einfluß auf die Erziehung hatte) reagieren sollte. A. H. Francke, der in vielen anderen Beziehungen sehr modern dachte, war hier konservativ.
Er sah in der von Wolff aufgegriffenen kausalmechanischen Betrachtungsweise mit ihrer teleologisch-physikotheologischen Überhöhung einen ersten Schritt

weg von Gott und hin zum Atheismus. Aus dem Grunde empfahl er seinen Studenten, nach der Physik des Comenius und nicht nach der des Christian Wolff vorzugehen. (Den Schülern seines Pädagogiums schrieb er zwar das Physikbuch Wolffs vor - wahrscheinlich wegen seiner Leichtverständlichkeit -, ließ es jedoch theologisch und philosophisch „entschärfen". Einzelheiten dazu werden zur Zeit von Krolzik erforscht.) Franckes Freund Lange gab dann die Physik des Comenius neu heraus. Zu Anfang des 18. Jahrhunderts standen sich also in Halle (der modernen Universität Deutschlands, wo Pietismus und Aufklärung aufeinanderprallten) die konservative Physik des Comenius und die moderne Physik Christian Wolffs gegenüber. Da Francke dem jungen Wolff gegenüber zunächst die größere Persönlichkeit war und über guten Kontakt zum Königshaus verfügte, gelang es ihm, sich (und damit die Physik des Comenius) durchzusetzen[16].

Doch die Zeit war für eine Wende reif. Francke stand - zumindest, was seine Stellung zur Physik betrifft - auf verlorenem Posten.

In diesem Zusammenhang sei auf ein Kuriosum hingewiesen. Christian Wolff, den Francke mit der Physik des Comenius bekämpfte, geht als Lutheraner in seinen theologischen Folgerungen keinesfalls so weit wie Comenius in seiner Überarbeitung[17]. Da für Wolff die Naturgesetze nicht notwendig sind, ist in seinem naturwissenschaftlichen Denken durchaus Raum für eine auch nach der Schöpfung wirkende göttliche Regierung (wie es ja dann auch noch der junge Kant ausdrücklich betont.) Hätten Francke und Lange einen besseren Zugang zur Naturwissenschaft gehabt und die sich ergebenden theologischen Folgen deutlich erkannt, dann wäre es wahrscheinlich gar nicht zu den vielen Mißverständnissen gekommen, die schließlich den Wolffschen Streit entfachten und die Physik des Comenius gewissermaßen „künstlich" (gegen den von Comenius selbst gesehenen Trend) hochbewerteten und „am Leben hielten".

Mit dem Gesagten ist die Frage nach den Nachwirkungen der Physik des Comenius beantwortet. Dadurch, daß Francke (einer der bekanntesten und angesehensten Gelehrten und wohl der bekannteste Erzieher dieser Zeit) in der Physik des Comenius eine Stütze für den Glauben, in derjenigen des Christian Wolff jedoch einen Schritt zum Atheismus sah, wirkte das Werk des Comenius bis ins 18. Jahrhundert hinein. Noch Reyher läßt sich als Geograph von Comenius anregen, als er 1710 sein Hauptwerk schrieb.

Anmerkungen

[1] Zu den genannten Gelehrten und zur Biblischen Physik siehe zusammenfassend Büttner 1973 und Zöckler 1877.

[2] Zur Gegenüberstellung von Biblischer und Aristotelischer Physik siehe zusammenfassend Büttner 1973 mit den entsprechenden Quellenhinweisen, die hier nicht im einzelnen aufgeführt werden sollen.

[3] Speziell zu Vincentius siehe Büttner 1973 und 1977.

[4] Zur Physikotheologie siehe Büttner 1973 und Philipp 1957.

[5] Zum kausalmechanischen Schock siehe Philipp 1957 und Büttner 1973a.

[6] Comenii, I.A.: Physicae ad Lumen Divinum reformatae Synopsis.... Lipsiae 1633. Ich zitiere im folgenden nach der Ausgabe von Reber. Gießen 1896.

⁷⁾ Dieser Gedankengang durchzieht seine ganze Physiogeographie. Von den verschiedensten Seiten, mit immer wieder anderen Beispielen und unter anderen Aspekten sagt er im Grunde genommen immer nur dieses: Christus als das Licht der Welt lenkt und steuert alles hier auf Erden.
⁸⁾ Vgl. dazu zusammenfassend die in Anm. 1 genannte Arbeit von Büttner und ders. 1979 und 1975.
⁹⁾ Zu dieser Seite bei Mercator siehe zusammenfassend Büttner 1973 und ders. 1978.
¹⁰⁾ Zum Christusmonismus bei Zinzendorf und zu seinen Beziehungen zur Geographie siehe zusammenfassend Büttner 1963 und 1964.
¹¹⁾ Auf dem Kongreß in Coburg war man nach angeregter Diskussion allgemein der Meinung, daß nur eine Verifikation zu erwarten sei, die vor allem von theologischer Seite durchgeführt werden müsse. Krolzik (Hamburg) will sich im Zusammenhang mit seinen Francke-Forschungen (vgl. dazu weiter unten) auch diesem Problem zuwenden.
¹²⁾ Von der umfangreichen Literatur über den Physiker bzw. Naturphilosophen Comenius sei an dieser Stelle lediglich genannt: Cervenca 1970.
¹³⁾ Sie beginnt in der Reber-Ausgabe (vgl. Anm. 6) auf S. 351.
¹⁴⁾ Vgl. dazu Kant, der trotz seiner lutherischen Theologie, die ja infolge der auf das jetzige Regieren hin ausgesagten Providentia eigentlich vor einem Abgleiten in den Deismus hätte bewahrt sein müssen, ebenfalls auf der Grundlage kausalmechanischen Denkens zu analogen Folgerungen kommt. Siehe dazu: Büttner 1973b.
¹⁵⁾ Zum Wolffschen Streit siehe zusammenfassend Büttner 1973a. (Dort umfassende Literaturhinweise.)
¹⁶⁾ Zum Streit Francke/Wolff und der in diesem Zusammenhang besonders wichtigen Einstellung Franckes zur Naturwissenschaft vergleiche zusammenfassend die in Anm. 11 genannten Schriften von Büttner. Krolzik (Hamburg) ist dabei, die seinerzeit in der Forschung noch offengebliebenen Fragen einer Lösung näherzuführen. Er wird darüber auf dem Göttinger Geographentag (1979) in der Sektion „Geschichte der Geographie" berichten.
¹⁷⁾ Siehe dazu zusammenfassend Büttner 1963, 1964 und 1973a. Vgl. auch Anm. 14. Da Wolff für teleologisches Denken noch Raum läßt und sich nicht - wie Kant - einzig und allein auf kausalmechanisches Denken (zumindest in der Physiogeographie) festlegt, war er nicht genötigt, in seinen theologischen Folgerungen so weit zu gehen wie Comenius und Kant in ihren Alterswerken.

Literaturverzeichnis

Büttner, Manfred 1963: Theologie und Naturwissenschaft, insbesondere Geographie. Theologische Dissertation Münster
Büttner, Manfred 1964: Theologie und Klimatologie. In: Neue Zeitschrift für Systematische Theologie und Religionsphilosophie 6, S. 154 - 191
Büttner, Manfred 1973: Die Geographia Generalis vor Varenius. Geographisches Weltbild und Providentialehre. Erdwissenschaftliche Forschungen 7, Wiesbaden (Habil.-Schrift)
Büttner, Manfred 1973a: Zum Gegenüber von Naturwissenschaft (insbesondere Geographie) und Theologie im 18. Jahrhundert. Der Kampf um die Providentialehre innerhalb des Wolffschen Streites. In: Philosophia Naturalis 14, S. 95 - 122
Büttner, Manfred 1973b: Zum Übergang von der teleologischen zur kausalmechanischen Betrachtung der geographisch-kosmologischen Fakten. In: Studia Leibnitiana 5, S. 177-195
Büttner, Manfred 1975: Kant and the Physico-Theological Consideration of the Geographical Facts. A Contribution to the History of Geography in its Relation to Theology and Philosophy. The Geographical Schools in Central Europe before 1600. In: Organon (Warschau) 11, S. 231-249
Büttner, Manfred 1977: Die Bedeutung der Reformation für die Neuausrichtung der Geographie im protestantischen Europa. In: Archiv für Reformationsgeschichte 68, S. 209-225
Büttner, Manfred 1978: Die Bedeutung von Karte und Globus innerhalb der Entwicklung des Geographischen Denkens vom Zeitalter des Humanismus bis zur Aufklärung. In: Der Globusfreund 25-27, S. 77-95

Büttner, Manfred 1979: On the Significance of the Reformation for the New Orientation of Geography in Germany. In: History of Science (in Druck)
Cervenca, J. 1970: Die Naturphilosophie des J. A. Comenius. Prag
Comenius J. A.3: Physicae ad Lumen Divinum reformatae Synopsis....Lipsiae (ed. Reber, Giessen 1896)
Philipp, Wolfgang 1957: Das Werden der Aufklärung in theologiegeschichtlicher Sicht. Göttingen
Zöckler, O. 1877: Geschichte der Beziehungen zwischen Theologie und Naturwissenschaft. Gütersloh

(Fertiggestellt: Oktober 1978)

Manfred Büttner

SAMUEL REYHER UND DIE WANDLUNGEN IM GEOGRAPHISCHEN DENKEN GEGEN ENDE DES 17. JAHRHUNDERTS
(Vortrag, gehalten auf der 60. Jahrestagung der Deutschen Gesellschaft für Geschichte der Medizin, Naturwissenschaft und Technik e. V. in Schleswig, September 1977)

Einleitung
1. Die Entwicklung des geographischen Denkens bis zur Mitte des 17. Jahrhunderts

Zunächst einige Vorbemerkungen: Was ist Geographie und was bedeuet geographisches Denken? In der für diese Dinge zuständigen Arbeitsgruppe der internationalen geographischen Union [1], die dabei ist, ein Lexikon zur Geschichte der Geographie [2] herauszugeben, haben wir uns nach jahrelangen Diskussionen folgendermaßen geeinigt:
1. Wir dürfen nicht den heutigen Geographie-Begriff zugrundelegen, sondern müssen davon ausgehen, was frühere Gelehrte unter Geographie verstanden haben.
2. Dabei sollte man sich nicht zu eng an den Begriff Geographie klammern, sondern auch alles dazu rechnen, was man der Sache nach unter Geographie verstand, selbst wenn man diese Sache unter einem anderen Begriff abhandelte. So sind z.B. Schriften mit länderkundlichen Titeln, ja selbst solche, die einen theologischen Titel haben, dann als geographische Schriften zu betrachten und entsprechend zu berücksichtigen, wenn in ihnen das abgehandelt wird, was die Zeitgenossen als „geographisches Material" betrachteten [3].
3. Geographisches Denken soll folgendes bedeuten: Die Vorstellung vom Wesen, den Aufgaben und Zielen, den Methoden usw. der Geographie. Geographisches Denken ist also das, was gewissermaßen hinter den geographischen Werken steht, ihnen ihre Zielrichtung und die Prinzipien für die methodische Aufbereitung des Faktenmaterials gibt [4].

Wenn man *Reyher* aus seiner Zeit heraus verstehen will, vor allem aber, wenn man seinen Platz bzw. seine Bedeutung innerhalb der Entwicklung des geographischen Denkens ermitteln will, dann scheint es notwendig, einige Ausführungen über die Geographie vor Reyher zu machen. Es sei daher im folgenden zunächst ein kurzer Überblick über die Entwicklung des Faches seit der Reformation gegeben. Dann soll auf die Impulse eingegangen werden, die von der frühen Aufklärung ausgingen. Sie führten zu einer grundsätzlichen Wandlung im geographischen Denken, die erstmals bei Reyher (und zwar in einer ganz besonderen Weise) sichtbar wird.

Heute bestimmen Ideologien, bestimmte Gesellschaftssysteme und deren Wertvorstellungen, bestimmte Wirtschaftssysteme, aber auch Vorstellungen in den Erziehungswissenschaften usw. weithin die Aufgabe des Geographen. [5].
Früher wurde das geographische Denken in vieler Hinsicht vom theologischen Denken her geprägt. Der Katholik hatte eine grundsätzlich andere Vorstellung von den Aufgaben und Zielen, der methodischen Ausrichtung usw. der Geographie als der Lutheraner oder Reformierte.

Die Erscheinung lag darin begründet, daß es zwar im 15., 16. und 17. Jahrhundert das Fach Geographie gab, daß aber dieses Fach praktisch nur von Theologen betrieben wurde. Die Mitte des Denkens dieser Gelehrten, die sich mit Geographie beschäftigten, war nicht die Geographie sondern die Theologie. Das geographische Denken war daher zwangsläufig vom theologischen Denken her geprägt. Wandlungen im theologischen Denken, (wie z.B. die mit der Reformation einsetzenden Wandlungen) mußten aus diesem Grunde zu Wandlungen im geographischen Denken führen. Es kann nun hier nicht die Aufgabe sein zu zeigen, wie sich im Zuge der Reformation die mathematische an *Ptolemäus* orientierte Geographie zu dem entwickelte, was wir heute Vollgeographie nennen. Es sollen lediglich einige grundsätzliche Dinge hinsichtlich der Beziehungen zwischen Theologie und Geographie in dieser Zeit ausgeführt werden, um das Verständnis für die Situation vorzubereiten, in die *Reyher* dann später hineingeboren wurde. [6].

1. Da für den katholischen Theologen das Lehrstück von der Schöpfung im Zentrum des Denkens stand, sah es dieser, wenn er sich als Geograph betätigte, als seine Aufgabe an, Gottes Schöpfung zu beschreiben. Die Beziehung zwischen Theologie und Geographie läßt sich in dem Fall durch folgenden Gedankengang verdeutlichen: Da es die Aufgabe des Geographen ist zu zeigen, wie die von Gott geschaffene Welt im einzelnen aussieht, und wie die Weltschöpfung im einzelnen vor sich ging, hat sich der Geograph auf *Ptolemäus* und die Bibel zu stützen. *Ptolemäus* lehrte, wie die Welt bzw. Erdoberfläche jetzt aussieht, und die Bibel lehrt, wie das Schöpfungswerk vor sich ging.

2. Die lutherischen Theologen waren weniger am Lehrstück von der Schöpfung als am Lehrstück von der Providentia interessiert. Ihnen ging es darum herauszustellen, wie Gott die Welt zum Wohle des Menschen lenkt. Aus dem Grunde wandten sich die lutherischen Geographen stärker der Physiogeographie zu; denn hier im physiogeographischen Bereich ließ sich in besonders eindringlicher Weise aufzeigen, wie Gott zum Wohle des Menschen die ganze Natur lenkt. Er schickt Regen zur rechten Zeit, sorgt für den richtigen und guten Wechsel der Jahreszeiten usw. Da die Bibel keine Auskunft über

die jetzige Regierung Gottes gibt, konnten, ja mußten die lutherischen Geographen weitgehend auf die Bibel verzichten. Auch bot ihnen *Ptolemäus* wenig Anregungen. Sie lehnten sich in ihrer Geographie daher vorwiegend an *Aristoteles* an. *Melanchthon*, der Praeceptor Germaniae, gab der Geographie im lutherischen Europa diese Ausrichtung. Wenn die lutherischen Geographen bis zu *Kant* hin sich besonders stark der Physiogeographie zuwandten, (die sich später physikotheologisch ausrichteten), dann zeigt sich hier die Nachwirkung der Reformation.

3. Die reformierten Theologen waren zwar auch (wie die Lutheraner) stärker an der Providentia als an der Schöpfung interessiert; aber ihre Providentialehre beschränkte sich nicht nur auf die jetzige Lenkung der Welt, sondern sie schloß auch die frühere Lenkung mit ein. Aus dem Grunde waren die reformierten Geographen gehalten, das Kontinuum zwischen göttlichem Dekret, Schöpfung, Sündenfall, Sündflut und heutiger Lenkung der Welt durch die Vorsehung zu beschreiben. So kam es, daß sie (anders als die Lutheraner) wiederum die Bibel sehr stark heranziehen mußten. Ihr Interesse richtete sich gelegentlich ganz besonders auf die Sündflut und ihre geographischen Ursachen sowie Folgen. Die gesamte Sündflut-Geographie sowie die sich daraus entwickelnde Geologie fand daher zunächst nur in den reformierten bzw. calvinistischen Gebieten Europas größtes Interesse. Erst später, als theologisch-konfessionelle Einflüsse unbedeutend wurden, konnte sich dann auch im lutherischen Europa die Geologie stärker entwickeln.

Zusammenfassend kann man sagen: In der Zeit vom 15. bis 16. Jahrhundert bestimmte theologisches Denken das geographische. Obwohl z.B. *Melanchthon* und *Münster* bei demselben Lehrer (*Stöffler*) Geographie studiert hatten, entfalteten sie doch aufgrund ihrer unterschiedlichen theologischen Denkweise eine unterschiedliche Geographie. *Melanchthon* entwickelte ein geographisches Denken, das mit der lutherischen Theologie im Einklang stand. *Münster* orientierte sich am theologischen Denken der Reformierten, vor allem an dem *Zwinglis*. *Melanchthon* wurde so zum Begründer der lutherischen Geographenschule, *Münster* zum Begründer der reformierten Schule.

Zu Beginn des 17. Jahrhunderts setzte eine erste grundsätzliche Wandlung ein[7]. *Keckermann* (der führende Universalgelehrte jener Zeit) forderte, daß sich der Geograph seine Aufgaben und Ziele selbst zu stellen habe und eine Methode zu entwickeln habe, die diesen Aufgaben und Zielen entspreche. Auch wenn die Geographie - wie alle anderen Naturwissenschaften - in dieser Weise vorgehe, so erfülle sie trotz allem noch eine theologische Aufgabe, sie mache den Menschen nämlich gottgleich; denn je weiter der Mensch in der Naturerkenntnis fortschreite, um so mehr könne er die Natur beherrschen. Und je mehr er die Natur beherrsche, um so ähnlicher werde er Gott.

Keckermann bildete in gewisser Weise den Gegenpol zu *Melanchthon*. *Melanchthon* hatte die Geographie ganz vordergründig der Theologie untergeordnet. *Keckermann* löste diese vordergründige Unterordnung zugunsten einer mehr hintergründigen Indienstnahme, oder anders ausgedrückt: *Keckermann* sah, daß die Zeit reif war, der Geographie (wie allen anderen Naturwissenschaften)

ihre Eigenständigkeit zuzugestehen und ihr nicht vorzuschreiben, welche Aufgaben und Ziele sie zu verfolgen habe, bzw. nach welcher Methode sie vorzugehen habe. Trotzdem sah er, daß eine emanzipierte Geographie - wie man sie auch betreiben würde - immer noch eine theologische Aufgabe erfüllen könnte.
Keckermanns Einfluß reicht über *Varenius* hinaus bis in das Ende des 17. Jahrhunderts. Indirekt reicht sein Einfluß bis in die Gegenwart, denn die von ihm eingeführte Einteilung unseres Faches in *geographia generalis* und *geographia specialis* gilt noch heute. Schon zu *Reyhers* Zeiten galt jedoch nicht mehr die Vorstellung, eine emanzipierte Geographie würde irgendwie theologisch von Bedeutung sein (den Menschen zu Gott führen oder ihn gar gottgleich machen). Im Gegenteil, bereits um die Mitte des Jahrhunderts zeigte es sich, daß eine theologisch neutrale Naturwissenschaft den Menschen zum Atheismus führen könne. Dieses Problem wurde immer brennender. Weder unter Theologen noch unter Naturwissenschaftlern (unter Einschluß der Geographen) diskutierte man daher die Frage weiter, ob wirklich die neue theologisch neutrale, aufklärerisch betriebene Naturwissenschaft den Menschen gottgleich machen würde. Man diskutierte vielmehr, ob die Naturgesetze wirklich „von selbst" ablaufen, ob es wirklich (ohne Gottes Handeln) „von selbst" zur rechten Zeit Frühling oder Sommer, Tag und Nacht wird, usw. Man fragte: Schläft Gott? Regiert er gar nicht?
Soweit ich sehe, war *Comenius* der erste, der gegen diese Gedankengänge anging und eine neue Physik (man könnte auch sagen, eine neue physische Geographie) auf der Grundlage der Bibel zu entfalten versuchte, um Gottes Weltregierung zu „retten". *A.H. Francke* legte später diese Physik des *Comenius* seinem Naturkundeunterricht zugrunde, um seine Schüler vor den „atheistischen Folgen" der modernen Physik zu bewahren [8].
Comenius sah allerdings gegen Ende seines Lebens ein, daß man nicht mit der Bibel gegen die moderne, auf experimenteller Basis operierende Naturwissenschaft (unter Einschluß der Geographie) angehen könne. Die Bibel sei kein Naturkundebuch. In einer unvollendet gebliebenen Überarbeitung seiner Physik versuchte er darum zu einem Ausgleich zwischen Bibel und moderner Naturwissenschaft, insbesondere Geographie zu kommen.

Es ist mir nicht bekannt, ob *Reyher* die Schriften des *Comenius* gelesen hat. Insbesondere weiß ich nicht, ob ihm die Überarbeitung vorgelegen hat, die *Comenius* nach seinem Amsterdamer Aufenthalt an seiner Physik vorgenommen hatte; aber der Sache nach setzte *Reyher* genau dort an, wo *Comenius* aufgehört hatte. Er versuchte, die moderne Naturwissenschaft, insbesondere die Geographie, so umzugestalten, daß sie nicht dazu führen könne (bzw. von gewissen Philosophen dazu mißbraucht werden könne), den Menschen vom Glauben an Gottes Weltregierung abzubringen.
Damit ist der Hintergrund ausgeleuchtet, der meiner Meinung nach für das Verständnis des Vorgehens *Reyhers* erforderlich ist. *Reyher* lebte in einer Zeit, als von den sogenannten „frommen Gelehrten" eine erste Gegenbewegung gegen die Aufklärung einsetzte. Auch die an Namen wie *Spener, Francke* und *Zin-*

zendorf gebundene pietistische Bewegung muß als eine solche Reaktion auf die von der Aufklärung ingang gesetzte Denkweise angesehen werden, ebenso wie die Bewegung jener Übereifrigen, die unter Berufung auf die Bibel gegen die Ergebnisse der modernen Naturwissenschaften anzugehen versuchten (z.B. *Glaubrecht, Schöpffer* usw...) (*Büttner* 1963).
Daneben gab es die sogenannten Physikotheologen, die unter Anerkennung der modernen, experimentell arbeitenden, kausalmechanisch vorgehenden Naturwissenschaft einen Ausgleich zwischen biblischem Glauben und modernem naturwissenschaftlichen Denken herzustellen versuchten. Zu dieser Gruppe von Gelehrten gehörten praktisch alle Geographen des 18. Jahrhunderts. Erst mit *Kant* wurde das physikotheologische Denken dann gegen Ende des Jahrhunderts überwunden. Trotzdem gab es einige „Nachzügler", wie etwa *Ritter*, der noch im 19. Jahrhundert physikotheologisch dachte[9].
Es soll im folgenden untersucht werden, welcher Denkrichtung *Reyher* zuzuordnen ist. Dann soll weiter dargelegt werden, ob *Reyher* (welcher Richtung er auch angehören mag) eine grundsätzliche Bedeutung für die Entwicklung des Faches Geographie zukommt, ob er wegweisend gewirkt hat, so daß man seine Ideen aufgriff, oder ob er ein Einzelgänger war, der keine Nachwirkungen gehabt hat und daher zu Recht bald in Vergessenheit geriet.

2. Biographisches[10]

Samuel Reyher wurde am 19.4.1635 in Schleusingen (Grafschaft Henneberg) geboren. Sein Vater, *Andreas Reyher*, der zunächst Schulrektor in Schleusingen und dann in Lüneburg war, siedelte 1642 nach Gotha über, um als Rektor die Leitung des dortigen Gymnasiums zu übernehmen. Wahrscheinlich hat sein Sohn Samuel sogleich diese Ausbildungsstätte besucht, die später oft als Tor der Aufklärung bezeichnet wird.
Einzelheiten interessieren in unserem Zusammenhang weniger. Vielleicht sollte jedoch darauf hingewiesen werden, daß Samuel in einem sehr frommen Elternhaus aufwuchs. Diese fromme Erziehung ist für sein Leben von entscheidender Bedeutung gewesen. Ein weiterer Umstand kommt hinzu, der heute leicht übersehen wird: Gymnasien wie Gotha, Danzig, Breslau usw. hatten beinahe Universitätsniveau.
Von *Christian Wolff* weiß man z.B., daß er während seiner Gymnasialzeit einen sehr fundierten Theologieunterricht erhalten hat. Wie er selbst sagt, konnte er auf der Universität theologisch nichts mehr hinzulernen. Aus dem Grunde belegte er dann andere Fächer. Ob sich die Sache bei *Reyher* ähnlich verhalten hat wie bei *Wolff*, ist bislang nicht genau erforscht, es könnte jedoch so gewesen sein. In seinen Büchern *Mathesis Mosaica* (1679) und *Mathesis Biblica* (1714) erweist er sich jedenfalls als perfekter Hebraist und Theologe, demzufolge ist anzunehmen, daß er seine theologische Grundausbildung am Gymnasium erhalten hat; denn an den Universitäten, die er besuchte, studierte er Mathematik, Philosophie und Jura. Zunächst wandte er sich nach Leipzig (1654), dann nach Leyden. In Leipzig dürfte er vorwiegend mit lutherischem Gedankengut vertraut gemacht worden sein (Einzelheiten darüber sind noch wenig erforscht),

während er in Leyden reformiertes Denken kennenlernte. Ich erinnere an das eingangs Angedeutete: im 16. und zum Teil auch noch im 17. Jahrhundert waren die Universitäten vornehmlich konfessionell ausgerichtet. Auch die Naturwissenschaften (unter Einschluß der Mathematik) unterlagen dieser theologischen Ausrichtung. *Melanchthon* hatte ja seinerzeit bei der Begründung des Schul- und Hochschulwesens ausdrücklich gefordert, daß auch die Naturwissenschaften (unter ausdrücklicher Einbeziehung der Mathematik und Geographie) der *Doctrina Evangelica* anzupassen seien.

Diese Dinge sind deshalb hier zu betonen, weil nur vor ihrem Hintergrund die bei *Reyher* festzustellende Wandlung im geographischen Denken verständlich wird.

Reyher pendelte dann mehrmals zwischen Leyden und Leipzig. 1660 wurde er Privatdozent in Leipzig und hielt Vorlesungen an der juristischen Fakultät ab. 1666 promovierte er in Leyden zum Dr. jur. Vor Abschluß seines Dr.-Examens hatte ihn jedoch schon ein Ruf auf den Lehrstuhl für Mathematik an die neugegründete Universität Kiel erreicht. Hier begann er bereits im WS. 1665/66 mit einer Vorlesung über Astronomie und Geographie. Er muß dann wohl von Kiel aus zur Promotion nach Leyden gereist sein. Einzelheiten darüber sind bislang noch nicht ermittelt. Sie sind in unserem Zusammenhang auch nicht so wichtig. Entscheidend ist aber wohl folgendes: Die bislang bekannten biographischen Angaben lassen erkennen, daß wir es bei *Reyher* mit einem vielseitig gebildeten und interessierten Gelehrten zu tun haben.

Bis kurz vor seinem Tode (1714) hat er seine Pflichten als Mathematikprofessor voll wahrgenommen. Seine letzte Vorlesung hielt er im Jahre 1714 über Cosmographie.

Es sind an dieser Stelle einige Bemerkungen zu *Reyhers* Vorstellungen von der Mathematik und ihrem Verhältnis zur Geographie zu machen. Sein Mathematik-Begriff ist sehr weit, und entsprechend dieses weiten Mathematik-Begriffes beschäftigte er sich mit vielen Dingen, die wir heute nicht zur Mathematik rechnen würden und die man auch zu seiner Zeit nicht dazu rechnete. Selbstverständlich rechnete er die Geographie und ihre engeren Nachbargebiete wie Hydrographie, Gnomik, Cosmographie, ja sogar Physik, Geodäsie, Meteorologie usw. zur Mathematik, hielt darüber Lehrveranstaltungen ab und schrieb entsprechende Bücher. Aber auch die Chronologie (hier schloß er sogar politische Geschichte mit ein) und Technik zählte er zur Mathematik. So befaßte er sich mit der städtischen Wasserleitung, veranstaltete Seminare über Hydraulik, Bewässerungstechnik usw. Sogar das, was wir heute als Agrarwissenschaft bezeichnen, behandelte er in seinen Lehrveranstaltungen. Mit seinen Studenten ging er auf die Äcker und diskutierte mit ihnen „vor Ort" Kultivationsprobleme. Auch die Befestigungslehre als Teil der Kriegswissenschaft behandelte er im Rahmen der Mathematik. Er führte als erster regelmäßige Beobachtungen des Wetters durch; mit ihm setzt der erste regelmäßige Wetterdienst in Deutschland ein (Wenk 1966, 35).

Aber auch die Theologie zählte er (zumindest zu einem gewissen Teil bzw. unter einem gewissen Aspekt) zur Mathematik. Damit kommen wir zu dem in unserem Zusammenhang entscheidenden Punkt. Er betrachtete es als seine Aufgabe, Theologie mathematisch zu betreiben. Dabei ging er jedoch anders vor als etwa *Kepler*[11], oder *Erhard Weigel*[12].

Reyher stellte nicht die Mathematik über die Theologie, um mit ihrer Hilfe zu entscheiden, welche Theologie die richtige ist. Er sah die Aufgabe des Mathematikers vielmehr darin zu zeigen, daß die Bibel doch weitgehend recht habe, auch in naturwissenschaftlichen Dingen, und daß man nicht pauschal sagen könne (wie es viele Atheisten zu seiner Zeit taten), die Aussagen der Bibel seien grundsätzlich falsch. Bei seiner Rechtfertigung der Bibel bediente er sich vorwiegend jenes Teiles der Mathematik, den man im weiteren Sinne mit Geographie bezeichnen kann.

Wie *Reyher* dabei im einzelnen vorging, wie sich dabei eine Wandlung im geographischen Denken gegenüber dem Denken seiner Vorgänger zeigte und, vor allem, warum er so vorging, das soll im folgenden anhand von ausgewählten typischen Beispielen aus seinem Hauptwerk aufgezeigt werden.

3. Das methodische Vorgehen Reyhers

Der Titel des Hauptwerkes von *Reyher* lautete zunächst *Mathesis Mosaica*. Das Werk erschien 1669 in Kiel. Es sollte (ähnlich wie das Hauptwerk *Mercators*) einen gewissen Ausgleich zwischen Naturwissenschaft und Bibel herstellen. Ging es bei *Mercator*, dessen Atlas etwa hundert Jahre früher erschienen war, um einen Ausgleich zwischen *Aristoteles* und der Bibel (Büttner 1973, 1975), so kam es *Reyher* darauf an, die inzwischen neu aufgekommene kausalmechanische Weltbetrachtung (unter Einschluß ihrer auf experimenteller Basis gewonnenen Ergebnisse) zu einem Ausgleich mit der Bibel zu führen. Es ging ihm darum zu zeigen, daß die moderne Naturwissenschaft nicht zum Atheismus führen muß, sondern daß sie genau so gut die Aussagen der Bibel bestätigt wie die alte, an Aristoteles orientierte, sofern man sie richtig betreibt. Im Vorwort stellte *Reyher* dann auch betont heraus, daß dieses sein Werk, das wir heute im Nachhinein als sein Hauptwerk bezeichnen können, eine mathematische Demonstration wider alle Atheisten sein solle. Diese Bezeichnung „mathematische Demonstration wider alle Atheisten" wurde im 18. Jahrhundert zu einer Art „Schlagwort". *Reyher* ist meines Wissens der erste, der dieses „Schlagwort" verwendet.

Reyher traf mit seinem Buch eine „Marktlücke". Die fromme gebildete Welt im lutherischen Norddeutschland war aus den weiter oben ausgeführten Gründen über die mit der Aufklärung einsetzende Entwicklung, die den Glauben an Gott und seine Weltregierung zu erschüttern und die Aussage der Bibel infrage zu stellen schien, sehr beunruhigt. Schnell war daher sein glaubenstärkendes Buch vergriffen. Schon 1679 war *Reyher* daher genötigt, eine neue Ausgabe herauszubringen, die er auf über 800 Seiten erweiterte.

Als auch diese Auflage vergriffen war, fertigte er eine abermals erweiterte Ausgabe an, die dann unter dem Titel *Mathesis Biblica* in seinem Todesjahr 1714 erschien.

Es soll hier nicht versucht werden herauszuarbeiten, in welcher Weise *Reyher* von Auflage zu Auflage immer stärker auf die moderne Naturwissenschaft einging und wie er von Auflage zu Auflage gewisse nicht mehr haltbare theologische Positionen aufgab. Ich will vielmehr lediglich an einigen Beispielen aus der Auflage von 1714 aufzeigen, wie *Reyher* in diesem seinem letzten Werk vorging und zwar vorwiegend an solchen Beispielen, in denen es um geographische Probleme (geographisch im weiteren Sinne verstanden) geht.

4. Einleitung, Weltschöpfung

In der Einleitung führte *Reyher* neben dem bereits Gesagten (nämlich, daß sein Buch den Glauben an die Bibel stärken wolle) aus, wie sich der Theologe und der Mathematiker bei der Bibelerklärung die Arbeit zu teilen hätten. Er sagte, es sei die Aufgabe des Theologen, herauszustellen und zu erläutern, *warum* Gott dieses oder jenes gemacht habe, *warum* er z. B. die Welt geschaffen habe, *warum* er die Sündflut geschickt habe usw. Die Aufgabe des Mathematikers bestehe dann darin zu erläutern, *wie* Gott im einzelnen vorgegangen sei; denn über das Wie gebe die Bibel meist nur ungenaue Auskunft, da sie kein Naturkundebuch sei.

Aus seinen umfangreichen und weitschweifigen Erörterungen über die Schöpfung greife ich folgende Aspekte heraus, die in unserem Zusammenhang besonders interessieren dürften.

1. *Reyher* versuchte, unklare oder mißverständliche Stellen des Alten Testamentes mit Stellen aus dem Neuen Testament zu erläutern. Hierin zeigt sich der Einfluß lutherischen Denkens. Seine Vorgänger, z. B. *Münster, Mercator* usw., die „reformiert" dachten, gingen nicht in dieser Weise vor.
2. Seiner Meinung nach kann die Welt nicht ewig sein. Sehr breit und ausführlich versuchte er, *Aristoteles* und alle anderen, die für die Weltewigkeit eintraten, mit Vernunftsgründen zu widerlegen.
3. *Reyher* räumte ausdrücklich ein, daß es zwar nicht mehrere Welten, wohl aber mehrere Erden in dieser unserer Welt geben kann.
4. Soweit ich sehe, ist *Reyher* der erste Gelehrte, dessen geographisches Denken ganz eindeutig und beinahe selbstverständlich auf dem heliozentrischen Weltsystem basiert [13]. Er entwickelte eine eigene neuartige Theorie, mit deren Hilfe ein Ausgleich zwischen den Aussagen der Bibel und der Vorstellung, daß die Sonne im Mittelpunkt unseres Planetensystems steht, möglich ist.
5. Die oberhimmlischen Wasser, deren Erklärung den Theologen, Geographen, Cosmographen, Astronomen, Physikern usw. seit eh und je Schwierigkeiten bereitet hat, deutete er als Atmosphäre.
6. Den beinahe ein Jahrtausend alten Streit darüber, ob die Welt im Frühling oder Herbst erschaffen wurde (vgl. Büttner 1973), beendete er mit dem echt geographischen Hinweis, daß Jahreszeiten, bezogen auf die Welt, unangemessene Begriffe sind. Da auf der Erde gleichzeitig an verschiedenen Orten verschiedene Jahreszeiten vorkommen, war es für ihn unsinnig, von einer Welt-Jahreszeit zu sprechen.

Es würde nun zu weit führen, auch nur in Umrissen auf *Reyhers* Methode und die Art seiner Beweisführung im einzelnen einzugehen und dann vor allem herauszustellen, in welchen Punkten sein Denken in traditionellen Bahnen (lutherischen oder reformierten) verlief und wo neue Ansätze auftauchten, die zuvor von niemandem aufgegriffen worden waren.
Es sei daher auch in diesem Fall wieder nur einiges, meiner Meinung nach für sein Vorgehen Typisches herausgegriffen. Ich beginne mit seiner Schöpfungslehre, die er im Anschluß an Genesis 1,1 entwickelte. *Reyher* stellte den hebräischen Urtext an den Anfang und setzte dann die lateinische (nicht die griechische) Übersetzung darunter, der die deutsche Übersetzung folgt [14].
Als Erklärung fügt er die entsprechende Stelle aus dem Neuen Testament, nämlich Joh. 1,1 hinzu. *Reyher* zitierte diese Stelle im griechischen Urtext, in der lateinischen Übersetzung und schließlich in einer deutschen Übersetzung mit anschließender Interpretation. Die Interpretation hat folgenden Scopus: Durch die Bibel erfahren wir, daß Gott am Anfang die Welt aus dem Nichts erschaffen hat. Das Alte Testament spricht zwar von Gott, das Neue Testament erläutert jedoch näher, daß es nicht Gott allein war, der das Schöpfungswerk durchführte, sondern es war der Vater in Verbindung mit dem ewigen Sohn und Heiligen Geist, der dieses Werk vollbrachte. Warum schuf Gott bzw. die Trinität die Welt? Um sich dem Menschen zu offenbaren.
Soweit sprach der Theologe *Reyher*. *Comenius* entwickelte in seiner Physik eine ähnliche Schöpfungstheologie [15].
Man könnte annehmen, *Reyher* habe hier seine Kompetenz als Mathematiker überschritten, denn in der Einleitung sagte er ja ausdrücklich, daß es nicht die Aufgabe des Mathematikers sei, das Warum zu erläutern, sondern lediglich das Wie. Bei genauerem Hinsehen zeigt sich dann auch, daß diese theologischen Vorerörterungen nicht das Eigentliche sind, worum es ihm ging. Soweit ich sehe, sollten sie ihn lediglich als Fachtheologen ausweisen und klarstellen, daß er weiß, wie man als Exeget vorzugehen hat.
In der eigentlichen Beweisführung, bzw. mathematischen Erläuterung, versuchte *Reyher*, Vernunftbeweise anzuführen, aus denen auch für den zunächst Uneinsichtigen hervorgeht, daß es wohl mehrere Erden geben kann. So interessant seine Beweisführung im einzelnen auch ist, so möchte ich hier nur darauf hinweisen, daß *Reyher* an dieser Stelle sein Ziel, wider die Atheisten und für die Bibelgläubigen zu sprechen, in gewisser Hinsicht aus dem Auge verlor. Streng genommen war mit seiner Theorie über mehrere Erden nämlich theologisch nichts gewonnen. Zwar war auch nichts verloren, denn der hier gelieferte Beweisgang führte nicht zu Folgerungen, die direkt *gegen* die Aussagen der Bibel standen, aber er führte auch nicht zur Stärkung des Glaubens an die Bibel. Problematischer waren *Reyhers* Ausführungen zu dem heliozentrischen Weltsystem. Indem er dieses zugrundelegte, stellte er sich eindeutig *gegen* den Wortlaut und gegen die Weltvorstellung der Bibel. Er versuchte jedoch, einen Ausgleich herbeizuführen, indem er zunächst einmal wieder ausdrücklich betonte, daß die Bibel kein Naturkundebuch sondern ein Glaubensbuch sei. Es gehe darum, an die in der Bibel dargelegten Aussagen über Gottes Allmacht,

seinen Heilsplan usw. zu glauben, nicht aber an naturkundliche Aussagen, in die diese Glaubensaussagen eingebettet seien. Der Theologiegeschichtler bemerkt hier Ansätze, die sehr modern anmuten. Es bedurfte erst des großen Kampfes zwischen Naturwissenschaft und Theologie im 18.und 19.Jahrhundert, bis man sich schließlich (jedoch nicht freiwillig, sondern gewissermaßen unter Zwang und unter Gesichtsverlust) wieder dieser Argumente bediente.
Der zentrale Gedankengang in *Reyhers* langatmigen Ausführungen zu seiner Theorie über die von Gott gelenkte Schöpfung des Planetensystems gestaltete sich wie folgt.Zunächst schuf Gott die Sonne, sie spendete das Licht des ersten Tages. Die Sonne war anfangs noch sehr schwach, strahlte nur schwach, drehte sich nur langsam und hatte eine kleine Masse, deswegen konnte sie ihren Einfluß auch nur bis zum ersten, dem ihr nächsten Planeten ausüben und diesen langsam in Bewegung setzen [16]. Von Tag zu Tag wurde die Sonne (entweder von Gott direkt bewirkt oder aufgrund der einmal von Gott mitgegebenen Kraft) immer stärker und größer, so daß sie schließlich am vierten Tag auch die Erde mit in ihr System einbeziehen konnte.
Ob mit dieser Theorie der Glaube an die Aussagen der Bibel wirklich gestärkt wird, das sei dahingestellt.
Es wäre zu untersuchen, ob *Reyher* diese Theorie von irgendjemandem übernommen hat, oder ob es sich hier um eine von ihm selbst entwickelte Theorie handelt, mit dem Ziel, Bibel und Naturwissenschaft zum Ausgleich zu bringen.
Wenn das letztere der Fall wäre, dann könnte man *Reyher* mit *Melanchthon* auf eine Stufe stellen. *Melanchthon* hat einen Ausgleich zwischen der an *Aristoteles* orientierten Naturwissenschaft des 16. Jahrhunderts und der Theologie hergestellt, wobei er zugleich der Geographie für über hundert Jahre den Weg wies [17]. *Reyher* stellte einen Ausgleich zwischen der Theologie und der Naturwissenschaft der Frühaufklärung her. Ob er damit allerdings in gleichem Maße wegweisend für die Geographie gewirkt hat wie *Melanchthon*, das ist zu untersuchen.
Wenn auch die bisherigen Ausführungen schon genügen, um *Reyher* einzuordnen, so sei doch an zwei weiteren Beispielen gezeigt, wie der Geograph *Reyher* dachte. Diese beiden Beispiele können helfen, ihn noch etwas detaillierter nicht nur in die Geschichte der Beziehungen zwischen Geographie und Theologie einzuordnen, sondern auch darzustellen, was er im einzelnen zur Entwicklung des Faches Geographie beigetragen hat.

5. Reyher als Sündflut-Geograph

Gemäß seiner These, daß der Mathematiker nicht zu untersuchen habe, warum Gott dieses oder jenes gemacht hat, sondern daß er nur das Wie zu untersuchen und zu erläutern habe, entwickelte *Reyher* seine Theorie von den Ursachen und Folgen der Sündflut. Hier griff er ein Thema auf, das die Geographen und Geologen bis zu *Suess* nicht mehr losgelassen hat und das bereits im Mittelalter immer wieder eines der zentralen Themen für Geographen und Theologen gewesen war. Zunächst wandte er sich der Arche Noah zu. Man könnte sagen, daß

er als *Technikhistoriker* versucht, diese Arche - wenn auch nicht real, aber doch im Geiste - nachzubauen. Er stellt Berechnungen über ihre Größe, ihre Wasserverdrängung, ihren Tiefgang an, entwirft Zeichnungen, stellt offensichtliche Fehler in der biblischen Darstellung richtig usw. Ja, er rechnet sogar nach, wie viel Zeit die Tiere aus Amerika brauchten, um dorthin zu gelangen, wo die Arche für ihre Aufnahme bereitstand.
Im Anschluß daran behandelte *Reyher* die eigentlich geographische Seite des Sündflut-Ereignisses (*Reyher* sagte ausdrücklich, daß er die Ursachen und Folgen der Sündflut geographisch erklären wolle). Der Kern seiner Theorie ist folgender: Wir wissen, daß die aus Wasser und Erde zusammengesetzte Erdkugel ein *centrum gravitatis* hat. Da nun durch den vierzigtägigen Regen, der in dem Gebiet gefallen ist, in dem Noah wohnte, die Erde aus ihrem Gleichgewicht gekommen war, mußte eine große Flutwelle folgen. *Reyher* berechnete im einzelnen die Menge des Wassers und ,,bewies", daß es tatsächlich die höchsten Berge überflutet haben muß.
Die Kernthesen seiner weitschweifigen Erörterungen lauten:
1. Die Bibel hat grundsätzlich recht mit dem, was sie über die Sündflut sagt, wenn auch hinsichtlich des Baues der Arche Noah einige Kleinigkeiten zu berichtigen sind.
2. Es stimmt nicht, wenn einige Geographen behaupten, vor der Flut hätte es keine Berge gegeben. Erstens sagt die Bibel ausdrücklich, daß vor der Flut Berge da waren, und zweitens läßt es sich mathematisch (das heißt in diesem Fall ,,geographisch") beweisen.
Soweit zu den Ursachen. *Reyher* befaßte sich dann aber auch eingehend mit den Folgen der Flut. Ich greife widerum die mir am wichtigsten erscheinenden Aspekte heraus:
1. Das Flußsystem hat sich durch die Flut grundsätzlich geändert, ebenfalls die Land-Meer-Verteilung.
2. Die Flut hat entscheidende siedlungsgeographische Folgen gehabt. Keine Siedlung der Menschen aus der Zeit vor der Flut blieb erhalten; man mußte neue Siedlungen bauen.
Dieser Gedankengang führte *Reyher* zur Entwicklung bzw. Entfaltung der Stadtgeographie.

6. Reyher als Stadtgeograph

Nach dem augenblicklichen Stand unseres Wissens ist *Reyher* der erste, der den Begriff ,,Stadtgeographie" benutzt hat. Er entfaltete seine Stadtgeographie im Anschluß an seine Ausführungen über die Sündflut. Es ist bisher noch nicht geklärt, ob er die Aussagen der Bibel über Babylon lediglich als ,,Aufhänger" für seine Stadtgeographie benutzte oder ob ihm diese Bibelstelle die Anregung dazu gab, eine Stadtgeographie zu entwickeln.
Ausgangspunkt des stadtgeographischen Denkens *Reyhers*, seiner Methode also, ist die Feststellung, daß Babel die erste Stadt ist, die die Menschen nach der Sündflut bauten. Ähnlich wie bei der Arche Noah versuchte *Reyher* auch hier, nach den Angaben der Bibel die Stadt geistig nachzubauen. Doch spielten für

ihn neben den technischen Überlegungen auch topographische und bevölkerungsgeographische Aspekte eine wichtige Rolle. *Reyher* untersuchte im einzelnen, wo man die Stadt (und dann später auch andere Städte) erbaute, warum man die Tallage bevorzugte, woher die Bewohner kamen, welche Funktionen die Stadt hatte usw. Dem Turm zu Babel als *dem* Stadtturm überhaupt, wandte er besondere Aufmerksamkeit zu. Auch diesen baut er geistig nach, entwirft Zeichnungen, berechnet die Höhe, die Menge des Materials, den Zeitaufwand usw.

Man hat den Eindruck, daß er tatsächlich nur diese vorgegebene Bibelstelle benutzt hat, um seine Stadtgeographie zu entwickeln, denn was er in diesem Zusammenhang über Städte wie Straßburg, Wien, Antwerpen, Landshut usw. sagte, hatte mit einer Bibelexegese wohl kaum noch etwas zu tun, konnte auch nicht dazu dienen, die Atheisten von der Wahrheit der biblischen Botschaft zu überzeugen, was doch das eigentliche Anliegen seines Werkes sein sollte.

7. Schlußwort

Reyhers Stellung innerhalb der Entwicklung des geogaphischen Denkens

Man kann *Reyhers* Stellung wohl am treffendsten charakterisieren, wenn man sagt: er stand zwischen den Zeiten und zwischen den Schulen. Er lebte in einer Zeit, in der sich im geographischen Denken (ausgelöst durch die allgemeine geistesgeschichtliche Entwicklung) jene Wandlung vollzog, die dazu führte, daß die Geographie erneut theologisch in Dienst genommen wurde. Als Hauptgrund muß meiner Meinung nach die mit der Aufklärung einsetzende atheistische Strömung angesehen werden, die bei den frommen Gelehrten eine Gegenbewegung auslöste.

Dabei ist folgendes zu berücksichtigen: es waren nicht die Geographen (Cosmographen, Physiker usw.) selbst, die ihre seit *Keckermann* von der theologischen „Bevormundung" befreite Disziplin dazu benutzten, die Autorität der Bibel oder die der Kirche zu untergraben (und damit dem Atheismus Vorschub leisten), sondern es waren vorwiegend Philosophen, die das von den Geographen (Cosmographen usw.) Erarbeitete gegen die christliche Lehre und damit für den Atheismus einsetzten. (Ähnlich verhielt es sich später mit dem Streit um die Evolutionslehre. Nicht *Darwin,* sondern *Häckel* zog die Konsequenzen, die zum Streit mit der Kirche führten.)

Die „frommen Geographen" (also diejenigen Gelehrten, die sich mit Geographie befaßten, zugleich aber strenggläubig waren) versuchten, vielleicht zunächst mehr unbewußt als bewußt, in der von ihnen ausgelösten Gegenbewegung zumindest herauszustellen, daß man mit Hilfe der Geographie *nicht* den Glauben erschüttern kann und daß es eine Grenzüberschreitung ist, wenn man die Geographie und das von dieser Disziplin Erarbeitete dazu benutzt, gegen die Bibel und die Lehren der Kirche vorzugehen.

Reyher war einer der ersten (vielleicht sogar der erste) im protestantischen Deutschland, der aus diesem Denken heraus das geographische Denken (und damit das Fach Geographie) wandelte. Während *Keckermann* das geographische Denken vom theologischen löste und ausdrücklich feststellte, daß der Geograph sich seine Ziele und Aufgaben selbst zu stellen habe (bis zu *Varenius* blieb diese Denkweise ja dann vorherrschend), setzte bei *Reyher* der Umschwung ein. Für ihn besaß die Geographie bzw. das geographische Denken wieder ein theologisches Hauptziel, wenn auch ein anderes als im 16. Jahrhundert. Ihm kam es nicht darauf an, mit Hilfe der Geographie einen Gottesbeweis zu liefern (wie das *Melanchthon* gefordert hatte und wonach man sich dann auch bis *Keckermann* hin gerichtet hat), sondern er wollte zeigen, daß die moderne Geographie (wie auch die Physik, Astronomie usw.) auf jeden Fall *nicht* zum Atheismus führen muß. Das ist die Zielrichtung bzw. das Hauptziel, welches *Reyher* mit seinem Hauptwerk anstrebte. Dazu entwickelte er seine neuen Theorien von der Entstehung des Planetensystems, der Sündflut usw.

Damit ist seine Stellung zwischen den Zeiten und zwischen den Schulen charakterisiert. Man kann ihn weder als reinen lutherischen noch als reinen reformierten Geographen bezeichnen, wenn auch die Nähe zur reformierten Geographie (*Münster, Mercator*) größer ist als die zu *Melanchthon, Peucer, Neander* usw. Wie *Münster* und *Mercator* legte er rein formal eine Schöpfungsexegese vor, ging aber methodisch grundsätzlich anders vor [18].

Aber er gehörte auch keiner der drei anderen genannten Richtungen an. Er versuchte nicht, (wie *Kepler*) die „richtige" theologische Lehre aus der Naturbetrachtung zu schöpfen (s.o. Anm. 11). Ebensowenig versuchte er (wie *Glaubrecht, Schöpffer* usw.) mit Hilfe der Bibel nachzuweisen, daß die moderne Naturwissenschaft zu falschen Ergebnissen komme [19]. Er bemühte sich statt dessen, einen Ausgleich zwischen moderner Naturwissenschaft und Theologie herzustellen. Kurze Zeit nach ihm begann dann die von mir sogenannte „physikotheologische Epoche" in der Geographie. Hier richtete man (Anregungen von *Melanchthon* aufgreifend) durch teleologische Überhöhung der Kausalmechanik das geographische Denken erneut theologisch aus [20].

Man kann sagen: *Reyher* hat zwar nicht physikotheologisch gedacht, aber er hat einen ersten Schritt in dieser Richtung unternommen, die dann im 18. Jahrhundert das geographische Denken (also die Vorstellung von der eigentlichen Aufgabe der Geographie) bestimmte.

Damit wäre in etwa umrissen, welche Stellung *Reyher* innerhalb des grundsätzlichen Wandels im geographischen Denken einnimmt. Darüber hinaus sind zusammenfassend noch einige Details zu nennen. *Reyher* war, wie bereits ausgeführt, der erste, der einen regelmäßigen Wetterdienst einrichtete (Wenk 1966, 35). Er war der erste, der mit seinen Studenten Experimente durchführte (Wenk 1966, 37). (Er ging mit seinen Studenten auf die vereiste Kieler Förde und untersuchte den Salzgehalt in verschiedenen Tiefen und zu verschiedenen Jahreszeiten.) Man kann ihn als ersten Stadtgeographen bezeichnen. Und er war der erste, der so etwas wie Angewandte Geographie betrieb (Planungen für Wasserleitungen, Planung für die Landwirtschaft usw.). Bei ihm ist der Übergang von der rein beschreibenden und lehrenden Geographie zur forschenden zu beobachten, ein Übergang, der neben den weiter oben genannten grundsätzlichen Wandlungen im geographischen Denken ebenfalls auf die Geographie der Aufklärung verweist.Ebenso muß betont werden, daß er als erster Geograph in Deutschland ganz konsequent heliozentrisch dachte.

Es bleiben einige Fragen offen, z. B.:
1. Woher hat *Reyher* im einzelnen seine Anregungen erhalten? Welche erhielt er in Leipzig, welche in Gotha oder Leyden? Welche Aspekte in seiner Konzeption gehen auf Impulse zurück, die einfach „in der Luft" lagen? Hier wäre noch weitere Detailforschung nötig.
2. Welche Bedeutung hat seine Theorie von der Entstehung des Planetensystems für die weitere Entwicklung der Geographie bzw. Astronomie, Kosmologie und Physik gehabt?
3. Welche Impulse gingen von *Reyher* für die weitere Entwicklung des geographischen Denkens, insbesondere für die methodische Entwicklung der Stadtgeographie aus.

Die zweite und dritte Frage führen uns bereits zu der letzten Frage:
4. Welche Bedeutung kommt *Reyher* für die Entwicklung der Geographie (also für die Entwicklung des geographischen Denkens) zu? Wurden seine Gedanken weitergetragen, hatte er Schüler, beeinflußte er die Entwicklung, oder wäre die Entwicklung auch ohne ihn genauso verlaufen, wie sie schließlich verlaufen ist? Hier mag ein Vergleich angebracht sein: Wenn *Melanchthon* als Praeceptor Germaniae und als absolute Autorität im protestantischen Deutschland der Geographie nicht die weiter vorn angedeutete theologische Ausrichtung gegeben hätte, dann wäre die Geschichte der Geographie im 16. und 17. Jahrhundert sicher anders verlaufen.

Reyher war nicht solch eine Autorität wie *Melanchthon* (oder auch *Keckermann, Wolff, Kant* usw.).

Ihm gelang es zwar, das durchzuführen, was den gläubigen Gelehrten seiner Zeit am Herzen lag, nämlich einen Ausgleich zwischen den Lehren der Theologie (bzw. den Aussagen der Bibel) und der modernen Naturwissenschaft herzustellen; aber unabhängig von ihm haben andere dasselbe gemacht. Mit Sicherheit kann man sagen, daß die Geographie auch ohne *Reyher* dieselbe Entwicklung durchlaufen hätte, die sie dann im 18. Jahrhundert schließlich durchgemacht hat. Er geriet bald in Vergessenheit. *Hauber* (1727) zitierte ihn zwar noch: aber er und seine Zeitgenossen hatten bereits ganz andere Interessen. *Christian Wolff* und später *Kant* waren dann diejenigen, die im 18. Jahrhundert die Entwicklung unseres Faches entscheidend beeinflußt haben. Ohne *Wolff* und den Wolffschen Streit (er war ein Streit zwischen Pietismus und Aufklärung)[21], hätte die Geographie nicht die physikotheologische Ausrichtung erhalten, die ihr im 18. Jahrhundert das besondere Gepräge gab und das Denken der Geographen bestimmt. Und ohne *Kant* hätte es nicht die wissenschaftstheoretische und damit grundsätzliche Überwindung der Physikotheologie gegeben, die wiederum eine grundsätzliche Wandlung im geographischen Denken mit sich brachte. Vielleicht kann man es noch deutlicher folgendermaßen ausdrücken: Gelehrte wie *Melanchthon, Wolff* oder *Kant* haben das geographische Denken weitgehend beeinflußt, haben Wandlungen hervorgerufen. Gelehrte wie *Reyher* dagegen zeigen lediglich an, welche Wandlungen sich vollziehen, bzw. vollzogen haben.

Ohne die Verdienste *Reyhers* schmälern zu wollen und ohne in Abrede stellen zu wollen, wie wichtig es für die Entwicklung der Geographie war, daß er zur Beobachtung, zum Experiment und zur Anwendung schritt, so muß doch gesagt werden: *Reyher* war zwar (nach dem augenblicklichen Stand der Forschung) der erste, der diese Neuerungen alle ausführte (er wird in die Geschichte als derjenige eingehen, der unter anderem den ersten regelmäßigen Wetterdienst in Deutschland einführte); aber die Zeit war reif dafür. Hätte er nicht damit begonnen, kurz nach ihm wären andere dann die ersten gewesen. Unabhängig von ihm und ohne ihn zu kennen, haben ja in der Tat später andere dasselbe gemacht wie er.

Trotzdem halte ich es für wichtig, daß man sich als Geographiehistoriker auch einmal näher mit Geographen wie *Reyher* befaßt und nicht immer nur diejenigen behandelt, die man als die ,,ganz großen" zu bezeichnen pflegt; denn gerade bei einem Gelehrten wie *Reyher* läßt sich sehr aufschlußreich zeigen, wie Wandlungen in der gesamten Geisteshaltung zu Wandlungen im geographischen Denken führen und daß es sehr oft Anstöße ,,von außen" sind, die die Entwicklung des geographischen Denkens entscheidend beeinflussen.

Anmerkungen

[1] Büttner, 1974: Der Verfasser dieses Artikels ist Mitglied der Kommission und Leiter der Arbeitsgruppe der Bundesrepublik Deutschland.

[2] Der erste Band ist bereits erschienen, Band 2 und 3 (mit Artikeln über *Melanchthon, Münster* und *Keckermann*, die Begründer und Wegbereiter der modernen nachreformatorischen Geographie) sind im Druck. Siehe: *Freemann - Oughton - Pinchemel* (eds.) 1977.

[3] *Sebastian Münster* behandelt z.B. die Geographie (also die Beschreibung der Erdoberfläche) in einem Buch, das den Titel ,,Cosmographia" trägt. Für *Gregor Reisch* bildet die Geographie nur einen Teil der Astronomie, die er zusammen mit anderen Wissensgebieten in seinem philosophischen Hauptwerk vorträgt. *Mercators* geographisches Hauptwerk, der ,,Atlas", ist eine Schöpfungsexegese, also ein theologisches Werk. Alle hier genannten Schriften, die beispielhaft für viele genannt seien, gehören in die Geschichte der Geographie hinein. Siehe dazu: *Büttner 1973*.

[4] Die Amerikaner setzen aus dem Grunde oft ,,Geographical Thought" mit ,,Geosophy" oder ,,Philosophy of Geography" gleich. Siehe: *Büttner 1978*.

[5] In den sozialistischen Ländern herrschen z.B. Vorstellungen vom Wesen, den Zielen und Aufgaben der Geographie, ihrem Stellenwert für die Erziehung usw., die z.T. völlig von den im Westen herrschenden Vorstellungen abweichen. Auf dem internationalen Geographentag in Moskau (1976) kam diese unterschiedliche Vorstellung wieder einmal besonders deutlich ins Bewußtsein. (Der Verfasser dieses Artikels hielt auf diesem Geographentag mehrere Vorträge und konnte das Aufeinanderprallen unterschiedlicher Auffassungen gewissermaßen ,,hautnah" miterleben.)

[6] Zur Geographie im 15. und 16. Jahrhundert siehe *Büttner* 1973, 1973 a, 1977, 1977 a, 1979.

[7] Zur Geographie und ihren Wandlungen im frühen 17. Jahrhundert siehe: *Büttner* 1975, 1975 a, 1976, 1976 a.

[8] Zu *Comenius* und den Beziehungen zwischen Physik (bzw. physischer Geographie) und Theologie im ausgehenden 17. Jahrhundert siehe: *Büttner* 1963, 1964, 1973 b.

[9] Zu *Kant* und der physikotheologischen Ausrichtung der Geographie im 18. Jahrhundert siehe: *Büttner* 1973, 1975 b, 1975 c.

10) Siehe hierzu und zum Folgenden: *Wenk*, H. G. 1966: Die Geschichte der Geographie und der geographischen Landesforschung an der Universität Kiel von 1665-1879. Kiel.
11) *Kepler* geht davon aus, daß die Theologen die eine einzige christliche Wahrheit verfälscht hätten. Seiner Meinung nach kann es nicht möglich sein, daß Katholiken, Lutheraner und Reformierte (Calvinisten) zugleich die richtige Lehre haben. Um zu einer eindeutigen Lehre zu kommen, muß man das Buch der Natur heranziehen, das man nicht so verfälschen kann wie die Bibel. Daraus folgt die für einen Theologen ungeheuerliche Konsequenz, daß der Naturwissenschaftler bzw. Mathematiker letztlich unumstößlich herausstellen kann, welche theologische Lehre „richtig" und welche „falsch" ist. Siehe dazu: *Hübner* 1975.
12) *Weigel* versucht, ähnlich wie *Kepler*, theologische Lehrsätze aus der Natur abzuleiten. Siehe dazu: *Büttner* 1973.
13) Die deutschen Geographen waren gegenüber Kopernikus bis in die Mitte des 17. Jahrhunderts hinein sehr zurückhaltend. Nicht einmal Varenius setzt sich eindeutig für das heliozentrische Weltbild ein. Vgl. dazu *Büttner* 1973 a.
14) Dem Theologen und Hebraisten fällt auf, daß er das hebräische „bara" nicht - wie Luther - mit „schuf", sondern „hat geschaffen" übersetzt. Er sagt also: „Am Anfang hat Gott die Welt geschaffen" und nicht (wie es allgemein in Anlehnung an den Luther-Text geläufig ist) „am Anfang schuf Gott ..." Auf die exegetischen Folgen dieser Übersetzung kann hier nicht näher eingegangen werden.
15) Vgl. dazu meine in Anm. 8 genannten Schriften. Ob *Reyher* hier von *Comenius* beeinflußt ist, müßte einmal untersucht werden. *Reyher* gibt hier keine Quellen an, während er im allgemeinen genau zitiert.
16) *Reyher* berücksichtigt hier ausdrücklich die Graviationsgesetze *Newtons*. Man hat den Eindruck, daß er versucht, eine Theorie zu entwickeln, die dem gesunden Menschenverstand einleuchtet, und die zugleich weder gegen die Aussagen der Bibel noch gegen die moderne Physik steht.
17) *Melanchthons* Ausgleich hatte allerdings nicht die Schwächen *Reyhers*. Vgl. dazu *Büttner* 1973 und die in Anm. 6 genannten Aufsätze.
18) *Münster* und *Mercator* versuchten, das geographische Denken noch in den Dienst des Providentiabeweises zu stellen. Zu gewissen Unterschieden zwischen der lutherischen Geographie (*Melanchthon* usw.) und der Geographie der Reformierten (*Münster, Mercator* usw.), die trotz der gemeinsamen Denkgrundlage (Geographie hat im Dienste des Providentiabeweises zu stehen) aufgrund der unterschiedlichen Providentiavorstellungen bestand, vgl. *Büttner* 1973 und auch die Artikel „Melanchthon" S. 93-110 und *Münster*, S. 111-128.
19) Vgl. dazu die in Anm. 8 genannten Arbeiten, vor allem meine theologische Doktorarbeit.
20) Vgl.dazu die in Anm. 9 genannten Arbeiten.
21) Zum Wolffschen Streit und seiner Bedeutung für die Entwicklung der Beziehungen zwischen Geographie und Theologie siehe: *Büttner* 1973 b.

Literaturverzeichnis

Büttner, Manfred 1963: Theologie und Naturwissenschaft, insbesondere Geographie. Theologische Dissertation Münster

Büttner, Manfred 1964: Theologie und Klimatologie. In: Neue Zeitschrift für systematische Theologie und Religionsphilosophie 6, S. 154-191

Büttner, Manfred 1973: Die Geographia Generalis vor Varenius.Geographisches Weltbild und Providentia-Lehre. Erdwissenschaftliche Forschungen 7. Wiesbaden (Habil.-Schrift)

Büttner, Manfred 1973 a: Kopernikus und die deutsche Geographie im 16. Jahrhundert. In: Philosophia Naturalis 14, S. 353 - 364

Büttner, Manfred 1973 b: Zum Gegenüber von Naturwissenschaft (insbesondere Geographie) und Theologie im 18. Jahrhundert. Der Kampf um die Providentialehre innerhalb des Wolff'schen Streites. In: Philosophie Naturalis 14, S. 95 - 122

Büttner, Manfred 1973 c: Zum Übergang von der teleologischen zur kausalmechanischen Betrachtung. In: Studia Leibnitiana 5, S. 177 - 195

Büttner, Manfred 1974: IGU-Kommission ,,History of Geographical Thought".Ein Kurzbericht über die Ziele und den Stand der Arbeiten. In: Geographische Zeitschrift 62, S. 233 - 235

Büttner, Manfred 1975: Die Emanzipation der Geographie im 17. Jahrhundert. In: Sudhoffs Archiv 26, S. 1 - 16

Büttner, Manfred 1975 a: Die Neuausrichtung der Geographie im 17. Jahrhundert durch Bartholomäus Keckermann. Ein Beitrag zur Geschichte der Geographie in ihren Beziehungen zur Theologie und Philosophie. In: Geographische Zeitschrift 63, S. 1 - 12

Büttner, Manfred 1975 b: Kant und die Überwindung der physikotheologischen Betrachtung der geographisch-kosmographischen Fakten. In: Erdkunde 29, S. 53 - 60

Büttner, Manfred 1975 c: Kant and the Physico-Theological Consideration of the Geographical Facts. Paper, presented at the XIVth International Congress of the History of Science, Tokyo 1973. In: Organon (Warschau) 11, 231 - 249

Büttner, Manfred 1976: Beziehungen zwischen Theologie und Geographie bei Bartholomäus Keckermann. Seine Sünden- und Providentialehre eine Folge der Emanzipation der Geographie aus der Theologie? In: Neue Zeitschrift für Systematische Theologie und Religionsphilosophie 18, S. 209 - 234

Büttner, Manfred 1976 a: The Historical Conditions affecting the Development of Geographia Generalis. Vortrag, gehalten auf dem internationalen Geographentag, Sektionssitzung der IGU-Commission On the History of Geographical Thought, August 1976 in Leningrad. In: Organon (in Druck)

Büttner, Manfred 1977: Johannes Stöffler und die Beziehungen zwischen Geographie und Theologie im 16. Jahrhundert. Vortrag, gehalten im Rahmen der Feiern anlässlich des 500-jährigen Bestehens der Universität Tübingen am 25. 6. 1977 (in Druck)

Büttner, Manfred 1977 a: On the Significance of the Reformation for the New Orientation of Geography in Lutheran Germany. Paper, presented at the XVth International Congress of the History of Science. Edinburgh 10 - 19 August 1977. In: History of Science (in Druck)

Büttner, Manfred 1978: Geosophy, geographisches Denken und Entdeckungsgeschichte. In: Die Erde (in Druck)

Büttner, Manfred 1979: Die geographisch-cosmographischen Schriften des Aristoteles und ihre Bedeutung für die Entwicklung der Geographie in Deutschland, s. S. 15-34

Büttner, Manfred 1979 a: Philipp Melanchthon (1497 - 1560), s. S. 93-110

Büttner, Manfred-Burmeister, Karl Heinz 1979: Sebastian Münster (1488-1552), s. S. 111-128

Freemann, T. W. Oughton, Marguerita, Pinchemel, Philippe (Eds.) 1977: Geographers. Biobibliographical Studies, Vol. I, London

Hauber, Eberhard David 1727: Nützlicher Discours von dem gegenwärtigen Zustand der Geographie..., Ulm

Hübner, Jürgen 1975: Die Theologie Johann Keplers zwischen Orthodoxie und Naturwissenschaft, Tübingen

Reyher, Samuel 1669: Mathesis Mosaica..., Kiliae Holsatorum (mehrere Aufl.)

Reyher, Samuel 1714: Mathesis Biblica...., Lüneburg

Wenk, H. G. 1966: Die Geschichte der Geographie und der geographischen Landesforschung an der Universität Kiel von 1654 - 1879. Geographische Doktorarbeit Kiel

(Fertiggestellt: Oktober 1977)

V.
Beginn neuzeitlichen geographischen Denkens im 18. Jahrhundert

Manfred Büttner

CHRISTIAN WOLFFS BEDEUTUNG FÜR DIE ZU BEGINN DES 18. JAHRHUNDERTS EINSETZENDE WANDLUNG IM GEOGRAPHISCHEN DENKEN

Die teleologische bzw. physikotheologische oder funktionale Überhöhung der kausalmechanischen Betrachtung des geographisch-cosmographischen Faktenmaterials [1]

Einleitung

Wer die Bedeutung Christian Wolffs für die Entwicklung des geographischen Denkens (also die Vorstellungen vom Wesen, den Aufgaben und Zielen, den Methoden usw. der Geographie) ermessen will, der sollte folgendes berücksichtigen:
1. Zu Beginn des 18. Jahrhunderts gab es zwar das Fach Geographie jedoch praktisch keine Geographen. Geographie (sowie die eng mit ihr zusammenhängende Cosmographie, Astronomie, Physik usw.) wurde vorwiegend von Theologen und Philosophen betrieben. (Wobei bemerkt werden muß, daß die Grenzen zwischen Theologie und Philosophie seit alters her fließend sind.) Das hatte zur Folge: Geographisches Denken wurde entscheidend durch theologisch-philosophisches beeinflußt, ja sogar geprägt; denn die Mitte des Denkens jener Gelehrten, die sich mit Geographie (Cosmographie usw.) befaßten, lag auf theologisch-philosophischem Gebiet. Wandlungen im geographischen Denken sind daher in dieser Zeit meist als Folge von Wandlungen im theologisch-philosophischen Bereich anzusehen und nur von daher zu verstehen (Büttner 1964, 1965 und 1973).
2. In der Geographie (bzw. Cosmographie) geht es ursprünglich - wie schon aus dem Namen ersichtlich wird - vorwiegend um Beschreibung. Von Erklärungsversuchen, die zum Verstehen der Zusammenhänge führen sollen, ist nur ganz selten etwas zu finden [2]. Christian Wolff ist eigentlich der erste, der ganz bewußt - dem Zeitgeist folgend - seine Physik (sie kann nach dem heute gängigen Sprachgebrauch als allgemeine Physiogeographie bezeichnet werden) neu ausrichtet. Ihm geht es nicht mehr darum, nur Faktenwissen zu vermitteln, sondern mit Hilfe dieses Faktenwissens das Verstehen und den Verstand überhaupt zu schulen [3].

3. Christian Wolff gilt im 18. Jahrhundert als *der* Schulphilosoph schlechthin. Seine Bücher wurden allgemein benutzt. Noch Kant lehrte Philosophie nach Wolff. Man kann ohne Übertreibung sagen, daß bis in das letzte Drittel des 18. Jahrhunderts hinein praktisch alle Schüler und Studenten im Geiste Wolffs an die Wissenschaft (unter Einschluß von Theologie und Geographie) herangeführt wurden. Das philosophisch-theologisch-geographische Denken von Fabricius, Hauber, Büsching, ja letztlich sogar von Kant und Ritter (um nur einige der wichtigsten zu nennen, die sich vorwiegend und intensiv mit dem befaßt haben, was wir heute zur Geographie rechnen) ist nur von Wolff aus angemessen anzugehen. Dabei gilt es, schon jetzt darauf hinzuweisen, daß sich gegen Ende des 18. Jahrhunderts eine allmähliche Abkehr von Wolff angebahnt hat. Kant wendete sich schließlich (sowohl in der Philosophie und Theologie als auch der Geographie) von Wolff ab, und bei Ritter lassen sich nur noch Relikte der auf Wolff zurückgehenden physikotheologischen Betrachtungsweise feststellen.

Im folgenden soll nun im einzelnen das Buch (vgl. u. Anm. 9) exegesiert werden, mit dem Wolff gewissermaßen Schule gemacht hat und die physikotheologische Betrachtung (bzw. Erklärung) in die Geographie eingeführt hat. Auf die Frage, warum Wolff so vorgeht, und warum er nicht bei der zunächst von ihm aufgegriffenen kausalmechanischen Erklärung beharrt, soll hier nicht näher eingegangen werden, da ich dieses an anderer Stelle ausführlich behandelt habe (Büttner 1964 und 1973 a). Ich begnüge mich hier mit dem Hinweis darauf, daß die Zeit offenbar dafür noch nicht reif war. Erst Kant findet mit seinem betonten Hinweis, daß der Geograph einzig und allein kausalmechanisch und nicht teleologisch (bzw. physikotheologisch) vorzugehen habe, allgemeine Zustimmung [4].

1. Zur Großanlage von Wolffs „Vernünfftige Gedancken"

Nach einleitenden Vorbemerkungen, auf die weiter unten eingegangen werden soll, geht er „von außen nach innen" vor, beginnt mit den Weltkörpern (Sonne, Fixsterne, Planeten), dann folgen Wasser und Erde. An anderer Stelle [5] habe ich darauf hingewiesen, daß eine solche Großanlage die des Aristoteles ist. Sie diente bis zu Keckermann hin den Geographen als „Leitschnur" für die Abhandlung des geographischen Materials, sofern sie sich nicht für die in der Bibel vorgegebene Reihenfolge entschlossen. Wolff geht also (zumindest was die Großanlage betrifft) auf die Zeit vor Keckermann zurück, auf die Zeit also, da man das geographische Material nicht nach eigenständigen genuin geographischen Kriterien abhandelte [6]. Büsching [7] und Kant (1802) sind ihm hier (wenn auch mit gewissen Abweichungen) gefolgt.

Es erhebt sich die Frage, warum Wolff so vorgeht. Nach dem augenblicklichen Stand der Forschung läßt sich darauf keine zufriedenstellende Antwort geben. Wohl haben wir jetzt eine Antwort auf die Frage, warum Kant in seiner physischen Geographie und Büsching in seiner Physik in gewisser Hinsicht einen Rückschritt darstellen: offenbar deswegen, weil sie sich von Wolff haben anregen lassen, und zwar mehr noch in der auf Melanchthon zurückgehenden physikotheologischen Ausrichtung des geographischen Faktenmaterials als in der hier zur Diskussion stehenden Großanlage. Aber warum Wolff die von Keckermann bis Varenius (und darüber hinaus) erreichten Fortschritte in der genuin geographischen Systematik so völlig ignoriert, und (obwohl er im Detail durchaus von Aristoteles abweicht) in der Großanlage die Aristotelische Reihenfolge „von außen nach innen" zugrundelegt, das ist bis zur Stunde ungeklärt. Denkbar wäre es, daß er von seinem Lehrer Weigel, der in seiner Jugendzeit noch strenger Aristoteliker war, dazu angeregt worden ist. Denkbar wäre es auch, daß er dann in Halle, wo man ihn in die physikotheologische Richtung drängte, in der Großanlage seiner Physik bewußt bei Aristoteles blieb, weil sich Aristoteles (wie schon Melanchthon gezeigt hatte) trefflich mit der auf den Gottesbeweis und die göttliche Providentia zielende theologische Ausrichtung des geographisch-cosmographischen Faktenmaterials verbinden ließ (Büttner 1973 a.) Doch das alles sind nur Arbeitshypothesen für weitere Forschungen. Und ein wesentlicher Gesichtspunkt dieser Schriftenreihe ist es ja, zu weiteren Forschungen anzuregen und auf Forschungslücken betont hinzuweisen.

2. Beispiele für die Kleinanlage

Im folgenden soll versucht werden, aus dem im Vorwort und in den einzelnen Kapiteln zum geographischen Faktenmaterial Ausgeführten zu eruieren, wie Wolff als Geograph denkt, wie also seine Erklärung im einzelnen aussieht, wie er versucht, die kausalmechanische Betrachtung bzw. Erklärung teleologisch, physikotheologisch oder funktional zu überhöhen.
Dabei soll uns vor allem die Frage interessieren, ob er im Text wirklich das im einzelnen hält, was er im Vorwort verspricht [8].
Zunächst zum Vorwort: Wenn wir seine langatmigen Ausführungen auf das für unseren Zusammenhang Wesentliche zusammenfassen, dann läßt sich sagen, daß Wolff hier folgende Problemkreise anschneidet, die ein bezeichnendes Licht auf sein in diesem Buch [9] vorgelegtes geographisches Denken werfen:
1. Welches ist der Hauptnutzen von der Erkenntnis der Natur? Antwort: Gott zu erkennen.
2. Wie kann das im einzelnen geschehen? Antwort: Man muß die Absichten der natürlichen Dinge beschreiben. Alle Dinge sind zu einem bestimmten Zweck da. Dieser Zweck ist nicht notwendig, sondern von Gott gesetzt, im allgemeinen zum Wohle des Menschen. Wer diese Zwecke im einzelnen erkennt und beschreibt, der beschreibt damit letztlich Gottes Macht, Willen, Güte usw. [10]. Wer so vorgeht, der steigt wie auf einer Leiter sicher zu Gott hinauf [11].
Als besonders instruktives Beispiel sei nun das vorgestellt, was Wolff über die Dünste sagt. Damit die Feinheiten der Argumentation deutlich werden, zitiere ich wörtlich. Bei Wolff (1724, T.II, Kap.4) heißt es:
„Die Dünste steigen nicht für die lange Weile aus dem Wasser und feuchten Cörpern in die Lufft; denn sie dienen dazu, daß die Luft feucht werden kann, und nicht immer trocken verbleibt, daß Nebel, Wolcken, Thau, Reiff, Regen, Schnee, Hagel, auch Regenbogen und andere Lufft-Erscheinungen in der Natur können erzeuget werden. Und solchergestalt werden die Dünste von der

Natur zu gar vielem gebraucht, und würde sehr vieles in der Welt nicht stattfinden, wenn keine Dünste darinnen vorhanden wären" [12].

Im Paragraphen 139 geschieht genau das, was Wolff im Vorwort versprochen hat, nämlich wie auf einer Leiter sicher zu Gott aufzusteigen. Unter der Überschrift „Wie die Dünste uns zur Erkänntniß besonderer Umstände der Weißheit Gottes führen" heißt es wörtlich: „Die Dünste sind etwas schlechtes, wenn man sie vor sich ansiehet, nichts als kleine Bläselein von Wasser, die sich in der Lufft zertheilen, und für unseren Augen verschwinden, indem sie aufsteigen. Solange sie in der Lufft zerstreut sind, werden sie von dem Winde hin und hergetrieben. Denn da wir sehen, daß die Wolcken, welche nichts als ein Haufen in einem Nebel zusammen gezogene Dünste sind, die von den Winden getrieben werden, so müssen vielmehr die in der Lufft eintzeln zerstreuten Dünste ihrer Bewegung folgen.

Unerachtet nun die Dünste an sich so was geringes und gantz unordentlich in der Lufft zerstreut sind, auch keine ordentliche Bewegung vor sich haben; so werden sie doch von Gott in der Natur gebraucht, viel sonderbare Dinge zu bewerkstelligen. Da nun Gott in allem demjenigen, was in der Natur geschiehet, mit Vorsatze handelt, als der alles längst vorher verordnet, ehe es kommt, so erkennet man daraus, wie Gott durch schlechte und an sich geringe Mittel sehr viel ausrichtet, was man nimmermehr vermeinet hätte, daß es sich dadurch bewerkstelligen ließe" [13].

Nun kommen im einzelnen die „wunderbaren" Dinge, die Gott mit den Dünsten bewirkt. Ich will ein Beispiel herausgreifen, welches Wolff als „besondere Probe der Weisheit Gottes" anführt. J.A. Fabricius, der später ein Buch über den Wasserkreislauf schreibt, dürfte von dieser Stelle Wolffs angeregt worden sein.

Wolff (1724, 249) schreibt:

„Und demnach ist die Ausdünstung das Mittel, wodurch die Circulation des Wassers in der Natur erhalten wird [14], daß nemlich es sich aus einem Orte in den anderen bewegt, und von dar wieder dahin kommt, wo es hergeflossen war. Denn durch dieses Mittel wird es aus der See und den Flüssen wieder zu den Quellen gebracht, auch aus der See zwischen den Flüssen: die Quellen aber bringen es wieder in die Flüsse und diese wieder ins Wasser. Auf solche Weise erhält Gott, daß das Wasser an keinem Orte auf dem Erdboden jemahls gebricht, und zugleich insteter Bewegung verbleiben kann, damit es nicht stinkend wird, wenn es lange Jahre in einem Orte stille stehen sollte. Eben dies bekräftigt gar herrlich den vorhin angewiesenen Umstand der göttlichen Weißheit, daß nemlich Gott nach seiner unendlichen Erkäntnis durch, dem Ansehen nach, gantz geringe Mittel sehr wichtige Dinge in der Natur ausrichtet."

Im folgenden sei ein weiteres Beispiel angeführt, in dem Wolff im einzelnen aufzeigt, daß die von Gott gesetzten Zwecke nicht notwendig sind [15] und daß sie zum Wohle des Menschen dienen. Wenn man moderne Begriffe verwendet, dann kann man sagen: Wolff zeigt hier (abgesehen von der theologischen Ausrichtung des geographisch-cosmographischen Faktenmaterials) auf, daß die Physiogeographie im Dienste der Humangeographie steht. Dieses Denken,

nämlich daß der Mensch in der Physiogeographie die Hauptrolle spielt, kennzeichnet das geographische Denken seit Melanchthon [16]. Selbst in Kants physischer Geographie ist es noch festzustellen [17].
Bei Wolff 1724, 183 heißt es:
„Es scheinet, als wenn man bey den beständigen Witterungen nicht fragen könte, warum Gott gewolt, daß sie abwechseln solten, weil die Wechslung eine nothwendige Folge aus der Bewegung der Erde um die Sonne ist, ja auch in dem hitzigen Striche die Abwechslung der beständigen Witterungen gar nicht von einem solchen Unterschiede wie bey uns angetroffen wird, indem daselbst, wenn man den Sommer aus der Wärme beurteilen soll, wohl ein beständiger Sommer ist.
Allein unerachtet es die Bewegung der Erde um die Sonne, weil sie in der Eckliptik und nicht im Aequatore beweget wird, mit sich bringet, daß Sommer und Winter, Frühling und Herbst abwechseln müssen; so kan deßwegen doch Gott dabey eine Absicht haben und auch wir, die wir an solchen Orten leben, wo die Abwechselung geschieht, können einen Nutzen davon haben, der gleichsam mit unter die Absichten Gottes zu rechnen ist.
Zudem ist diese Einrichtung des Lauffes der Erden um die Sonne ja nicht schlechterdings nothwendig, sondern es hätte die gantze Welt sich auch noch anders einrichten lassen. Wir können es nicht für schlechter Dinges unmöglich ausgeben, daß die Welt nicht hätte können so eingerichtet werden, damit über den gantzen Erdboden beständig Sommer gewesen wäre. Und vielleicht, wenn ein geschickter Mathematicus nachdenken wollte, würde es eben nicht gantz schwer fallen, eine dergleichen Einrichtung zu erdenken.
Allein eben alsdenn würde sichs noch klärer als jetzt under zeigen, warum Gott die gegenwärtige Einrichtung, bey der die Abwechslung statt findet, einer anderen vorgezogen, da ein beständiger Sommer, wie unter dem hitzigen Strichen erhalten würde. Dessen aber ungeachtet kan man auch schon jetzund sehen, wenn wir bloß auf die gegenwärtigen Einrichtungen acht haben, aus was für Ursachen Gott dergleichen Abwechslung beliebet hat."
Nun kommen seitenlange Erwägungen darüber, wie das Klima auf der Erde sein würde, wenn die Achse nicht schief stünde. Wolffs Erörterungen laufen auf folgenden Gedanken hinaus: Wegen der Schiefstellung der Erdachse ist die Erde besser bewohnbar.
Zum Schluß faßt er nochmals zusammen. Der Scopus dieser Zusammenfassung ist folgender:
1. Die Welt ist nicht notwendig.
2. Von vielen Möglichkeiten hat Gott die beste gewählt; dieses zeigt sich z.B. im Weltklima, das eine optimale Bewohnbarkeit zuläßt.
Dieses Beispiel zeigt zugleich auf, wie Wolff die teleologische und physikotheologische Überhöhung der Kausalmechanik (bzw. der kausalmechanischen Betrachtung der geographisch-cosmographischen Fakten) mit der funktionalen Überhöhung verbindet. Unter funktionaler Überhöhung verstehe ich das Aufzeigen, wie eins ins andere greift: Die Schiefstellung der Erdachse ist die Ursache für die Jahreszeiten (kausalmechanische Betrachtung bzw. Erklärung), die

Jahreszeiten ermöglichen bzw. bewirken eine optimale Bewohnbarkeit der Erde usw. Dies alles ist von Gott so beabsichtigt (physikotheologische Überhöhrung der kausalmechanischen Betrachtung), um für den Menschen eine optimale Lebensmöglichkeit zu schaffen (Unterordnung der Physiogeographie unter die Humangeographie). Wenn man nur sieht, wie wunderbar eins ins andere greift, so daß zum Schluß das Bestmögliche herauskommt (wie also die gesamte Weltmaschine optimal funktioniert), dann kommt der Aspekt ins Spiel, den ich als „funktionale Überhöhung der kausalmechanischen Betrachtung des geographisch-cosmographischen Faktenmaterials" bezeichne. Es ist dabei wichtig, festzuhalten, daß sich teleologische, physikotheologische und funktionale Überhöhung nicht immer exakt voneinander trennen lassen, sondern bei Wolff gewissermaßen eine Einheit bilden. Von Fall zu Fall betont er mal diese, mal jene Überhöhung der Kausalmechanik [18].

Als letztes Beispiel sei eines angeführt, in dem Wolff auf jüngste Experimente verweist (er zeigt damit, daß er „up to date" ist) und die aufgrund dieser Experimente gewonnenen Erkenntnisse für seine Überhöhung (in diesem Fall die physikotheologische Überhöhung) verwendet. In der Einleitung zum Kapitel über die Luft (Kapitel 1, Teil II) sagt er:

„Nachdem der gelehrte, und in den Wissenschaften geübte Guericke die Lufft-Pumpe erfunden und man dadurch die zwey Haupt-Eigenschaften der Lufft, nemlich ihre ausdehnende Krafft und Schwere in ungezweifelte Gewissheit gesetzt, auch ihre vielfältige Würckungen, die man vor diesem entweder gar nicht erkandt, oder darauf man doch wenigstens nicht acht gehabt, durch allerhand theils verwundernswürdige, theils fruchtbare Versuche bekandt gemacht, durch deren erste die Erforschung der Natur zur Aufmercksamkeit erwecket, durch die anderen aber in der Wissenschaft fortzgehen vermögend worden, sie unter andern hiervon vorhandenen Schriften meine drey Theile der Versuche, dadurch zur Erkänntnis der Natur der Weg gebahnet wird, zur Genüge bezeugen; so hat man auch den vielfältigen Nutzen der Lufft viel deutlicher als vorhin einsehen lernen, und findet man sie als ein Haupt-Mittel, wodurch Gott die Veränderungen auf dem Erdboden hervor bringet...."

3. Schlußwort

Ich fasse zunächst das zusammen, was sich anhand der vorgebrachten Beispiele ergibt. Dabei beschränke ich mich vorwiegend auf das, was den Geographen (weniger den Theologen) interessieren dürfte. Sodann versuche ich kurz einen zusammenfassenden Überblick über die Stellung Wolffs in der Geographiegeschichte.

1. Zunächst zum Formalen: Vorwort und Text passen wirklich zusammen. Wolff führt im Text das im einzelnen aus, was er im Vorwort versprochen hat. (Man vergleiche dagegen das geographische Hauptwerk Büschings, der wesentlich anders verfährt.) [19]

2. Zum Methodischen: Wolff setzt empirisch an und erklärt das Material zunächst kausal-mechanisch. (Zwar betreibt er - wie bis ins 18. Jahrhundert unter Geographen allgemein üblich - keine eigenen Forschungen; aber er stützt sich

auf die zeitgenössischen Forschungen.) Dann versucht er, den tieferen Sinn einer kausalmechanischen Erklärung dadurch zu ergründen, daß er die Warum-Frage nicht nur mit der Weil-Frage, sondern zusätzlich mit der Damit-Frage beantwortet. Ich bezeichne die zusätzliche Beantwortung mit der Damit-Frage als die „teleologische bzw. physikotheologische oder funktionale Überhöhung der Weil-Frage".

Da ich seit Jahren hier immer wieder mißverstanden worden bin, nochmals ein Beispiel: Frage: Warum regnet es auf der Luv-Seite der Gebirge stärker als auf der Lee-Seite? Kausalmechanische Antwort: Weil sich die aufsteigenden Winde abkühlen und deswegen ausregnen. Teleologische Antwort (für uns heute unverständlich, aber früher üblich): Damit die dort lebenden Menschen und Pflanzen genügend Wasser zur Verfügung haben. (Daß auf der Lee-Seite weniger Menschen und Pflanzen wohnen, weil es dort weniger regnet, ist eine Erkenntnis, die erst gegen Ende des 18. Jahrhunderts aufkommt.)

Physikotheologische Antwort: Weil Gott den Regen schickt (kausalmechanischer Ansatz), damit er die dort lebenden Menschen und Tiere mit Wasser versorgt. Darin sieht man die große Güte Gottes, daß er den Regen selbst in die höchsten Regionen schickt, wo kaum noch Pflanzen und ganz wenige Menschen leben [20].

Funktionale Antwort: Der Wind bläst, die Wolken steigen hoch, sie kühlen sich ab, regnen sich aus, die Pflanzen saugen das Wasser auf, geben es schließlich an die Quellen weiter usw. Wer sieht, wie wunderbar eins ins andere greift, der muß erstaunt sein vor der Güte und Weisheit Gottes.

Zu Wolffs Stellung in der Geographiegeschichte:
1. Traditionell bei ihm (und dessen ist er sich wahrscheinlich selbst nicht bewußt) ist die bei den Lutheranern seit Melanchthon übliche Unterordnung der Gesamtgeographie unter die Theologie und die Ausrichtung der Physiogeographie auf die Humangeographie [21].

2. Neu bei ihm ist (und damit gibt er dem geographischen Denken bis an das Ende des 18. Jahrhunderts hin die entscheidende Ausrichtung) folgender Dreischritt: Ansatz mit der Empirie und kausalmechanischer Erklärung, teleologische bzw. physikotheologische oder funktionale Überhöhung und drittens: Gottesbeweis mit Hilfe des Argumentes, daß die Nicht-Notwendigkeit all dessen, was uns Geographie und Cosmographie lehren, auf einen Schöpfer und Lenker verweisen.

Die Pietisten um A.H.Francke warfen Wolff mangelnde Demut vor. Ihr Argument (für unseren Zusammenhang etwas verkürzt dargestellt) lautet: Man muß Gott im Herzen fühlen. Die Physikotheologie Wolffs ist nur eine „halbe" Physikotheologie; denn es fehlt der Aufruf zum Lobe Gottes und der Aufruf dankbar zu sein und seine Gebote zu halten, angesichts des Blickes in die Natur, die uns einen so großen und mächtigen Gott offenbart, der alles in der Welt um des Menschen willen in Güte und Weisheit ordnet. (Es fehlt der ethisch-doxologische Zirkel) [22].

Doch nicht die Pietisten um A. H.Francke, sondern Wolff setzte sich letztlich durch und bestimmte, wie geographische Werke abzufassen seien. Zwar gelang es A. H. Francke, seinen Rivalen für einige Zeit von der Universität Halle zu vertreiben; aber Wolff kehrte als Sieger zurück [23].
Schließlich kam es sogar dahin, daß A. H. Francke das hier besprochene Buch von Wolff, dessen Vorwort er lediglich ändern ließ, einführte [24].
Doch das Verhältnis von Wolff und A. H. Francke ist, soweit es die Entwicklung des geographischen Denkens betrifft, noch nicht restlos erforscht. Vor allem muß noch geklärt werden, warum Francke einerseits Wolffs Physiogeographie einführte (und damit dieser Art Geographie zu betreiben aufgrund seiner großen Autorität als Pädagoge zum Durchbruch verhalf), andererseits aber immer wieder betonte, die wahre Naturlehre sei die des Comenius, die sein Freund Lange um die Jahrhundertwende neu herausgegeben hatte [25].

Anmerkungen

[1] Das diesem Aufsatz zugrundeliegende Gedankengut entstammt im wesentlichen meiner bisher unveröffentlichten theologischen Dr.Arbeit. Sie trägt den Titel: Theologie und Naturwissenschaft, insbesondere Geographie. (Münster 1963)
[2] Vgl.Büttner 1973. Dort bin ich den Erklärungsversuchen bei Aristoteles, Reisch, Melanchthon, Mercator usw. nachgegangen.
[3] Vgl. dazu das Vorwort in Wolffs „Anfangsgründen" der Mathematik (Halle 1800). In diesem Buch, das man als *das* Lehrbuch der Naturwissenschaften im 18.Jahrhundert bezeichnen kann, sagt Wolff im Vorwort zur Astronomie und Geographie (die er - ähnlich wie Reisch - zusammen behandelt), daß wir mit Hilfe dieser Wissenschaften den Verstand trefflich schulen können; denn die Sinne geben uns ein falsches Bild von der Welt; nur der geschulte Verstand vermag das von den Sinnen wahrgenommene Bild so zu korrigieren, daß man letztlich zur Wahrheit gelangt.
Wenn es bei Kant später in der Physiogeographie heißt, daß gerade die Geographie in besonderer Weise fähig sei, den gesunden Menschenverstand zu schulen, so dürfte er als Wolff-Schüler hier sicherlich von seinem Lehrer beeinflußt sein. Vgl. dazu Büttner 1975.
[4] Vgl. dazu Büttner 1975 und 1975 a. Zum teleologischen bzw. physikotheologischen Denken und zu den Beziehungen zwischen Physik und Physiogeographie siehe auch Büttner 1963, 1964, 1973, 1973 a, sowie die in diesem Bande vorgelegte Studie über Comenius.
[5] So Büttner 1973 und in meinem Aristoteles-und Keckermann-Aufsatz in diesem Bande.
[6] Genuin geographische Einteilungskriterien sind z. B. die von Keckermann eingeführte Einteilung in Geographia generalis und Geographia specialis oder die seit der Reformationszeit gültige Aufgliederung in mathematische, physische und Kulturgeographie. Vgl. dazu wiederum Büttner 1973, sowie die Aufsätze über Aristoteles, Melanchthon, Keckermann usw. in diesem Bande.
[7] Weniger in seinem geographischen Hauptwerk als viel mehr in seiner Physiogeographie. Siehe Büsching 1775.
[8] Zu den Diskrepanzen zwischen Vorwort und Text vgl. insbesondere Büttner 1964. Ich habe dort im einzelnen herausgestellt, wie man besonders im 18.Jahrhundert immer mehr dazu überging (bzw. dazu gedrängt wurde), im Vorwort etwas zu versprechen, was dann im Haupttext nicht durchgehalten werden konnte.
[9] Wolff 1724. Es sei an dieser Stelle ausdrücklich vermerkt, daß Wolff in anderen Büchern (vor allem in dem vorher verfaßten Buch von den Wirkungen in der Natur) ein anderes geographisches Denken (also eine andere Vorstellung von den Zielen, Aufgaben, Methoden usw. der Naturwissenschaften, insbesondere der Geographie) entfaltet. Sein im hier diskutierten Werk enthaltenes geographisches Denken, das beispielgebend für das ganze 18.Jahrhundert wurde, scheint sich im Zusammenhang seines Streites mit A. H. Francke herausgebildet zu haben.

Zu diesem Streit, der in die Wissenschaftsgeschichte als der Wolffsche Streit eingegangen ist, (er interessiert in dem Aufsatz nur am Rande) habe ich mich - soweit es sich dabei um die den Geographiehistoriker interessierenden Dinge handelt - in Büttner 1973a näher geäußert.

10) Genau betrachtet ist hier die Geographie (bzw. die ganze Naturwissenschaft) in den Dienst der Theologie genommen. Schon zu Zeiten Melanchthons (vgl. Büttner 1973) war man so vorgegangen. Was jedoch das Vorgehen Melanchthons von dem Wolffs grundsätzlich unterscheidet, ist dieses:
1. Melanchthon setzt von vornherein mit einer teleologischen Betrachtung bzw. Erklärung ein, Wolffs Denken dagegen basiert auf der inzwischen aufgekommenen kausalmechanischen Betrachtung, die er in einem zweiten Schritt teleologisch (bzw. physikotheologisch oder funktional) zu überhöhen sucht.
2. Melanchthon formt die Geographie so um, daß mit ihr ein Gottesbeweis möglich wird. Bei ihm beeinflußt also theologisches Denken die innere Konzeption der Geographie in ganz entscheidender Weise. Vgl. dazu den Melanchthon-Aufsatz in diesem Band).
Wolff dagegen greift nicht in die innere Konzeption der Naturwissenschaften, insbesondere der Geographie ein, sondern benutzt die zeitgenössische Geographie (so wie sie ist), um zu zeigen, daß auch diese kausalmechanisch betriebene Geographie zu Gott führt.
Vgl. dazu meine weiter oben genannten Schriften, vor allem Büttner 1973 a.

11) Wir sind heute leicht geneigt zu sagen, Wolff habe hier seine Kompetenzen als Geograph überschritten, indem er sein geographisches Denken letztlich doch theologischem Denken unterordnete. Ich werde jedoch nicht müde, darauf hinzuweisen, daß der Geographiehistoriker so nicht vorgehen darf. Es kann nicht die Aufgabe des Geographiehistorikers sein, ,,Zensuren'' zu verteilen und festzustellen, wer von den Gelehrten, die sich früher mit Geographie befaßten, ,,richtig'' oder ,,falsch'' vorgegangen ist. Nein, es ist einzig und allein unsere Aufgabe, zu untersuchen, *wie* man früher vorging und *warum* man früher die Geographie so und nicht anders betrieb. Vgl. dazu meine einführenden Bemerkungen zu den Aufgaben des Geographiehistorikers in dem Aristoteles-Aufsatz dieses Bandes.
Warum ging Wolff in dieser Weise vor? Griff er Anregungen auf, die in seiner Schulzeit von seinen Lehrern Weigel und Neumann ausgegangen waren? Versuchte er - dem Trend der Zeit folgend - die bei seinen Lehrern erlernte mathematisch-demonstrative Methode für die Theologie nutzbar zu machen und alle Naturwissenschaften entsprechend zu überhöhen? Oder hat er sich von Melanchthon und dessen Physik, die er als Lutheraner sicher kannte, anregen lassen? Hier sind noch intensive Forschungen nötig. Und da diese Schriftenreihe ja nicht nur fertige Ergebnisse vorlegen, sondern zu weiteren Forschungen anregen soll, sei ausdrücklich darauf hingewiesen, daß wir bei Wolff (anders als z.B. bei Melanchthon, Kant usw.) von der Beantwortung der Warum-Frage noch weit entfernt sind.

12) Die teleologische Überhöhung der kausalmechanischen Betrachtung des geographischen Faktenmaterials geschieht also hier folgendermaßen: Nebel, Wolken, Tau usw. entstehen durch Verdunsten (Kausalmechanische Betrachtung). Folgerung: Also sieht man, daß die Natur sich der Dünste bedient, damit Wolken, Nebel usw. entstehen (Teleologische Überhöhung).

13) Hier schaltet Wolff von der rein teleologischen Betrachtung (bzw. Überhöhung der kausalmechanischen Betrachtung) zur physikotheologischen Betrachtung bzw. Überhöhung über. (Zum Grundsätzlichen zwischen teleologischer, physikotheologischer und funktionaler Betrachtung bzw. Überhöhung siehe das Schlußwort.)
Wolff bewegt sich hier allerdings im Zirkelschluß (was ja ein Kennzeichen vieler physikotheologischer Überhöhungen im 18.Jahrhundert ist). Zunächst behauptet bzw. postuliert er, daß es Gott ist, der die Dünste lenkt. Und dann schließt er aus der wunderbaren und weisen Lenkung auf die Weisheit, Größe usw. Gottes. Von einer ,,Leiter'' zu Gott kann hier keineswegs die Rede sein. Vgl. jedoch, wie Wolff dann später in dem von mir in Anm. 15 diskutierten Verfahren schließlich doch über die Nicht-Notwendigkeit der Vorgänge aus dem Zirkelschluß herausfindet und zu einem echten Beweis kommt.
Ich halte es aus dem Grunde für sinnvoll, von zweierlei Arten physikotheologischen Argumentierens zu sprechen.
1. Das Zirkelverfahren: Weil ich weiß (glaube, postuliere usw.), daß Gott alle Vorgänge in dieser Welt lenkt, erinnert mich ein Blick in die Natur an die Größe, Weisheit usw. Gottes.

2. Das Beweisverfahren: Unser Verstand sagt uns, daß die Ordnung und alles Zusammenwirken hier auf Erden nicht notwendig sind, also nicht „von selbst" da sind. Es muß also ein weiser Ordner, oder Lenker hinter allem stehen.

[14)] Wieder setzt Wolff zunächst kausalmechanisch an: Der Wasserkreislauf wird durch die Verdunstung ingang gesetzt. Dann folgt die Überhöhung: Wozu ist dieser ganze Kreislauf da? Damit....

[15)] Was nicht (denk)notwendig so ist, wie es ist, bzw. so funktioniert, wie es funktioniert, das muß einen Verursacher, oder Lenker haben, den man als Gott bezeichnen kann. Noch in der gegenwärtigen Physik (P. Jordan, v. Weizsäcker usw.) diskutiert man diesen Gedanken. Vgl. Büttner 1973 b.

Hier bewegt man sich also nicht im Zirkelschluß (vgl. Anm. 13), sondern man liefert so etwas wie einen echten Gottesbeweis. Für den gläubigen Christen erhebt sich allerdings die Frage, ob der Wolffsche Lenker (der mit dem aristotelischen 1. Beweger und Kantischen Seinsgrund in etwa identisch ist) auch als Vater Jesu Christi bezeichnet werden kann. Schon der Gottesbeweis Melanchthons endete lediglich beim Weltenlenker, nicht aber bei dem, der sich in Jesus Christus den Menschen offenbart. An dieser Stelle setzte daher immer die Kritik der Theologen an, denen die sogenannte Theologia naturalis zu wenig war.

Diese Gedanken berühren zwar den Theologiehistoriker mehr als den Geographiehistoriker, sie werfen aber doch ein bezeichnendes Licht darauf, wie eng früher theologisches (bzw. philosophisches) und geographisches Denken miteinander verbunden waren: sicherlich genau so eng, wie heute z. B. in der Physiogeographie geographisches und geologisches Denken eine beinahe unlösbare Einheit eingegangen sind (man denke an die Quartärgeologie) oder wie in der Sozialgeographie die Beziehungen zwischen Soziologie und Geographie.

[16)] Vgl. dazu Büttner 1973 meine Habil.-Arbeit (a.a.O.) und meinen Melanchthon-Aufsatz in diesem Band. Für Melanchthon und die in seinem Geist Denkenden ist die Natur dazu da, daß der Mensch in ihr Gott erkennt, somit hat es die Naturwissenschaft (indem sie aufzeigt, wie Gott um des Menschen willen alles lenkt) letztlich mit Gott zu tun. Da aber die Ausrichtung der Naturwissenschaft nur über den Menschen geht (die Dinge in der Natur sind da, damit der Mensch....), steht die Physiogeographie im Dienste der Humangeographie. Bei Wolff kommt noch der Gedanke dazu, daß diese Welt die (für den Menschen) bestmögliche ist.

[17)] Auf diese Zusammenhänge, die man in der Kant-Forschung bisher nicht beachtet hat, wird man erst durch die Beschäftigung mit Wolff verwiesen. Ich verspreche mir von der weiteren intensiven Beschäftigung mit dem Geographen Wolff (und den in seinem Denken lebenden Nachfolgern) wichtige Anregungen für die Kant-Forschung.

[18)] Es würde zu weit führen, in diesem Aufsatz eine klare Trennung vornehmen zu wollen, wann es sich bei Wolff um eine teleologische, wann um eine physikotheologische und wann um eine funktionale Überhöhung (oder gar um ein Ineinanderübergehen der verschiedenen Überhöhungen) handelt. Entscheidend ist meiner Meinung nach, daß die angeführten Beispiele einen Einblick darin geben, daß Wolff grundsätzlich (ob auf diesem oder jenem Wege) die kausalmechanische Betrachtung zwar als Grundlage berücksichtigt, sie dann aber (auf welchem Wege auch immer) überhöht, um zu der *eigentlichen* Erklärung zu kommen, die ihm für das Verständnis der Natur (in unserem Falle für das Verständnis des geographisch-cosmographischen Faktenmaterials) die einzig befriedigende ist. Vgl. dazu das in Anm. 11 Gesagte. Wir sind nicht berechtigt, an Wolff Kritik derart zu üben, daß wir etwa sagen, er habe die eigentlich und letztlich den Geographen ganz besonders interessierende Erklärung noch nicht gefunden. Wolff traf offenbar mit seinem Erklärungsversuch das Interesse der Zeitgenossen, wie wäre sonst die hohe Auflagenzahl seiner Bücher zu erklären.

[19)] Das Hauptwerk Büschings ist ein länderkundliches Werk. Hier läßt sich die üblicherweise in den Vorworten angedeutete Leiter zu Gott im allgemeinen nicht so leicht erstellen wie in den physiogeographischen Schriften. Vgl. Anm. 7. Trotzdem enthalten aber auch die länderkundlichen Passagen bis zu Ritter hin, immer noch auffallend viel (und für den modernen Leser fremd wirkende) physikotheologische Anklänge.

[20)] Vgl. dazu Anm. 13. Hier kommt noch der Gedanke hinzu, daß Gott in seiner großen Güte selbst dort, wo es eigentlich gar nicht mehr nötig wäre, noch für Wasser sorgt. An anderer Stelle weist Wolff einmal darauf hin, daß Gott in seiner großen Güte sogar in Wüstengebieten Tau entstehen

läßt, damit dort, wo normalerweise kein Wasser hinkommt, doch für die wenigen Lebewesen, die sich dort aufhalten, noch etwas Wasser zur Verfügung steht.
Auch hier ist es für den Geographiehistoriker wieder müßig festzustellen, daß Wolff sich geirrt hat, daß nämlich in den Wüstengebieten deswegen wenige Lebewesen vorkommen, weil es so wenig regnet.
Der Geographiehistoriker hat herauszustellen, warum Wolff so dachte, warum er nicht rein kausalmechanisch zu erklären versuchte usw. Geographiegeschichte kann nicht die Anreihung von Irrtümern sein. Wer sagt uns denn, ob nicht unsere heutigen Erklärungsversuche und unser heutiges geographisches Denken späteren Generationen als ein Irrweg vorkommen werden.

[21] Vgl. dazu meinen Aufsatz über Melanchthon in diesem Band und Büttner 1973 (a.a.O.) und 1979.
[22] Aus dem Grunde hat Philipp (1957) Wolff von der Physikotheologie abzurücken versucht. Vgl. dazu meine Entgegnung an Philipp in Büttner 1964.
[23] Zum Wolffschen Streit vgl. Anm. 9.
[24] Mit dem vielen Hin und Her um die Einführung der geographischen Lehrbücher durch Francke habe ich mich in Büttner 1964 näher befaßt.
[25] Zur Physik bzw. Physiogeographie des Comenius und ihrer Bedeutung im 18. Jahrhundert vgl. meinen Comenius-Aufsatz in diesem Band. Die Neuausgabe durch Lange erfolgte unter folgendem Titel: Physicae Comenianae....Berolini 1702.

Literaturverzeichnis

Büsching, A.F. 1775, Unterricht in der Naturgeschichte, Berlin
Büttner, Manfred 1963, Theologie und Naturwissenschaft, insbesondere Geographie. Theolog. Dissertation Münster
Büttner, Manfred 1964, Theologie und Klimatologie. In: Neue Zeitschrift für systematische Theologie und Religionsphilosophie 6, S. 154-191
Büttner, Manfred 1965, Geographie und Theologie im 18. Jahrhundert. In: Tagungsberichte und wissenschaftliche Abhandlungen. Deutscher Geographentag Bochum 1965, Wiesbaden, S. 352-359
Büttner, Manfred 1973, Die Geographia Generalis vor Varenius. Geographisches Weltbild und Providentialehre. Erdwissenschaftliche Forschungen 7, Wiesbaden (Habil.-Schrift)
Büttner, Manfred 1973 a, Zum Gegenüber von Naturwissenschaften (insbesondere Geographie) und Theologie im 18. Jahrhundert. Der Kampf um die Providentialehre innerhalb des Wolffschen Streites. In: Philosophia Naturalis 14, 95-122
Büttner, Manfred 1973 b, Das „physikotheologische" System Karl Heims. Einordnung und Kritik. In: Kerygma und Dogma 19, S. 267-286
Büttner, Manfred 1975, Kant und die Überwindung der physikotheologischen Betrachtung der geographisch-kosmologischen Fakten. In: Erdkunde 29, S. 53-60
Büttner, Manfred 1975 a, Kant and the Physico-Theological Consideration of the Geographical Facts, A Contribution to the History of Geography in its relation to Theology and Philosophy. The Geographical Schools in Central Europe before 1800. In: Organon (Warschau) 11, S. 231-249
Büttner, Manfred 1979, On the Significance of the Reformation for the New Orientation of Geography in Germany. In: History of Science (im Druck)
Kant, Immanual 1802, Immanuel Kants physische Geographie. Auf Verlangen des Verfassers aus seiner Handschrift herausgegeben und zum Teil bearbeitet von Friedrich Theodor Rink. Zwei Bände, Königsberg
Lange, J. 1702, Phyicae Comenianae..., Berolini
Wolff, Christian 1724, Vernünfftige Gedancken von den Absichten der natürlichen Dinge..., Halle
Wolff, Christian 1800, Anfangsgründe aller mathematischen Wissenschaften dritter Teil, welcher die Astronomie, Geographie... enthält. Halle (11. Auflage)

(Fertiggestellt: Februar 1979)

Luise Witte

EBERHARD DAVID HAUBER
(1695 - 1765)

(Vortrag, gehalten auf dem geographiegeschichtlichen Kolloquium am Rande des 41. Deutschen Geographentages Mainz 1977, für den Druck überarbeitet)

Einleitung

Hauber, der Lehrer A. F. Büsching's, ist bisher * hauptsächlich durch seine theologischen Schriften und durch seine kulturellen und sozialen Einrichtungen bekannt gewesen.
Weit weniger bekannt sind seine geographischen und historischen Schriften. In der Geographie tat er sich als Anreger und Wegweiser hervor. Aus Geschichte und zeitgenössischem Zustand der Geographie leitete er Forderungen für ihre weitere Entwicklung ab. Dabei berücksichtigte er - zeitgemäß - ihre Anwendbarkeit zugunsten von Staat und Gesellschaft. Anfangs noch der Physikotheologie [1] verhaftet, wandte er sich besonders in der Kartographie, in der die Theologie keinen Raum hat, dem Nützlichkeitsprinzip zu. Da der physischen Geographie noch das notwendige Beobachtungsmaterial fehlte, suchte der historisch ausgerichtete H. die Staats- oder Reichsgeographie als Basis für andere Zweige der Geographie zu fördern.
H. kannte die Zweiteilung in Allgemeine oder mathematische Geographie (Geographia generalis) und spezielle Geographie. Er wies besonders auf die sorgfältige Beobachtung und die kritisch vergleichende Nachrichtensammlung als wesentliche Arbeitsmethoden einer künftigen Geographie hin. Seine Forderungen galten sowohl für literarische wie kartographische Darstellungen.
Der vielseitig gebildete und gern unterrichtende H. zeichnete sich dadurch aus, daß er seine Schüler in das Wissen und das theologisch-philosophische Denken seiner Zeit einführend, zum selbständigen Weiterarbeiten anregte und befähigte. Die Pläne H's verwirklichte erst sein bedeutendster Schüler und Freund, A. F. Büsching, in seiner bis ins 19. Jh. in vielen Auflagen und Sprachen erschienenen „Neuen Erdbeschreibung". Darin also wirkte H. als Geograph fort.

1. Biographie

H. wurde am 27.5.1695 in Hohenhaslach/Württemberg als Sohn des Predigers Johann Eberhard H., zuletzt Abt von Anhausen, geboren. Auch der Großvater war Prediger und Inhaber einer Pfarrstelle.

1.1 Studium: Tübingen, Altdorf

Im Jahre 1709 bezog H., erst 14-jährig, die Universität Tübingen zum Theologiestudium. Sonstige Studienfächer waren: Geographie, Kartographie, Mathematik und Naturwissenschaften. Den „theologischen Kursus" beendete er 1717 in Altdorf, nachdem er schon 1712 Magister in Tübingen geworden war. Das Thema seiner Examensarbeit hieß:
„Dissertatio de obligatione juramentorum per exempla Sacrae Scripturae."
Praes. Roeslero, Tübingen 1712.

1.2 Beruf

1.2.1 In Tübingen und Stuttgart

Erste Berufspraxis erwarb H., indem er bis 1721 seinen Vater im Amt unterstützte und beim Predigen vertrat. Als Hofmeister eines Studenten der Jurisprudenz kehrte er 1722 nach Tübingen zurück und wurde dort Repetent am Theologischen Stift. Im Jahre 1724 begann H. als Vikar an der Stiftskirche zu Stuttgart zu arbeiten, nachdem er kurze Zeit Hauslehrer gewesen war. In dieser Zeit widmete sich H. den schon vorher begonnenen mathematischen und historischen Studien.
Der Wunsch, Universitätslehrer zu werden, erfüllte sich nicht; auch die Stelle des Gymnasialprofessors in Stuttgart blieb H. versagt.

1.2.2 In Stadthagen

Ein Ruf als Superintendent, Konsistorialrat und Oberprediger führte ihn 1726 für 20 Jahre nach Stadthagen/Niedersachsen, damals Grafschaft Schaumburg-Lippe. Aber erst 1728 wurde er in Helmstedt zum Dr. theol. promoviert. Das Thema der Doktor-Dissertation lautete:
„Cogitationes theologiae de cogitationibus". Helmstedt 1727.
In den Anfang der Stadthagener Zeit fiel eine Studienreise nach Holland mit dem wissenschaftlich aufgeschlossenen Landesherrn, dem Grafen von Schaumburg-Lippe. Auf dieser Reise des Jahres 1728 erhielt H. eine Fülle von Anregungen: so traf er z. B. den Mediziner *Boerhave*, Lehrer namhafter Mediziner und Naturforscher des 18. Jh., und er begegnete dem 11 Jahre älteren August Bruzen de la *Martiniere*, dem Verfasser des ab 1726 in Amsterdam erscheinenden „Grand Dictionnaire Géographique et Critique." Mit seinen Arbeiten hat sich H. offenbar recht genau befaßt und daraus gelernt.
Die theologischen Amtsgeschäfte in Stadthagen beanspruchten H. bald so, daß er sich offiziell von seinen geographischen Arbeiten lossagte: nämlich von der „Universalhistorie der Geographie" und seinem „neues System der Geographie, einen verbesserten Atlantem zum täglichen so wohl als gelehrten Gebrauch" usw. (Hauber, 1730)
Seine Sammlungen will er einem „Geschickteren" zur Auswertung überlassen. Nur die Bearbeitung der dem Theologen näher liegenden Geographia sacra u. G. ecclesiastica behält er sich vor. Der Entwurf einer Historie der Geographia generalis und mathematice sowie der Geographia naturalis blieben Plan.
(a. a. O. S. 104, 123 f.)

Neben seinem Hauptberuf widmete sich H. in Stadthagen dem privaten, unentgeltlichen Unterricht in Sprachen, Mathematik und Naturwissenschaften, Geographie und Geschichte. Damals war A. F. *Büsching* sein Schüler, dem er freundschaftlich verbunden blieb.

Die Bemühungen um Zusammenfassung und Förderung des geographischen Wissens führten zu H's Aufnahme in die Kgl. Preußische Akademie der Wissenschaften, 1724, und in die Ksl. Akademie, 1728. Bei Erscheinen des „Versuch.." und der „Historischen Nachricht", 1724, war H. noch Repetent des Tübinger Stifts. Die „Zusätze", 1725 verfaßte er bereits als Mitglied der Kgl. Preuß. Societät der Wissenschaften. Damals mag H. in der Idee bestärkt worden sein, eine Deutsche Gesellschaft speziell für die Geographie vorzuschlagen (1727), denn er hatte gesehen, welche Fortschritte durch Gesellschaften in Frankreich erzielt worden waren.

1.2.3 In Kopenhagen
Im Jahre 1746, nach dem Tode der ihn fördernden Landesherrin von Schaumburg-Lippe, erreichte den 51-jährigen H. ein Ruf nach Kopenhagen als Pastor der deutschen Petrigemeinde.
Dort starb er am 15.2.1765 im 70. Lebensjahre.

1.3 Herkunft der Einflüsse auf H.
Die bisher ausgewerteten Biographien H's lassen nur wenige Angaben über Art und Herkunft der wissenschaftlichen Einflüsse zu. Sie müssen daher vorläufig indirekt aus Sekundärliteratur und Literaturzitaten H's in seinen Werken erschlossen werden. Seine Zitate sind jedoch so zahlreich, daß hier eine Auswahl getroffen werden muß nach dem Bekanntheitsgrad der Genannten und der Häufigkeit der Nennung im Text. Dabei ist eine gewisse Subjektivität unvermeidbar.

Wie mag der zur Theologie bestimmte und ausgebildete H. zur Geographie gekommen sein?

Eine Teilantwort gibt die Kenntnis früherer Universitätsstudien. Mathematische Studien gehörten im 18. Jh. zur Grundausbildung der Studenten. Sie waren Teilgebiet der Philosophie ebenso wie Geographie und Geschichte, und Geographie war eine mathematische Wissenschaft. Die physische Geographie zählte zur Historia Naturalis und spielte eine Nebenrolle.

H. war also beinahe von vornherein mit diesen Fächern in Berührung gekommen. Darüber hinaus aber fand er besonderen Gefallen an ihnen, als er Zeit genug hatte, während seines Vikariats und als Repetent im Tübinger Stift an seiner Fortbildung zu arbeiten.

Die Einflüsse auf H. sind aus drei Hauptrichtungen zu erwarten: von seinem Hauptstudienfach, Theologie, von der Philosophie und von den aufblühenden Naturwissenschaften und der Mathematik.

Von Haus aus und vom Studienfach her erhielt H. eine lutherisch geprägte Erziehung und Ausbildung, die letztlich für die Berufstätigkeit ausschlaggebend wurden.

Die Personen von Einfluß lassen sich nach ihrem persönlichen Verhältnis zu H. wie folgt darstellen:

1. Lehrer und Professoren
2. Freunde
3. ältere und zeitgenössische Vorläufer.
Sie sind Vertreter verschiedener, oft gleichzeitig mehrerer Fachrichtungen: Theologen und Philosophen, Astronomen und Mathematiker, Juristen und Historiker, Mediziner und Naturforscher. H. begegnete ihnen persönlich oder stand mit ihnen im Briefwechsel. Viele wird er nur aus intensivem Literaturstudium gekannt und geschätzt haben.

zu 1. Lehrer und Professoren:
Über H's Lehrer der Schulzeit wissen wir bisher noch nichts; wohl sind die Namen einiger seiner Universitätslehrer bekannt, jedoch kaum die Art ihres Einflusses auf H. Es bedarf einer Analyse ihrer Biographien und Werke und vielleicht noch vorhandener Briefe. Im Vorwort des „Versuchs" nennt H. die Professoren, deren reichhaltige Bibliotheken er benutzen durfte: es sind die Tübinger Professoren der Theologie Osiander und Chr. Matth. Pfaff (1686-1760), der Physiker und Mathematiker Joh. Conr. Creiling und Joh. Jak. Helfferich, Jurist und Historiker, Fachmann für Staats- und Lehnrecht. Es ist naheliegend, daß der junge H. im Gespräch mit den Genannten viele Anregungen für sein Spezialgebiet erhielt. Einzelheiten sagt er jedoch nicht darüber. Sie wären wiederum indirekt aus Biographien und Werken der Betreffenden zu erschließen.

zu 2. Freunde
Unter die Freunde H's zählt *Büsching* den „jüngeren *Pfaff*" (d. i. Chr. Matth. * 1686) und Jeremias Frid. *Reuss*, später Professor der Theologie in Kopenhagen[2]. *Pfaff* war Theologensohn und befaßte sich u. a. mit der englischen Literatur zum Problem „Theologie und Naturwissenschaften." Möglicherweise rührte von hier der erste Kontakt mit der Physikotheologie *Derham*'s. Außer diesen sollen besonders Joh. Jak. *Moser* und *Harpprecht* (Chrph. Friedr. * 1700 oder Joh. Heinr. * 1702?) - beide Juristen - die wissenschaftlichen Neigungen H's am meisten gefördert haben. Genaueres ist noch nicht bekannt. Mit *Moser* bestand in den Jahren 1720-30, also in den „geographischen Jahren" H's, ein lebhafter Briefwechsel. Aus ihm wären wahrscheinlich am ehesten nähere Angaben über wissenschaftliche Einflüsse zu ermitteln.

zu 3. Vorläufer
Kartographen und Geographen[3]
Die Bekanntschaft mit den Kartographen Joh. Bapt. *Homann* - ursprünglich allerdings Mediziner - und Joh. Gabr. *Doppelmayr* hatte mit Sicherheit Einfluß auf das intensive Kartenstudium oder ermöglichte es sogar erst. Ausgangspunkt waren aber die mathematischen Studien in Tübingen.
Die große Zahl von kartographischen und geographischen Werken, die H. kannte, zeigt, wie umfassend er sich in dieses, nur in seiner Freizeit betriebene Fachgebiet eingearbeitet hatte.
Um welche Personen handelte es sich in erster Linie?
H. stand in der Tradition des *Varenius*, dessen Kommentator *Jurin* (Ausgabe

1712) er zitiert. Bedeutsamer für ihn mag Joh. *Hübner* sen. gewesen sein, dessen damals berühmtes Geographiebuch er möglicherweise schon als Schüler kennengelernt hatte. Von *Hübner*'s „Methodische Illuminationsart" ließ sich H. wahrscheinlich bei seinen eigenen Kartenentwürfen zur Religionsgeographie anregen.

Naturforscher und Philosophen
Nicht nur auf die Geographie im engeren Sinne hatte er sich beschränkt, sondern auch die Naturforscher wie *Newton, Huygens* und *Scheuchzer* (1711) studiert, ferner die Astronomen und Mathematiker wie *Galilei, Tycho Brahe, Flamsteed* und *Cassini* u. a. ebenso wie die Philosophen seiner Zeit. Unter diesen spielten die sog. Physikotheologen wie *Derham* und *Nieuwentyt* eine besondere Rolle. Sie zitiert er ausführlich. Hierher gehört aber auch der Aufklärungsphilosoph *Wolff*, der gerade seine „Vernünfftigen Gedancken von den Absichten der natürlichen Dinge" (1723) veröffentlicht hatte.

Historiker
Geographische Sachverhalte wurden vielfach von Historikern, Juristen und Staatswissenschaftlern bearbeitet. H. kannte die Werke des Historikers Joh. Dav. *Koeler* (Universität Altdorf), den zeitgenössischen Historiker Polycarp *Leyser* (Universität Helmstedt) und den Staatsrechtler des 17. Jh., V. L. *Seckendorff*. Auch hier ist *Hübner* ebenso wie der mehrfach zitierte Historiker *Pufendorf* zu nennen.
H. verfolgte sorgsam zurück, woher diese Verfaser beeinflußt waren und kam z. B. bei *Koeler* und *Hübner* auf *Ortelius, Vossius* und *Ricciolius*. *Koeler* ging über *Clüver* und *Cellarius* hinaus.

2. Hauber als Geograph

2.1 Forschungsstand

H. scheint als Geograph am Ende des 18. Jh. in Vergessenheit geraten zu sein. Er lebte - soweit bisher zu sehen - nur in der umfangreichen, vielfach neu aufgelegten „Erdbeschreibung" seines Schülers *Büsching* fort. Dieser setzte ihm ein Denkmal in seinen „Beyträge zu der Lebensgeschichte denkwürdiger Personen...", 1785 und in seiner „Eigenen Lebensgeschichte", 1789. Ein Teil der Erdbeschreibung wurde ihm mit ausführlicher „Zuschrift" gewidmet. Ob in der Gedächtnisschrift für *Büsching*'s Frau auch H's gedacht wird, und ob diese Schrift über ihn als Geographen etwas aussagt, müßte nachgeprüft werden.
Biographische Angaben und - meist gekürzte - Schrifttumsverzeichnisse finden sich in älteren Lexika des 18./19. Jh., in denen hauptsächlich vom Theologen H. die Rede ist.
In der Literatur der letzten 20 Jahre erscheint H. zunächst in Aufsätzen über *Büsching*. Zu seinem 200. Todestag im Jahre 1965 widmete man ihm einige Arbeiten. Auch sie behandeln hauptsächlich den Theologen.
Erst *Oehme* hat H. umfassend dargestellt anhand der Biographie des *Büsching* und anhand von Briefen, die H. mit *Moser* wechselte. Wie einleitend bemerkt, konnte aber seine jüngst erschienene Monographie vor Abschluß dieses Manuskriptes nicht mehr ausgewertet werden.

2.2 Die geographischen Arbeiten H's zwischen 1720 und 1730

a 1) Der „Versuch einer... Historie der Landkarten..." erschien Ulm 1724 mit einem Anhang „Von der Historie der Landkarten des Markgraftums Mähren" und

a 2) einer „Historischen Nachricht von den Landkarten des Schwäbischen Kreises und des Hzgt. Württemberg... mit Anmerkungen".

Dem folgten:

b 1) „Zusätze und Verbesserungen sowohl zu dem Abriß und Versuch... einer Historie der Landkarten... als der Historischen Nachricht..." Stuttgart 1725.

Diese wurde dem **H a u p t w e r k** angehängt:

b 2) „Nützlicher Discours von dem gegenwärtigen Zustand der Geographie besonders in Teutschland... Ulm 1727.

Eine Streitschrift zur Verteidigung des Hauptwerkes und mit Angaben über seine Entstehung erschien unter:

c) „Gedanken und Vorschläge, wie die ...Historie der Geographie ... zustande gebracht werden möchte ... und die Homannische Landkarten ... verteidigt werden. Wolffenbüttel 1730.

Im folgenden sollen Entstehung, Ziel, Aufbau, Methode, Ergebnis und Zweck der Werke a) und b) skizziert werden.

Anlaß zur Historie der Geographie und der Landkarten war bei H. zunächst nur Wissensdurst, nämlich sich zu orientieren über die Welt und besonders den Teil der Erde, in dem er selbst lebte. Seine Studienmethode folgte dem Prinzip „vom Nahen zum Fernen". Dabei ging er von dem für ihn unmittelbar Beobachtbaren aus: seiner Umwelt. Erst danach erstreckten sich seine Studien auf die Welt als ganze wie auf die gesamte Erde mit Deutschland, besonders Schwaben und Württemberg, dem er als seinem Vaterland verpflichtet war.

H's Absicht war, von jeglichem Lande „die davon edierten Karten von der ältesten bis auf die neueste" in einer „zusammenhängenden Ordnung zu erzählen". Er nennt das eine „Specialhistorie", wir könnten sagen: Regionalgeschichte. (*Hauber*, 1730, S. 70 ff) Die damals neue württembergische Karte enthielt „sehr viele Fehler", die schwäbische „taugte gar nichts". Daraus erwuchs das Ziel, sich in der Freizeit der „Verbesserung der württembergischen und der Verzeichnung einer neuen Karte von Schwaben" zu widmen.

Dazu mußten auch die Karten der angrenzenden Gebiete untersucht werden. So wurde die Arbeit umfassender, zumal H. „wegen seiner theologischen als historischen Studien auch die heilige (Geographia sacra), alte und mittlere (=historische Geographie) zu untersuchen angefangen hatte," (a. a. O; S. 72)

Das heißt: **G e o g r a p h i e** stand im **D i e n s t e** der **T h e o l o g i e** und **G e s c h i c h t e** !

Beim Studium der Geschichte der Landkarten reifte der Entschluß zur „Historie der Geographie", da diese beiden Gebiete so miteinander verbunden seien, daß eine nicht ohne die andere möglich sei. (a. a. O; S. 101) Erst bei dem umfassenderen Thema, Geschichte der Geographie, kam H. zum Studium der philosophischen Hintergründe und damit auf die Physikotheologie: Erkenntnis Gottes aus seinen Werken in der Natur. (Davon s. S. 247 f)

Der Anstoß zur Herausgabe der Vorarbeiten H's kam von einem „gewissen großen Gelehrten, einem großen Freund", der die Nachrichten von den Landkarten des Herzogtums Württemberg in seine geplante „Bibliotheca Würtembergica" aufnehmen wollte. Das kann nur der schon genannte *Moser* gewesen sein [4].

H's Neuerung besteht in einer kritischen, chronologisch geordneten, regionalen Bibliographie und Kartographie. Zwar sagt H., er habe keine „geographische Bibliothek" schreiben und „vollständige Urteile" über die betreffenden Bücher geben, sondern nur zeigen wollen, ...daß die Angaben seiner Vorgänger „noch nicht vollständig genug" seien. (a. a. O; S. 65) Dennoch stellt der „Versuch" einen ausführlichen Auszug, eine Voranzeige des größeren Werkes, des „Discours" dar. Er enthält die Quellen der besprochenen Werke, nennt die Auflagen und Abschriften, Kopien und Nachdrucke, auch Voranzeigen noch nicht erschienener Schriften und Karten. Aus Vorzügen und Mängeln der Karten werden Vorschläge für ihre Verbesserung abgeleitet. Dieser Aufbau wird zum Gliederungsprinzip auch des „Discours".

Der „Versuch" ist eine Geographie-Geschichte. Er wird den Lesern zum Gebrauch und zur Kritik vorgelegt. Ergänzungen, Zuschriften und Verbesserungen möchte H. im geplanten Hauptwerk verarbeiten; er gibt also eine Diskussionsgrundlage heraus, indem er die Mitarbeit aller Interessierten anregt.

H. hält die Geringschätzung, die man lange gegenüber Karten hatte, für die Ursache, daß es nicht längst eine Geschichte der Landkarten gab. (a. a. O; S. 75) Um welche Sachfragen geht es im ersten Werk?

zu a 1) Das Werk „Versuch..." gliedert sich in 5 Hauptteile:

I. Historie der Landkarten
1. Scriptoren
2. Ursprung der Landkarten
3. neue Historie der Landkarten ab 1520
4. Ausführung, Eigenschaften und Arten der Landkarten
5. Katalog von Karten und Atlanten, regional geordnet (Portugal-Spanien-Frankreich...)

II. Vorstellung der Erde und ihrer Länder auf Cörpern u. Carten nach politischen Reichen, Ländern, Staaten,...
1. Globen
2. eigentliche Landkarten der Erde u. ihrer Teile
3. Reichskarten

III. Historie der Hydrographie
1. Scriptores Hydrographiae (See- u. Wasserkarten)
2. Seekarten
3. Flüsse (!)

IV. Landkarten der Geographie der alten und mittleren Zeiten, der Geogr. sacra und Geogr. ecclesiastica
1. alte Geographie
2. mittlere Geographie
3. Geographia sacra
4. Geographia ecclesiastica

V. Miscellan-Geographie
1. Post-Reise-Karten
2. Kriegsschauplätze
3. Landkarten zur Geographia Naturalis nach der „Ordnung der Länder" (thematische Karten)
4. Sprachenkarten
5. Karten über besondere Vorstellungen
6. Hieroglyphische Karten (gehören nach H. nicht zur Geographie) (*Hauber* 1725, S. 171, Anm. u.)
7. Astronomische Karten (Mondkarten als astron. Spezialkarten)

Die Feingliederung der „Historischen Nachricht" (1724) über die Karten Schwabens zeigt, daß H. den Karteninhalt in den politischen, kirchlichen, physischen und historischen gliedert.
Sein ausgiebiger Kartenvergleich führte ihn zur Gegenüberstellung der Mängel und Vorzüge und schließlich zu Vorschlägen für eine Verbesserung der Karten: Hauptmängel seien die Ungenauigkeit in Lage, Grenzen und Besitzverhältnissen, das Fehlen wichtiger Verkehrswege und der Entfernungen zwischen den wichtigen Orten, falsche Flußläufe und Ortsnamenschreibungen, schließlich die Zerteilung geschlossener Territorien durch den Blattschnitt.

H's Vorschlag zur V e r b e s s e r u n g geht dahin, genaue wahrheitsgetreue Nachrichten zu sammeln, und sie exakt in richtig umgrenzte Karten einzutragen, ausgehend von Spezialkarten, um daraus Generalkarten zu gewinnen. Er fordert weiter trigonometrische Vermessungen. Ferner seien Tabellen der Längen und Breiten der Orte nötig; jedoch müßten sie auf genauen Beobachtungen beruhen und nicht, wie bisher, meist um etliche Minuten und Grade differieren. Die besten seien immer noch die von *Jurin* korrigierten aus *Varenius'* Geographia Generalis (a. a. O. S. 53 f Anm.l.).
Die handwerksmäßigen Kartenmacher würden von ihrer „Charletanerie" nur durch Gesetze abzuhalten sein, wonach sie gezwungen würden, alle Quellen, Projektionsarten, Observationen und Jahr der Ausgabe anzugeben (a. a. O. S. 52 f).
Im Kapitel über N u t z e n und Gebrauch der Karten gibt H. einige Betrachtungen zur allgemeinen Kartographie und ein System der Karten innerhalb der Geographie (a. a. O. S. 49 Anm. h)
Geographia Generalis zeigt: Figur und Einteilung der Erde, bewohnbare und unbewohnbare Gegenden, Verteilung von Land und Wasser, Windkarten, Tag- und Nachtlängen; ... Politische und Historische Geographie stellt dar: Reiche und Herrschaften der Erde, früher und gegenwärtig, Nachbarn der Länder, Handelskarten; ...
Geographia sacra und G. ecclesiastica behandelt: Verbreitung von Religionen und Sekten, Karten der kirchlichen Verwaltungen, Klöster. ... H. schlägt jedoch vor, mehrere dieser Karteninhalte in Karten mit morphographischer Grundzeichnung einzutragen, um nicht für jeden Einzelinhalt eine besondere Karte zu benötigen.

Die Landkarten der alten Geographie unterscheidet H. nach solchen, die das Bild der Erde der alten Völker wiedergeben und nach solchen, die das antike Erdbild seiner Zeitgenossen darstellen. So sei *Ortelius'* „Parergum Geographiae veteris" entstanden. - H. weist auf die Bedeutung leerer Räume hin, um so zeigen zu können, wie weit die Erde zu bestimmten Zeiten bekannt war. (a. a. O. S. 128) Das ist also Geschichte des geographischen Weltbildes in Karten.
Unter Geographia sacra versteht H. zweierlei: „alle Orte und Länder, welche in der Schrift vorkommen, oder nur eine Beschreibung des sog. heiligen und Gelobten Landes". (a. a. O. S. 143 Anm. h)
Den Nutzen politischer Karten sieht H. in der Möglichkeit, aus chronologisch geordneten Karten die Staatengeschichte ablesen zu können. (a. a. O. S. 107 Anm. h)
Unter Karten zur Geographia Naturalis versteht H. ein buntes Gemisch thematischer Karten: typische Getränke in verschiedenen Teilen Deutschlands (Wein, Bier, Met), große Wasserfluten, Küstenveränderungen ... Hier zeigt sich, daß noch ein System der Geographie fehlte.

Über die M e t h o d e der Untersuchung zur „Geschichte der Landkarten" äußerte sich H.: man müsse nicht nur alle Karten gesehen haben, sondern auch genau betrachten und miteinander „zusammenhalten", d.h. vergleichen. Ferner seien nötig: Kenntnisse der Karten-Officinen und das Weitergeben der Platten und deren Behandlung bei Neuabzügen, Kenntnis der Karten der Landesteile, ihre Entstehung, Verbesserung oder Verschlechterung. Dazu sei wieder Voraussetzung die Kenntnis der historischen und mathematischen Geographie. Das sei nur über breite Literaturkenntnis der alten wie neuen Schriftsteller zu erreichen.

Der Wert dieser ausführlichen Bibliographie und Kartographie liegt darin, daß H. nachweist, wie die Karten und Texte voneinander abhängen.

Bezeichnend ist, daß sich der Theologe H. selbst mit der Herstellung von Karten befaßt, und zwar aus den Gebieten der Geographia ecclesiastica. Er erwähnt z. B. einen Atlas ecclesiasticum, den er herauszugeben beabsichtigt. (a. a. O. S. 159 Anm. t) Er soll Religions- Verbreitungskarten, Konfessionskarten für die europäischen Länder, untergliedert nach kirchlichen Verwaltungseinheiten enthalten.

zu b 2) Das H a u p t w e r k H's ist der „Nützliche Discours von dem gegenwärtigen Zustand der Geographie ... Ulm 1727". (Weiter als „Discours" zitiert). Es ist die Hauptquelle für die Darstellung des geographischen Forschungsstandes im ersten Viertel des 18. Jh., eine „Bemühung um Beförderung der Wissenschaften" heißt es in der Widmung an Graf Friedrich Christian von Schaumburg!
Um einen Überblick über den Discours zu geben, folgt hier das Inhaltsverzeichnis:

I Discours von dem gegenwärtigen Zustand der Geographie, besonders in
  Teutschland § 1-12

II Von dem Zustand und denen Vorzügen der Geographie ... nach denen unterschiedenen Theilen derselben und Ländern insonderheit .. § 13-25
III Von der noch gegenwärtigen Unvollkommenheit der Geographie, ihren ... Fehlern und Mängeln § 26-36
IV Endliches Urteil von dem gegenwärtigen Zustand der Geographie, nebst einem Vorschlag von fernerer Verbesserung derselben § 37-41
V Vorschlag eines sowohl zur Erlernung der Geographie als dem täglichen Gebrauch auserlesenen Atlantis von geographischen Karten und der füglichen Ordnung derselben § 42-46
VI Abriß eines auserlesenen und fast vollständigen Atlantis von Teutschland oder
Verzeichnis aller dahin gehörigen, besonders guter sowohl alter als neuer Charten, welche der Autor besitzt § 47
Register von Orts- und Personennamen, Sachregister.

zu I, § 1-12

Ausgehend von der Literatur in deutscher, englischer und französischer Sprache kommt H. auf den Plan seines Werkes und spricht über den g u t e n Zustand der Wissenschaften im allgemeinen wie der Geographie seiner Zeit im besonderen. In der allgemeinen oder mathematischen Geographie (= Geogr. Generalis) werden die Cosmographie oder Weltbeschreibung, (Hauber 1727 S. 9 ff) ihr Stand und ihre jüngsten großartigen Fortschritte besprochen. Geographia Generalis befaßt sich nicht nur mit der Verfassung der Erde und der Länder, sondern auch „mit dem Grund und den Ursachen derer natürlichen Beschaffenheit". Von den himmlischen Körpern sagt sie nur soviel wie die Veränderungen auf der Erde und die Erscheinungen auf ihr von jenen verursacht werden. H. zitiert hier *Newton, Derham, Nieuwentyt* und *Wolff*. Trotz lebhaften Interesses für die Cosmographie will H. ihre Fakten nur mit Einschränkung in der Geographie behandelt wissen: wahrscheinlich denkt er an Erscheinungen wie Ebbe und Flut.

„ W e l t " wird definiert als Erde plus Himmel (mit Bezug auf Ps. 33,6) inclusive aller Geschöpfe plus der sog. himmlichen Körper (= Gestirne) und zwar sichtbare wie unsichtbare „und alles was darinnen ist". (Es wird sogar die Frage nach anderen belebten Erden oder Welten gestellt!)
Die Cosmographie erwähnt H. in diesem Zusammenhang, weil er sagt, das Teil (Erde) ist nicht ohne das Ganze zu verstehen. (a. a. O. S. 10) Die „ G e o g r a p h i e " oder „Beschreibung der Erde" wird unterteilt in die m a t h e m a t i s c h e und die h i s t o r i s c h e oder U n i v e r s a l Geographie.

Hauber's System der Geographie

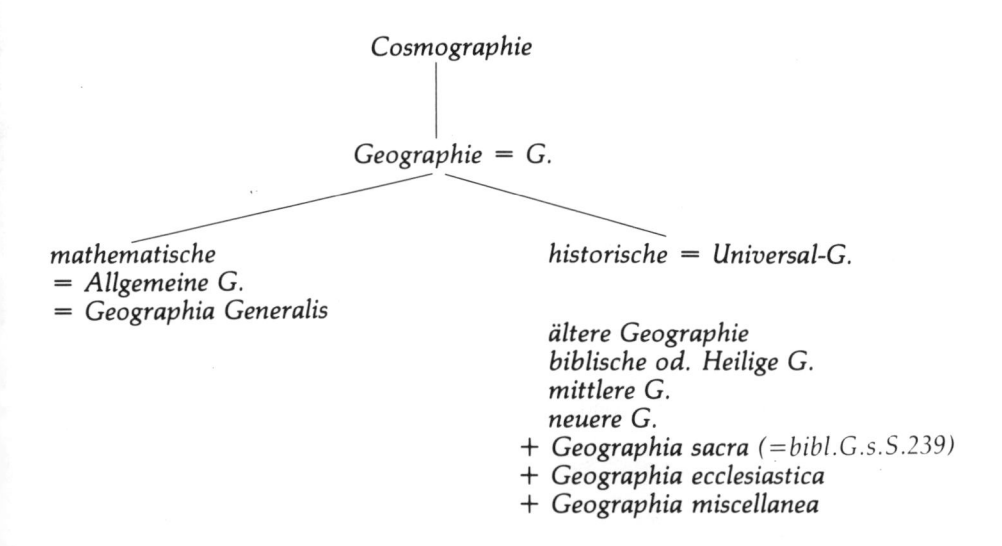

                        Cosmographie

                        Geographie = G.

mathematische   *historische* = Universal-G.
= Allgemeine G.
= Geographia Generalis
                                ältere Geographie
                                biblische od. Heilige G.
                                mittlere G.
                                neuere G.
                                + *Geographia sacra* (=bibl.G.s.S.239)
                                + *Geographia ecclesiastica*
                                + *Geographia miscellanea*

Diese Skizze verdeutlicht wohl am ehesten das Übergewicht der historischen Geographie. Es ist aber zu beachten, daß auch ältere natürliche Zustände unter der historischen Geographie verstanden wurden, soweit sie zu H's Zeit erfaßbar waren. Ihm und seiner Zeit standen zu ihrer Erforschung nur Sekundärliteratur, keine naturwissenschaftlichen Methoden zur Verfügung.
Die mathematische Geographie befaßt sich mit Größe und Figur der Erde, mit Globen und dazugehörigen Schriften. (*Varenius-Jurin, Liebknecht, Sturm*). Bei der „Universalgeographie oder Historischen Erkänntniß der Erde" geht H. von der Geographie der „Alten" aus, kommt zur Entdeckungsgeschichte der Neuzeit und einer kritischen Beurteilung verschiedener Verfasser von Reisebeschreibungen als Quellen zur Vermehrung der geographischen Kenntnisse. Die Besprechung geht r e g i o n a l vor nach dem Prinzip „vom Nahen zum Fernen", außerdem historisch-chronologisch. Zuletzt gibt er eine Anleitung zu Reisen und spricht von deren Nutzen.
Die folgenden Abschnitte befassen sich mit D a r s t e l l u n g s mitteln zur Universalgeographie: Karten, Büchern, besonders auch Kompendien und zwar älteren wie neueren und verschiedensprachigen. Bei den Karten werden das „Museum geographicum" des *Hübner* erwähnt und die Verbesserungen der geographischen Officinen. Hervorgehoben werden *Clüvers, Hübners* und *Koelers* Werke. Neu sind Bücher, die die alte und neue Geographie vergleichen. Zuletzt folgen einige Bemerkungen über das Ansehen und die Förderung der Geographie als nützliche Wissenschaft, bei großen und kleinen Regenten. Auch die Nachbar- und Grundlagenfächer (Präcognita) werden gefordert: Historie der Geograhie und deren Landkarten, Studienmethoden (Didaktik), Kartierung, Ortsbestimmung und Darstellung, sowie angewandte Geographie und Kartographie. H. erinnert an seine Kartengeschichte.

zu II, § 13-25

Bei Besprechung der V o r z ü g e geht H. nach Teildisziplinen und r e g i o- n a l vor und zwar von West nach Ost, beginnend mit Portugal bis nach Asien, Afrika und Amerika. Den Landkarten wird breiter Raum gewidmet. Die Kenntnis des Deutschen Reiches beruht auf geographischen Beschreibungen und Landkarten seiner einzelnen Teile. Allen voran werden *Zeillers* und *Merians* Topographien genannt.

Die Geographia N a t u r a l i s kommt recht kurz weg und beschränkt sich auf die Hydrographie mit Meeren und Flüssen. Verbesserte Vorstellungen von der „Beschaffenheit des Erdreichs" erhofft sich H. von geographischen und Klimakarten aufgrund barometrischer und meteorologischer Messungen. (a. a. O. S. 103) Die Geographia naturalis wird durch zunehmende Beobachtungen in der Historia naturalis gefördert: man könne vom Jahrhundert der Beobachtungen sprechen, meint H. Aus den hauptsächlich beobachteten Wetterveränderungen lassen sich „viele unterschiedene Eigenschafften der Länder und Orte ermessen". (a. a. O. S. 112) (Denkt H. hier an eine klimatische Morphologie?!)

Geographia sacra und Geographia ecclesiastica werden kurz am Schluß des Kapitels besprochen.

Die Vorstellungen von der a l t e n (antiken) Geographie sind durch fleißiges Quellenstudium korrigiert worden. Neuerdings wird auf Veränderungen geachtet, denen die Länder unterworfen waren. Auch die bedeutendsten Werke der Geographie der m i t t l e r e n Zeiten werden besprochen.

Zu III, § 26-36

Die Behandlung der M ä n g e l folgt im wesentlichen der Gliederung der vorigen Kapitel:

1. der C o s m o g r a p h i e fehlt ein Handbuch, („Systema"), die vorhandenen Werke sind zu alt, „fabelhaft, einfältig, unordentlich und unvollständig". Es fehlt an einer Vorstellung über Größe, Figur und Eigenschaften der Erde. Noch herrschen selbst bei den Mathematikern zu viele Zweifel und Unklarheiten über das Weltbild und die Größe der kosmischen Körper, besonders auch infolge unzureichender und ungenauer Observationen. Das ist wiederum Folge noch unzulänglicher Instrumente. (Diese werden gerade erst in der Zeit n a c h H. entscheidend verbessert.)

2. Der G e o g r a p h i e mangelt es - trotz vieler Systemata und Compendien - an einem „richtigen Systema"[5]. Bücher und Karten sind fehlerhaft, noch gibt es viele weiße Flecke - oder aber solche sind mit viel Phantasie gefüllt! Die Gründe sieht H. auch hier in fehlenden und ungenügenden, weil ungenauen Observationen (Ortsbestimmungen). Außer an geeigneten Geräten (Fernrohre, Präzisionsuhren) fehlt es an günstigen Orten, und die Beobachtungszeitpunkte sind spärlich, weil klimatische Ungunst an den vorhandenen Orten die Beobachtung behindert. (Kurzum: es fehlte ein Mt. Palomar!)

Als g e o g r a p h i s c h e P r o b l e m e werden genannt: Größe der Erde, ihre Figur, fehlende oder unzureichende Längenbestimmungen. Auch fehlt

eine historische Beschreibung der Erde; soweit vorhanden, ist sie voller Mängel und Irrtümer; sie beruhen wiederum auf Fehlern in den Reisebeschreibungen[6], denn die Reisenden sind vielfach keine Fachleute, keine geschulten Beobachter und sprachenunkundig. Den Kartenherstellern fehlt es an historischen wie geographischen Kenntnissen! Selbst von Deutschland gibt es n i c h t e i n e gute Karte! H. führt das auf die Besitzzersplitterung in Deutschland zurück und die beständigen Veränderungen der politischen Grenzen, soweit überhaupt richtige Nachrichten darüber zu haben sind. Es fehlt auch an einem Atlas mit Erläuterungen der alten Maße.
Der Theologe braucht einen Atlas der geographia sacra, da die Bibel nicht ohne Landeskenntnis zu erklären ist! (z. B. Mos. I/10). Den Religionsgeographen H. interessierten Grenzen geistlicher Diözesen und Verbreitungskarten über die Religionen auf der Erde. (s. S. 239)
In der noch jungen Geographia n a t u r a l i s fehlt es an richtigen Höhenangaben, an Verbreitungskarten über den Weinbau u. ä.!

zu IV, § 36-41
Als Hindernis bei der Verwirklichung von V e r b e s s e r u n g s v o r s c h l ä g e n sieht H. große Kosten: Bücher, Karten und Instrumente sind zu teuer für die „Liebhaber" der Geographie, zumal die Buchauflagen zu gering sind.
Zur Verbesserung der Geographie hat H. im wesentlichen vier Vorschläge zu machen: (a. a. O. S. 168-80)

1. Man solle eine deutsche Geographische Gesellschaft wie *Tenzel* sie 1693 vorschlug, gründen[7].

2. Die zu sammelnden Nachrichten sollen in erster Linie die politischen Abteilungen der Länder berücksichtigen und die astronomische oder geometrische Lage der Orte feststellen, sodann die Merkwürdigkeiten der Natur und anderes zur Geographie Gehöriges berücksichtigen. Dazu werden schriftliche und kartographische Hilfsmittel genannt. (z .B. Acta publica.)

3. Mit Hilfe einfacher Instrumente soll eine Art Triangulation durchgeführt werden, um die richtige Lage der Orte in Karten festlegen zu können. Schließlich sollen

4. alle Nachrichten und Observationen gesammelt und verglichen werden. Bei der Herstellung der Karte von ganz Deutschland sollen
„die wahre Lage derer äußeren Gränzen aus der natürlichen Geographie (Ufer, Berge), welche beständig seyend als auch derer politischen ..."
beachtet werden. Danach kann die Geographie auf dem Laufenden gehalten werden. Als Methode schlägt H. die Arbeitsteilung unter den Mitgliedern der empfohlenen geographischen Gesellschaft vor.

Auf den Einwurf, Veröffentlichung von genauen Karten verrate militärisch ausnutzbare Gegebenheiten, antwortet H.: In Quart oder Oktav lasse sich nicht viel verraten, was nicht ohnehin jedermann bekannt sein könne. (a. a. O. S. 135 f) zu V, § 42-46

Den W e r t der Karten sieht H. in der Befriedigung eines verbreiteten Publikumsinteresses; gründliche geographische Nachrichten würden allenthalben erwartet in der Zeit sich ausdehnenden Handels; sie dienen der Schiffahrt und dem Kanalbau. H.schlägt einen methodischen Atlas vor und gibt die Art und Reihenfolge der notwendigen Karten an, entsprechend den Wünschen der Benutzer: für Schüler oder für Zeitungsleser. Zum wissenschaftlichen Atlas gehören zusätzlich Karten der alten und mittleren Zeiten, sowie Karten zur Geographia sacra und Geographia ecclesiastica.

zu VI, § 47

Dieser letzte Teil enthält ein nach den deutschen Kreisen geordnetes Verzeichnis von Karten als Grundlage eines Atlas von Deutschland.

H. verwendet in der Kartographie wie im Discours die m e t h o d i s c h e Ordnung nach politischen Grenzen. Zur Rechtfertigung seiner politisch abgegrenzten Raumeinheiten sagt er als Entgegnung auf *Leyser's* Forderung nach natürlichen, unveränderlichen Abgrenzungen: mir (H.) scheint, ,,daß dieses seye der Entzweck der Geographie, von der gegenwärtigen Verfassung der Erde, nicht nur in Ansehung derer natürlichen Gräntzen, sondern auch deren politischen Reiche Nachricht zu geben, so daß diejenige Methode die beste ist, nach deren man den gegenwärtigen Zustand der Erde und die neueste Veränderungen erkennen kann ... (a. a. O. S. 170 ff Anm. g.)

Es fehlt also an einer naturräumlichen G l i e d e r u n g d. h. an eindeutigen Bezeichnungen für natürlich abgegrenzte Räume. Deswegen zieht H. es vor, die allgemein bekannten politisch-geographischen Raumeinheiten zu benutzen. ,,Gesetze vor andere" Darsteller will er jedoch nicht daraus machen; die Leser würden urteilen, ob *Leyser* viele Nachfolger haben werde. (a. a. O. S. 188 Anm. r)

Rückblick:

Weithin ist H's Werk eine Bibliographie und Kartographie mit Recensionen. Wiederholt werden die Fortschritte des ersten Viertels des 18. Jh. hervorgehoben, worin sich ein gewisser Optimismus ausdrückt, ein Glaube an weitere Fortschritte.

Die besprochenen Schriften H's - sie entstanden vor seinem 35. Lebensjahr - sind das Ergebnis von ,,Nebenstudien" eines Theologen, keines Hauptfachgeographen!

Er sieht die Geographie und ihre Zweige im Zusammenhang mit anderen Fachbereichen und weist auf mögliche wechselseitige Erhellung hin.

H. entdeckt bei seinen geographischen Studien in Karten und Büchern Fehler, Lücken und Mängel. Sie wünscht er zu beseitigen, nicht ohne die Schwierigkeiten der angestrebten Verbesserungen zu sehen. Er versucht einen Neuanfang und wird dabei W e g w e i s e r und A n r e g e r für Fachleute wie für Liebhaber der Geographie.

Die O r d n u n g s prinzipien der Darstellung sind: Chronologie und Regionalität unter Beachtung des Systems der Geographie: Teilung in m a t h em a-

tische und historische Geographie (Skizze S. 241) Dahinter mag die Vorstellung von Physio- und Anthropogeographie stehen.
Der Discours ist das Hauptwerk, das auch wissenschaftstheoretische und philosophische Betrachtungen enthält. Von ihnen soll im folgenden die Rede sein.

3. Haubers geographisches Denken: Theologie und Geographie
Um H's geographisches Denken zu charakterisieren, sollen anhand des „Discours" (1727) drei Gesichtspunkte diskutiert werden:
a) Ordnet H. die geographischen Fakten unter theologischen oder geographischen Rücksichten?
b) Welches Verhältnis von Geographie und Theologie ergibt sich aus H's Ordnungsprinzip?
c) Wie läßt sich H's geographisches Denken in die Philosophie-Geschichte des frühen 18. Jh. einordnen?

Zu a) Wenn die Geographie H's wie alle „Wissenschaften und Künste" der „Erkänntniß Gottes nach der Natur und der Gnade" dient, so ist sie zwar einem theologischen Ziel unterstellt. Die geographischen Fakten müssen aber nicht notwendig nach theologischen (teleologischen) Gesichtspunkten geordnet sein. Jedenfalls verfährt H. nicht so, wenn er *Vorzüge und Mängel* der Geographie seiner Zeit nach folgenden Teilgebieten darstellt:
1) Allgemeine oder mathematische Geographie,
2) „eigentliche" Geographie oder Beschreibung der Erde, mit den Untergebieten: a) mathematische Geographie (Größe, Figur und Darstellung der Erde) und
b) historische Geographie
b 1) alte Geographie
b 2) Entdeckungen der Neuzeit.

Die *Fortschritte* der Geographie des frühen 18. Jh. stellt H. (aus noch nicht geklärten Gründen) teils systematisch, teils regional geordnet dar:
1) Geographia civilis, d. i. politische Geographie oder Länderkunde, nach Erdteilen: Europa (in der üblichen Reihenfolge von West nach Ost), Asien, Afrika, Amerika, unbekannte Länder
2) Hydrographie (Meere, Flüsse usw.)
3) Alte und mittlere Geograpie
4) Geographia sacra und geographia ecclesiastica
5) Geographia naturalis.

Diese letztere Gliederung erweckt den Eindruck, als sei die Länderkunde eine Neuerung der jüngsten Vergangenheit, also zu H's Zeit neu. (Als Staatenkunde war sie es in Deutschland tatsächlich seit etwa 1660.) Das Fehlen der allgemeinen oder mathematischen Geographie scheint zu bedeuten, daß dort jüngst keine Fortschritte erzielt wurden. Die Geographia naturalis, die äußerst knapp behandelt wird, soll bei H. den die Erdoberfläche betreffenden Stoff der schon vorhandenen Historia naturalis übernehmen. Eine Abgrenzung zwischen Historia naturalis und Geographia naturalis gibt H. indessen nicht. Die Hydrographie erhält besonderes Gewicht, denn sie bildet ein eigenes Kapitel. Wie in älteren Erdbeschreibungen wird sie nicht der Geographia naturalis untergeordnet, obwohl es sich doch um die „natürliche Beschaffenheit" der Erdoberfläche handelt. Daß historische und kirchliche Geographie einige Sonderkapitel einnehmen, zeigt H's besonderes Interesse: ohne ihre Kenntnis ist die Bibel weniger gut (oder gar nicht) verständlich.

Diese Darstellungsordnung läßt sich nicht mehr als theologisch bestimmt bezeichnen, denn H. selbst begründet den Begriff der „Allgemeinen oder mathematischen Geographie" damit, daß sie nicht nur von den Ländern der Erde, „sondern auch von dem *Grund und denen Ursachen* derer natürlichen Beschaffenheit derselben, auß *Physischen und mathematischen Gründen*, ... Nachricht giebet, ..." (*Hauber*, 1727; S. 9). Vom Nutzen der Erscheinungen für den Menschen ist keine Rede.

Zu b) Die Frage nach den Ursachen verrät deutlich kausales Denken, nicht mehr theologisches. Damit ist die Trennung der Geographie von der Theologie (erneut) vollzogen worden.

Daneben wird H's Denken von wesentlich älteren Vorstellungen beeinflußt. Das geht aus der Begründung hervor, die er für die - traditionelle - Einbeziehung der Himmelskörper in die Geographie als Teil der „Cosmographie oder Welt-Beschreibung" angibt: „Wer von dem Theil eines gantzen sichere Nachricht haben will, muß auch von der wahren Beschaffenheit deß gantzen selbst gründlich unterrichtet seyn" (S. 10) Vgl. auch Skizze zu H's System der Geographie s. S. 241).

Die Behandlung der Himmelskörper ist ferner erforderlich, da „Veränderungen der Erde oder Erscheinungen auf derselben durch jene (= die Himmelskörper) verursachet werden". Aus Veränderungen des Wetters, mit Hilfe von Instrumenten beobachtet und gemessen, lassen sich - so H. - „viele unterschiedene *Eigenschaften der Länder und Orte ermessen*".

Hier werden Beziehungen zwischen Geofaktoren (Einfluß Klima - Boden - Mensch) hergestellt, also kausales Denken aufgrund von Beobachtungen vollzogen. In diesem Falle könnte man sogar von einer Verbindung zwischen Allgemeiner und Regionaler Geographie sprechen, denn Kenntnis allgemeiner, physischer Faktoren führt zu besserer Kenntnis der Länder.

Wie alle „Künste und Wissenschaften" so hat auch die Geographie zu H's Zeiten Fortschritte gemacht. Die Theologie hat den „scholastischen Bettelmantel" abgelegt. Ihre Fortschritte lagen auf dem Gebiet der Erklärung der Heiligen Schrift und dem des Beweises Gottes und seiner „herrlichen Eigenschafften auß dem Betracht der Welt und Geschöpfe ..." (S. 7 f Anm. c). Erkenntnis der Welt ist aber nach H. Geographie und dient der „Erkänntniß Gottes nicht wenig ...".

Hier hat also auch Geographie zum Fortschritt der Theologie durch eines ihrer Ergebnisse (die Gotteserkenntnis), nicht aber durch ihre Methode zum Fortschritt der Theologie beigetragen. Die Methode der Geographie ist nicht mehr teleologisch.

Nur ein Rest teleologischen Denkens taucht aber bei H. noch 1724 auf, wenn er von „göttlicher Vorsehung" im Zusammenhang mit Wuchsformen der Bäume spricht, die dem Menschen die Ernte erleichtern (S. 132 Anm. d). Möglicherweise hat sich hier zwischen 1724 und 1727 bei H. eine Entwicklung vom teleologischen zum kausalen Denken vollzogen.

H. behandelte die Geographie also als neuzeitliche, kausal denkende Naturwissenschaft. Nicht mehr geographische *Erscheinungen* selbst wie Regen, Gewitter u. ä. sind nützlich für den Menschen, sondern die möglichst genaue *Kenntnis* solcher Erscheinungen und ihrer Wirkungen auf die Erde mit dem Menschen. So wird H's Gegenüberstellung der „einfältigen und abgeschmackten Astrologie" und der "höchst-vernünfftigen Meteoroscopie" zu verstehen sein, die man früher miteinander verwechselt habe.

Das alles hindert H. jedoch nicht, im Rahmen der Allgemeinen oder mathematischen Geographie (z. B. angesichts des Größenvergleichs von Erde und Himmelskörpern) auszuführen, daß Naturwissenschaft, und gerade die Geographie, die sich mit der Welt und der Erde befasse, geeignet sei, die Größe der Werke Gottes vorzustellen und dadurch den Menschen zu „Demut" und „Ehrfurcht" zu bringen.

Der Theologe H. sagt jedoch von sich selber, er sei durch die Bibel von der Größe Gottes überzeugt worden, „in diesem aber ... hat mich die mathematische Erkänntniß der Welt und das Nachdencken derselben durch ... also b e s t ä - t i g e t , daß ich Gott nicht groß genug vorstellen oder mich tieff genug unter ihn demüthigen kann" (S. 15 Anm. h).

Daraus ergibt sich, daß H. Naturerkenntnis allein und zuerst nicht als einen Weg zum Nachweis eines Gottes ansieht, sondern für ihn ist die Bibel das Mittel der Gotteserkenntnis, die allerdings durch Erkenntnis der Welt nach der Natur verstärkt oder bestätigt werden kann.

Fragen wie der nach einer „Veränderung der Erde durch die Sündflut" und nach der „Übereinstimmung der göttlichen Erzehlung ... mit der Natur und der Historie" weicht H. aus. Er verwirft in diesem Zusammenhang die Ideen *Burnet's, Whiston's* und *Clüver's,* lobt dagegen *Derham's* Physikotheologie (S. 11 Anm. f.)

Außer dem genannten *Derham* zitiert er weitere bekannte Physikotheologen wie *Fabricius* (den Übersetzer der Physiko- und Astrotheologie *Derham's*), ferner *Ray, Nieuwentyt, Scheuchzer* und auch *Wolff*). Diese Zitate weisen darauf hin, daß sein geographisches Denken zwar von ihnen beeinflußt, aber nicht beherrscht war.

Zu c) H.'s geographische Schriften entstanden - will man sie theologiegeschichtlich einordnen - in der ersten Phase der deutschen Aufklärungsphilosophie, die man auch „Übergangstheologie" nennt.

In der Zeit der sog. Physikotheologie versuchte man dem - als Folge des neuen, kausal-mechanischen Denkens - befürchteten Atheismus dadurch entgegen zu wirken, daß man an der natürlichen Theologie festhielt. „Erkänntniß der Welt" dient der „Erkänntniß Gottes nicht wenig, sondern (diese wird) ohnendlich vermehret und verherrlichet" (S. 7-9 Anm. c Ende).

Dieses mag für eine Reihe ähnlicher, als physikotheologisch bezeichneter Zitate stehen, die sich in etlichen Kapiteln des „Discours" feststellen lassen. Sie

Dieses mag für eine Reihe ähnlicher, als physikotheologisch bezeichneter Zitate stehen, die sich in etlichen Kapiteln des „Discours" feststellen lassen. Sie finden sich indessen nicht ausschließlich, aber überwiegend und am deutlichsten in den teils umfangreichen Anmerkungen der Schrift.

Zusammenfassend läßt sich sagen: H. ist davon überzeugt, daß Wissenschaft und mithin auch die Geographie weiterführende Gotteserkenntnis ermöglichen. Selber fühlt er sich deshalb in seiner durch die Bibel bereits gewonnenen Gotteserkenntnis durch die mathematisch-naturwissenschaftlichen und insbesondere durch die geographischen Studien bestätigt. In der Geographie selbst vertritt er kausales Denken auf der Grundlage von Beobachtung und kritischem Quellenstudium, anstatt krampfhaft nach Übereinstimmungen zwischen Bibel und Natur zu suchen. Den Menschen weiß er aufgefordert, die „von Gott in die Natur gelegten Regeln und Gesetze" mit Hilfe der Mathematik aufzudekken, damit er Gottes Größe erkenne und „Wohlgefallen" daran habe (S. 14/16 Anm. h; S. 20 Anm. m). Dieser Erkenntnis sind jedoch Grenzen gesetzt; mit *Wolff* stellt H. fest: „Wir können die Größe der Welt so wenig mit unserer Vernunfft als mit unseren Sinnen ermessen" (S. 11 Anm. g).

4. Haubers Bedeutung als Geograph:
Wegweiser für die Geographie des 18. Jh.

H. hat als Theologe die Geographie nur in „Nebenarbeit" betrieben, aber das theologische Ziel kann er auch mit Hilfe der Geographie erreichen. („Erkänntniß, Liebe und Forcht Gottes zu befördern").

Aus der Geschichte der Geographie erklärt er den mangelhaften Zustand der zeitgenössischen Geographie und gibt Verbesserungsvorschläge. Damit ist H. als Wegweiser und Faktensammler einzustufen. Sein Einblick in die philosophischen, theologischen und mathematisch-naturwissenschaftlichen Anschauungen und Methoden seiner Zeit befähigen ihn, sie kritisch zu bewerten und anderen Autoren Richtlinien und Rüstzeug zu geben.

H. trennt die Begriffe „Cosmographie" oder Weltbeschreibung und Geographie - als Teil der Kosmographie -, um damit den Aufgabenbereich der Geographie eindeutig zu bestimmen. Er gliedert die allgemeine Geographie in die beiden Zweige der mathematischen und der historischen Geographie. Diese nennt er auch „Universalgeographie". (s. Skizze S. 241)

H. ordnet seinen geographischen Stoff nach politischen Gesichtspunkten, um dem Benutzer entgegenzukommen. Er betreibt also S t a a t e n geographie und regt dazu an.

H. bemüht sich ganz besonders um die Verbesserung der Karten nach Inhalt und Darstellung.

H. zieht Bilanz und stellt sich damit an eine W e n d e in der Geschichte des geographischen Denkens. Er fordert das m e t h o d i s c h e Vorgehen der „reinen", vom theologischen Dogma gelösten Naturwissenschaften. Das zunächst erreichbare Ziel scheint ihm die R e i c h s g e o g r a p h i e zu sein und die dazu gehörigen Karten mit genauen, richtigen Grenzziehungen. Darin sieht er die Basis einer künftigen allgemeinen Geographie und einer Geogra-

phia naturalis. Dieser fehlt allerdings zu seiner Zeit noch ausreichendes und genaues Beobachtungsmaterial.
Als Hindernis für die Ausbreitung geographischen Wissens nennt H. den hohen Preis der Bücher und Karten. Das geographische Arbeiten werde durch die Kleinstaaterei mit ihren unüberschaubaren Eigentumsverhältnissen und deren häufigem Wechsel behindert. (Erst *Büsching* setzte sich darüber hinweg.)
H's Denken war philosophisch und historisch geprägt. Auch die geographischen Objekte betrachtete er nicht als Zufälligkeiten, sondern als Gesetzen unterworfene Erscheinungen, die geworden sind und sich ständig weiter verändern. Die Veränderlichkeit politischer Grenzen nahm er als gegeben hin und begründete auch damit seine Bevorzugung der politischen Raumeinheiten als Darstellungsprinzipien.
Welche Wirkungen hatte H. als Geograph?
Auf ihn geht als einem der ersten der Vorschlag zurück, zusätzlich zu den bestehenden wissenschaftlichen Gesellschaften eine d e u t s c h e geographische G e s e l l s c h a f t zu gründen.
In der älteren Literatur heißt es: Ihm (H.) wahrscheinlich verdankt die Welt einen *Büsching (Hirsching* 1797, S. 16) In der Tat lassen sich bei diesem viele Einflüsse nachweisen, die auf H. zurückgehen. Auch *J. M. Franz* hat wahrscheinlich vieles von H. übernommen und sich von ihm anregen lassen. Bedeutendster Schüler war *Büsching*, der selbst sagt, von H. zur „Theologie und Geographie" geführt worden zu sein. (NDB Bd. 8, S. 69 f) Auch er sieht den „Hauptnutzen der Geographie" in der „Erkenntnis Gottes, des Schöpfers". (*Büsching* 1754, Zuschrift an *Hauber.*
Büsching vollzog H's Plan einer Erdbeschreibung aufgrund sorgfältig gesammelter Beobachtungen und kritisch gesichteter Nachrichten zuverlässiger Landeskenner. Die geforderten Globen und Karten entstanden .z T. in *Homann's* Officin und deren Nachfolgeeinrichtungen.

Anmerkungen
* Die Monographie: E. D. *Hauber*, ein schwäbisches Gelehrtenleben, von R. Oehme, Stuttgart 1976, wurde Verf. erst im April 1977 bekannt und konnte daher bei Abschluß des vorliegenden Manuskripts, Anfang Juli 1976, noch nicht berücksichtigt werden.

1) Eine Richtung der Theologie des 18. Jh., die versuchte, Gotteserkenntnis durch Erkennen der Werke Gottes in der Natur zu erlangen.
2) Er veranlaßte H's Berufung nach Kopenhagen. (*Büsching*, 1785, S. 190)
3) H. unterscheidet nicht scharf zwischen Kartographen und Geographen.
4) Vollständiger Titel: Bibliotheca Scriptorum Würtembergicorum.
5) Unter „Systema" versteht H. offenbar einen Atlas, dessen Karten systematisch angeordnet sind. (*Hauber*, 1727, S.120 Anm. e) „Systema oder vollständiges Buch" (a. a. O. S.116 u.135).
6) H. unterscheidet zwischen „Reysebeschreibungen um die gantze Welt" und Geographie (S. 44)
7) In: „Monathliche Unterredungen" 1693,p.331, cit. *Hauber* 1727, Zusätze p.37 u. 53

Literaturverzeichnis

Hauber's geographische Schriften (1720-30)
1) Versuch einer umständlichen Historie der Landcharten,...nebst einer Historischen Nachricht von denen Landcharten deß Schwäbischen Craißes, des Hzgt. Würtemberg,...mit Anmerckungen heraußgegeben von ...   Ulm 1724
2) Zusätze und Verbesserungen, sowohl zu dem Abriß und Versuch einer ...Historie der Landcharten..als der ...Historischen Nachricht von denen Landcharten...   Vorwort: Stuttg. 1725
3) Nützlicher Discours, von dem gegenwärtigen Zustand der Geographie, besonders in Teutschland, nebst ... deme angefügt Zusätze und Verbesserungen... (s. Nr. 2)   Ulm   1727
4) Gedancken und Vorschläge, wie die...Historie der Geographie, ...zu Stande gebracht werden möchte, ...   Wolffenbüttel 1730

Sekundärliteratur
Beck, H., 1973 Geographie. Europäische Entwicklung..., Orbis acad. 11/16, Freibg., München
Büsching, A. F., 1789 Eigene Lebensgeschichte, Halle
ders. 1785 Beyträge zu der Lebensgeschichte denkwürdiger Personen,... Tl. III, Halle (mit H's Schriftenverzeichnis)
ders. 1754 Neue Erdbeschreibung T. 1 Bd. 1
Büttner, M., 1963 Theologie u. Naturwissenschaft 1-3. Das Problem der „praktischen" natürlichen Theologie, dargestellt a. Bsp. der Beziehungen zwischen Klimatologie u. Theologie in der Geschichte der Physikotheologie. Theol. Diss. Münster
ders. 1964 Theologie u. Klimatologie im 18. Jh. In: Neue Ztschr. f. Systemat. Theologie u. Religionsphilosophie, S. 154-91, Berlin
ders. 1966 Geographie u. Theologie im 18. Jh. In: Verhdl. d. dt. Geogr. Tages Bochum 1965, Wiesbaden
ders. 1973 Zum Gegenüber von Naturwissenschaften u. Theologie im 18. Jh. (Der Kampf um die Providentialehre innerhalb des Wolffschen Streites). In: Philosophia Naturalis 14, S. 95-122, Meisenheim/Glan
Hirsching, F.C.G., 1797 Historisch-literarisches Handbuch, Bd. III, S. 14-17
Kelchner, 1880 in: Allgemeine Deutsche Biographie, Bd. XI, S. 36 f (mit weiterer Literatur)
Kühn, A., 1939 Die Neugestaltung der deutschen Geographie im 18. Jh. Leipzig
Meusel, J.G., 1805 Lexikon der von 1750-1800 verstorbenen dt. Schriftsteller, Bd. 5, S. 219-23, Leipzig, (darin *Hauber*-Bibliographie u. Sekundärliteratur)
Oehme, R., 1967 E. D. Hauber u. J. J. Moser. In: Ztschr. f. Württembg. Landesgesch. Jg. 26, S. 371-94 (Grube-Festschr.) Stuttgart
Oehme, R., 1976 E. D. Hauber, ein schwäbisches Gelehrtenleben. Stuttgart
ders. 1969 in: Neue Deutsche Biographie, Bd. 8, S. 69 f (mit weiterer Literatur, Hinweis auf Portrait)
ders. 1973 Zu Büschings Hauberbiographie. In: Erdkdl. Wissen, Beih. 33, Plewe-Festschr., Wiesbaden
Philipp, W., 1957 Das Werden der Aufklärung in theologiegeschichtlicher Sicht, Göttingen
Schmithüsen, J., 1970 Geschichte der geographischen Wissenschaft. Mannheim

(Fertiggestellt: Juni 1978)

Reinhard Jäkel

JOHANN MICHAEL FRANZ
(1700 - 1761)

(Vortrag, gehalten auf dem geographiegeschichtlichen Kolloquium am Rande des 41. Deutschen Geographentages Mainz 1977, für den Druck überarbeitet)

1. Erziehung, Leben, Werk
1.1. Familie, Studien und beruflicher Werdegang

Johann Michael Franz wurde am 14. September 1700 zu Oehringen im Hohenlohischen geboren. Die Eltern - der Vater war Hutmacher - lebten in ärmlichen Verhältnissen, weshalb der Sohn ein Handwerk erlernen sollte. Wegen seiner Begabung konnte er aber mit Hilfe des Correctors Ludwig das Gymnasium zu Oehringen besuchen, von wo er 1721 als erster Oehringer mit einem Empfehlungsschreiben an A. H. Francke an die Universität Halle/Saale wechselte. Seit 1707 lehrte dort Christian Wolff als Profesor der Mathematik. Dessen Kollegien, die Franz zusammen mit Johann Christoph Homann (1703-1730), dem seit Halle mit Franz befreundeten Erben der bekannten Karten-Offizin, anhörte, übten auf Franz einen beträchtlichen Einfluß aus. Dementsprechend stark wirkte auf ihn auch die Amtsentsetzung und Landesverweisung, die Wolff 1723 durch seine pietistischen Gegner nach Marburg vertrieb. Jedenfalls wurde ihm durch sein Interesse für Wolff die Unterstützung von Seiten des Wasisenhauses entzogen.

Nach dem Wegzug Wolffs wendete sich Franz vom Studium der Geschichte und Philosophie zusammen mit seinem Schulfreund Calisio von Calisch aus Württemberg dem Studium der Rechte und danach dem der Medizin zu. In diesem Fach promovierte er auch zum Dr. med.

Nach einem neunjährigen Aufenthalt in Halle ging Franz nach Stuttgart und Dinkelsbühl, wo ihm eine Praxis als Jurist in Aussicht stand. Jedoch holte noch 1730 J. Chr. Homann seinen alten Studienfreund zu sich nach Nürnberg als Sekretär für seinen durch den Handel mit Landkarten und anderen geographischen Hilfsmitteln ausgebreiteten Briefwechsel. In dieser Stellung machte Franz die erste intensive Bekanntschaft mit der Geographie.

Da Homann erkrankte, setzte er neben dem Stiefschwiegersohn seines Vaters, dem Kupferstecher Johann Georg Ebersberger (1695-1760), auch Franz zu Erben

seiner Officin ein. Homann verstarb im selben Jahr, so daß Franz als einer der „Homännischen Erben" zum Mitinhaber des Verlages wurde.
Mit Wirkung ab 1. September 1754 wurde Franz Geographieprofessor in Göttingen, womit erstmals seit 1509 wieder eine ordentliche Professur für Geographie in Deutschland existierte. Franz erhielt 600 Reichstaler Jahresgehalt und führte den Titel eines königlich Großbritannischen und kurhannoverischen Rats. In dieser Stellung verstarb er am 11. September 1761.

1.2. Geographisch relevante Aktivitäten

Nach Abschluß seiner Studien in Halle begann Franz noch im selben Jahr seine berufliche Laufbahn bei Homann. Die Zeit seines dortigen Wirkens zwischen 1730 und 1755 festigte und verstärkte das hohe Ansehen der Officin, denn auf Anregung und maßgebliche Mitarbeit von Franz erschienen nicht mehr nur Kopien von schon bestehenden Kartenwerken, sondern z. T. äußerst genaue Original-Zeichnungen nach neuesten Unterlagen. Außerdem wurden auf den Karten jetzt auch der Name des Autors und das Erscheinungsjahr angegeben, und von 1732 an auch der Anfangsmeridian genannt, um Mißverständnissen bei der Längenzählung vorzubeugen. Franz gelang es auch, eine Anzahl vorzüglicher Gelehrter für die ständige kartographische Mitarbeit zu gewinnen, vor allem, nach dem Tod seines Hauptmitarbeiters Prof. M. Haase im Jahre 1742, die Mathematiker und Astronomen Tobias Mayer (1723-1762) und Georg Moritz Lowitz (1722-1774), welch letzterer seit 1746 mit Franz bekannt war und dessen Schwager wurde.

Da die Materialbeschaffung für die Originalkarten außerordentlich schwer war, schlug Franz auf Anregung E. D. Haubers eine Privat-Gesellschaft zur Förderung der Geographie vor, woraufhin es zur Gründung der „Cosmographischen Gesellschaft" kam, der ersten geographischen Gesellschaft in Deutschland, für welche Franz eine Reihe meist programmatischer Schriften verfaßte. Allerdings waren die finanziellen Verhältnisse dieser Gesellschaft recht trostlos. Um Geld für seine Pläne zu beschaffen, kam Franz auf die Idee, die Anfertigung „vollkommener" Erd- und Himmelskugeln anzukündigen, für die noch anzufertigenden Globen aber schon Bestellungen mit Vorauszahlungen anzunehmen. Jedoch verwendete Franz das vorausgezahlte Geld zur Begleichung privater Schulden, weshalb es nie zur Herstellung der Globen kam. Mit Hilfe verschiedener anderer Pläne versuchte er - vergeblich - neues Geld zu beschaffen. So wendete er sich 1749 mit wenig Erfolg an den Kaiser in Wien.

In einem Brief an Büsching eröffnete er den Plan, aus vorhandenen homännischen Karten einen Atlas von Deutschland zusammenzustellen und preiswert zu verkaufen. Einen letzten Mißerfolg mußte Franz hinnehmen mit dem auf zehn Jahre befristeten Verbot durch den preußischen König zur Herausgabe des Schlesien-Atlasses, für welchen die Homännische Officin bereits erhebliche Mittel hatte aufwenden müssen.

Es war diese prekäre finanzielle Situation, welche die Verlegung der geplanten „Weltkugel-Fabrik" und der Cosmographischen Gesellschaft von Nürnberg nach Göttingen als Ausweg erscheinen ließ, zumal man andererseits in Göttin-

gen großes Interesse an der Angliederung der so berühmten Gesellschaft an die Universität hatte. Allerdings konnte Franz seine Hälfte an der Homännischen Landkartenofficin nicht mit nach Göttingen bringen, da dies seine zahlreichen Nürnberger Gläubiger verhinderten. Franz' Bruder Jakob Heinrich übernahm zunächst die Verwaltung dieses Anteils, und erwarb diesen 1759 endgültig käuflich.
Wegen des zerrütteten Zustands der Cosmographischen Gesellschaft wurde Anton Friedrich Büsching (1724-1793), der bereits im August 1754 einen Ruf nach Göttingen angenommen hatte und korrespondierendes Mitglied der Gesellschaft war, zum ,,Director des Directors der Cosmographischen Gesellschaft (Franz)" ernannt, um wieder eine solide Geschäftsgrundlage herzustellen. Franz lernte Büsching erst in Göttingen persönlich kennen, nachdem er zuvor schon längere Zeit in schriftlichem Verkehr mit ihm gestanden hatte.
Zweifellos boten solche und ähnliche persönliche Kontakte zu anderen Göttinger Wissenschaftlern neue Anregungen für Franz, welche sich jedoch in Schriften kaum mehr niederschlugen, abgesehen von zwei kleineren Atlanten und einer posthum erschienenen ,,Parallelen Erdbeschreibung". Außerdem hielt er eine Reihe von nicht sehr erfolgreichen Vorlesungen aus verschiedenen Bereichen der Geographie.

1.3 Einflüsse
Es gilt daran zu erinnern, daß das Wirken von Franz neben diesem Hintergrund privater Art nur durch Einbezug der zeitgeschichtlichen Dimension zu verstehen ist. Franz war Wissenschaftler der Epoche der Aufklärung. Spezifische Momente und Zeitströmungen wie sie auch auf Franz einen großen Einfluß ausübten, lassen sich mit den Begriffen Rationalismus, Fortschrittsbewußtsein und -optimismus wenigstens andeuten. Im Zuge von Absolutismus und Merkantilismus gewann das staatlich- wirtschaftliche Motiv des Nutzens an Bedeutung, wobei für den mitteleuropäischen Raum die politische Zersplitterung in besonderer Weise zu einer Behinderung gerade geographischer Arbeit führte, da man die Veröffentlichung guter Karten und Erd- beziehungsweise Landesbeschreibungen als Landesverrat ansah. Auf der anderen Seite blieb die Anwendbarkeit der Geographie gerade für politische Belange Desiderat der Zeit. In dieser zwiespältigen Position galt es, der Geographie überhaupt erst einmal einen anerkannten Platz zu erkämpfen. Hierbei konnte Franz zurückgreifen auf ältere Versuche, namentlich von E. D. Hauber, der sich besonders in und mit seinem Werk ,,Nützlicher Discours" von 1727 für eine Verbesserung der Geographie eingesetzt hatte. Hauber hatte schon vor Franzens Eintritt in die Homännische Officin in engem Kontakt mit dieser gestanden. Auch zwischen Hauber und Haase, dem wichtigsten Mitarbeiter von Franz, fand ein reger Gedankenaustausch statt. Wenn auch Franz in seinen Schriften Hauber kaum erwähnt, so übernimmt er doch in vielfacher Hinsicht dessen Ideen, so etwa bezüglich der Gliederung der Geographie, der Gründung einer solchen Gesellschaft und auch der Verteidigung gegen den Vorwurf des Landesverrats. Daß Franz stark unter dem Einfluß der rationalistischen Philosophie (im weite-

sten Sinne) von Chr. Wolff stand, wurde schon erwähnt. Darüber hinaus dürfte er einigen anderen Hallenser Professoren Anregungen zu verdanken haben, unter denen Thomasius, Gundling und Ludwig besonders hervorzuheben sind. In den letzten beiden Jahren in Halle hatte Franz Kontakt zum Bund der Rosenkreuzer, deren abergläubische und rituelle Tendenzen Franz aber weniger zusagten, vielmehr solche im Sinne der von den Freimaurern aufgestellten Grundsätze der freien Forschung und Toleranz.

Bei seinen Ideen zur Verbesserung der Geographie stand Franz somit auf der Höhe des Wissenstandes seiner Zeit, was die Kenntnis älterer Versuche selbstverständlich einschloß. Unter geographiehistorischem beziehungsweise rezeptionsgeschichtlichem Gesichtspunkt kommt dabei der Tatsache besondere Bedeutung zu, daß Franz als Vorlesung in Göttingen für das Wintersemester 1755/56 ankündigte, er wolle „aus Varenii allgemeiner Geographie dasjenige öffentlich erklären, was zur mathematischen Kenntniß der Landcharten nötig ist". Im Vorgriff auf das Folgende kann bereits hier festgestellt werden, daß noch Franz - wie vor ihm etwa schon Hauber - über die umfassende Bedeutung der „Geographia Generalis" des Varenius für die Gesamtgeographie hinwegsah, und das Werk auf eine bloß mathematische Geographie im engeren Sinne reduzierte; weder Hauber noch Franz ziehen Varenius zu anderen als mathematischgeographischen Fragen zu Rate.

2. Geographische Konzeption und geographisches Denken

2.1. Allgemeine Zielsetzung und geographische Konzeption

Die meisten der von Franz verfaßten Schriften erschienen in seiner vorgöttingischen Zeit. Um ihre Aussagekraft für das Geographieverständnis von Franz beurteilen zu können, muß man sich über ihre besondere Zielsetzung im klaren sein. Gemeinsam ist allen Schriften als ihr wesentliches Kennzeichen der projektive Charakter, das heißt, es ging Franz primär nicht darum, selbst neue geographische Werke vorzulegen, sondern erst einmal die Grundlagen zu erarbeiten für das, was überhaupt unter Geographie und geographischer Methode zu verstehen sei. So weisen seine Bücher vor allem methodische Anregungen auf und bemühen sich um neue Festlegung und Klärung der geographischen Terminologie, wobei sie der Geographie durch enge Verbindung mit dem Staat und Staatswohl gleichfalls zu einer günstigeren äußeren Position verhelfen sollen.

Wird von daher der Aufbau seiner geographischen Konzeption entscheidend bestimmt, so ist die seinem Werk eigene theologische Neutralität Hinweis auf eine distanziertere Auffassung von der Geographie. Diese ist deshalb hervorzuheben, da die aus der Aufklärung hervorgegangene kausalmechanische Betrachtungsweise auch des geographischen Materials - wie sie ja auch Franz anstrebte - im Zuge des Irrationalismus von theologischer Seite eine Reaktion hervorgebracht hatte, deren Ziel die neuerliche Indienstnahme der Geographie für den Providentiabeweis war und ihre selbständige Entfaltung gefährdete, was erst mit dem Erscheinen von Kants „Kritik der reinen Vernunft" (1781) prinzipiell durchbrochen werden konnte. Franz vermied hier jede direkte Stel-

lungnahme, betrieb aber praktisch schon eine „theologisch neutrale" Geographie.
Unter Zugrundelegung dieser Aspekte kann man mit aller Vorsicht zwei Arten Franzscher Schriften unterscheiden:
Während die „Homännischen Vorschläge" von 1747 eher Aufschluß über die theoretische Seite und das Selbstverständnis der Geographie geben, sind alle übrigen Schriften, insbesondere der „Deutsche Staatsgeographus" von 1753, stärker auf Praxis hin orientiert, wie dann ja auch die eigene Ausführung eines Planes gegen Ende seines Lebens in Göttingen erfolgte.
In einem ersten Schritt soll jetzt die geographische Konzeption von Franz skizziert werden, um dann Thesen zu seinem geographischen Denken in bzw. aus seinen Schriften nachzuweisen.
Abgesehen von der Nachricht über einen Homännischen Atlas (1741) trat Franz 1746 mit der kurzen Schrift „Homännischer Bericht von Verfertigung grosser Weltkugeln" erstmals hervor. Neben Ausführungsbeschreibungen für geplante Erd- und Himmelsgloben interessieren hier nur die Hinweise auf einige andere Projekte, so die Errichtung einer Gesellschaft der Geographischen Wissenschaft und die Eröffnung eines Geographischen Journals, das es bis dahin ja noch nicht gab, und wofür Franz als Grundlage sein schon seit 15 Jahren angelegtes und ständig erweitertes geographisches Register verstanden wissen wollte.
Die in den folgenden Veröffentlichungen angestellten Überlegungen hat Franz im „Deutschen Staatsgeographus" von 1753 zusammengefaßt und systematisiert. Eine offene Frage ist aber, warum er hier nicht mehr den Begriff „Erdkunde" benutzte, den er als Verdeutschung des Wortes Geographie - m. W. als Erster - bereits in seinen „Vorschlägen wie die Erdkunde in Absicht Deutschlands zu verbessern sei" aus den „Cosmographischen Nachrichten" von 1750 eingeführt hatte. Ziel des „Staatsgeographus" ist, daß man bezüglich der Pflichten eines neu einzusetzenden Kreis- oder Landesgeographen „alles klar vor Augen lege, wie derselbe im gemeinen Wesen könne genutzet werden" (Vorwort). Der Gesichtspunkt des Nutzens zieht sich gleichsam als roter Faden durch das ganze Werk. Mit Recht wurde Franz als geistiger Vater der „angewandten Geographie" bezeichnet, heißt es doch sogar an einer Stelle expressis verbis, der Staatsgeograph bringe „die Geographie zur Anwendung" (S. 12). Voraussetzung dafür ist eine genaue Landmessung und Landbeschreibung, für welche zu beklagen sei, daß sie „noch auf gar keine Regelmässigkeit gesetzet seye" (S. 6), wofür Franz nun die Vorarbeit als „Wegweiser" für spätere Arbeiten leisten will, das heißt, beides muß nach Regeln erfolgen. Dabei stehen Landvermesung beziehungsweise Erdmesskunst oder mathematische Geographie und Landbeschreibung oder historische Geographie in einem gegenseitigen Bedingungsverhältnis. Vollständigkeit ist in der Geographie nur zu erreichen, „wenn das geometrische und historische miteinander genau verbunden ist, wenn die Landkarten nicht ohne Landbeschreibung und diese nicht ohne jene gelassen wird" (S. 14-21). Anders ausgedrückt liefert die Beschreibung Nachrichten, deren genaue Lokation auf oder mit Hilfe der Karte erfolgt. Für

die Nachrichtensammlung stellt Franz einen Katalog von 21 Sachgruppen auf, bei dem die „bürgerlich-politischen" Faktoren deutlich im Vordergrund stehen. Es sind dies:
1. Name des Landes
2. seine Lage
3. seine politische Einteilung
4. die Grenzen
5. die Beschreibung des Grund und Bodens
6. die der Kunst- und Naturseltenheiten
7. die Schilderung der Nahrung
8. des Handels
9. der Ausfuhr
10. der Sitten
11. der Sprache
12. der Geldsorten
13. der Regierungsart
14. der Titel und Wappen des Regenten
15. Angabe der Religion
16. der Kirchensprengel
17. der Universitäten
18. der Kollegien
19. der Schulen
20. der heiligen Orte
21. der Wallfahrten

Als Ausgangsmaterial der „Erdbeschreibung" kann es nach deren Zweigen geordnet werden. Schematisch sieht die Gliederung der Geographie folgendermaßen aus (S. 22-28):

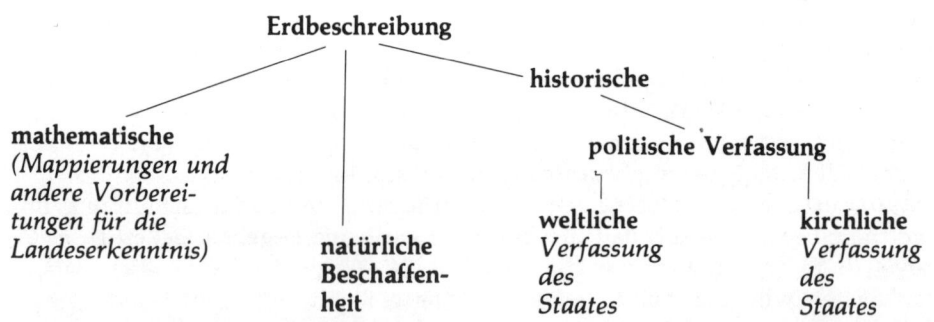

```
                    Erdbeschreibung
           _____|_____
          /                |         historische
   mathematische           |
  (Mappierungen und        |       politische Verfassung
  andere Vorberei-         |           |
  tungen für die           |       weltliche       kirchliche
  Landeserkenntnis)   natürliche   Verfassung      Verfassung
                      Beschaffen-  des             des
                      heit         Staates         Staates
```

Freilich ist diese Trennung der Geographie in einen mathematischen und einen historischen Zweig nicht völlig neu, sie findet sich auch schon bei E. D. Hauber. Originell ist allerdings Franz' Bemühen um genaue definitorische Klärung verschiedenster geographischer Termini, vor allem aus dem verkehrs- und siedlungsgeographischen Bereich (Hof, Dorf,...), während Versuche bezüglich physiogeographischer Erscheinungen rar und meist wenig aussagekräftig sind. In diesen Zusammenhang gehört auch die Forderung nach eigener

Beobachtung durch den Geographen, der sich dem Land selbst in seiner natürlichen und politischen Gestalt als primärer Quelle, als „sein Buch, woraus er alles erlernet", zuwenden soll.

Solche Anregungen, eigene Beobachtungen sowie Klärung und Festlegung der geographischen Terminologie, sind um so mehr hervorzuheben, als Franz auch auf die Standardwerke des 16. und 17. Jahrhunderts zurückgriff; er entnahm etwa die Idee zum „Staatsgeographus" dem „Teutschen Fürstenstaat" von Veit Ludwig von Seckendorff (Gotha 1655), den er in Auszügen als Anhang zum Staatsgeographen erneut veröffentlichte. Zudem rekurrierte Franz auf die Vorbilder des kaiserlichen und päpstlichen Hofes, Frankreichs, Rußlands und Schwedens, wo das, was er forderte, wenigstens in Ansätzen existierte.

Die Göttinger Veröffentlichungen waren dann wenigstens bescheidene Versuche, die Praktikabilität seiner Ideen unter Beweis zu stellen. Sein Antrittsprogramm an der „Georgia Augusta" von 1755 unter dem Titel „De abbreviandis postarum cursibus" enthielt neben Vorlesungsankündigungen eine Darstellung der Vorteile genauer Landesvermessung zur Abkürzung von Straßen. Für Anfänger und Studierende stellte er die „Allgemeine Abbildung des Erdbodens" (1757) zusammen, einen kleinen didaktischen Atlas von 21 Kartenblättern, welcher nur die wichtigsten geographischen Angaben enthielt, sowie den etwas ausführlicheren, ebenfalls aus 21 Karten bestehenden „Abriß des Reichsatlas" von 1758, der 1781 in zweiter Auflage erschien, offenbar also recht erfolgreich war. Die „Abhandlung von den Grenzen der bekannten und unbekannten Welt ...", Nürnberg 1762, verglich die Geographie beziehungsweise geographischen Kenntnisse von der Erde des Altertums mit der seiner Zeit, womit Franz zur vergleichenden Betrachtung überhaupt anregte. Kritische Stellungnahme zu zahlreichen Widersprüchen in der vorhandenen Literatur hebt diese Arbeit ab von den meist nur aufzählenden Werken anderer Geographen seiner Zeit.

2.2 Überlegungen zur Stellung der Geographie als Wissenschaft

Wenn auch die Bedeutung der methodischen Überlegungen zur Geographie, wie gerade dargestellt, keineswegs geleugnet werden soll, so geht doch Franz weit über die Vordergründigkeit äußerer Differenzierung des Geographie-Begriffs und Aufweis ihres Nutzens in praktischer Anwendung hinaus, was exemplarisch ein Zitat aus den „Homännischen Vorschlägen" von 1747 belegen soll.

„Die Erdbeschreibung ist nichts anders als die Abschilderung eines Orts und Lands, wie sie sich in Absicht der Erdfläche und des Bürgerlichen Zustands der Menschen verhalten. ... Man muß betrachten, wie die Erdfläche auf verschiedene Art dem Raum nach angefüllt ist, auch was bey dem Bürgerlichen Zustand der Menschen als nebeneinander liegend dem Sinne nach genommen werden kan. Das willkührliche, so von der menschlichen Gesellschaft herkommt, und dem nothwendigen in dem natürlichen Zustand der Fläche entgegen gesetzt ist, ahmet diesem nach, und hilft gleichsam den Raum ausfüllen. ...

Was nemlich die Historie der Zeit nach beschreibet, das wird hier dem Raum nach abgemahlet" (S. 23).

Und ähnlich wie ein Geschichtsschreiber nicht einfach Geschichte als Schauspiel darstellt, sondern mit Hilfe von Zeitrechnung etc. wissenschaftlich zu einer ,,wahren Historie" macht, ,,also ist für einen Weltbeschreiber nicht hinlänglich viele Oerter und Nahmen von denenselben im Gedächtnis oder auf seinen Papieren zu haben; er muß den Grund des gegenwärtigen Zustandes von einem jeden Ort wohl verstehen, und weil dieser in den Geschichten der Natur, der Reiche, der Völker, und der Staaten, besonders in den Friedensschlüssen, öffentliche Urkunden und Staats- Abhandlungen enthalten: so muß selbiger schlechterdings mit der Historie und allen Arten derselben sich fleisig bekandt machen" (S. 36). Denn, ,,so wenig man den Weltweisen etwas ohne Beweiß aus Vernunft- Schlüssen gerne glaubet, eben so wenig ist man zufrieden, wenn in historischen Sachen kein Beweis in seiner Art zu sehen" (S. 40).

Zum rechten Verständnis dieser Zeilen muß man berücksichtigen, daß Franz mit dem Begriff ,,Historie" nicht nur den Bereich der Geschichte im engeren Sinne meint, sondern ebenso physische Gegebenheiten auf die gleiche Weise, wie er unter ,,historischer Erdbeschreibung" ja auch die ,,natürliche Beschaffenheit" begreift. In einer für seine Zeit außergewöhnlichen Klarheit weist er der Geographie einen nur ihr eigenen Forschungsgegenstand zu, indem er sie als Raumwissenschaft definiert, die sich adäquate Methoden und Regeln selber zu erarbeiten hat, um überhaupt ,,Erdbeschreibungskunst", d. h. Wissenschaft zu sein. Andernfalls erhält man ein bloßes Gemisch aus allerlei Quellen, aber keine geographischen Bücher (vgl. S. 67 f). Von daher wird der - von A. Kühn einseitig überinterpretierte - Gesichtspunkt verständlich, wieso Franz sich mehrfach gegen die Vereinnahmung der Geographie durch die Geschichtswissenschaft wendete, da vor allem in den Landesbeschreibungen oft nur historisches Material (,,Merkwürdigkeiten") ohne geographischen Zusammenhang angehäuft wurde. Daß Franz dennoch die Geographie immer wieder in engem Zusammenhang zur Geschichte sah und beider Beziehung betonte, hatte durchaus pragmatische Gründe und erwuchs folgerichtig aus der stark politischen Ausrichtung der Geographie. Bis zum Beginn des 18. Jahrhunderts hatte ja die allgemeine Geographie noch engsten Kontakt zu Physik, Mathematik etc., während die politische Geographie einschließenden Länderbeschreibungen nur von geringem Niveau waren. Für die Selbstbehauptung und Festigung der langsam eigenständig werdenden Geographie benötigte man aber gerade die Unterstützung der Potentaten. Um nun diese vom praktischen Nutzen der Geographie zu überzeugen, der ,,nicht bloß für die Gelehrte als Mathematicos, Astronomos, etc. seyn wird, so wie es die meisten glauben" - so die Aussage eines Ministers in einem Gutachten zu der von Franz geplanten Gesellschaft, abgedruckt als Anhang zu den ,,Homännischen Vorschlägen" - war eine Verbesserung der politischen Geographie das geeignetste Mittel, wie es auch jener Minister Franz eindringlich nahelegte, zumal das Interesse des ,,Publicums" groß sei. Daß man aus heutiger Sicht nicht dem Fehler verfallen darf, dies gering zu bewerten, wird allein schon daraus ersichtlich, daß der Minister

Franz den ernst gemeinten Rat gibt, er solle Sinn, Geschmack und „Gemüth" der jeweiligen Adressaten besonders ansprechen, um einen „ganz vorteilhaften und angenehmen Eindruck" zu erwecken (S. 59). Der Franz später zum Vorwurf gemachte anpreisende Zug seiner Schriften wurde ihm hier geradezu nahegelegt.

Zurück zum Raumbegriff. Wie obiges Zitat zeigt, ist der Raum als Gegenstand der Geographie ein durchaus komplexes Gebilde, welches „ausgefüllt" wird erst durch das Zusammenwirken zweier Komponenten, deren eine mit dem modernen Begriff der „Naturlandschaft" bezeichnet werden kann. Franz spricht von Erdfläche oder -etwas blumiger- von „Wahrheit der Gegend" (S. 39), auf welche der Mensch modifizierend einwirkt, und sie so zur „Kulturlandschaft" macht. Wichtigste Aufgabe des Geographen ist die Erhellung der zu diesem Zustand führenden Gründe, wobei sich Franz offenbar im klaren ist über die Verschiedenartigkeit der aus den unterschiedlichen Raumelementen herrührenden Arten von - wenn man es wieder modern sagen will - natur- bzw. geisteswissenschaftlichen Beweisen, wie es das Zitat von S. 40 andeutet.

Da der grundsätzlich so beschaffene Raum in verschiedenen Gegenden quasi individuell zusammengesetzt erscheint, legt sich für den Geographen nach Franz eine doppelte Arbeitsweise nahe: die der typisierenden, vergleichenden Abstraktion und die mit solcherart gewonnenen Kategorien mögliche Beschreibung und Erklärung einer Gegend, um nicht schon zu sagen „Landschaft". Denn sonst brächte selbst ein Einheimischer keine Geographie seiner Heimat zustande. „Er weiß nicht, was eine Geographische Beschreibung ist, er weiß nicht, was eine Festen oder Castrum ist, was Lage, Gegend und dergleichen ist, welcherley Dinge als erste Gründe in der Erdbeschreibungskunst gelehrt werden, so kan er auch in dem besondern Fall nicht determiniren, was die Nürnberger Vesten ist" (S. 66 f). Im „Deutschen Staatsgeographus" drückt Franz die Aufgabe des Geographen zur Erfassung der räumlichen und ursächlichen Zusammenhänge so aus, daß dieser seine Betrachtung so lange fortzusetzen habe, „bis alle Theile, jeden insbesondere und wiederum in ihrem Zusammenhange kennen (zu) lernen" (S. 8) ihm gelungen ist.

Deutlicher Hinweis auf einen fundamentalen Gedanken des 18. Jahrhunderts ist der Gebrauch der Begriffe „willkührlich" und „nothwendig" im historisch-geographischen Zusammenhang. Geschichtlich relevant wurde in dieser Zeit die Problematik der insbesondere menschlichen Freiheit. Es scheint nicht zu viel behauptet, daß Franz der „Freiheit" und der dieser komplementären „Notwendigkeit" hier ihren räumlichen Schauplatz zuweist, d. h. die Problematik in die Geographie hineinnimmt und dort fruchtbar werden läßt. Hierfür spricht auch die schon erwähnte Tatsache, daß sich Franz von jeglicher Vereinnahmung durch theologische Dogmatik bewußt fernhielt. Dieser Aspekt verdiente als Interpretament für die Geographie bzw. Geographiegeschichte seit der Aufklärung stärkere Beachtung.

3. Wirkung und Bedeutung

Über die Frage nach dem Einfluß von Franz auf die Entwicklung der Geographie und des geographischen Denkens sind eindeutige Aussagen kaum zu treffen. Wenn man als eines seiner Hauptziele die Emanzipation der Geographie aus der Umklammerung durch die anderen Wissenschaften ansieht, so hat Franz selbst dieses Ziel zweifellos erreicht. Die Geographie wurde in der Person Franz als solche anerkannt, insofern er nach über 200 Jahren Vakanz als zweiter eine ordentliche Professur für Geographie an einer deutschen Universität bekleidete. Daß aber erst fast 120 Jahre später geographische Lehrstühle zur festen Einrichtung an den deutschen Universitäten wurden macht deutlich, daß der Erfolg stark an die Person Franzens gebunden war, die von ihm vertretene Wissenschaft aber noch nicht gleichermaßen voll anerkannt war. Es verwundert daher nicht, daß Franz laut Äußerungen der Göttinger Kollegen Büsching, Kaestner und Michaelis mit seinen geographischen Vorlesungen nur geringen Erfolg hatte, deren mögliche (Breiten-) Wirkung somit vermutlich ebenfalls in engen Grenzen blieb. Herausragende Schüler sind jedenfalls bisher nicht bekannt.

Auch die Schriften von Franz gerieten stärker in Vergessenheit, als man es bei ihrem für die methodische Fundierung der Geographie bedeutsamen und zugleich fortschrittlichen Gehalt erwarten könnte. Die von Kant nur wenig später geäußerten Ideen zur Geographie fanden wesentlich mehr Beachtung, obwohl sie teilweise bis in einzelne Formulierungen hinein denen von Franz gleichen. Ob es sich dabei um zufällige oder bewußte Übereinstimmungen beziehungsweise Entlehnungen seitens Kant handelt, muß offen bleiben.

Grund für die - soweit ersichtlich - geringe Resonanz auf Franzens geographische Arbeiten ist einmal sicherlich der seine wissenschaftliche Glaubwürdigkeit einschränkende reklamehafte Zug, der den meisten seiner Schriften eigen ist, obwohl dies, wie oben ausgeführt, einer gewissen Notwendigkeit der Zeiteigenheiten entsprang, und paradoxerweise ganz sicher mit Franz zu seiner angesehenen Stellung verhalf, und damit, mit obigen Einschränkungen, auch der Geographie. Ein weiterer Grund ist darin zu sehen, daß Franz eigentlich nirgendwo die von ihm gemachten Vorschläge und Gliederungsschemata durch ein größeres geographisches Werk selbst angewendet und ausgeführt, und damit ihre tatsächliche Praktikabilität im größeren Stil unter Beweis gestellt hat.

Das gelang erst A. F. Büsching mit seiner „Erdbeschreibung", deren Stoffanordnung die Übernahme des von Franz erarbeiteten, politisch bestimmten theoretischen Rahmens anzudeuten scheint. Jedoch muß die Folgerung A. Kühns auf einseitige Abhängigkeit Büschings von Franz als überzogen gewertet werden. Eher ist es angebracht von einer Ergänzung beider insofern zu sprechen, als sie die Tätigkeitsfelder innerhalb der Geographie aufteilten. Franz kam es an auf die Initiation einer methodischen Besinnung über die Geographie als solche, während Büsching, der selber die Unbrauchbarkeit etwa von J. Hübners Büchern erfahren hatte, ein in der täglichen Praxis, etwa des Reisenden oder Kaufmanns etc., nützliches und auf dem neuesten Stand stehendes Handbuch schreiben wollte. Daß man außerhalb des engeren Bereiches der Wissenschaften eher dieses wirklich zu nutzende Buch zur Hand nahm, als nur über den Nutzen zu lesen, versteht sich für die betreffende Zeit von selbst. Im übrigen ging Büsching in manchen Punkten durchaus auch methodisch über Franz hinaus. Franz hatte ja wie E. D. Hauber, der Freund und Lehrer Büschings, nicht zuletzt in Geographie, eine Einteilung der Geographie in einen mathematischen und einen historischen Zweig vorgenommen, wobei die „natürlichen Zustände" unter den letzteren fielen. Büsching nahm hier eine Änderung vor, indem er grundsätzlich zwischen „natürlicher" und „bürgerlicher Beschaffenheit" unterschied, den natürlichen Zweig dann aber in mathematische und physikalische Erdbeschreibung teilte. Andererseits fehlt bei Franz die von Hauber und den meisten anderen Wissenschaftlern geübte traditionelle Indienstnahme der Geographie für die Gotteserkenntnis, während Büsching in einem ausführlichen Vorwort seine Geographie theologisch legitimierte. Sicherlich nahm Büsching aber einige praktische Anregungen von Franz auf, so bei der Herausgabe seiner Zeitschriften und bei seiner akademischen Lehrtätigkeit.

Schließlich kam es erst im 19. Jahrhundert zur Verwirklichung mancher schon von Franz (und nach ihm anderen) aufgeworfenen Pläne, wie etwa die Herstellung eines einheitlichen Reichsatlas. Insgesamt fand Franz als Kartograph mehr Beachtung denn als Geograph. Man übersah, daß er von der praktisch kartographischen Arbeit zu Überlegungen zur Gesamtgeographie gekommen war, und Karte und beschreibendes Wort als gleichwertige, ja zusammengehörende Bestandteile geographischer Tätigkeit nebeneinanderstellte.

Literaturverzeichnis

1. Schriften von J. M. Franz

Kurze Nachricht von dem Homannischen grossen Landchartenatlas; nebst einem Verzeichnisse aller u. jeden Landcharten, und denen daraus zusammengesetzten kleinen Atlanten, welche bis daher in der Homannischen Officin zum Vorschein gekommen. Nürnberg 1741. (Erschien auch in französischer Übersetzung).

Homännischer Bericht von Verfertigung grosser Welt-Kugeln. Nürnberg 1746. (Erschien auch in französischer Übersetzung).

Homännische Vorschläge von den nöthigen Verbesserungen der Weltbeschreibungswissenschaft und einer disfals bey der Homannischen Handlung zu errichtenden neuen Academie. Nürnberg 1747.

Cosmographische Nachrichten und Sammlungen auf das Jahr 1748. Nürnberg 1750.

Gedanken von einem Reise-Atlas und von der Notwendigkeit eines Staats-Geographus bey Gelegenheit der Abreise Tit. Herrn Prof. Tobias Mayer aus Nürnberg nach Göttingen den 15. Merz 1751. Nürnberg 1751.

Die Nothwendigkeit eines zu errichtenden Lehrbegriffes der mathematischen Geographie bey der Cosmographischen Gesellschaft; bey Gelegenheit der Antrittsrede des Hrn. Professors Lowitz zur mathematischen Profession in Nürnberg. Nürnberg 1751.

Der deutsche Staatsgeographus mit allen seinen Verrichtungen Höchsten und Hohen Herren Fürsten und Ständen im deutschen Reiche nach den Grundsätzen der cosmographischen Gesellschaft vorgeschlagen von den dirigirenden Mitgliedern der cosmographischen Gesellschaft. Franckfurt und Leipzig 1753.

Progr. de abbreviandis postarum cursibus. Gottingae 1755.
Freundliche Aufmunterung an die Weltbeschreiber. Leipzig 1756.
Allgemeine Abbildung des Erdbodens für die Anfänger in der Erdbeschreibung. Göttingen 1757. (Neu aufgelegt und vermehrt durch M. F. Cnopf ebend. 1764.)
Abriß des Reichsatlas, oder Einleitungskarten zur Teutschen Staatserdbeschreibung, zum Gebrauch der Göttingischen geographischen Vorlesungen eingerichtet; nebst einem Berichte von der Art der Ausfertigung dieses Atlas. Leipzig 1758. (Unter dem lateinischen Titel: Atlas Imperii. Göttingen 1758.
Neue Ausgabe mit einem neuen Text von dem Prof. und Konrektor Sattler zu Nürnberg, betitelt: Reichsatlas, in 21 Chärtlein, nebst Titel, Register und einem Vorbericht von 10 Bogen. Nürnberg 1781.)
Abhandlung von den Grenzen der bekannten und unbekannten Welt alter und neuer Zeit, als eine kurze Einleitung zu einer parallelen Erdbeschreibung. Nebst einer Landkarte. Nürnberg oder Göttingen 1762.

2. Wichtigste Arbeiten zu Biographie, Werk und Bedeutung

Adelung, Johann Christoph: 1787 Christian Gottlieb Jöchers allgemeines Gelehrten Lexico. Fortsetzung und Ergänzungen. Bd. II, C-J. Leipzig. (Nachdruck Hildesheim 1960)
Büsching, Anton Friedrich: 1785 Beyträge zur Lebensgeschichte denkwürdiger Personen, insonderheit gelehrter Männer. Theil 3. Halle.
ders.: 1775 Wöchentliche Nachrichten ... Jg. 3, S. 56.
Gruber, C.: 1900 Die Entwicklung der geographischen Lehrmethoden. München.
Hager, Johann Georg: 1766 Geographischer Büchersaal. Erster Band, über die ersten zehn Stücke (1764-66). Chemnitz. S. 375, 385-395 und 525-536; auch S. 402-404.
Kühn, Arthur: 1939 Die Neugestaltung der deutschen Geographie im 18. Jahrhundert. Ein Beitrag zur Geschichte der Geographie an der Georgia Augusta zu Göttingen. Leipzig.
ders.: 1937 Johann Michael Franz. In: Geistige Arbeit.
Luedde, Johann Gottfried: 1849 Geschichte der Methodologie der Erdkunde. Leipzig.
Meusel, Johann Georg: 1804 Lexikon der vom Jahr 1750 bis 1800 verstorbenen teutschen Schriftsteller. Band 3. Leipzig. (Nachdruck Hildesheim 1967)
Pröll, Franz Xaver: 1972 Johann Baptist Homann. In: Neue Deutsche Biographie. Bd. 9. Berlin.
Pütter, Johann Stephan: 1765 Versuch einer academischen Gelehrten-Geschichte von der Georg-Augustus-Universität zu Göttingen. Göttingen. (Zweyter Theil von 1765 bis 1788. Göttingen 1788.).
Sandler, Christian: 1866 J. B. Homann. In: Ztschr. Ges. Erdkunde. Berlin.ders.: 1890 Die homännischen Erben. In: Ztschr. f. wiss. Geographie.
Schmithüsen, Josef: 1970 Geschichte der geographischen Wissenschaft von den ersten Anfängen bis zum Ende des 18. Jahrhunderts. Mannheim.
Will-Nopitsch: 1755-1808 Nürnberg. Gel.-Lex., I und III.

(Fertiggestellt: Mai 1978)

Karl Hoheisel

IMMANUEL KANT UND DIE KONZEPTION DER GEOGRAPHIE AM ENDE DES 18. JAHRHUNDERTS

Kant hat sich intensiv mit mathematisch-naturwissenschaftlichen Fragen beschäftigt (vgl. Adickes 1924/25). Ein Schlagwort wie „Kant-Laplace'sche (Weltbildungs)hypothese" hält die Erinnerung daran weit über den Kreis der Spezialisten hinaus lebendig, und die Geschichte der Naturwissenschaften scheint heute in der Lage, seine Stellung in der Mathematik, der Physik, der theoretischen Astronomie usw. wenigstens halbwegs zuverlässig zu überblicken. Im Gegensatz dazu ist selbst guten Kennern des Philosophen oft kaum ernsthaft bewußt, daß sich Kant auch ausgiebig mit Geographie befaßt hat, und der in der Geschichte seines Faches nicht ausgesprochen bewanderte Geograph gerät in Erstaunen, wenn er hört, daß sich der Königsberger Gelehrte in auch heute noch bedeutsamer Weise um die Geographie verdient gemacht hat.

Das ist erstaunlich, denn mit naturwissenschaftlichen Fragen hat sich Kant vor allem in seinen jungen Jahren beschäftigt, und das nicht zuletzt aus dem verständlichen Bemühen, sich für möglichst viele Lehrstühle der damaligen philosophischen Fakultät zu qualifizieren. Während er sich deshalb nach seiner Berufung äußerlich immer weiter von mathematisch-naturwissenschaftlichen Themen abwandte - der Sache nach ist allerdings auch seine „Kritik der reinen Vernunft" zu wesentlichen Teilen eine wissenschaftstheoretische Begründung der reinen Mathematik - hat der Privatdozent die Geographie an der Königsberger Universität in seinem dritten Vorlesungssemester als akademisches Lehrfach eingeführt und dann ohne Unterbrechung bis zu seinem Lebensende vertreten. Während seiner Lehrtätigkeit von insgesamt 82 Semestern hat er das vierstündige Kolleg „Physische Geographie" 47 mal angekündigt (und wohl auch abgehalten). Öfter, aber mit nicht nennenswert größeren Hörerzahlen hat er nur seine, nach heutiger Auffassung ureigensten Fächer Logik (54mal) und Metaphysik (49mal), jeweils vierstündig, gelesen. Bedenkt man, daß auch seine Anthropologievorlesungen, die Kant seit dem Wintersemester 1772/73 24mal angekündigt hat, geographisch hochbedeutsam sind, dann hat er einen beträchtlichen Teil seiner Zeit und Arbeitskraft auf die physische Erdbeschreibung verwandt (Arnoldt 1890, 301-313).

Beifall und Anerkennung von verschiedenen Seiten haben ihn dafür entlohnt. Der Kultusminister Karl Abraham Freiherr von Zedlitz, ein ehedem entfernter Hörer seines Geographiekollegs, schloß sich der Meinung des jungen Dozenten an, daß „es noch an einem Lehrbuche fehlt, vermittelst dessen diese Wissenschaft (=physische Geographie) zum akademischen Gebrauche geschickt gemacht werden könnte",[1]) und gestattete, vom preussischen Hochschulstatut abweichend, im Jahre 1788 dem inzwischen Berufenen, das Kolleg nach eigenen Manuskripten zu lesen. Schon vorher erfreute sich die Vorlesung großer Beliebtheit. Etwa zwei Dutzend großenteils gewerbsmäßig hergestellte Kollegnachschriften, bedeutend mehr als von jedem anderen Kolleg, haben sich erhalten, Armeeangehörige und Königsberger Bürger besuchten die Vorlesung in größerer Zahl, und Interessenten auch außerhalb Preussens ließen sich gegen hohe Kosten Abschriften kommen und sahen der Herausgabe der Vorlesungen ungeduldig entgegen (Adickes 1924/25, II, 376 f).

Im Vergleich dazu nimmt sich das Echo, das Kant als Hochschullehrer der Geographie bei der Nachwelt gefunden hat, eher dürftig aus. Als 1895, ein halbes Menschenalter nach dem bekannten „Zurück zu Kant", Heinrich Romundt die These verfocht, eigentlich habe erst die Geographie den Philosophen Kant zur Selbstbesinnung und damit zur Abfassung seiner bewunderten Kritiken und religionsphilosophischen Schriften geführt, wurde mit dem berechtigten Widerspruch nicht nur der Fachphilosophie Kant als Geograph überhaupt verdrängt. Wie wäre es sonst zu erklären, daß der nicht nur von dem Tübinger Kant-Philologen Adickes als „klägliches Machwerk" (1924/25, II, 373) erkannte Rink-Text noch 1923 in die Akademie-Ausgabe (IX, 151-436) aufgenommen wurde.

Auf die inzwischen längst als selbständige Lehr- und Forschungsdisziplin etablierte Geographie konnte das Schweigen der berufenen Kantkenner nicht ohne Wirkung bleiben. Zwar hatte Hermann Wagner in seiner Göttinger Prorektoratsrede vom 4. Juni 1890 Kant (1724-1804) und Johann Christoph Gatterer (1727-1799) die einzigen Akademiker genannt, die zu ihrer Zeit zur Gesamtwissenschaft der Geographie Stellung genommen hätten, doch freute sich der philosophisch bewanderte Alfred Hettner noch 1905 in einer Fußnote, aus einer soeben erschienen Königsberger Dissertation zu erfahren, daß er in seinen Ansichten zu Wesen und Methode der Geographie mit Kant übereinstimmte[2]).

Die genannte, für die Erforschung des Geographen Kant wegweisende Dissertation stammt von Willy Kaminski. Ihr Fazit, „daß in methodisch-geographischen Erwägungen Kant ein nicht zu unterschätzender Lehrmeister ist, und seine Absichten nicht bloß Achtung aus historischem Interesse, sondern Beachtung auch heute noch verdienen" (Kaminski 1905, 77) hat Hanno Beck in seiner grundlegenden Humboldtbiographie voll bestätigt, als er das „geographische Denken" (s. S. 267) des neben Carl Ritter „größten Geographen der Geschichte" (Beck 1973, 218) wesentlich von Kant her deutete (Beck 1959/61, Namensindex: Kant).

In der englischsprachigen Welt hatte Richard Hartshorne bereits 1939 (134-142) nachgewiesen, daß Kant, was Stellung und Charakter der Geographie anbe-

langt, grundsätzlich mit Alexander von Humboldt und Alfred Hettner übereinstimmt. Nachdem G. Tatham die Frage abermals aufgegriffen hatte und Kant von Montesquieu her zu interpretieren suchte (1957, 42-59), äußerte sich Hartshorne (1958) erneut in gleichem Sinne und erhielt in der Dissertation J.A. Mays (1970) umfangreiche Beweise nachgeliefert.
Mit Zustimmung wurden diese Forschungen auch in Deutschland aufgenommen und zu der Einsicht vertieft, daß Kant den entscheidenden Wendepunkt der neueren Geographiegeschichte darstellt, man deshalb von zwei Epochen sprechen müsse, von der Geographie vor und der Geographie nach Kant, welch letztere noch unsere heutige ist (Beck 1973, 161. 218; Büttner 1970).
Trotz der eindrucksvollen Aufwertung, die Kant hier zuteil wird, ist das Urteil über die Inhalte seines Kollegs im wesentlichen unverändert geblieben. Längst ehe Erich Adickes die Entstehung des Rink-Textes wahrscheinlich machen konnte, galt das Buch als Kuriosum, von dem sich Rezensenten schon beim Erscheinen um 30 und mehr Jahre zurückversetzt fühlten [3]. Die zahlreichen Vorlesungsnachschriften und selbst die Abschriften vom sogenannten ,,Diktattext", darunter ein von Kant selbst durchkorrigiertes und mit Randbemerkungen versehenes Exemplar (Adickes 1924/25, II, 374), enthalten mit Sicherheit nicht alles, was Kant in seinen Vorlesungen geboten hat. Gleichwohl ist nach unserem augenblicklichen Erkenntnisstand davon auszugehen, daß seine Lehrinhalte weder einmalig noch erkennbar zukunftweisend waren. Auch sein ,,kurzer Abriß der physischen Geographie" (1757) (II, 4-10) fiel in der Stoffauswahl nicht aus dem üblichen Rahmen.
Wenn Kant gleichwohl die Schwelle zur modernen Geographie überschritten hat, dann nur in seiner Vorstellung von Wesen, Aufgaben und Methoden der Disziplin. Liegt dieses sog. ,,geographische Denken" dem geographischen Werk zwangsläufig voraus, so daß es bei älteren Autoren so gut wie ausnahmslos erschlossen werden muß, so stößt diese Erhebung bei Kant auf besondere Schwierigkeiten. Da nämlich, wie sich gleich zeigen wird, seine astronomischen, kosmologischen und erdgeschichtlichen Schriften nicht zu den geographischen gerechnet werden dürfen, sondern wie z. B. auch ,,Der einzig mögliche Beweisgrund..." nur geographisch relevante Passagen enthalten, muß die Geographiekonzeption aus seinen Vorlesungsankündigungen und aus der wohl substantiell authentischen Einleitung zur ,,Physischen Geographie" im Rink-Text erschlossen werden. Noch größere Vorbehalte mag der Gedanke erwecken, Kant habe letztlich in den Ankündigungen und der Einleitung zu einem Kolleg für Anfänger, die in der Regel weder mit der Kantschen Philosophie noch mit geographischen Tatbeständen vertraut waren, die Geographie wissenschaftstheoretisch grundgelegt.
Wir lassen uns von diesen Vorbehalten nicht abschrecken und verfolgen an Hand der nur wenige Seiten umfassenden Texte die Entwicklung von Kants Geographiebegriff, um uns dann den Quellen und unmittelbaren Wirkungen seiner Konzeption zuzuwenden.

1. Die Entwicklung seiner Geographiekonzeption

Nach der „Ankündigung" für das Jahr 1757 - gelesen hat Kant über physische Geographie wahrscheinlich schon in seinem dritten Semester, also 1756/57 - kann die Erde dreifach betrachtet werden.

Die mathematische Erdbetrachtung ist auch nach späteren Äußerungen Teil der Geographie, insofern sie „die Erde als einen beinahe kugelförmigen und von Geschöpfen leeren Weltkörper ansieht, dessen Größe, Figur und Zirkel, die auf ihm müssen gedacht werden, sie erwägt" (II, 3). Nur andeutungsweise wird der Unterschied zwischen politischer und physischer Geographie herausgearbeitet, denn während die „politische Erdbetrachtung", der zweite Teil der Geographie, „die Völkerschaften, die Gemeinschaft kennen lehrt, die die Menschen untereinander durch die Regierungsform, Handlung und gegenseitiges Interesse haben, die Religion, Gebräuche usw." (II, 3), befaßt sich auch der „physischen Geographie besonderer Teil" u. a. mit dem Menschen, und zwar mit der „Mannigfaltigkeit ihrer Vorurteile und Denkungsart..., ihrer Künste, Handlung und Wissenschaft..." (II, 9).

Nach Kants Überzeugung gab es für die Studierenden 1757 genügend geeignete Hilfsmittel, um sich die mathematische und politische Geographie zu erarbeiten. Dagegen fehlte es an einem für den akademischen Unterricht geeigneten Lehrbuch der physischen Geographie. Diese Feststellung beweist, daß er von Anfang an mit seinem Kolleg neue Wege beschreiten wollte, denn er hat den Terminus „physische Geographie" nicht erfunden und wird gewußt haben, daß er nicht nur in dem „Specimen geographiae physicae" (Tiguri 1747) des von ihm selbst erwähnten John Woodward (II, 8) soviel wie Geologie oder Erdgeschichte bedeutete [4].

Im Gegensatz dazu hat die physische Geographie nach seiner Auffassung „bloß die Naturbeschaffenheit der Erdkugel und, was auf ihr befindlich ist: die Meere, das feste Land, die Gebirge, Flüsse, den Luftkreis, den Menschen, die Tiere, Pflanzen und Mineralien (zu) erwäg(en)" (II, 3).

Untersuchungsobjekt bilden also Eroberfläche und erdnahe Atmosphäre. Deshalb gehören Klimatologie und Meteorologie zur Geographie, so daß dem „Kurzen Abriß" durchaus sinnvoll eine kurze Betrachtung über die Feuchtigkeit der Westwinde in unseren Gegenden angehängt wird (II, 10f). Dagegen ist das Jugendwerk „Allgemeine Naturgeschichte und Theorie des Himmels" (1755), das man vielfach für die Geographie in Anspruch genommen hat, als Beitrag zur spekulativen Astronomie keine geographische Schrift. Auch die Erdbebenschriften, die es weitgehend mit dem Erdinnern zu tun haben, gehören wie die Geologie überhaupt nicht zur Geographie. Durchaus konsequent nennt er bei den „großen Veränderungen, die die Erde ehedem erlitten hat" (II, 7 f) fast nur Faktoren der Erdoberfläche, kaum solche des Erdinnern.

Stimmt er in der Abgrenzung des Untersuchungsgegenstandes weitgehend mit Varenius überein, so unterscheidet er sich in einem anderen wichtigen Punkte von ihm. Varenius faßte die Geographie als „scientia mathematica mixta" (1650, 1), für Kant dagegen nimmt die Mathematik in der physischen Geographie ebenso wie in der dreigegliederten Geographie überhaupt eine so untergeordnete Stellung ein, daß sie nicht zu deren Definitionsmerkmalen gehört. Deshalb spielt auch Kartenzeichnen für Kant überhaupt keine Rolle, und vorhandene Karten - er besaß selbst Homanns „Atlas Geographicus" von 1753 - werden einzig unter pädagogischen Rücksichten zu Demonstrationszwecken eingesetzt. Dagegen räumt er dem Menschen einen zentralen Platz in seiner physischen Geographie ein. Wahrscheinlich hat ihn seine Vorliebe für die Reiseliteratur - Reiseberichte bildeten seine Lieblingslektüre, und ferne Länder waren häufig Gegenstand zwangloser Plaudereien bei Tisch - ganz von selbst an die damals, schon zu Kants Dozentenzeit modernste Form der Erdbechreibung, der Reisegeographie, heran, von wo aus er fast automatisch in die ehrwürdige Strabonische Tradition geriet, die ja zugleich die Tradition der lutherisch orientierten Geographie bildete. Dabei will er aber ausdrücklich von dem dieser Form der Geographie besonders naheliegenden, mehr oder weniger methodelos aneinandergereihten Sammelsurium von Fakten zu einem „Plan", einem „System", zu einer Wissenschaft vorstoßen. Denn erwägt die physische Geographiie auch nach seinen Vorstellungen ihre Gegenstände „nicht mit derjenigen Vollständigkeit und Genauigkeit in den Teilen, welche ein Geschäft der Physik und Naturgeschichte ist" (II, 3), so geht sie doch die Naturmerkwürdigkeiten „auf eine historische und philosophische Art" durch (II, 9), durchdringt also das empirisch gewonnene Faktenmaterial systematisch und sucht, da Kant seit seiner „Allgemeinen Naturgeschichte..." (1755) „in Übereinstimmung mit den Prinzipien Newtons" dachte und dessen Kausalmechanik auch in der Geographie praktizierte, nach Erklärungen.

„Physik und Naturgeschichte" auf der einen, und die „natürliche Ordnung der Klassen" (II, 9) auf der anderen sind die beiden Bezugspunkte, von denen aus Kant seine physische Geographie konzipierte.

Im Jahre 1765 zeigte Kant für das kommende Wintersemester 1765/66 eine Umgestaltung seiner Vorlesung an (II, 312 f). Schon stärker von seinen erkenntniskritischen Interessen beherrscht, stellt er sein Kolleg nun ganz in den Dienst der Philosophie im strengen Sinne: es soll dem frühen „Vernünfteln" bei der studierenden Jugend entgegenwirken und „Erfahrenheit" vermitteln. Mit dieser Zielsetzung erweitert sich ihm das Feld der Geographie ins schier Ungemessene!

In der physischen Geographie sollen nach wie vor „die Merkwürdigkeiten der Natur durch ihre drei Reiche angezeigt werden". Da sie aber zugleich „das natürliche Verhältnis aller Länder und Meere und den Grund ihrer Verknüpfung" behandelt, bildet sie „das eigentliche Fundament aller Geschichte, ohne welches sie von Märchenerzählungen wenig unterschieden ist". Wollte Kant nach der „Ankündigung" schon 1757 beim Mineralreich und - so dürfen wir folgern - auch bei den übrigen Reichen und in der physischen Geographie überhaupt nur „dessen angenehmste und in den menschlichen Nutzen oder Vergnügen am meisten einfließende Merkwürdigkeiten" behandeln (II, 9), so soll diese physische Geographie nun noch weiter auf die Merkwürdigkeiten zusammengestrichen werden, „welche unter unzähligen anderen sich durch den Reiz ihrer Seltenheit, oder auch durch den Einfluß, welchen sie vermittelst des Handels und der Gewerbe auf die Staaten haben, vornehmlich der allgemeinen Wissbegierde darbieten", um so Zeit für die beiden folgenden Teile, für die moralische und die politische Geographie zu gewinnen.

Dabei betrachtet die moralische Geographie „den Menschen nach der Mannigfaltigkeit seiner natürlichen Eigenschaften und dem Unterschiede desjenigen, was an ihm moralisch ist, auf der ganzen Erde". Höchstwahrscheinlich steht Rousseaus Einfluß hinter dieser Forderung einer kulturellen und physischen Anthropologie bzw. einer Kulturgeographie und Völkerkunde, denn in Herders Aufzeichnungen vom WS 1763/64 heißt es von der physischen Geographie, sie zeige den „ungekünstelten Wilden" (Adickes 1924/25, II, 380).

In der politischen Geographie schließlich wird die Folge der Wechselwirkung zwischen Natur und Mensch, „nämlich der Zustand der Staaten und Völkerschaften auf der Erde erwogen, nicht sowohl wie er auf den zufälligen Ursachen der Unternehmung und des Schicksals einzelner Menschen als etwa der Regierungsfolge, den Eroberungen und Staatsränken beruht, sondern im Verhältnis auf das, was beständiger ist und den entfernten Grund von jenen enthält, nämlich die Lage ihrer Länder, die Produkte, Sitten, Gewerbe, Handlung und Bevölkerung".

Auf der Höhe seiner Sympathien für den Empirismus konzipiert Kant hier in der Geographie eine Art Inbegriff der Kenntnis der im Raum nebeneinander angeordneten Welt, in Herders Worten: „ein(en) Auszug aus der natürlichen Historie und Schlüssel zur theoretischen Physik..., eine Lehrerin der Moral" (Adickes 1924/25 II, 380). Im Zentrum steht der Mensch als Natur- und Kulturwesen, und ihr erklärtes Ziel lautet: die Geschichte aus den Naturgegebenheiten verständlich zu machen.

Ob Kant diesen Plan einer allgemeinen Bildungswissenschaft der Natur- und Menschenkenntnis je ausgeführt hat, ja ob er selbst auf dem angezielten elementaren Anfängerniveau überhaupt durchführbar war, ist nicht bekannt. Vor allem aus diesem Grunde konnte die Frage, in wiefern Kant hier Ritters Programm vorweggenommen hat, bislang nicht eindeutig entschieden werden.

Im Jahre 1775 schließlich kündigte Kant die physische Geographie zusammen mit Anthropologie an (II, 443). Das Kolleg „physische Geographie" soll eine „Vorübung der Kenntnis der Welt" bleiben und die Kluft zwischen Schule und Leben überwinden helfen. Da die Welt aber aus zwei Bereichen, Natur und Mensch, bestehe, ergäben sich zwei Kollegien.

Beide erwägen ihre Gegenstände in ihrem „Verhältnis zum Ganzen, worin sie stehen und darin ein jedes selbst seine Stelle einnimmt", also „kosmologisch", und sie fragen nicht, was jeder Gegenstand in sich Merkwürdiges enthält. Das besorgen Physik und empirische Seelenlehre. Erst physische Geographie und Anthropologie zielen auf ein Gesamtbild, nicht des Universums, sondern der Erde, die mehr ist als die Summe ihrer Teile.

Die Idee der Einheit oder Ganzheit des Wissens, die hier anklingt, beherrscht in der Zuspitzung auf die damals heiß diskutierte Frage nach dem „systema naturae" auch die Einleitung zur physischen Geographie im Rink-Text (IX, 158).

Erkenntnisse, so holt Kant weiter aus, können in doppelter Weise eingeteilt werden: logisch und physisch. Die logische Einteilung faßt die Einzeldinge auf Grund ihrer morphologischen Besonderheiten nach Ähnlichkeitskriterien in Klassen zusammen, sie ist eine Art „Registratur" und führt, konsequent durchgeführt, zu einem „Natursystem".
Im Gegensatz dazu werden Dinge physisch eingeteilt, wenn sie der Zeit oder dem Raume nach zusammengehören. Während es beim Natursystem also nur um ähnliche Gestalten geht, setzt die „physische Einteilung" beim „Geburtsort" an. Ihre Aufgabe ist die Beschreibung.
Mithin ist die Geographie jenes Wissensgebiet, das „sub specie loci" zusammengehörige Erscheinungen beschreibt. Im Unterschied zu Physik und anderen theoretischen Naturwissenschaften, die materialiter teilweise dieselben Erscheinungen behandeln, diese aber als Fall aus einem allgemeinen, erfahrungsjenseitigen Gesetz ableiten, ist, so müssen wir, Kants erkenntinstheoretische Grundposition vor Augen, folgern, die Geographie stärker am Konkreten und dessen Besonderheiten interessiert. Da aber erst theoretische Elemente aus einer Vielzahl von Erkenntnissen eine Wissenschaft machen können, strebt auch die Geographie nach Gesetzen, allerdings innerhalb enger Grenzen, indem sie sich eben z. B. nicht zum Bodenrelief und seinen Gestaltungsfaktoren allgemein, sondern nur in einem bestimmten eng umschriebenen Areal äußert. Neben den deduktiven Sätzen der theoretischen Physik bleiben die Aussagen der Geographie deshalb auch ungenau und unscharf, es ist aber nach Kants Grundannahmen nicht ausgeschlossen, daß sie, einmal auf Prinzipien a priori aufgebaut, den Status einer exakten Naturwissenschaft erlangen könnte.
Ihre Erkenntnisse schöpft die Geographie aus dem „äußeren Sinn". Das unterscheidet sie von der Anthropologie, die Gegenstand des „inneren Sinnes" ist. Da aber auch in den Naturwissenschaften der „innere Sinn" z. B. bei der Einordnung der Dinge ins räumliche Raster eine Rolle spielen muß, bleibt die Abgrenzung unklar. Daran jedoch läßt Kant keinen Zweifel, daß nur der Mensch als ein seiner selbst bewußtes, entscheidungsfreies Wesen nicht in die Geographie gehört, wohl aber, soweit er Teil und Produkt der Natur ist.

Die Natur und der Mensch als Naturwesen fallen aber nur in die Zuständigkeit der Geographie, sofern sie sich zu gleicher Zeit nebeneinander im Raum befinden. Erscheinungen, die sich nacheinander abspielen, gehören in die Geschichtswissenschaft, auch dies eine empirische Disziplin und Gegenstand des äußeren Sinnes.

Wie Ernst Plewe gezeigt hat, waren Formeln wie Geschichte und Geographie seine unzertrennliche Gefährtinnen, zur Zeit des jungen Ritter nicht nur gang und gäbe, man habe ihnen auch in der Geschichte der Geographie immer zu große Bedeutung beigemessen (Plewe, 1959, 104). Auf den ersten Blick könnte das letztere auch für Kant zutreffen, denn als Angehöriger eines anderen Berufes hat auch er „die Kraft und tragfähige Ideen, (derartige Formeln) am Stoff zu verifizieren" nicht besessen. Dennoch hat er in deutlichem Unterschied zu den damals üblichen Formeln beide nicht nur aufeinander hingeordnet, sondern mit einzigartiger Präzision auch scharf voneinander getrennt. Geographie oder

Naturbeschreibung ist auf die Geschichte angewiesen, um das gegenwärtige Nebeneinander zu verstehen, und umgekehrt die Geschichte auf die Geographie, weil der Zustand von Staaten und Völkerschaften in jedem Augenblick entscheidend von Naturgegebenheiten bestimmt wird (IX, 162 f). Trotz dieser unlösbaren Verflechtung ist aber ihre Wesensverschiedenheit so grundsätzlich, daß Kant eine Naturgeschichte zwar nicht prinzipiell und ein für allemal, aber doch für seine Zeit entschieden ablehnte.

Seine Terminologie im Gesamtwerk ist weder einheitlich noch klar. Im Unterschied zu einer Naturbeschreibung der ganzen Erde oder physischen Geographie hätte eine Naturgeschichte, die diesen Namen wirklich verdiente, „die Begebenheiten der gesamten Natur so vorzutragen, wie sie durch alle Zeiten beschaffen gewesen" (IX, 162). Was demgegenüber Linné, Buffon u. a. als Naturgeschichte vorgelegt haben, scheint ihm wissenschaftlich fragwürdig und jeder stichhaltigen empirischen Begründung bar. Genau um diese Mängel ein für allemal auszuschließen, konzipierte er seine Geographie oder physische Geographie - auch diese Ausdrücke decken sich, während die anderen Epitheta: „mathematische..., moralische..., politische..., mercantilische... und theologische Geographie" letztlich nur verschiedene Unterabteilungen der physischen Geographie bezeichnen. Nur die physische Geographie bietet einen „allgemeinen Abriß der Natur" (IX, 164).

Mit dieser Formulierung unterstreicht Kant mit aller nur wünschenswerten Klarheit, daß er nicht den Fundus geographischer Kenntnisse erweitern wollte. Schimmert auch in der Einleitung hier und da die Idee einer Forschungsdisziplin durch, so beschäftigt die physische Geographie den Erkenntnistheoretiker Kant doch letztlich nur als abgeschlossen gedachter Erkenntnis- und Forschungsprozeß, als Lehrgebäude von überragendem Bildungswert! Die zahlreichen rein äußerlichen Zweckbestimmungen, denen er die physische Geographie unterwirft: Welt- und Menschenkenntnis vermitteln, Nutzen für die private und gesellige Konversation, für den Zeitungsleser und Politiker usw. beziehen sich in allererster Linie auf sein Kolleg!

Bemerkenswert ist, daß Kant in diesem Zusammenhang weder in den Ankündigungen noch in der Einleitung (Rink-Text) die (physische) Geographie in den Dienst der Theologie nimmt, obschon doch gerade der Gedanke einer göttlichen Vorsehung den empirischen Anspruch einer funktional denkenden Wissenschaft in Frage stellt. Da uns trotz der zahlreichen Nachschriften auch nicht annähernd bekannt ist, was Kant in seinem Kolleg wirklich geboten hat, wird man nur rätseln können, ob er die damals übliche physikotheologische Orientierung der Erdbeschreibung in einem Anfängerkurs für ungeeignet hielt und deswegen ausklammerte oder ob er in seinem Kolleg die kosmologische und ontologische Überhöhung der geographischen Fakten längst abgestreift hatte, ehe er zunächst im „Einzig möglichen Beweisgrund..." (1763) und dann prinzipiell in der Kritik von 1781 den Raum für eine ungetrübte Betrachtung der eng miteinander verflochtenen Geofaktoren absteckte und eine methodisch selbständige Geographie grundlegte [5].

2. Kants Quellen

Wie der Überblick gezeigt hat, ist die Geographiekonzeption eng mit Kants philosophischer Entwicklung verknüpft. Gleichwohl stand er auch in geographischen Denk- und Lehrtraditionen und bediente sich entsprechender Quellen. In der Ankündigung für das Jahr 1757 zählt er die wichtigsten auf: Varenius, Buffon, Lulof, Reiseberichte und Akademieschriften von Paris und Stockholm; andere kamen zum teil erst später hinzu: Linné, Leibniz' Protogaea, Woodwards und Whistons überwiegend geologische Arbeiten, Buaches und T. Bergmans Physische Geographie und vor allem Büschings ,,Neue Erdbeschreibung". Newtons kausalmechanischen Denkansatz kannte und machte er sich von Anfang an zu eigen.

Den genannten Quellen verdankt er verschiedene Stoffe und Anregungen. Mit Varenius verband ihn die erklärte Absicht, die Geographie vom reinen Faktensammeln auf die Ebene einer methodisch geleiteten Wissenschaft zu erheben. Allerdings ließ sich aus einer als mathematisch apostrophierten Geographie schwerlich eine Länderkunde ableiten, obschon Varenius selbst eine solche verfaßt hat. Im ersten Teil seines Kollegs ist Kant von Varenius ebenso wie von Lulof, den beiden damals besten Kompendien, stark abhängig. Später kam T. Bergman hinzu. Weiter zurück treten die mehr erdgeschichtlichen Titel. Dafür sind die beiden folgenden Teile des Kollegs nur teilweise lange wörtliche Auszüge aus anerkannten Reiseberichten, gern benutzten Kompendien und aus der ,,Neuen Erdbeschreibung". Adickes' erschöpfenden Untersuchungen der Abschnitte Europa und Amerika ist nichts hinzuzufügen (Adickes 1911, 285-344).

Bisher ist nicht versucht worden, alle bekannten Quellen exakt zu bestimmen und auf Kants Geographiekonzeption hin zu sichten. Noch weniger wurden die Anregungen und Einflüsse aufgespürt, die er anderen Werken verdanken könnte. Zu dieser Aufgabe sind nicht nur gründliche Kenntnisse seines Gesamtwerkes nötig. Ergänzend müßten sein Bücherverzeichnis und die Königsberger Bibliothekskataloge ausgewertet und das dortige buchhändlerische Angebot studiert werden.

Dies alles kann hier auch nicht entfernt nachgeholt werden. Soviel allerdings läßt sich sagen: um die anhebende geographische Methodendiskussion hat sich Kant anscheinend wenig gekümmert. Einschlägige Autoren wie Polykarp Leyser (1690-1728), Hauber (1695-1765) oder Franz (1700-1761) haben keine eindeutigen Spuren hinterlassen. Das ist besonders bei dem zuletzt genannten, recht exzentrischen Gelehrten bemerkenswert, der ab 1755 die deutsche Geographie in Göttingen eingeführt hat. Im Jahre 1747 hatte er in Nürnberg seine ,,Homännische(n) Vorschläge von den nötigen Verbesserungen der Weltbeschreibungs-Wissenschaft und einer disfals by der Homannischen Handlung zu errichtenden neuen Academie" herausgebracht und darin eine erste methodische Abgrenzung der Geographie vollzogen, die sich in allen wesentlichen Punkten mit Kant deckt: ,,Sie (=die Erdbeschreibung) ist nichts anderes als die Abschilderung eines Orts und Lands, wie sie sich in Absicht der Erdfläche und des bürgerlichen Zustands der Menschen verhalten... Was nemlich die Historie der Zeit nach beschreibet, das wird hier (=in der Erdbeschreibung) dem Raume nach abgemahlet" (a. a. O. S. 23).

Da es bislang nicht gelungen ist, eindeutig nachzuweisen, daß Kant die ihm ferner liegenden, stark mathematisch und kartographisch ausgerichteten Denkansätze des Göttingers gekannt hat, wird man die Herkunft seiner Geographiekonzeption auf den Spuren suchen müssen, die er selbst hinterlassen hat: in der Auseinandersetzung mit den beiden hervorragenden Naturkundlern Buffon (1707-1788) und Linné (1707-1778).

Beide haben sich auch geographisch geäußert. Der erste Band von Buffons „Histoire naturelle" enthält eine beachtliche allgemeine Geographie, und Linné hat neben seiner „Dissertatio de telluris habitabilis incremento" (1743) u. a. gehaltvolle Berichte von Reisen durch das nördliche Skandinavien veröffentlicht. Die Interessen und Hauptarbeitsgebiete beider lagen aber zweifellos nicht auf dem geographischen Sektor.

Mit Linné, dessen „Systema naturae" 1735 erschienen war, verband Kant die Freude an der Architektonik, am System, das vom Menschen bis herab zum Mineral alles erfassen sollte. Trotzdem betrachtete er Linnés System der Lebewesen nur als ein „Aggregat der Natur", weil es, wie andere vorhandene sogenannte System auch, die Dinge lediglich zusammenstellte und aneinander reihte, aber die „Idee des Ganzen..., aus der die Mannigfaltigkeit der Dinge abgeleitet wird" (IX, 160) vermissen läßt. Namentlich erschien Kant das Geschlecht als Klassifikationskriterium willkürlich, ohne hinreichenden Grund in den Lebewesen selbst gewählt und deswegen wissenschaftlich bedeutungslos. Letztlich konnte sich Kant mit diesen Einwänden auf Linné selbst berufen, der sein Klassifikationssystem auch als künstlich einstufte und ausdrücklich eines wünschte, das sich auf den Gesamtaufbau der Lebewesen, auf eine breitere morphologische Basis gründete.

Kants physische Einteilung der Dinge „gerade nach der Stellung, die sie auf der Erde einnehmen" (IX, 160), sollte die angezeigten Schwächen nicht beheben, er kritisierte Linnés System nur, um sein eigenes Ordnungsprinzip, den Bezugsrahmen, der ihm für die Anordnung der ständig wachsenden empirischen Naturerkenntnisse vorschwebte, klarer zu entfalten.

Größere Hochachtung bekundet Kant für Buffon; dieser ist, wie Adickes (1924/25, II, 394, Anm. 2) es ausdrückt, „mehr Kants Mann als Linné" und kann zum Beweis die Barthsche Vorlesungsnachschrift aus dem Jahre 1783 anführen. „Das einzige Werk, was von eigentlicher Naturgeschichte handelt, ist Buffon: Époques de la nature."

Kant hätte sich schwerlich zu dem guten Kenner weiter Teile der Naturwissenschaften entwickeln können, wäre er an Buffon vorübergegangen oder hätte er sich dessen Anschauungen, die die gesamte damalige Naturforschung in kaum zu überschätzender Weise beeinflußt haben, grundsätzlich verschlossen.

Trotz unvergleichlich größerer Beherrschung des Details suchte Buffon ebenso wie Kant nach Durchblicken und dachte in Zusammenhängen. Im Beobachten, Beschreiben und kausalen Erklären war er ebenso Meister wie in der Souveränität auch und gerade gegenüber geheiligten Traditionen. Die weitere Erfor-

schung des Geographieprofessors Kant wird gründlich prüfen müssen, ob Buffon für ihn zu einem, wenn nicht sogar zu dem großen Anreger theologiefreier Betrachtung der gegenwärtigen sinnlich erfaßbaren Welt, eben des Gegenstandes der Kantschen physischen Gegoraphie, geworden ist. Das würde erklären, warum er in seinem Geographiekolleg etwas tat, dessen alleinige Richtigkeit er erst viel später grundsätzlich bewiesen hat.
Trotzdem erwies sich Kant auch Buffon gegenüber als durchaus selbständig. Den gewissenhaften Methodiker und bohrenden Erkenntniskritiker störte die ungezügelte Phantasie des geistvollen Franzosen, die mehr einen Roman der Natur als deren wahre Geschichte entstehen ließ (vgl. Adickes 1924/25, II, 394 Anm. 2). Ferner hat Kant nicht nur als Rassentheoretiker, dessen auf dem Prinzip der Konstanz beruhender Rassenbegriff (1785) nach wie vor in Fachkreisen volle Anerkennung findet, Buffons nahezu uneingeschränkt evolutive Betrachtungsweise abgelehnt. Schließlich mußte ihn der ungezügelte Empirismus stören, der, konsequent durchgehalten, nicht einmal induktive Gesetze gelten lassen konnte.
Kant hat diese Schwächen Buffons in Rinks Einleitung höchstens pauschal anklingen lassen und wollte sie auf keinen Fall mit seinem Entwurf einer physischen Geographie korrigieren. Gleichwohl liefert Kant insofern ein solides wissenschaftliches Fundament für Buffons erstaunlich umfassende Naturbeschreibung, als er diese methodisch ausschliesslich auf die gegenwärtige sinnlich erfassbare Welt eingrenzt und nur diese real im Raum gegebene sinnlich erfassbare Welt geistig zu bewältigen sucht.
Erst dieses letztlich rein philosophische Anliegen dürfte erklären, warum Kant auf das räumliche Nebeneinander, eben auf die physische Geographie, und nicht wie viele vor ihm, auf die Geschichte als die Grundwissenschaft verfiel. Dass dabei seine physische Geographie erheblich mehr umfasst als unsere heutige und ihr Gegenstand selbst von der heute so breit aufgefächerten Geographie nur mit knapper Not abgedeckt wird, tut seinen Vorstellungen von Aufgabe, Stellung und Methode des Faches keinen Abbruch.

3. Unmittelbare Nachwirkungen seiner Konzeption

Kant musste als akademischer Lehrer und überragender Methodiker der Geographie erst mühsam wiederentdeckt werden. Nur spärliche Indizien sprechen für Anregungen, die zu seinen Lebzeiten oder kurz nach dem Tode auf das sich nach und nach etablierende Fach ausgegangen wären. Es lässt sich wohl kaum vorhersagen, ob künftige systematische Nachforschungen das augenblickliche Bild bestätigen, dass er auf keinen Fall direkt eine Breitenwirkung auf die Fachgeographie ausgeübt hat.
Verschiedene Gründe erklären diese geringe Attraktivität seiner Geographiekonzeption. Einmal sind methodische Postulate, die ihr Urheber dann am Stoff so dürftig zu bewähren weiss, wie das wohl bei Kant der Fall war, mit Recht verdächtig. Ausserdem hat er zur Geographiekonzeption thematisch so gut wie gar nichts veröffentlicht, wandte seine Schaffenskraft mit vorrückendem Alter

ganz anderen Gegenständen zu und erhielt schliesslich, nach fast 50jähriger geographischer Lehre, von Rink ein Monument gesetzt, das ihn nur empfindlich kompromittieren konnte.

Trotzdem bezeichnet sein damals fortschrittlichstes Geographiekonzept nicht nur abstrakt einen Wendepunkt in der Entwicklung des Faches, sondern ist nachweislich ganz entscheidend an der Gestalt beteiligt, die das Fach durch Alexander von Humboldt erhalten sollte.

Von Humboldts erstem grösserem Werk, dem „Florae Friburgensis specimen" (1793) bis zum „Kosmos" zeigen gleichbleibende Äusserungen zu Wesen und Methode der Erdbeschreibung deutliche Anklänge, ohne dass Kants Name genannt würde. Und wo dies geschehe, komme der Geograph und Astronom Kant recht schlecht weg (vgl. Kaminski 1905, 12 f).

Ohne das Verhältnis Humboldt - Kant, das geographiegeschichtlich unbedingt weiter geklärt werden müsste, hier aufzurollen, sei nur daran erinnert, dass Alexander v. Humboldt kurz nach 1870 in Berlin längere Zeit im Kreis um den Kant-Anhänger Marcus Herz verkehrte. Ein Brief Kants zeigt, dass Herz um die Königsberger Geographievorlesungen wusste. Bedenkt man, dass Humboldt Kants Philosophie gründlich kannte, ja sein „Denken an der Kantischen Philosophie orientiert war, ohne der idealistischen Schule anzugehören" (vgl. Beck 1959/61, I, 2754 Anm. 137), dann spricht eigentlich alles dafür, dass ihm auch Kants Geographiekonzeption geläufig war. Ausserdem stellte Kant im Jahre 1788 Georg Forster gegenüber den Unterschied zwischen Naturbeschreibung und Naturgeschichte klar. Auch diese Äusserung enthält alle wesentlichen Punkte der Geographiekonzeption und müsste, im Deutschen Merkur erschienen, G. Forsters Geographieschüler Alexander von Humboldt eigentlich bekannt geworden sein. Eindeutige Beweise gibt es freilich auch dafür nicht. Dennoch ist es mehr als plausibel, mit Hanno Beck davon auszugehen, dass das grosse Verdienst der „Feststellungen Humboldts...", vor allem die Trennung der Geographie von der Geschichte und die Betonung ihrer unabhängigen Stellung als Raumwissenschaft .... in erster Linie Kant gebührt" (Beck 1959/61, I, 61; vgl. II, 231). In mehr als einer Beziehung unterstreicht schon der Titel von Humboldts anerkanntestem Werk: „Kosmos. Entwurf einer physischen Weltbeschreibung" den gleichen Denkansatz mit seiner engen Verbindung von Geographie und Cosmographie.

Erheblich schwieriger ist Kants Anteil an Ritters Grundkonzeption abzuschätzen. Darf man auch vermuten, dass ein Mann von seinem geistigen Format schwerlich an dem grossen Königsberger vorübergehen konnte, so fehlt es doch vollständig an direkten Belegen. Die These von Ritters „hervorragendste(m) Vorläufer in Deutschland" (Adickes 1924/25, 25, II, 381 f) kann sich darauf berufen, dass Kant Ritters Programm, Kultur und Geschichte aus den Naturgegebenheiten des geographischen Raumes verständlich zu machen, gesehen, ausgesprochen und ansatzweise aufgegriffen hat. Fällt Ritter auch mit seinem teleologischen Ausblick hinter Kant zurück, so stehen seine Trennung von Geographie und Geschichte wie seine Bestimmung des historischen Elementes in der Geographie in umso deutlicherem Zusammenhang mit ihm. Ohne weiteren, dringend angezeigten Detailforschungen vorgreifen zu wollen, scheint es im Augenblick aber gerechtfertigt, auch Carl Ritter als gelehrigen Schüler des wissenschaftstheoretischen Begründers der modernen Geographie einzustufen[6].

Anmerkungen

[1] Kants Werke, Akademie Textausgabe, Berlin 1902ff, II, 4. Im folgenden wird nur durch Band und Seitenzahl auf diese Ausgabe hingewiesen.
[2] Wörtlich heisst es in der Geographischen Zeitschrift 11 (1905), S. 551, Anm. 2: ,,Wie ich aus einer eben erschienenen Dissertation von Kaminski über die geographische Methodik Kants ersehe, hat aber bereits Kant in der Einleitung (§ 4) zu seinen Vorlesungen über physische Geographie auf diesen Gesichtspunkt (gemeint ist die Anordnung der Dinge im Raum) zur Begründung der Geographie als einer besonderen Wissenschaft hingewiesen."
[3] Ich verweise nur auf die Allgemeinen geographischen Ephemeriden 1803, XII, 63-77, die Göttingischen Gelehrten Anzeigen 1802, II, 1529-1532 und die Neue allgemeine deutsche Bibliothek 1803, Bd. 77, 439 f.
[4] Allerdings grenzte Buache seine ,,géographie physique" bereits weitgehend im heutigen Sinne ab. Buache wird in den Anmerkungen des Rink-Textes genannt, sein 1756 gedrucktes ,,Essai de géographie physique" war Kant aber wahrscheinlich bekannt.
[5] Zur physikotheologischen Betrachtung der geographisch-cosmologischen Fakten vgl. Büttner 1975 a und 1975 b.
[6] Grundgedanken des vorstehenden Textes wurden auf der 61. Jahrestagung der Deutschen Gesellschaft für Geschichte der Medizin, Naturwissenschaft und Technik e. V. im September 1978 in Coburg und im Rahmen einer Seminarveranstaltung des Institutes für Geschichte der Naturwissenschaften, Mathematik und Technik der Universität Hamburg vorgetragen. Den Teilnehmern der anschliessenden Aussprachen danke ich für vielfältige Anregungen, die z. T. in diese Darstellung aufgenommen wurden.

Literaturverzeichnis

Adickes, Erich 1911: Untersuchungen zu Kants physischer Geographie, Tübingen 1911
Adickes, Erich 1924/25: Kant als Naturforscher, 2 Bde., Berlin
Arnold, E. 1890: Zur Beurteilung von Kants Kritik der reinen Vernunft und Kants Prolegomena, Anhang Nr. 3: Kants Vorlesungen über Physische Geographie und ihr Verhältnis zu seinen anthropologischen Vorlesungen, in: Altpreussische Monatsschrift 27, S. 301-313
Beck, Hanno 1959: Alexander von Humboldt, 2 Bde., Wiesbaden
Beck, Hanno 1973: Geographie. Europäische Entwicklung in Texten und Erläuterungen, Freiburg/ München
Büttner, Manfred 1970: Kant und die Geschichte der Geographie (Unveröffentlichte Antrittsvorlesung vom 8. 7. 1970, hektographiert)
Büttner, Manfred 1975 a: Kant und die Überwindung der physikotheologischen Betrachtung der geographisch-kosmologischen Fakten. Ein Beitrag zur Geschichte der Geographie in ihren Beziehungen zu Theologie und Philosophie. In: Erdkunde 29, S. 53-60
Büttner, Manfred 1975 b: Kant and the Physico-Theological Consideration of the Geographical Facts. A Contribution to the History of Geography in its Relation to Theology and Philosophy. The Geographical Schools in Central Europe before 1600. In: Organon (Warschau) 11, S. 231-249
Büttner, Manfred 1976: The Historical Conditions affecting the Development of Geographia Generalis. Vortrag, gehalten auf dem Symposium der IGU-Commission ,,On the History of Geographical Thought" im August 1976 in Leningrad (erscheint im Organon, Warschau)

Büttner, Manfred 1978: Die Bedeutung von Karte und Globus innerhalb der Entwicklung des Geographischen Denkens vom Zeitalter des Humanismus bis zur Aufklärung. Vortrag für das Internationale Symposium des Coronelli-Weltbundes. In: Der Globusfreund, Nr. 25-27, S. 77-95

Büttner, Manfred 1978 a: Kant's Concept of Geography and the Importance of his Scientific Ideas for today's Research in the Geography of Religion (erscheint in Kürze)

Fackenheim, Emil L. 1956/57: Kant's Concept of History. In: Kantstudien 48, S. 381-398

Franz, Joh. Mich. 1747: Homännische Vorschläge..., Nürnberg

Hartshorne, Richard 1939: The Nature of Geography, Lancaster

Hartshorne, Richard 1958: The Concept of Geography as a Science of Space, from Kant and Humboldt to Hettner, In: Annals of the Association of American Geographers 48, S. 97-108

Hettner, Alfred 1905: Das Wesen und die Methoden der Geographie. In: Geographische Zeitschrift 11, S. 545-564. 615-629. 671-686

Kaminski, Willy 1905: Über Immanuel Kants Schriften zur physischen Geographie. Ein Beitrag zur Methodik der Erdkunde. Inaugural-Dissertation Königsberg

Kant, Immanuel 1755: Allgemeine Naturgeschichte und Theorie des Himmels... In: Akademie Textausgabe I, 215-368

Kant, Immanuel 1757: Entwurf und Ankündigung eines Collegii der physischen Geographie... ebd. II, 3-10

Kant, Immanuel 1763: Der einzig mögliche Beweisgrund zu einer Demonstration des Daseins Gottes, ebd. II, 63-163

Kant, Immanuel 1765: Nachricht von der Einrichtung seiner Vorlesungen in dem Winterhalbjahr 1765 bis 1766, ebd. II, 312-313

Kant, Immanuel 1775: Von den verschiedenen Rassen der Menschen, zur Ankündigung der Vorlesungen der physischen Geographie im Sommer 1775, ebd. II, 427-443

Kant, Immanuel 1781: Kritik der reinen Vernunft, 1. Auflage, ebd. IV, 1-252

Kant, Immanuel 1788: Über den Gebrauch teleologischer Prinzipien in der Philosophie, ebd. VIII, 157-184

Kant, Immanuel 1802: Physische Geographie. Auf Verlangen des Verfassers aus seiner Handschrift herausgegeben und zum Teil bearbeitet von D. Friedr. Theodor Rink, ebd. IX, 151-436

May, J. A. 1970: Kant's Concept of Geography and its Relation to Recent Geographical Thought. Toronto

Plewe, Ernst 1959: Carl Ritter. Hinweise und Versuche zu einer Deutung seiner Entwicklung. In: Die Erde 90, S. 98-132

Romundt, Heinrich 1895: „Ein Band der Geister". Entwurf einer Philosophie in Briefen. Leipzig

Tatham, G. 1957: Environmentalism and Possibilism. In: Taylors, Grifith (ed.), Geography in the Twentieth Century, London, S. 42-59

Varenius, Bernhard 1650: Geographia Generalis, Amsterdam

(Fertiggestellt: Dezember 1978)